新时代学术期刊评价体系的建构与实践

李宗刚　编

山东大学出版社
SHANDONG UNIVERSITY PRESS
·济南·

图书在版编目(CIP)数据

新时代学术期刊评价体系的建构与实践 / 李宗刚编.
—济南:山东大学出版社,2021.6
ISBN 978-7-5607-7076-5

Ⅰ.①新… Ⅱ.①李… Ⅲ.①学术期刊—研究资料
Ⅳ.①G237.5

中国版本图书馆 CIP 数据核字(2021)第 126047 号

策划编辑 姜 山
责任编辑 张申华
封面设计 杜 婕

出版发行 山东大学出版社
社 址 山东省济南市山大南路 20 号
邮政编码 250100
发行热线 (0531)88363008
经 销 新华书店
印 刷 济南华林彩印有限公司
规 格 710 毫米×1000 毫米 1/16
21.5 印张 363 千字
版 次 2021 年 6 月第 1 版
印 次 2021 年 6 月第 1 次印刷
定 价 69.00 元

目　录

如影随形：四十年来学术期刊编辑的身份焦虑

——1978～2017年学术期刊史的一个侧面（节选）

朱剑*

伴随百多年前中国学术期刊的诞生，学术期刊编辑、作者、读者也就诞生了。在此后的大半个世纪里，三者的角色虽有不同，但身份差异并不那么泾渭分明，这是因为三者的身份有着相当大的重合度，"编研一体"是学术期刊的常态。所以，尽管角色有异，三者倒也没什么身份上的冲突。

学术期刊编辑与作者的关系成为一个需要反复论说的话题，实际上只是近40年来的事。随着20世纪80年代学术期刊体制的确立，历史上那种"编研一体"、编辑与学者身份可自由切换的情况渐渐消失，取而代之的是职业编辑人；学术期刊数量的不断增加，职业编辑队伍不断壮大，形成了一定的规模。学术期刊编辑作为一个群体从学者队伍中分离出来，归入了职业出版人的队伍，必然面临身份重建问题，如何重新定位其与学者的关系遂成为关键。

40年来，不管学术研究环境有何变化，不管科研队伍有何变化，也不管学术期刊有何变化，有关学术期刊编辑与作者关系问题的讨论始终热度不减。检阅中国知网可知，讨论这一问题的论文自20世纪70年代后期开始零星出现，到20世纪80年代中期之后，每年都有数篇到十多篇乃至数十篇相关论文公开发表，直到进入21世纪，这一题材的论文数量逐年增长的趋势还非常明显。每一次探讨，每一个解释框架的问世，似乎都在理论上解决了问题，却又都免不了在实践中碰壁，于是新一轮的探讨、解释、碰壁随即锲

* 朱剑，《南京大学学报》（哲学·人文科学·社会科学版）编辑部。

而不舍地展开。

如果留意一下这些参与讨论的论文作者，就会发现他们几乎都是编辑，高校学报编辑尤多。按说一个讨论两者关系的论题，应该双方都参与讨论才比较正常。与编辑队伍相比，作者队伍要庞大许多，参与讨论的人应该更多；但在实际讨论中，作者——其实也就是各学科学者——几乎不关心此问题，或者他们即使关心期刊，也很少从其与编辑的关系来切入，而更多地表达了对学术期刊的批评。只有编辑特别是学报编辑 40 年来始终热衷于此问题，恰恰印证了编辑身份定位的困难以及其由此引发的身份焦虑如影随形，挥之不去。

本文意在通过对 40 年来编辑与作者关系讨论的回顾与梳理，揭示其所表现出来的学术期刊特别是高校学报编辑身份焦虑的根源以及其对学术期刊发展所产生的影响。

一、权利与规约：被唤醒的身份意识[①]

二、创设编辑学：身份的自我建构

三、独特的个性：无以安放的身份

四、“编辑主体意识”：摆脱焦虑的尝试

五、“编辑学者化”：摆脱焦虑的再尝试

六、“引领学术”：身份建构走向极致

七、“回归杂家”：从极致到原点的跌落

八、“名刊工程”：身份建构的重新出发

结语：作为纸本时代“遗产”的身份焦虑

本文所谓“学术期刊编辑的身份焦虑”，指的是 20 世纪 70 年代末以来学术期刊编辑对自己的权利、职责的内容是什么、边界在哪里等问题，一直没有一个得到学术期刊界及相关各界普遍认同的清晰的描述和界定，因此无法准确地定位自己的角色而经常性地陷入某种焦虑状态。在工作中常表

① 本文仅节选了朱剑先生撰写的长文之“绪论”和“结语”部分。为了较好地保留原文的基本风貌，其第一至第八部分仅标注原文的小标题。

现为不知什么该做、什么不该做,以及如何做好该做的、如何避免不该做的而举措失当和无所适从;在情绪上则有着或者自卑、不安、惶惑,或者自负、狂妄、傲慢的忧虑或焦躁的某些倾向。自卑与自负实际上是身份焦虑的两极,但有时也会因工作对象或环境的不同而在同一群体乃至同一个人身上交替出现。

所谓"编辑身份建构"是指通过对编辑身份的准确定位使其从这样的焦虑状态中走出来,回归一种有着良好秩序的工作状态。当然,从事身份建构工作的只是同行中对身份意识较为敏感且具有强烈的责任心和探索精神的那部分人。他们的探索对于整个行业的意义是十分重大的。如果他们的探索成果能够得到从业界到社会各界的普遍认同,那么全行业的从业者据此就能自立自强,并在相关的学术链或产业链中发挥不可替代的作用。但当他们的探索缺乏社会认同,乃至连业界都不予认同时,整个行业的从业者就很难准确地定位自己的身份,就会出现集体性的身份焦虑。与此相对应的是,该行业会经常遭到各种诟病和批评,而这又会进一步强化从业者的身份焦虑。近 40 年来,学术期刊特别是高校学报的情况大致如后一种情况。编辑身份建构历经了几代人的努力,从未止息,但也从未真正定型。

尽管近 40 年来的编辑身份建构不尽如人意,但探索历程仍然有其特殊的意义,亦可视为一份堪称丰厚的纸本时代的"遗产"。从中不难看到学术期刊一路走来所遭遇的艰辛,以及学术期刊人不懈的追求。正是在这个意义上,可以说 40 年来的编辑身份建构从一个特殊的角度书写了学术期刊史上一段不平凡的岁月。笔者以为,从中能给我们最大启发的,应该是如何看待传统及其对今天的意义。如果说职业化这一层传统对编辑身份建构的影响是显性的,那么,另一层传统——"编研一体"的影响则是隐性的。看似对立的两种传统,在编辑身份建构的讨论中却往往互相渗透和融合。这是我们解开 40 年来学术期刊特别是高校学报编辑身份焦虑的缘由及其演进轨迹的钥匙,同时,也能为我们探索学术期刊编辑今后的发展和编辑身份定位提供诸多有益的启发和借鉴。

(一)编辑职业化与学术期刊编辑身份焦虑的关系

产生身份焦虑的原因,既可能是社会对某个人或某类人的"偏见",也可能是某个人或某类人职业环境的变化。当一个行业的人集体出现身份焦虑之时，则这两种情况很可能同时存在且相互影响。对于学术期刊编辑来说，20 世纪 70 年代末就是这样的时候，导致身份焦虑的直接原因是1978 年开始逐步走向刚性的编辑职业化。关于这一点，早在 20 世纪 80 年代就已有人指出了："建国前后编辑虽不少，但大多不是职业编辑……而现在恰恰相反……大多数编辑是职业编辑……就观念而言，建国前后的编辑……把自己编出的书籍、刊物视为自己理想或事业上的一部分，因此他们编发书籍、刊物的同时就在进行自己的学术研究，或者编辑工作与学术活动相伴而行。但现在就不同了，人们常常把编辑这个行当看成是'为他人做嫁衣'或是'一支笔、一把剪刀、一瓶糨糊'的简单劳动，即使编辑自己对此想不通却也无可奈何。"①显然，制度层面的职业化改变了编辑与学者的传统关系，对"编研一体"传统的否定直接导致了学术期刊编辑全面退出了学术研究领域而与学术共同体分离。这一改变迫使编辑必须通过重构与学者的关系来明确自己的职责及其边界，以确定自己的身份；而身份建构的迫切性还在于，因为不再以学术研究为基本职责而导致的社会对编辑的"偏见"和编辑学术形象的"矮化"，出于为自己正名的需要，也必须进行身份建构。

身份建构成功与否的标准在于能够获得多大范围和程度的认同（认可），如此，学术期刊编辑身份的建构除了需要获得业界的认同以外，至少还需要得到两种完全不同的认可，即体制的认可和学术界的认可。然而，40 年来这两种认可之间却充满了张力。一方面，体制使学术期刊编辑成为一种固化的职业身份，目的在于更有效地对学术期刊进行管理，与此相对应的是向职业化的编辑赋权，由其掌控学术期刊整个生产流程，并向行政和业务主管部门负责。在这样的制度设计中，编辑实际上获得了学术裁判者的权力，即学者学术成果价值的第一评判人，不能得到编辑认可的成果都不可能进入传播领域。这就决定了编辑与学者之间只能是支配与被支配或指挥与被指挥的关系。另一方面，学术界对学术期刊的定位，一是从学科化的学术研究需要出发，要求学术期刊应与学科同步发展；二是从权威评价应该来自学术共同体出发，要求学术期刊应内嵌于学术共同体，故对外在于学术共同体

① 陈素川：《编辑学者化：一个古老而新颖的话题》，《上海师范大学学报》（哲学社会科学版）1995 年第 4 期。

的编辑独立掌控学术期刊的能力很难予以认可,即使在传播领域,也不可能心甘情愿地接受编辑的支配。这与体制的设置是矛盾的。学者们无力改变体制,于是,在不得不屈从于体制而受制于编辑的同时,从不吝惜其对这样体制下的学术期刊的批评。

当我们回顾40年来学术期刊编辑身份建构的历史时,可以清楚地看到,在这样的张力之下,要同时得到体制和学者两方面的认可几乎是不可能的,学术期刊编辑的身份建构其实从一开始就陷入了难以自拔的困境。在实际的身份建构中,建构者几乎无一例外地选择了服从体制的安排,其原因不仅在于体制是难以对抗的,而且从编辑的利益来看,在这样的制度设计中,编辑是获益者,体制赋予了编辑在历史上从来没有的权力——对学术平台(期刊)的独立掌控权。因此,编辑身份建构的重点就在于如何在理论上和实践中均能证明,自己不仅具有出版技术方面独特的能力,而且在学术上特别在学术评判和组织引领能力上也有独到之处甚至能够全面超越学者,从而能与体制所赋予的学术平台独立掌控者的身份相符。从"编辑中介说""编辑再创造说"到"编辑主体意识",再到"编辑学者化",直到"编辑引领学术",无一不是在做这样的论证。但即使他们几乎从来也没有公开要求或明确阐述所要建立的与学者的关系是一种支配与被支配的关系(除了个别人在论述中用过"支配"一词外,[①]即使作为极端诉求的"引领学术"也只是委婉地表达了支配权),仅要求学者承认他们是一个独立的办刊主体。遗憾的是,对于这些看似很有说服力的理由,学者们却不买账。因为仅凭常识即可知道,在疏离了学术共同体后,学术期刊编辑在学术评判和组织引领能力上超越学者是不可能普遍发生的事。体制虽然在40年前就已向学术期刊编辑正式赋权,但绝大多数编辑在独立行使这个权力的时候,都难以得到学术共同体的认可。故而,40年来,如何在坚持职业化(即独立掌控学术平台)的前提下重建与学者的关系成为一个横亘在编辑面前几乎无法逾越的障碍,而不能跨越这个障碍,学术期刊编辑的身份焦虑就永远也得不到真正的化解。于是,在体制授权和学术共同体不予承认的张力之下的学术期刊编辑

① 比如沈志宏曾使用"支配"一词:"在编辑创造这一环节中,编辑是居于主导、支配地位的认知主体,而作者创造的精神产品原坯件则是编辑主体的一个认知对象。"但当时他还只是河南大学的研究生,这话也不是特别针对学术期刊说的。参见沈志宏:《论编辑的主体性创造》,《编辑学刊》1989年第1期。

的身份焦虑，就会表现出在自傲和自卑之间摇摆，自傲还是自卑往往取决于期刊背后所依托的“单位”的实力和他们面对的学者的声誉。

之所以如此，还因为编辑职业化只是学术期刊“单位制”的一个配套措施。所谓“单位制”，指的是学术期刊的创建者是“单位”而不是学术共同体。“单位制”当然大大方便了对学术期刊和编辑的管理，却背离了学术期刊发展的一般规律。在编辑职业化之前，学术期刊大多由学者或某些学术组织（比如学会）创办，所以主编和编辑自然来自并属于学术共同体，期刊也是学术共同体的公共平台。学术共同体与“单位”是两种完全不同的结构体，关键的不同在于两者与学科的关系。学术共同体以学科为基础超越“单位”而形成，当学术期刊内嵌于学术共同体时，其发展与学科必然是同步的；而一个学科不可能只存在于某一“单位”，一般“单位”特别是综合性大学也不可能只有单一的学科，如果将审批制下有限的刊号资源不论“单位”的科研实力而实施平均分配，创办多学科综合性期刊（学报）就会成为每个单位最“优化”的选择，再施之编辑职业化，其结果不仅必然与学科发展脱节，而且必然成为本单位的“自留地”，也就必然会丧失作为学术期刊本应具有的学科边界清晰的公共学术平台的功能和属性。20 世纪末学术期刊大扩容后，这样的学报终于遍布所有高校，又怎能不陷入困境？

但是，在学术期刊编辑身份的自我建构中，却很少有人反思学术期刊体制存在的问题，而寄希望于体制所赋予的对学术期刊的独立掌控权，所以编辑身份才会每每依凭或围绕审稿权来建构。其实，身份建构的关键不仅在于手中握有何种权力，更在于依凭这个权力能够作出何种贡献。当权力与贡献不相符时，权力的危机就会到来，危机的表现就是期刊声誉的下降。在近 40 年编辑身份建构的大部分时间里，学术期刊特别是高校学报的声誉并没有因身份建构而有明显上升，相反在某些时期，下滑倒是非常明显，比如说在 21 世纪初，高校学报声誉就出现了普遍下滑，甚至到了不仅学术界而且连官方也都已觉得不能容忍的地步。对学报体制存在问题的认真反思，实始于“名刊工程”建设，但这样的反思，最终并没能为体制的顶层设计所认可和接纳，甚至在学报界也没有得到普遍认同，坚持认为综合性、内向性、同质化、不成体系的学报没有任何问题，学报本该如此的，仍然大有人在。这就提醒我们不从期刊体制的层面改变刊号资源配置的办法，编辑的身份焦虑是不可能得到真正化解的。

（二）无需也无法告别的“编研一体”传统

与“编辑职业化”相对的是“编研一体”，后者的传统可要比前者长了太多，世界上最早的学术期刊于17世纪中叶诞生时，采行的就是这一模式。学术期刊之所以产生，盖因学术研究的需要，故而学术期刊历来都是由学者创办，从而保证了期刊的发展与学科发展紧密相连，期刊的专业化、体系化、国际化都与这一传统直接相关。这一传统一直延续到今天的国际学术期刊。尽管国际著名学术期刊的版权大多已归国际出版集团，实现了规模化的集群出版，但就某一期刊来说，主编和编委及学术编辑无一例外，均为学术界中人，而这些人一般也不会因为在期刊担任职务而脱离学术研究和学术共同体，因为学术期刊离开了学术共同体也就缺失了学术生命力的来源。

中国学术期刊于百多年前诞生时采行的也是“编研一体”的模式。虽然20世纪50年代开始逐步走向职业化，但在大多高校和科研院所，编辑与学者的身份切换并不困难。即使到20世纪80年代学术期刊编辑职业化制度日趋刚性之后，在各主办单位的实际操作中，“编研一体”也从未真正绝迹。当然，普通编辑与教师和科研人员身份切换的难度大大增加，但主编以及骨干编辑的身份切换还是有着一定余地的，特别是教育部“名刊工程”启动以来这十多年中，通过种种变通途径将学科专家引入编辑部参与办刊，逐步实现由编辑办刊到专家办刊的转变已成为并不少见的现象；入选“名刊工程”学报凡有主编更换，人选大多直接来自院系的位居学术前沿的著名学者，他们中鲜有人因为担任主编而转评编辑系列职称的，也鲜有因当了主编而不再从事教学和研究工作的，已成为事实上的“编研一体”。对此，主管部门也给予了理解和宽容。

当然，笼统地坚持“编研一体”即意味着学术期刊编辑不可能成为一个独立的职业，这与现代科学和企业的发展分工日益细密的趋势是不相吻合的。随着规模化的学术期刊集群的出现，编辑的分工也是大势所趋。在一些大型期刊出版集团，学术编辑与技术编辑的分工已是一种潮流，但“编研一体”并未因此而消失。“编研一体”指的是学术编辑，而技术编辑则无需坚持在学术前沿，甚至无需专属于某一学术共同体，而是专攻编辑技术，逐步走向了职业化。显然，这样的职业化的技术编辑是无法取代“编研一体”的学术编辑的，而且这样分工的前提是学术期刊出版的体系化和规模化。这样的职业编辑与20世纪80年代以来中国学术期刊编辑职业化远不是一回事。在不具备体系化和规模化这一前提的中国学术期刊界，特别是高校学报界，40年来的职业化并非建立在编辑分工的基础上，职业化后的编辑仍然集学术编辑与技术编辑于一身。事实上，因脱离了学术共同体和学术前沿，他们作为学术编辑的能力很难得到学者的认可，他们中的多数人只能退而求其次，将主要精力放在编辑技术方面，所谓"回归杂家"其实也就是练就好编辑技术而基本放弃了学术编辑的职能，这对于仍然外在于学术共同体的学术期刊的发展显然是不利的。然而，现实就是这样。近年来从新闻出版总局到各类编辑协(学)会所举办的编辑业务培训，大多局限于编辑技术；所进行的评奖，除了引入评价机构的排行榜外，很难做到深入内容层面的学术质量评价，从而使所谓"一票否决"的编校质量成了举足轻重的评价指标，评奖实际上也就是一场评价机构的数字游戏和编辑的技术竞赛以及长官意志的叠加。这是编辑职业化必然带来的后果。编辑技术固然重要，然而，学术质量更为重要，这是不可本末倒置的。仅仅依靠"编校质量"，永远也不可能造就出"国内一流，国际知名"的学术期刊来。

"编研一体"传统之形成是学术期刊的性质决定的。"编研一体"并不意味着从事学术期刊编辑的学者就没有编辑意识，须知编辑意识不等于编辑技术，对于学术期刊来说，编辑意识是以编辑必须是学者为前提的，而编辑学术期刊也是学术研究的一部分而不能与之割裂。学术期刊是学术成果展示、交流的平台，同时也是学术批评的平台。这一平台掌控者的身份首先是学者其次才是编辑，其学理依据恰恰在于他们必须是学术共同体的成员，而且是其中的佼佼者。所谓编辑意识，并非一定要职业编辑才会具有，尤其是学术期刊，编辑若疏离了学者，那么编辑意识也就无法落地生根，就会只有技术而缺乏"意识"，所编辑的刊物也就失去了灵魂。大概正是在这个意义上，颜帅才深有体会地说出"真正的编辑都应由学者来当"这样的话来。

实际上，不管在学术界、期刊界还是在管理部门，对于优秀的学术编辑都是有着共同的理想楷模的，那就是像鲁迅、茅盾、巴金、叶圣陶等这样的人。当然，即使在"编研一体"时代，大多数学术期刊编辑也不可能都像他们那样杰出，所以，与其说这些楷模是衡量优秀编辑的标准，不如说编辑应有与他们类似的知识结构和工作方法，至于学术水准和工作能力当然因人而异，无法苛求。然而，这些编辑楷模无一不是从“编研一体”的模式中走出来的。没有学术研究的经历和经验，是不可能造就优秀的学术期刊编辑的。楷模们已为“编研一体”传统的意义作了最好的证明。因此，即使体制的设计者（管理者）在使编辑职业化越来越刚性化之时，即使编辑身份的自我建构者（学术期刊编辑）在以职业化为前提进行建构之时，他们也都没有否认这些楷模特殊的学术和编辑经历，相反还都是倍加推崇的，可见“编研一体”的传统已深潜其心中，是很难轻言告别的。

可以预见的是，不管通过什么样的路径，中国学术期刊终将走向体系化和规模化。因为在开放的国际化时代，我们正面临着来自早已实现体系化和规模化的国际学术传媒集团的强力竞争，要在这样的竞争中立于不败之地，学术期刊的体系化和规模化都是必由之路，也就是说，像国际学术传媒集团那样的编辑分工迟早也会出现，这大概要在数网时代才能实现，本文暂且存而不论。但无论是体系化还是规模化，其基本构成单元还是期刊或类似物，编辑分工出现后，学术编辑仍是不可或缺的，其来源不仅不会有改变，而且只会更加灵活，只会让更多的学者以更多的方式参与到学术期刊的编辑中来，“编研一体”的传统不会因此而中断。由此可见，不从编辑与学者关系的层面改变编辑外在于学术共同体的现状，编辑的身份焦虑也不可能得到真正的化解。

（三）回归学术共同体是学术期刊发展以及编辑身份建构的根本途径

其实，“编研一体”不仅意味着编辑是学术共同体的成员，学术期刊也应是属于学术共同体的。学术期刊之于学术共同体的作用是不可或缺的，这种作用表现在两个方面：其一，学术期刊为学术共同体划定了边界；其二，学术期刊是学术共同体的中心。同时能起到这两方面作用的学术期刊必定是学科或问题边界清晰的专业或专题期刊，并内嵌于学术共同体。而学术期刊要实现体系化和规模化，作为其基本单元，必然是这样的学术期刊。显然，学术期刊的“单位制”和编辑职业化人为地切断了学术共同体与学术期刊及其编辑的天然联系，同时造成了学术共同体的发育不健全、学术评价的不科学和学术期刊的各种“体制病”，编辑的身份焦虑不过是其后果之一，更严重的后果还在于制约了学术研究和学术平台的发展，并引起了学术界的普遍不满。

尽管学术期刊的职业化实行了几十年，但出于对学术期刊现状的不满，学者们亲自创办学术期刊的愿望从未因此而磨灭。最能说明这一点的例证就是，近二三十年来，非书非刊、亦书亦刊的“学术集刊”的顽强存在。所谓“学术集刊”，其实就是以书籍名义面世的连续出版物。从外观上看，它们与期刊的差别仅在于缺少一个由国家审批的刊号，但实际上，还有三个更为重要的差别：其一，学术集刊均由著名学者，一般都是某一学科方向的学术带头人担任主编，由学者担任编委和编辑，比较典型地承袭了“编研一体”的传统；其二，学术集刊绝大多数为边界比较清晰的专业或专题期刊，与学术共同体有良好的对接，符合学术期刊的一般规律；其三，学术集刊大多交由出版社出版，采行的是比较典型的编辑与出版相分离的模式。显然，学术集刊的创办、编辑和出版模式与现行的学术期刊体制是相冲突的，因此，自其问世以来，一直处于相当艰难的办刊状态：不为出版行政管理部门承认，新闻出版总署在多次集中查处违规出版行为时，都将“以书代刊”的学术集刊出版行为列入查禁的违规行为之列；在行政主管部门主持的种种学术评价中，学术集刊所发表的成果一般也不会被承认；除了 CSSCI 以外，所有的评价机构也都拒绝将其列入评价数据源和评价对象。可以说，学术集刊的出版，一直是“非法”的，其生存环境比起学术期刊来，不知要困难多少倍。但即使如此，仍挡不住各种学术集刊不断问世，至今不下数千种，而顽强生存下来的至少有数百种，且后继者层出不穷。

学者们为何如此热衷办学术集刊？陈思和在其与王德威共同主编的学术集刊《文学》创刊时所说的一席话也许能为我们揭开谜底：“《文学》是一本定位于前沿文学理论的丛刊……《文学》力求摒弃目前社会流行的办刊思想，不朝所谓核心刊物、权威刊物去靠拢，不接受所谓学报体的论文，也不发那些短平快的报章体；力求走高端的学术道路，寻找真正的学者发表积累多年、有深刻思想内涵、有学术含金量的学术研究论文，目标就是反映文学理论前沿的各种探索和思考，从而打造其独具特色的权威性。”[①]在这里，陈思和特别提出“摒弃目前社会流行的办刊思想”，“不接受所谓学报体的论文”，

① 蒋楚婷：《前沿文学理论丛刊〈文学〉创刊》，《文汇读书周报》2013 年 6 月 21 日。

他并没有解释何为“社会流行的办刊思想”和“学报体的论文”，但可以从他推崇的“积累多年、有深刻思想内涵、有学术含金量的学术研究论文”反推出来。我们可以不认同有所谓“学报体”的存在，但我们无法否认，在诟病“学报体”及其办刊思路的背后，是学者对学报的不满以及与学报疏离这样一个事实促使他们要创办属于自己的学术期刊。这才是最值得我们深思的。它至少说明了学者与学报之间存在某种隔阂因而对学报产生了不信任，或者说，学报的公信力出了问题。其实，不仅是学报，所有学术期刊，只要疏离了学者，就只能凭手中掌握的媒体发布权来支配学者，其公信力必然会出现问题。[①] 尤其应该引起学术期刊界警惕的是，学者们创办学术集刊并艰难经营的努力已有了回报，近年来，部分口碑较好的学术集刊已获得了新闻出版总局颁发的正式刊号，而成为名副其实的学术期刊。这些刊物的编辑身份与职业化的编辑是完全不同的，他们很少有后者那样的身份焦虑。

英国学者阿兰·德波顿在《身份的焦虑》一书中指出：“身份的焦虑是一种担忧。担忧我们处在无法与社会设定的成功典范保持一致的危险中，从而被夺去尊严和尊重，这种担忧的破坏力足以摧毁我们生活的松紧度，以及担忧我们当下所处的社会等级过于平庸，或者会堕至更低的等级。”[②]虽然该书主要讨论的是当代社会中个人的身份焦虑问题，但以此来形容40年来学术期刊编辑的身份焦虑似也无不可，体制为学术期刊编辑设定的成功典范对于职业化的编辑来说是可望而不可即的，据此，终究难以通过身份建构使职业编辑能够自尊和自信地独立于学术社会之中，编辑的身份焦虑必然如影随形，挥之不去。在同一书中，阿兰·德波顿还引用了美国学者威廉·詹姆斯的一个公式：“自尊＝实际的成就/对自己的期待。”[③]这也提醒我们：编辑的作用终究是有限的，在身份建构中，试图把自己定位为全能型学者和优秀编辑合体人或者“学术引领者”，无疑是在无限地加大对自己的期待，最终受到损害的必然是编辑的自尊和自信。因此，明智的选择只能是学术期刊应主动打破与学者间的樊篱，积极向学术共同体回归。只有期刊回归了学

① 参见张耀铭：《重建学术期刊的公信力和权威性》，《澳门理工学报》（人文社会科学版）2015年第2期。

② ［英］阿兰·德波顿：《身份的焦虑》，陈广兴、南治国译，上海译文出版社2007年版，第6页。

③ ［英］阿兰·德波顿：《身份的焦虑》，陈广兴、南治国译，上海译文出版社2007年版，第50页。

术共同体，编辑才能真正成为学术共同体中的一员，这是解决学术期刊编辑身份焦虑的根本途径。

以上所有的讨论，都是基于纸本时代的学术期刊，而今天的我们已跨入数网时代。当然，编辑的身份焦虑不会因为数网时代的到来而自动终结，相反，数网技术对印刷技术的取代、人工智能的应用、传播媒介和传播路径的变化、国际竞争的加剧等，都对学术期刊提出了新的挑战，更增强了编辑的危机感和编辑身份的不确定性。但我们也要看到，在遭遇新的挑战的同时，也出现了更多的机会和进路方向，比如在以往身份建构中较少被关注的知识服务的理念、传播的意义、技术的作用等已凸显出来，从而为编辑身份建构增添了新的元素和提供了新的契机。

［原刊于《清华大学学报》(哲学社会科学版)2018 年第 2 期，有改动］

学术期刊与新媒体融合的关键与进路(节选)

张耀铭*

随着新媒体发展的突飞猛进,资本裹挟着技术大举入侵媒体,互联网企业对传统媒体的"倒融合"逐渐成为趋势。"当前,资本在新闻市场的布局表现在三个方面:一是财团收购、参股新闻体,获得新闻市场入口,如阿里巴巴收购《南华早报》、入股《第一财经》,恒大集团收购香港新传媒集团,万达集团收购瑞士盈方体育集团。二是媒体平台与传统新闻媒体展开内容合作,传统媒体变为新闻供应商,如 2015 年底,今日头条和湖北省新闻出版广电局签署战略合作框架协议,湖北省两百余家报纸、四百余家杂志入驻今日头条'头条号'平台。三是打造自身的内容和分发平台,扶持自媒体的内容生产,如 2015 年 9 月淘宝推出的'内容开放'计划,优质内容创作者与机构三年内共享 20 亿市场佣金。当前 BAT 全部加入移动资讯分发市场,加大技术算法投入:2015 年腾讯上线天天快报,用户使用微信或者 QQ 登录,系统即刻识别用户的阅读兴趣和习惯;2016 年阿里通过 UC 实施'媒体赋能计划',打造'懂你的 UC';2016 年百度'百家号'上线,采用机器+人工审核方式,运用技术手段简化流程,提高效率。"①以 BAT 为代表的民营资本不仅踏入传统媒体的"世袭领地",而且开始并且会持续施展无情的挤压。互联网不相信眼泪,传统新闻媒体过去作为"信息媒体"的功能已经不可逆转地走向衰落。正如美国著名新媒体学者杰夫·杰维斯讽刺的那样:在他们安身

---

* 张耀铭,《新华文摘》杂志社。限于版面,本文节选了张耀铭先生所撰写的这篇宏文的第三部分。

① 李良荣、袁鸣徽:《中国新闻传媒业的新生态、新业态》,《新闻大学》2017 年第 3 期。

立命的市场里，互联网击败了他们。他们是正在哭泣的大叔。面对这样的场景，学术期刊人是否会有兔死狐伤的悲凉？他们的今天难道不会成为我们的明天？因此，学术期刊在与新媒体的融合中要么雄起，要么跪下，这是一场零和游戏。

我们正处于力度之大前所未有的转型之中，选择非常重要，路径非常重要。民营互联网新兴科技公司在我国媒体融合战略中应该如何定位？平台型媒体与传统学术期刊如何融合共生？如何培育起更适应互联网生存的学术新媒体？如何为取得合法身份的学术新媒体创造宽松的生态环境？如何避免资本的过度渗透而影响学术的公共属性？如何防止数据库平台滥用市场支配地位形成垄断？这些都是政府和学术期刊人在媒体融合中面临的新课题，需要深刻反思。

1. 媒体融合的公益性模式：建设国家级的数字化学术传播平台

《新闻出版业“十二五”时期发展规划》就将“国家学术论文数字化发布平台”纳入四大精品生产工程之一，主要内容包括：建立覆盖主要学科领域数字学术期刊，打造基于“云计算”技术的学术论文发布平台，建立多学术期刊单位的在线投稿、同行评议、出版与发布系统，鼓励传统学术期刊与数字学术期刊互动，推动学术期刊出版数字化转型，带动原创学术文献数字出版的产业化、规范化、规模化发展。然而，7 年过去了，该工程依然为“空中楼阁”。与此同时，来自学术期刊界的底层尝试与探索，虽然取得了一些成绩，但距规划的要求差之甚远。

2013 年 7 月，“国家哲学社会科学学术期刊数据库”（以下简称“国家期刊库”）正式上线。这是由国家社会科学基金特别委托的项目，具体由中国社会科学院图书馆（调查与数据信息中心）承建。“国家期刊库”（NSSD）收录精品学术期刊 1000 多种、超过 485 万篇论文以及超过 101 万位学者、2.1 万家研究机构相关信息。其中国家社科基金重点资助期刊 200 种，中国社会科学院主管主办期刊 80 多种，三大评价体系收录的核心期刊 500 多种。项目组已完成了期刊库、论文库、人员库、机构库等四个核心基础库的建设，实现了期刊浏览、在线阅读、用户管理等通用功能，并在此基础上完成了全文检索、期刊原貌阅读、在线批注、期刊数据分析等多项特色功能的开发。该数据库的目标，是通过收录 1000 余种精品学术期刊和特色学术期刊,建设国家级、开放型、公益性的国家哲学社会科学领域的精品数据库。此外,由中国社会科学院牵头,教育部和国家新闻出版广电总局配合建设的"国家哲学社会科学文献中心"也已上线。由国家新闻出版广电总局牵头的国家数字复合出版系统工程,已经取得阶段性成果。这至少说明"国家队"是可以利用自己的优势,在互联网上寻找立足点并有所作为的。

学术期刊是发表学术创新成果、进行学术交流与对话的主要传播载体,具有公益性质,属于公共产品。公共产品在经济上的意义,不是以营利为目的,体现为被政府需求所购买的那部分社会产品,是公共需要的使用价值形态。因此,不应被完全推向市场。从国家层面搭建一个大型的以公益出版为主的哲学社会科学数字化学术传播平台,就是要将学术期刊架构在互联网所构建的平台之上,整合资源,提高效益,推进学术资源的公益使用、开放共享,实现学术期刊的数字化、集约化、规模化,更好地推动哲学社会科学繁荣发展,切实增强国家文化软实力,提升中国国际话语权。一般而言,构建大规模的用户平台的途径主要依靠技术、依靠内容、依靠服务。在技术方面,中国知网、万方数据、维普等公司凭借自身的技术优势打造了成功的应用平台,吸引了大量的用户,而全、散、小、弱的学术期刊难以在这方面建立优势。在内容方面,具有优质内容专业把关的学术期刊,不得不面对学术论文虽然有较强的刚性需求但其用户黏性不足的现实,以及学术期刊数字版权没有保护的窘境。入驻国家级、开放型、公益性的数字化学术传播平台,学术期刊的聚变与裂变才有可能在这个"核岛"发生。不过,这种能量的聚合与释放,需要海量用户的聚集。用户数据是平台实现价值的前提,如果只是搭建了平台,而不能聚集相当规模的用户,平台的价值就无法实现。从这个意义上讲,"国家哲学社会科学学术期刊数据库"与互联网新媒体平台的海量用户数相比,只是沧海一粟。因此,抓住用户、依靠服务将成为国家级、公益性的数字化学术传播平台建设的重点和难点。

2.媒体融合的市场化模式:平台型媒体

2014年2月,美国社交媒体网站创始人乔纳森·格里克(Jonathan Glick)发表了《平台型媒体的崛起》一文,引起了社会的广泛关注。所谓"Platisher",其实是Platform(平台)与Publisher(媒体)两个单词合成的新词。2014年8月,美国一位叫Digiday的撰稿人对Platisher做了这样的定义：平台型媒体是指既拥有媒体的专业编辑权威性，又拥有面向用户平台所特有开放性的数字内容实体。平台型媒体的本质是一个开放性和社会性的服务平台，按照推特 CEO 迪克·科斯特罗的说法：我们要为我们的用户在组织内容方面提供更好的服务；我们不仅要按照时间线顺序提供最快最新的内容，还要按照话题、主题、专题来组织内容。脸书为了创建 Paper 的 App 内容聚合平台，雇用了一批编辑专职负责组织内容。2016 年 4 月，美国新闻博物馆首席执行官杰弗瑞·赫伯斯特在《华尔街日报》发表题目为"The Algorithm Is an Editor"的文章，更开宗明义地指出"算法也是编辑"。由此"平台型媒体"的内涵进一步被放大，原先那些发布并聚合众多内容的技术平台，虽然没有专业编辑，但因为有了算法，也可以被称为"平台型媒体"。伴随着新概念的产生、新技术的推进、新研究的深入，技术平台与媒体平台的界限被彻底打破，脸书推出 Instant Articles、谷歌推出 AMP、苹果推出 News、推特推出 Moment 等，美国构建平台型媒体的实践风生水起。

"平台型媒体"也一直是国内热议的话题。喻国明教授撰文指出："对于现阶段的媒介融合转型而言，我认为现在几乎所有的媒介融合和媒介转型的发展逻辑都是错误的，因为它是在传统媒介发展逻辑的基础上，对于互联网因素的某种粗暴简单地植入，时间已经并且将继续证明，这样做是没有任何效果的。我认为，真正应该成为媒体转型融合发展主流模式的应该是与互联网逻辑相吻合的'平台型媒体'(Platisher)。……这种平台型的媒介不是单靠自己的力量做内容和传播，而是打造一个良性的开放式平台，平台上有各种规则、服务和平衡的力量，并且向所有的内容提供者、服务提供者开放，无论是大机构还是个人，其各自独到的价值都能够在上面尽情地发挥。"[①]2016 年，新媒体学者杰罗姆综合美国学者的一些研究，提出了一个新的定义："平台型媒体，是依托热门互联网应用或海量用户基数，拥有开放内容生产体系(UGC)，以专业编辑机制与算法推荐机制相结合的数字内容生产、聚合、分发体系。"[②]杰罗姆认为，形形色色的互联网新兴科技公司，正在进行新一轮的以内容为目标的扩张。如果此前大平台商们因为种种原因没

---

① 喻国明：《互联网是一种"高维"媒介》，《新闻与写作》2015 年第 2 期。

② 杰罗姆：《中外互联网巨头重新定义"平台型媒体"》，2016 年 5 月 11 日，http://www.360hudong.com/article-222-1.html。

有看清楚是不是一个有效的商业模式，那么现在“百万雄师准备过大江”了。平台型媒体充满了张力，空间巨大，许多人认为是未来的“金牛”，正在上面进行充满想象力的探索与搏击。

从信息聚合的方式看，国内主流的“平台型媒体”有门户类、社交化和个性化分发三种。

(1)以中国知网、万方数据、维普网、龙源期刊网等为代表的门户网站，它们依靠数字技术和互联网技术，较早建立了期刊数据库。由于几乎所有的社科学术期刊都将数字传播的权利转授给了期刊数据库，完成了信息聚合的门户网站也就垄断了具有专业编辑“把关”的学术期刊的传输。数据库不仅对所有入库期刊进行了外科手术式的拆解，而且促使学术传播的中心从期刊转移到了论文。没有流量的内容没有价值，没有内容的流量也没有价值，双方互有需要，合作才能利益共享。所以高校学术期刊人和中国知网一拍即合，在 2011 年推出了“中国高校系列专业期刊”。“网刊”借助数字平台与流量的东风，展开自己的翅膀，找到了上升的气旋。到 2015 年，加盟“网刊”的学术期刊已经有 140 余家，专业刊增加到 12 个，并陆续创办了《三农问题研究》《儒学研究》等 7 个专题刊。然而，理想很美好，现实很骨感。“在实践上，由于种种原因，很多设想难以实现，比如合作仅限于最终产品的重组，而没能推进到出版全流程；‘网刊’的发起者既不是社会团体也不是企业，而是分散的学术期刊，这些期刊编辑部几乎都没有独立的法人身份，这导致了‘网刊’主体身份的暧昧，也限制了外部资源的投入；由于缺少现实利益的支撑，提供技术平台的合作者投入动力不足，使得‘网刊’缺少进一步发展的支撑。在理念上，‘网刊’创办针对的是纸本期刊的现实焦虑，尽管运用了互联网技术，但在观念上还没有转变为互联网思维。比如，‘网刊’仍执着于‘期’和‘刊’，时间上按期出版，形式上保持传统期刊固有的模式，与纸本期刊的区别只是搬到了网上而已，没有真正发挥出互联网的优势。”[①]具有讽刺意味的是，数字化平台实践并没有给学术期刊带来媒体融合的转机，反而成了门户网站或期刊数据库赚钱的商业模式。在可以预见的相当长的一段时间内，平台型媒体与学术期刊的地位是极不平等的，内容分发者“吃肉”，

① 桑海：《新新媒介时代的学术平台》，《澳门理工学报》(人文社会科学版)2017 年第 1 期。

内容提供者“喝汤”。学术期刊只能眼睁睁地看着自己的内容，在他人的平台上为他人创造财富。

(2)以微博与微信等为代表的社交化聚合平台。微博属于典型的平台型社交媒体，已成为当今中国最大的公共信息发布平台，并对当下中国的网络舆论产生巨大的影响力。2016 年微博提供网络直播服务，实现日均观看人次 773 万。2017 年微博全年营收超过 11.5 亿美元，创下上市以来的最高增速。不少学术期刊利用微博碎片化、交互性强、传播迅速、使用便捷等特点，实现了学术论文的“微出版”，增加了用户黏度，扩大了期刊的影响力。微信更趋向于服务型平台模式，利用微信公众号服务读者是学术期刊数字化建设的一个重点。大多数学术期刊已经在微信公众平台上注册了公众号，并且利用微信的平台优势发展移动公众号服务，内容包括信息发布、论文发布、优先出版、稿件状态查询、移动在线编辑加工、读者关系维护等。

(3)以今日头条和一点资讯等为代表的个性化内容分发平台。截至 2017 年 1 月，今日头条累计激活用户数达到 7 亿，平均日活用户 7800 万，用户平均使用时长 76 分钟，平均日阅读量 35 次。平地起高楼，爆发式增长，此起彼伏的版权纠纷，引来一哄而上的“群殴”。为了解决版权问题，今日头条逐步建立了明确的版权机制，对稿源坚持“先授权、后使用”“未授权、不使用”的原则，积极发展与传统媒体的多形式合作，以体现“对内容心怀敬意，对版权无比尊重”。2017 年度移动应用风云榜单揭晓，今日头条、一点资讯、网易新闻成为个性化新闻行业获奖的“三甲”。由此，“内容分发”成为互联网最火热的关键词，BAT 巨头争相进入相关领域，百度将“搜索内容分发”变为自身主业标配，腾讯推出竞品“天天快报”，阿里巴巴也推出竞品“UC 头条”。不过在激烈的肉搏中，今日头条依然保持一骑绝尘的优势。

作为个性化内容分发平台，今日头条具有三大特点。一是新闻资讯的高度聚合。与传统媒体、门户网站、中小网站及自媒体的合作，是今日头条获取内容的重要方式。截至 2015 年 5 月，与今日头条有正式合作的媒体、政府和机构总计 5000 家，其中签约的传统媒体超过 1000 家。此外，头条号账号超过 20000 个，每个账号都签订了入驻电子协议，版权约定清晰。合作的传统媒体涵盖大多数中央级媒体，省市级重点网站和报业集团，地方晚报、都市报，各类专业性和商业性期刊等。比如《三联生活周刊》就入驻了今日头条的微头条和悟空问答，通过今日头条的人工智能技术，把优质内容精准分发给受众。《读者》在喜马拉雅 FM 的总播放次数近 5000 万次，《国家人文历史》《财经国家周刊》等报刊社的音频已经占到凤凰 FM 原创类节目的 10%。这不仅规避了版权纠纷，而且也保证了信息内容的权威和可信。二是智能算法为核心的精准推荐。据报道，今日头条共有 4 万多台服务器进行运算，来保证以秒级速度收集海量信息，对用户特征作出反应并推送信息；2016 年更是成立人工智能实验室，主要研究自然语言理解、计算机视觉、机器学习（算法与系统）、人机交互等 AI 技术。在张一鸣看来，算法是今日头条这款兴趣推荐搜索引擎应用的核心，这也是与传统媒体最本质的区别。三是个性化的信息定制。凭借着智能算法，今日头条能够快速抓取用户数据，精准分析用户需求，高效把关内容质量，在合适的时间把合适的内容推荐给合适的人。根据人的特征、环境特征、文章特征三者的匹配程度进行推荐，这就是今日头条能够杀出重围，在移动资讯领域站稳脚跟的核心优势。

3. 媒体融合的专业化模式：由学术集刊到学术新媒体

"学术共同体"（Academic Community）这一概念是 20 世纪英国哲学家迈克尔·波兰尼（Michael Polanyi）提出来的。波兰尼在《科学的自治》一文中，首次使用了"学术共同体"这个概念。他把全社会从事科学研究的科学家作为一个具有共同信念、共同价值、共同规范的社会群体，以区别于一般的社会群体与社会组织，这样的一个群体就被称为学术共同体。原祖杰认为相对独立的学术共同体在内部构成上，对其成员的知识素养和学术活动是有一定的要求的。第一，须接受严格的学术训练；第二，须遵守学术规范与学术伦理；第三，要密切关注学术动态，积极参与学术活动。第四，要具有全球化视野。[①] 学术共同体主要包括学术期刊与专业学会两部分，在组织层面，学术期刊作为公共平台，发挥着聚合、培养学者和交流、传播学术的重要功能，许多著名的学派即因学术期刊而产生；在制度层面，专业学会主要围绕同行评议这一核心制度形成了系统性的学术制度，"它们作用于学者发表学术论文和专著、获得学术职位和晋升、申请学术奖励和资助以及荣获学术声誉等学术行为和过程之中，从制度上守卫着学术评价的程序正义和学术

① 参见原祖杰：《学术期刊何以引领学术》，《澳门理工学报》（人文社会科学版）2014 年第 1 期。

资源的公平分配”[①]。在历史上，学术期刊与学派是相互尊重、相互联系、相互影响的关系，如代表18世纪法国启蒙思想的百科全书学派和对当代学术思想与研究方法影响显著的年鉴学派。有的时候，学派的领军人物或许就是学术期刊的主编，编辑就是这个学术共同体的成员，如霍克海默1932年创办的《社会研究》杂志就成为法兰克福学派的旗舰，顾颉刚1934年创办的《禹贡》半月刊就是禹贡学派的会刊。学者创办刊物，编研一体，优势有四：“一是作为教授，他的周围聚集着一些学术团体和学生队伍，可以保证刊物的稿源和质量；二是他有很高的学术水平，对所从事研究领域的发展现状及学术前沿、发展趋势有清楚的认知，可以敏锐判断学术的创新点和突破点；三是他是知名学者，在学术界有一定影响，能够提升学术期刊的知名度和影响力；四是他有写稿、投稿的经历，其中甘苦自知，因此在编辑中所透析与发散出来的那种难以割舍的和一以贯之的人文情怀，催人思考，亦感人至深。”[②]按照马库斯·韦伯的说法，学术共同体的成员必须“以学术为志业”。由此，每一本知名的学术期刊背后一定有一个强大的学术团体作支撑，它们才是构建学术传播秩序的当然主角。然而，与西方普遍采行的注册制不同，中国学术期刊体制的核心是审批制度、主管主办制度和属地管理制度。审批制度的核心是对刊号的把控；主管主办制度的核心是办刊主体是单位而非学者，从而由行政权力部门掌控了期刊准入和日常管理。行政权力的一家独大，编研一体传统的被废弃，主编、编辑外在于学术共同体，学术期刊评价权被评价机构所取代，导致学术共同体与学术期刊的紧密联系被人为阻断，学者与学术期刊的关系日渐疏离。

出于对学术期刊现状的不满、创办新刊又难上加难的困境，学术共同体人选择了另一条路径：创办学术集刊。相对于学术期刊严格的审批制度，学术集刊使用书号出版，既不受国家期刊总量的限制，又突破了现有期刊管理的某些瓶颈。学术集刊具有四个基本特征：一是具有固定的书名和较为固定的出版单位；二是以高校系统院系和社会研究机构的学术同仁发起，知名学者担任主编和编委，比较典型地承袭了“编研一体”的传统，有较为固定的

---

① 张斌：《我国学术共同体运行的现状、问题与变革路径》，《中国高教研究》2012年第11期。

② 张耀铭：《顾颉刚创办〈禹贡〉半月刊的学术启示》，《澳门理工学报》(人文社会科学版)2014年第1期。

编辑队伍；三是以特定的研究领域、研究共同体为依托，有比较清晰的学科或专业边界，代表一种思潮、学派和取向；四是以分册形式按周期连续性出版，并有年、卷、期标示顺序。尽管学术集刊一直被新闻出版管理部门列入违规出版物，其发表的成果一般也不会被种种学术评价所承认，但依然阻挡不了学者们创办学术集刊的愿望与情怀。究其原因，正如陈思和在其与哈佛大学教授王德威共同主编的学术集刊《文学》创刊时所说："《文学》是一本定位于前沿文学理论的丛刊……摒弃目前社会流行的办刊思想，不朝所谓核心刊物、权威刊物去靠拢，不接受所谓学报体的论文，也不发那些短平快的报章体；力求走高端的学术道路，寻找真正的学者，发表积累多年、有深刻思想内涵、有学术含金量的学术研究论文，目标就是反映文学理论前沿的各种探索和思考，从而打造其独具特色的权威性。"[①]这才是学术共同体要找的视角，也是一个更直白、更具冲击力的视角。

21 世纪以来，学术集刊异军突起，不少集刊为世界著名大学图书馆和相关学系所订阅，发表的高质量论文也有不少在本学科的世界范围内产生影响。早在 2004 年，杨玉圣教授就提出"学术集刊现象"[②]。社会科学文献出版社从 21 世纪初开始出版学术集刊，历经 16 年的发展，从近千种学术集刊中精选出版了 220 种，几乎涵盖了哲学、经济学、社会学、政治学、法学、历史学、地理学、语言学、文学等大多数人文社科领域。在数字出版方面，社会科学文献出版社搭建了"中国集刊网(数据库)"学术平台，专注于中国学术集刊的编纂、出版、传播和推广。在专注集刊出版的同时，社科文献出版社还非常重视学术集刊出版规范和评价体系的构建，已发布了《SSAP 学术集刊手册——编辑、出版与评价指南》，每年组织集刊的评选工作。从 2012 年起，社会科学文献出版社开始组织召开"人文社会科学集刊年会"，已连续举办 6 届，围绕"学术集刊与学术共同体建设""学术集刊与学术传播""学术集刊与学术评价""学术集刊与中国学术国际化"等主题展开讨论，为扩大学术集刊的影响力，推动学术集刊的规范化、国际化作出了积极的贡献。2005 年 7 月，南京大学中国社会科学研究评价中心发布 2006～2007 年度 CSSCI 来

① 蒋楚婷：《前沿文学理论丛刊〈文学〉创刊》，《文汇读书周报》2013 年 6 月 21 日。

② 杨玉圣：《值得关注的学术集刊现象》，《云梦学刊》2004 年第 4 期。

源集刊目录,《语言学论丛》《中华文史论丛》等33种学术集刊首次被纳入CSSCI评价体系。到2017年,已经有189种学术集刊被纳入CSSCI(2017～2018)来源集刊目录,拥有了与学术期刊同等重要的学术地位。与此同时,新闻出版管理部门也打开了一扇窗,部分内容优质、学术规范的学术集刊已获得了新闻出版广电总局颁发的正式刊号,而成为名副其实的学术期刊。

对大多数学术集刊来说,没有国家新闻出版部门授予的期刊号、不具有被广泛认可的学术地位、经费无保障,是制约其发展的三大难题。这种状况不仅影响到学术集刊优质稿源的征集,而且也制约了学术集刊的健康发展。凭借他们的一己之力,集刊根本找不到复兴之路。社会科学文献出版社打造的"中国集刊网(数据库)",由于具备了自己的信息源(稿件与作者)和忠实读者,从而成为一个内容导向的新媒体平台。这个平台的核心竞争力就是懂学术,能够生产出很好的内容;其他平台都是UGC模式,质量上参差不齐,而这个平台可以在较短时间内产生专业内容,并保证质量和速度。社会科学出版社应该把这个新媒体平台作为主阵地,而不只是将其作为第二阵地或配角。应该将更多的资源投入这个新媒体平台,给予大力扶持,从而在内容生产资源方面拥有更大的话语权,从内容生产与内容消费两端,锁定客户与用户。"数字新媒体的障碍主要在体制,只要创新体制,搬走障碍,新媒体就会应运而生。"①国家层面的媒体融合战略,已为学术期刊体制改革提供了一个难得的契机。一旦《网络连续出版物管理规定》《网络出版等新兴出版主体资格和准入条件》等法律法规和部门规章顺利出台,"中国集刊网(数据库)"或许就会获得与学术期刊刊号相当的学术新媒体身份,届时学术集刊将实现弯道超车或华丽转身。

4.媒体融合的集群化模式:从学术期刊到学术新媒体

国际大型科技出版公司如施普林格·自然、爱思唯尔、约翰·威立的期刊出版,普遍采用集团化、数字化和产业化发展模式。爱思唯尔每年出版的期刊有3200多种,施普林格·自然集团每年出版期刊有3300多种,他们不仅期刊数量众多,而且在各学科领域均拥有具有世界影响的知名期刊。近年来,这些集团纷纷进军中国,开设分支机构,创建"中国在线科学图书馆",

① 朱剑:《学术新媒体:缘何难以脱颖而出》,《北京交通大学学报》(社会科学版)2015年第4期。

直接寻找国内科学家办刊，仅施普林格·自然集团就与中国共同合作出版了百余种学术期刊，对中国科技期刊的发展构成严峻的挑战。相比之下，我国期刊受体制和机制的影响，规模化程度低，集约化水平差，竞争能力比较弱。随着媒体融合步伐的加快，期刊集群化发展已是大势所趋，大家都在努力补齐这个短板。目前，我国学术期刊在集群化建设过程中形成了多种实现路径。

第一，改造式路径。“改造式路径的核心在于从刊群整体定位布局和发展战略出发，有目的有计划地对刊群中的已有子刊或作为潜在刊群成员的期刊进行改造。改造的内容包括单刊的品牌定位、服务定位、栏目设置以及后台的采编管理工作等，使其适应刊群的整体发展定位和发展布局。”①北京卓众出版有限公司一方面深耕农业机械领域的期刊，另一方面改造拓展《汽车与驾驶维修》原有的某些栏目，相继推出《商用汽车》《车主之友》《汽车导购》《越玩越野》等新刊，形成包括《农业机械》《数码摄影》《机电商报》《卓众汽车网》等 17 刊 1 报 3 网的刊群。通过构建互联网、手机、平板电脑等多层次、多平台的数字期刊产品，卓众出版初步形成了立体化的媒介传播形式。

第二，加盟式路径。在数字出版时代，网络聚合刊群已经成为一种行之有效的手段。来自不同主管单位、主办单位、不同地域的学术期刊，完全可以聚集在一个网络平台下面摆开架势、倾力一搏。典型的案例，如中国科技出版传媒股份有限公司（科学出版社）通过探索建立资本纽带、法律纽带、服务纽带等合作模式，不断吸引具有学科代表性、行业代表性、地区代表性的优秀期刊加盟，目前共出版近 300 种科技期刊，其中英文期刊 70 种，被 SCI 收录 45 种，被 EI 收录 51 种。为了打造平台型媒体，聚合与释放科技期刊的能量，中国科技出版传媒股份有限公司不断加大投入，并制定了“点面体”结合的发展战略：“点”，就是加快创办重点英文大刊，提升高水平英文版刊物的国际影响力。一方面，持续推动提升《中国科学》和《科学通报》的国际影响力；另一方面，以科学出版社作为主办单位创办新刊 18 种，其中《国家科学评论》2017 年最新发布的影响因子为 8.843，在全球多学科综合类期刊中位列第五。“面”，就是推动科技期刊学科集群化发展。目前，已建成地球

① 王铮：《我国科技期刊刊群实现形态和路径研究》，《中国科技期刊研究》2015 年第 12 期。

与环境科学信息网，集聚了该领域 176 种优秀期刊、126 个重点实验室、6000 多位专家的内容资源。“体”，就是通过研发 SciEngine 中国科技期刊国际传播平台、期刊全流程数字出版平台、中国科技期刊开放获取平台推动期刊平台化、集约化管理运营，适应国际化出版需求。[①] SciEngine 的设计和开发，实现了从收稿到发布的一站式服务，通过开发符合国际标准的结构化数据和生产管理系统，实现对内无缝对接投审稿系统，对外自动对接 PubMed、Crossref、Google Scholar、Altmetric 等国际学术互联搜索和第三方平台，实时进行内容资源与各类应用数据的双向流动，实现快速、优质的出版和准确、及时的推送，提高期刊内容的被发现率，为国内学术期刊真正实现“走出去”提供技术支持。平台功能丰富，支持中、英双语页面切换和并列检索。基于结构化数据的排版技术，平台实现了 HTML 全文和 PDF 全文标签式阅读、数字内容的高效聚合与产品形态多样化。跨平台对接，实现了 DOI 生产、注册和更新，解决文献的割裂状态(Cross Mark)，提供一站式的链接服务，并能够实时显示期刊被权威数据库的引用情况，提升平台论文的学术影响力以及网络分享关注度，与国际平台接轨。发布平台实现自动的优先数字出版，包括接收即出版(Accepted)，优先出版(Online First)，整期发布(Browse)，并通过时间戳、水印等设置实现多种版权保护管理。SciEngine 在建设过程中获得国家文化产业发展专项资金的资助，为平台持续优化和深入提供了有力的资金保障。

第三，孵化式路径。孵化式路径指同一主办单位将分散在各编辑部的人、财、物实施统一管理和运行，通过资源共享、打造名刊、孵化新刊、共同发展，形成差异化定位、优势互补的期刊群。典型案例如上海大学期刊社下属的《上海大学学报》(自然科学版)、*Advances in Manufacturing*、《应用科学学报》、*Applied Mathematics and Mechanics*、《社会》、*Chinese Journal of Sociology*、《上海大学学报》(社会科学版)、《自然杂志》《秘书》《应用数学与计算数学学报》《运筹学学报》、*Journal of the Operations Research Society of China* 和 CSR 共 13 个期刊编辑部。上海大学期刊社率先实施社科类期刊与科技类期刊、综合性期刊与专业性期刊、中文期刊与英文期刊集约化管

① 参见林鹏：《中国科技期刊的困境与出路》，《光明日报》2018 年 1 月 18 日。

理运营模式，并创办 *Advances in Manufacturing* 等英文刊，成为目前上海地区规模最大的学术期刊集群。

媒体融合已经从最初无序竞争的阶段，进入抱团取暖、共克时艰的发展阶段。学术期刊如果仍然沉迷于维护自己的小舢板，根本不足以穿越风浪把自己带出苦海。学术期刊如果仍然幻想着被圈养在体制带围墙的花园里，终有一天会丧失自我救赎之路。面对生与死这个哈姆雷特式的经典问题，已经具备公信力、权威性和资本实力的期刊集群，应该抓住媒体融合的窗口期去构建自己专属的新媒体平台，实现集群的整体转型。但绝大多数学术期刊凭借自身的一己之力，根本找不到出头之日，如果不想成为恐龙，只能走捷径入驻其他平台，放下身段，寄人篱下，被人牵着鼻子接受整合与收编，成为平台型媒体中的配角。互联网融合传统媒体的过程都异曲同工：温水煮青蛙，不管你的出身门第，更不管你愿意不愿意。

5.媒体融合的期刊评价模式：从定量评价到全面评价

在学术期刊评价中，“影响因子指标”是最重要的考量目标。“‘影响因子’是由美国文献学家尤金·加菲尔德 1972 年提出的，是指一定时间内某期刊论文的平均被引用率，其计算公式为：影响因子＝期刊前两年所登载论文在统计当年被某学科论文引用的总次数/该刊前两年所登载论文的总数。影响因子现已成为国际上通用的期刊评价指标。”[①]“影响因子”被引入中国之后，被狂热追捧，催生出多家专业评价机构。这些评价机构的核心工作就是“评刊”，具有四个显著特点：第一，评价仅限于具有正式刊号的学术期刊，网络媒体上发表的论文都被排除在体制认可的评价之外；第二，都是在用过去的文评现在的刊，再用现在的刊去评未来的文；第三，评价结果都是通过发布排行榜或排名表，给学术期刊定出等级；第四，评价的主要功能，是为行政权力部门管理期刊服务。鉴于学术评价的复杂性、竞争性、即时性、公开性、操作性等难度，高校和科研单位普遍把南京大学中国社会科学评价中心的 CSSCI 引文索引来源期刊视为最具权威性的评价体系。尽管以计量为主的期刊评价工具具有相对优势，但这样的评价毕竟不是立体的、多维度的、

---

① 张耀铭：《学术评价存在的问题、成因及其治理》，《清华大学学报》(哲学社会科学版)2015 年第 6 期。

全方位的。

随着“数字技术和互联网技术对学术传播的深度介入，以及学术国际化潮流的兴起，触发了传播秩序的危机，纸本时代以学术期刊为基点的传统秩序无法规约互联网时代多主体、多平台、多渠道的学术传播，学术传播已处于事实上的失序状态，秩序的重建刻不容缓。尽管在互联网时代无法复制纸本时代的学术传播秩序，但新的出版和传播技术在颠覆传统秩序的同时，也为学术传播秩序的重建提供了新的技术基础。”[①]早在1913年，德国一家报纸的总编辑沃尔夫冈·雷普就提出了一个在传播历史上具有重大影响的论断：新媒体不会取代现存的媒体。[②] 按照“雷普法则”，互联网不是一种新的报刊，而是一种新的媒体。这意味着，互联网将按照现有媒体的范式创新性地自我塑造而不是取代。

纸本时代产生的学术评价机制，显而易见不适合网络时代学术传播的需要。目前，不管是报纸期刊、广播电视，还是互联网，衡量媒体价值的主要指标都是判断“人与媒介”关系的接触点，比如订阅数、收听收视率、点击率和下载量，但接触点只是证明有多少受众曾经接触某个媒体，以及这样的接触点在整个市场所占据的份额。“实际上同样的内容，在不同的接触点、不同的媒体上所产生的效果有天壤之别。原因在于接触之后，存在更多、更为关键的态度及行为反应变量：比如说接触之后对受众的影响是正向的还是负向的，影响力度是强的还是弱的，是否能触发其行为的改变——接触仅仅是个开始，对媒体传播价值的评估只看接触点是很不全面的。”[③]互联网时代的学术评价，究竟会是什么样子？我们不知道。但是，新媒体技术、平台型媒体必然带来评价理念、目标、内容、方法的调整。大洋彼岸的探索，或许给了我们一个参照的坐标。2015年2月，美国期刊协会推出“期刊媒介360”方案，明确主张用“受众量”取代“发行量”，从360°视角实现对期刊影响力的全面评估。根据该方案，新时代的期刊不再是单一的、平面的、纸质的印刷媒体，而是一个多媒体的、立体的、多渠道的“期刊媒介”；期刊的受众量不仅仅

① 朱剑：《学术共同体、学术期刊体制与学术传播秩序》，《澳门理工学报》（人文社会科学版）2016第3期。

② 参见何震、陈笑雪：《德国新媒体发展态势与问题探析》，《中国记者》2016年第3期。

③ 徐立军、王玉飞：《2018年中国传媒的基本面与机会点》，《现代传播》2018年第1期。

是纸质版的销售量，而是全媒体时代对受众的全面覆盖及最佳传播效果。“期刊媒介”包括纸质版+数字版、网络版、移动版、视频版和社交媒体版5种发行方式，销售量、访问量、阅读量或点赞数构成了期刊受众总量。“基于此统计，2015年美国期刊月均受众达5.77亿人次，受众量比2014年增长10.2%，是传统媒体中增长最显著的媒体之一。期刊发行的主导形式仍是‘印刷+数字版’模式，月均受众量为3.44亿人次，占期刊受众总量的60%，增长率为0.2%，表明纸质期刊市场的增长空间有限。期刊网络版受众为0.92亿人次，且增长率仅为0.4%，可见网络版期刊的增长空间也有限。期刊受众增长最快的是移动发行渠道，2015年移动版月均受众量首次突破1亿人次大关，增长率高达65.3%，占期刊受众的比重达22%，期刊移动版受众数量首次超过网络版受众数量。视频版受众为0.12亿人次，增长14.4%，虽然其目前尚不占优势，但未来增长空间不可限量。从发展趋势看，期刊移动版受众量仍将快速增长，但短期内‘印刷+数字版’仍是主流发行模式。”①美国的这套构建于多种传播渠道的受众计量方法，无疑对我国的学术评价、媒体融合具有重要的启示意义。

[原刊于《济南大学学报》(社会科学版)2018年第3期，有改动]

① 吴锋、田田：《坚守与拓新：美国期刊业最新变革与发展趋向》，《出版发行研究》2015年第10期。

《雾里看花：谁的期刊　谁的评价》序

仲伟民*

朱剑让我写个序。我明知这序不好写，但我没有推辞。为何？因为我觉得除我以外，大约没有更合适的人选了。这话听起来颇不自量力，似乎有点狂。但与我俩熟悉的朋友，大约可以理解，也不会说我狂妄，因为我说的是实情，无一丝狂妄侥幸之意。

我 2005 年到学报工作，至今已逾 12 年，但与学报界的诸多资深同行相比，我在学报界的资历不算深，因为在学报工作超过 30 年的，大有人在。也就是在 2005 年，即在我调动之前不久，有幸认识了朱剑。当我开始有调动工作的想法并征求朋友意见的时候，第一个明确反对我从《历史研究》调到《清华大学学报》的就是朱剑。尽管他当时没有细说反对的理由，大约那时我俩尚未发展到无话不谈的程度，但是后来我终于理解了他为何反对我调动。当然，工作调动纯粹是我个人的私事，我有自己的考虑及需要，但从学术研究以及期刊发展来看，他不赞成我调动有充分的理由，这与他对期刊的思考和理解是一以贯之的。关于这一点，我后来的体会越来越深刻。初到学报工作，特别不适应，因为专业期刊和综合性期刊的风格差别实在太大。专业期刊尽管也是水平参差不齐，风格多样，但相对来说特点鲜明，读者和作者对象相对明确和固定。在我接触了大量综合性学术期刊尤其是学报之后，其差异及混乱程度还是超出了我的想象，一度对学报极其悲观。那时我开始明白，朱剑劝止我调动工作，是诚心诚意的。从此，我开始注意他的一

* 仲伟民，清华大学人文学院历史系。

言一动,向他学习。

综合性学术期刊的问题非常多。比如注释方式,那时绝大多数学报采取的是"中国学术期刊(光盘版)检索与评价数据规范"(CAJ-CD/T1-1998)格式,这个只是为检索和统计方便而制定的注释规范,完全违背学科研究范式,尤其不符合人文学者的研究习惯。可是,这样的格式竟然堂而皇之地成为基本推荐规范,并在全国学报及其他综合性期刊上大力推广实行。如此之荒唐,是我无论如何无法容忍的!因此我主持《清华大学学报》后的第一项工作,就是废除上述注释规范,而改为《历史研究》及《中国社会科学》的注释规范。我的这个做法首先得到了朱剑的理解和坚定支持。此后,我和多位志同道合的期刊同行组织召开了编排规范学术研讨会,越来越多的期刊抛弃了光盘版规范,注释方式向各学科研究范式回归。以此为标志,我们开始了十几年的合作和友谊。

朱剑第一篇标志性且有影响力的文章是《徘徊于十字路口:社科期刊的十个两难选择》(《清华大学学报》2007年第4期)。尽管他没有将此文选入论文集中,因为他私下对我说,此文有些观点过时了,但我认为这是一篇非常重要的文章,不选有点可惜。一是此文首次全面指出了学报(其实不限于学报)的多种疑难杂症,比如综合性还是专业性、全面出击还是有所取舍、开门办刊还是自我封闭、依靠专家还是编辑办刊、重选题策划还是重文字编校、匿名审稿还是编辑审稿、执行编排规范还是执行评价规范、重评价指标还是重独立风格、纸质版还是电子版、面向市场还是拒绝经营等,这些问题困扰了学报几十年,很多问题至今仍未化解;二是此文开启了学报界讨论期刊改革问题的高潮,带动了学报界同行的深入思考,为此很多学报设立了专门的栏目;三是此文标志着朱剑以学者和主编的双重身份,开始全面深入思考中国期刊界和学术界存在的种种问题,此后他文思泉涌,不可阻挡,连续发表了多篇有关期刊改革及学术评价的重量级论文。

我说撰写本书序言非我不可,还有一个重要原因,那就是朱剑的论文大多是我逼出来的,我几乎清楚他的每一篇论文的生产经过。朱剑喜欢说,喜欢辩论,但不喜欢写成文字,这让我很着急。于是,我就经常逼他写,明确告诉他某期留了版面,必须完成任务。有时已到二校样,他仍然没有交稿,把我急得够呛。当然,他每次都没有让我失望,更没有让我开天窗,而且每次都写得非常漂亮。说到这里，我应该先向大家再交代几句：朱剑的文字功底极好，几乎无需编辑费心；他的排版技术一流，每次都是自己排好版，也不让我们的技术人员费心。我想，即使他与我没有任何关系，他不做主编，而纯粹作为一个作者，他一定也是一位最受编辑部欢迎的作者。

还有，作为《清华大学学报》的负责人之一，我对朱剑充满感激之情，因为他的绝大多数精彩的论文发表在《清华大学学报》上，这些论文为《清华大学学报》赢得了声誉，产生了广泛的影响。我到《清华大学学报》主持工作后，便设立了"期刊与规范"（后改为"期刊与评价"）栏目，这个栏目之所以能够长期坚持，最主要的就是因为有朱剑的支持。如果朱剑不写文章，没有这么多精彩观点的阐发，这个栏目就不可能办，或者即使能办也不可能长久，不可能如此出彩。

朱剑的文章集中发表于2007～2018年这12年的时间，而这12年是中国学术期刊发展变化最快最多的12年。他的关注点主要集中在学术期刊与学术评价两个方面，因此论文集也就分为上编"学术评价"和下编"学术期刊"两个部分。众所周知，中国的学术评价实际上就是期刊评价，因此这两个部分实质上是无法截然分开的，上下两部分有紧密的逻辑关联。

朱剑之所以在12年间写出如此之多的高水平论文，是因为他有扎实的知识积累、长期的认真思考和丰富的实际工作体验，更是因为他有很强的使命感和责任感。他希望中国的学术期刊和学术研究能够走出目前的困境，希望中国能够办出高水平的学术期刊，并走向世界，从而带动中国学术的发展。为此，他不断地鼓与呼，不断地阐发新的想法。朱剑的论文如此之重要，影响如此之大——如果忽略了他的研究，这个时段的学术期刊和学术评价的学术史是否会有所逊色？这么说，我认为一点也没有夸张。如果不信，就请读读他的文章，或者就读其中一两篇也可以，我相信他不会让你失望的。就我与朱剑十几年的交往，感觉他撰写这些主题的论文，是基于以下三个方面的动因。一是因为中国学术期刊的痼疾，尤其是综合性学术期刊的痼疾，最典型的是高校学报的痼疾。简单说，包括学报在内的综合性期刊的根本缺陷，是其内容的庞杂，边界不清，表面上看各学科无所不包，而实质上却是与学科发展和学术界的实际需求脱节，不符合学术研究的规律，也自外于国际学术界和国际期刊界。对此，朱剑的分析非常全面、深刻。二是目前中国的学术评价本质上只有所谓“量化”的期刊评价,学术期刊本来只是学术媒介和学术平台,而今却背负了学术评价的责任,学术评价将学术期刊分成三六九等,给学术期刊的发展带来诸多的问题。朱剑对学术评价进行了深入研究,提出了很多精彩的观点。三是中国的学术期刊在发展过程中与现行体制的关系复杂,为此,朱剑同样做了非常深刻的思考,为有关部门、为学者、为同行提出了很多有参考价值的意见。以上三点也足以说明朱剑的使命感和责任感之强。

朱剑还有一个非常可贵的优点,即他努力把理论与实践结合在一起。在我们交往的这十几年中,我们一起做了很多有意义、值得回忆的事情。比如关于期刊数字化,我们做了两次有重大意义的尝试,一次是2011年创办的“中国高校系列专业期刊”,另一次是两年前开始尝试的“域出版”。这两次尝试共同的特点是,先酝酿和提出理论,反复讨论,提出思路,然后再设计出具体方案,而这个过程的设计师就是朱剑,他的理论和思路就体现在他的论文中。我所能做的,就是与朋友们一道,将朱剑的理论和方案付诸实施。从这一点来说,我们两个是非常好的搭档,或者可以说是黄金搭档。当然,基于各种各样的原因,这些理论和探索并不是十全十美,有时会遇到挫折,有时会推倒重来。在这个过程中,我们分享成功的喜悦,分担失败的痛苦,但最让我们欣慰的是,我们收获了友谊,结交了朋友,带动了业界的深入思考。

文如其人,这一点在朱剑身上得到了充分体现。朱剑的文章,逻辑思路简明清晰,揭示问题敏锐深刻,分析研究扎实可靠。所以,他的文章广受欢迎,尤其受到年轻朋友的欢迎和追捧。在工作和生活中,朱剑为人正直,敢说敢做,不计较个人得失,因此,他具有强大的人格魅力。基于前者,年轻朋友把他誉为学报界的最强大脑,甚至被称为学报界的“教父”;基于后者,他被称为学报界的“男神”,魅力四射。我想,这两个称呼,他是有资格担当的。

是为序。

(原载于朱剑《雾里看花:谁的期刊　谁的评价》,第Ⅰ～Ⅳ页,有改动)

社科期刊的窘境根源何在：一个理想主义者的观察与思索

原祖杰[*]

一

《南京大学学报》主编朱剑将其自选集取名为《雾里看花》，对于这样一个让书店店员和图书管理员分类上架时颇感为难的书名，无论是作者的后记还是两位同道的序言都未作出解释。在笔者看来，书名中的主标题与其说是要表达书中内容，不如说是想传递作者的某种情绪：它既代表了作者一贯的自谦风格，似乎暗示书中讨论的有些现象、观点多系个人的观察和体会，可以见仁见智；也反映了作者对期刊和评价过去数十年的表现心存忧虑，对期刊编辑的职业、身份颇多质疑，对缘于体制的学界乱象深感无奈，正所谓“雾里看花似花非花，水中望月叹月惜月”。

朱剑的两位挚友加同行仲伟民和张耀铭的序言以及他自己的后记，已经对其从事期刊编辑工作几十年尤其是近十年来的心路历程和文集所收文章的成文过程做了简要说明，对期刊与评价无感觉而只对作者本人感兴趣的读者，可以看看这三篇文字。对于将来的中国学术期刊史研究者来说，朱剑无疑是个绕不过去的人物，他对当代中国学术期刊办刊思想的贡献必将在中国期刊史上留下重要印记。然而，如果没有 2005 年早春与仲伟民、张耀铭等人的那场相遇，他的很多关乎中国期刊发展和学术共同体建设的思

* 原祖杰，《四川大学学报》(哲学社会科学版)编辑部。

想可能会永远埋没在他那设置精密的大脑中。可以断言，是仲伟民的穷追不舍，张耀铭等期刊界同行的热情鼓励，才激发起多年来述而不作、自命"懒散"的朱大主编的写作热情，催生了这样一批对学术评价和学术期刊改革振聋发聩的文字。

文集分上下两编，分别以"学术评价"和"学术期刊"命题，各收8篇论文，共计16篇文章。从仲伟民的序言和朱剑自己的后记中，我们可以了解到，"朱剑的第一篇标志性且有影响的文章是《徘徊于十字路口：社科期刊的十个两难选择》（《清华大学学报》2007年第4期）"，可惜作者认为"此文有些观点过时了"而未将其选入文集。在那篇文章中，朱剑对社科期刊中存在的乱象和发展的困境做了一个较为全面的梳理，正好可以作为后边深度阐释的评价与期刊问题的导读，因为社科期刊的乱象和窘境在很大程度上源于学术评价之滥与期刊管理之弊。

二

在《学术评价、学术期刊与学术国际化》一文中，朱剑将学术评价泛滥的根源归咎于"人文社会科学国际化热潮"中某些评价机构的作为，因为中国学术界的SCI、SSCI、A&HCI崇拜就是在有着强烈的输出意识的学术国际化旗号下培养起来的，而始作俑者正是某些将SCI、SSCI、A&HCI列为关键性"量化指标"的评价机构，结果"国际化"成了"SSCI化""A&HCI化"。其实，SCI崇拜只是让中国学术界误以为已经搭上了"国际化"的顺风车，因为这种风气既不是欧美一些发达国家的普遍现象也不是国际学术界的通行做法。国际学术界一些重要的人文社科类期刊至今也不是SSCI或A&HCI收录期刊。如在明、清史研究中久负盛名的《晚清中华帝国》（*Late Imperial China*）长期置身于上述收录系统之外。据王笛教授回忆，其在约翰·霍普金斯大学的导师，曾担任该刊主编数十年之久的罗威廉教授在一次交谈中还问他："什么是SCI?"的确，迟至20世纪末，大部分美国的人文社科领域的学者还不知道SSCI和A&HCI为何物。因此，与其说以SCI、SSCI和A&HCI为最高标准的期刊评价和学术评价是人文、社科国际化的产物，不如说这些本来只在个别领域和少数学术机构采用的收录系统或评价体系中国化的产物,这也是为什么有人将 SCI 戏称为“Stupid Chinese Idea”,是中国人捧红了 SCI,并惠及 SSCI 和 A&HCI,还给它们贴上“国际化”的标签,甚至创建了 CSSCI 等评价系统来实现所谓的“与国际接轨”。

在学术评价中,比收录更粗暴简单的是排行榜。朱剑在《摒弃排行榜:走向科学评价的第一步》中痛陈期刊排行榜带来的负面影响:首先是撕裂了评价,使得定性评价和定量评价各自独立甚至对立;其次是误导了期刊,期刊为追求更好的评价结果就会研究迎合评价机构偏好;再次是败坏了学风,学校、教师乃至学生的名誉和利益无不为之绑架;最后是危害了研究,导致研究目的偏离学术追求。①

与大学和学术相关的排行榜的始作俑者,应该是美国和欧洲国家的某些媒体,这些媒体声称其炮制排行的目的是为学生择校提供参考。20 世纪 90 年代,一些美国的大学校长曾联名抵制大学排名,但收效显然不大,各种排行榜在进入 21 世纪以后呈愈演愈烈之势,而这种风气恰恰与中国的学术“大跃进”同步,因此不能排除中国高校在背后的推波助澜之功。高度行政化的中国学术已经形成对评价的路径依赖。而这种依赖反过来又鼓励了各种评价机构的崛起和各种排行榜的泛滥。诚如朱剑在文中指出的,“行政权力部门采信什么样的评价,就会将什么样的评价者送上权力的宝座”②。无论是 SCI、SSCI、A&HCI 收录系统,还是期刊排行榜,之所以能够在中国,也只有在中国,大行其道,最根本的原因是它们都能够借助中国的教育和科研机构中强大的行政权力而牟取自己的利益。

三

如果说评价之弊源于体制,那么期刊定位就更受到体制的制约了。朱剑曾不止一次质疑他为之奉献半生的高校学报是否具备学术期刊的资质。中国高校学报从 1906 年《学桴》创刊,经历一个多世纪的社会变迁,原来一些好的传统如编研一体等基本丢失殆尽,而多学科综合性、稿源内向性这样

① 参见朱剑:《雾里看花:谁的期刊 谁的评价》,社会科学文献出版社 2018 年版,第 135 页。

② 朱剑:《雾里看花:谁的期刊 谁的评价》,社会科学文献出版社 2018 年版,第 131 页。

一些与学术共同体利益相悖的特征却保留下来，并且在单位行政权力不断强化的 21 世纪继续得到维护。朱剑指出，学报在世纪之交进行了大扩容，社科类学报近年来已经达到 1300 余种。“传统的‘窗口’‘园地’固然得到了继承，但在综合性学报的数量达到一定量级变成‘千刊一面’后，根本无法拥有自己的忠实读者，成了无人观望的‘窗口’和专门留给本校教师自产自销的‘自留地’。”①

在朱剑看来，如果一份期刊没有清晰的学科边界，不能面向学术共同体，其就不能反映学术共同体的意愿，而只是某些单位意志的体现，这样的期刊就很难称得上是纯粹的学术期刊。中国的多数大学学报都是这样一些单位意志的产物。而对于在学报工作的趋于职业化的编辑人员来说，他们与学术共同体的关系因为单位编制造成的阻隔而日渐淡化，不免会产生身份焦虑。朱剑文集中最后一篇长文《如影随形：四十年来学术期刊编辑的身份焦虑》，在总结和梳理过去 40 年学术期刊编辑身份演化的同时，也回顾了 2003 年教育部名刊工程实施以来，学报界一批志同道合的主编和编辑，为重新定位学报和建构编辑身份做出的努力。

四

焦虑和质疑是改革的动力。与学术期刊界很多安于现状、信心满满的期刊编辑不同，以朱剑、仲伟民为代表的一批学报界同道首先站出来要革自己的命，开启了期刊改革的艰难历程。其改革思想大多体现在朱剑从 2007 年到 2018 年发表的一系列文章中，在该文集收录的 16 篇文章中得到较为全面的反映。朱剑的改革思想和方案设计周详而缜密，限于篇幅，这里只能撮其大端。

一是借助教育部名刊、名栏建设东风，推动学报学术化、规范化发展，与仲伟民等期刊主编合作，首先在部分学报摒弃了以评价为导向的编排规范，回归学者本位，让学报的面貌焕然一新。

二是推动网络专业刊建设，克服综合性学报拼盘化弱点，让学报及其编

① 朱剑：《雾里看花：谁的期刊　谁的评价》，社会科学文献出版社 2018 年版，第 344 页。

辑人员更接近学术共同体。由17家名刊工程学报在2011年联合发起网络专业刊建设联盟，将每期内容重新按专业组合，在知网与纸质刊同步出版10种专业刊。后来参与期刊扩大到一百多家，出版的专业刊和专题刊也达到数十种。

三是利用新媒体为学术出版提供的新的可能性，与超星等出版集团合作，提出学术发表的域出版概念，以统一的投稿平台、审稿平台和出版、评价平台等设计，超越单位办刊带来的种种制约，还学术期刊以发展自由，使之真正回归学术共同体。

上述改革思想在实践中因受到传统观念和现行体制的双重制约并未完全实现朱剑的初衷，但他的思想显然已在期刊界发酵，并在过去十年中激励着一批不安于现状的期刊编辑同行，去检视学术评价和学术期刊中存在的种种弊端，寻求学术期刊改革的正确方向。

五

对于朱剑的为人为学，以及他对学术期刊发展的贡献，仲伟民和张耀铭在他们各自的序言中已做了精当的评价。张序对朱剑的人品、思想大加赞赏："在这个物欲横流的时代，他不被名利绑架，所以也就不需要去应付和说客套话，因此他的时间变得富足，空间变得自由，思想变得独立。"仲序特别强调了朱剑的使命感和责任感："他希望中国的学术期刊和学术研究能够走出目前的困境，希望中国能够办出高水平的学术期刊，并走向世界，从而带动中国学术的发展。"对于这些评价，笔者深以为然。如果说进入21世纪以来中国学术期刊在整体水平上有所提高的话，应该与朱剑等人对期刊界乱象毫不留情的批判和为革除弊端奔走呼号的努力不无关系。

朱剑是一位理想主义者，也是一位完美主义者，这一点从他对"互联网时代学术传播的新秩序"的构想中即可见一斑。他设计的"专域学术在线出版平台"体现了他对新媒体时代学术传播模式的理想化建构，但却脱离了包括大批高校学报在内的中国学术期刊特殊的制度环境和生存状态，也未能顾及以营利为最终目标的平台合作方急功近利的特征，致使他的"超云"平台因为合作方的人力和技术支持均没有到位而陷入难产境地。

作为理想主义者,朱剑和他的期刊界同道们近年来孜孜以求的让学术期刊回归学术共同体的目标其实并不算高,他们的很多改革设计也不过是力图让中国的学术评价和学术期刊更接近于正常状态。即便如此,面对盘根错节的体制性障碍,他们的改革努力即便不是四处碰壁,也一直是举步维艰。不过,有此文集作证,至少可以向后人交代,这代期刊人并非都是安于现状的,他们有过焦虑和质疑,他们并不计较个人得失,他们为中国的期刊发展和学术进步尽到了自己的责任。

(原刊于《中华读书报》2018年6月20日,有改动)

中国文学研究论文被引存在的问题与对策

孙昕光　李宗刚*

随着现代学术事业的发展和对学术发展规律认识的不断深入，学术规范越来越受到人们的高度重视，学术研究的科学性得到极大提升，这对摆脱既有学术研究中存在的非科学性乃至伪科学性都有极大的作用。但不容忽视的问题是，学术研究的科学性到底体现在哪些方面？怎样才能提高学术研究的科学性？具体到作为学术研究成果重要形式之一的学术论文来说，就是怎样看待和评价学术论文的被引现象？本文拟通过中国文学研究论文被引来探讨回答这些问题，相信这不仅有助于我们提高中国文学研究的科学性，而且对其他人文社会学科研究的科学性的提升也有镜鉴作用。

一

从学术规范来看，学术论文的被引是考核其学术价值高下的重要方面。一般地说，学术论文被引次数越多，意味着学术论文的阅读量越大，其学术影响力自然也就越大，反之亦然。当然，学术论文的被引次数的多少，与学术论文的价值并不能简单地画上等号，我们也不能认为那些被引多的论文就一定比那些被引少的更有价值。从整体上看，一篇论文被引次数的多少对我们审视学术论文的价值，可以作为一个重要的参考。换言之，这种“量”的分析还要和“质”的把握相结合。

---

* 孙昕光、李宗刚：《山东师范大学学报》（人文社会科学版）编辑部。

从学术研究的大的学科分类来看，我们可以将其分为自然科学和社会科学。自然科学随着学科发展，已经形成了一整套严格的学科规范和考核机制，为此，一些具有世界影响的大数据库不定期地发布高被引作者及其高被引论文。目前，随着互联网技术的提升，许多自然科学的学术论文已经形成了一个具有世界通行、为学术界公认的评价体系，最具有代表性的就是化学、数学、物理等自然科学学科。这说明，在自然科学学科中，不管你是什么肤色、什么种族、什么国家、什么政党和意识形态，都不会因此而改变自然科学的科学属性。也就是说，自然科学是一种世界通用的科学，它具有统一的考核标准，任何一个国家的学者都被纳入了一个统一的考核价值标准中。因此，从其定期发布的学者学术影响力可以发现，世界范围内的学者是可以进行排名的，其学术影响力是实实在在地可以看得见、摸得着的。

既然自然科学能够形成一套世界通用的考核标准，那就意味着不同的学者都要遵循同样的规则，否则，诸多考核机构就不可能对其做出科学的考核。那么，这个通用的规则是什么呢？这便是在科学研究中极为严格的逻辑性。所谓“逻辑性”，简单地说就是前人的研究为后人的研究奠定了基石，后人的研究是在前人奠定的基石上进行研究的。牛顿说过：“如果说我比别人看得更远些，那是因为我站在了巨人的肩上。”①科学研究上的后来者，往往都是站在前人的肩上取得成就的。因而，整个科学研究便显示出一种前后贯通的逻辑性，就是环环相扣的逻辑链条，自然也是一个后浪推前浪的代际传承。正是由此出发，自然科学的研究学者非常关注学术研究的前沿问题，唯有瞄准了世界学术研究的前沿问题，才能使自己的研究承接前人的研究，才能使自己的研究进一步深化前人的研究。而要想瞄准前人学术研究的前沿问题，就需要从事这一领域研究的学者对本领域研究的既有成果烂熟于心，就需要了解下一步要攻克的困难是什么，然后再找出这个困难的重点和难点所在。所以，从事自然科学研究的学者，必然要融入到学术圈中，并由此了解和熟知前人研究的既有成果，然后才能厘定自我学术研究的方向和目标。从这样的意义上说，我国改革开放之后派出大批的留学生的原因，正是让留学生了解和融入西方学术圈，学习和熟知前人已经取得的研究

① 赵冰主编：《沉默的力量：古今中外35位科学家之故事》，吉林文史出版社2012年版，第92页。

成果，把握和锚定学术研究前沿的问题，进而实现所谓的“后发超越”。从实际效果来看，中国改革开放40年来的实践证明，这是一条切实可行的捷径，也是一条必须遵循的科学规范，其对中国科学发展起到的作用是不可估量的。这正是我国逐渐接受西方对高被引作者及其高被引论文重视的内在缘由。

在自然科学研究中，研究者既然要站在前人的肩上，自然就要在学术研究论文中对前人的“肩”有所涉及；既然要涉及，便必然要对前人既有的学术研究成果加以引用。这样一来，学术研究中的引用问题便自然而然地产生了。那么，后人对前人的研究成果加以引用时要考虑哪些方面呢？一般地说，后人看重的是前人既有研究的前沿性和科学性，从被引数据来看，那些高被引作者往往就是本学科领域内具有重大学术影响力的学者。近年来，随着学术评价体制与西方社会接轨以及学术研究规范化程度的逐步提高，我国学术界对论文引用率的评价功能越来越加重视和强调，因而中国学者在论文引用率方面的成绩表现也越来越加突出。中国科学技术信息研究所发布的2017中国科技论文统计结果显示，我国国际论文引用次数排名世界第二，较前一年上升两位。就单一学科而言，材料科学领域论文被引用次数排在世界首位，另有8个学科领域排名世界第二。[①]由此看来，在西方学术评价体系中，考核学术论文的学术影响力时高度重视被引这一数据，并不是没有道理的。

如果说自然科学具有客观性和科学性的话，那么，社会科学则相对来说较为复杂。社会科学的研究尚具有一定的主观性，但就其根本而言，毕竟还具有某些客观性，这在经济学研究中表现得比较明显，许多经济学论文甚至直接使用了数学模型。这样一来，对从事社会科学研究的学者撰写的学术论文进行被引分析，也就自然具有了相对的科学性和客观性。但是，在人文社会科学领域、尤其是在人文领域中的科学性把握起来有较大难度，下面不妨结合中国文学研究论文的被引数据作一简单分析：

中国文学属于人文社会科学领域，人文社会科学领域包括哲学、经济学、教育学、历史学、法学、文学与管理学等学科，在CNKI包库中大致划分

---

① 参见李艳：《我国国际论文引用次数排名跃居世界第二》，《科技日报》2017年11月1日。

为哲学与人文科学学科、经济与管理科学两大类。到目前为止，在哲学与人文学科中引用数最高的为2004年发表在《心理学报》上的《中介效应检验程序及其应用》，引用数高达5349次。相对于同属于人文社科领域的经济学来说，我们查询了经济与管理学科，以经济学界比较有影响力的林毅夫（农业经济博士）的相关文章为例，被引最高的是刊发在2001年《经济研究》上的《中小金融机构发展与中小企业融资》，被引数高达5772次，下载量为38799次；其次是周其仁的《市场里的企业：一个人力资本与非人力资本的特别合约》，被引数为4715次；张军等人的《中国省际物质资本存量估算》被引数为4696次。[①] 我们也查询了其他学科领域的被引数，发现基础科学是2769次，工程科技2763次，农业科技2033次，医药卫生科技2749次，信息科技5544次，经济与管理科学5772次，哲学与人文科学5349次，不同学科最高被引存在较大的差距，但远没有中国文学这样巨大。

那么，中国文学研究论文的被引存在的差距在哪里呢？根据在CNKI（知网）数据库中哲学与人文科学学科条目下设文艺理论、世界文学、中国文学、中国语言文字、外国语言文字、音乐舞蹈、世界历史、中国通史等学科，点击中国文学学科的被引一栏，我们发现，2001年发表的论文《全球化时代文学研究还会继续存在吗》被引数最高，达到615次；其次是论文《意识形态与20世纪中国翻译文学史》，被引数为508次；论文《论“二十世纪中国文学”》被引数为462次。单从这些数据来看，经济学学科论文的被引数据完全超出了中国文学相关文章，其最高被引数大约是后者的10倍。

当然，中国文学的最高被引数与其他学科的最高被引数相差甚大，还不是最让我们感到尴尬的事情，最令人感到尴尬的是，很多学术论文的被引竟然在个位数，甚至零被引论文也不在少数。那么，问题到底出在哪里呢？

二

中国文学研究论文与其他学科研究论文的最高被引数差距甚大，且整个中国文学的被引总体偏弱，这背后有着诸多的原因。具体来说，主要体现

① 该数据截止日期为2018年3月5日。

在以下几个方面。

首先,社会的转型导致了文学的边缘化。文学热以及文学研究热已成为明日黄花,取而代之的是诸多实用型学科研究,经济学等学科开始居于社会的中心位置。改革开放以来,中国社会的重心开始转移,这便是一切要以经济建设为中心。在此口号的导引下,经济学异军突起,逐渐成为人们关注的热点,而文学热、文学研究热的时代渐行渐远。对此,李宗刚曾对《新华文摘》转摘文学作品和文学评论类文章的数量进行过统计:“1980 年代,在《新华文摘》的栏目中,占据绝对优势的是文学作品和文艺研究栏目。我们不妨以 1981 年第 1 期《新华文摘》为例略加说明。这期《新华文摘》共收入了 97 篇文章(除去所刊登的美术作品、学术动态、综合报道、论文提要、补白等栏目),其中,文学作品类的文章便有 16 篇,其所占的比例达到了 16.4%;文学评论性的文章便有 18 篇,其所占的比例达到了 18.5%;文学作品和文学评论类的文章共计占了 34.9%。”到了 21 世纪之后,情况则发生了根本改变:“2012 年第 24 期《新华文摘》载文共有 44 篇,其中,文学作品所占的比例为 2%;文学评论所占的比例为 6%,文学作品和文学评论类的文章共计占了 9%。”[①]这从一个侧面反映了中国文学研究在整个学科中所占的比重已经大幅下降,文学创作及文学研究开始被边缘化。

客观地说,随着中国社会向经济社会转型,经济类的论文数量开始激增,这是不可否认的事实。毕竟,研究经济问题相对于研究文学问题来说,对社会产生的作用更直接、更有效。在此情形下,有关经济学研究方面的论文自然就得到更多的关注,与此相关联,其被引数据在概率上也要高出许多。打开 CNKI(知网)数据库,不难发现,1978 年之前的经济与管理科学方面的学术论文为 1926 篇,不足 2000 篇;而 1979 年则为 4721 篇;到 1980 年则实现大的跃升,达到 10294 篇;到 2006 年则突破百万余篇,发表数高达 1263730 篇。1980 年后经济界的相关文章则每年以不低于前年 2 倍的速度,以迅雷不及掩耳之势迅速发展为学术界的热点,在学界论文发表数量高居第一。而相对来说,文学研究的学术论文在 1978 年为 5419 篇,1979 年为 11677 篇,1980 年为 18697 篇,到 2006 年为 299560 篇;20 世纪 80 年代后经

① 李宗刚等:《〈新华文摘〉(1979～2013)文学作品与评论研究》,山东人民出版社 2015 年版,第 7 页。

历过迅速发展期然后进入稳定发展期，其间还有衰退现象。学术论文的发表数与被引数虽然不能完全说明哲学与人文科学和经济与管理科学在社会发展中的影响和地位，但它至少表明，经济学相关学科的社会关注度远远超过了文学学科。文学研究正在成为只在文学圈内产生影响的学科，日渐被边缘化，而经济学及其相关学科影响范围越来越大。

其次，文学研究自身存在非科学性的问题。这一问题严重制约了学术研究内在逻辑性的顺利展开，由此导致学术论文的被引止步不前。严格说来，学术规范是在20世纪90年代才得到重视的。尤西林《人文学科特性与中国当代人文学术规范》(《文史哲》1995年第6期)、党圣元《学术规范与学术人格》(《文学评论》1996年第5期)、仲伟民《谈谈"学术规范"》(《江南论坛》1996年第4期)等是较早关注学术规范的一批论文。在此之前，人们对学术规范的认识并不清晰，甚至存在严重的混乱，更甚者，明知故犯，走上了学术不端的歧路。在此情形下，且不说要求作者遵循学术规范，即便是能够守住底线已实属不易，再加上互联网技术处于起步阶段，有关学术论文的数据库尚处于草创时期，因此即便是在学术论文撰写中存在一些学术不端的问题，也难以被很快发现。但值得欣慰的是，随着互联网技术的不断发展和数据库建设的逐步完善，学术不端检测系统的制衡作用越来越突出，学术不端行为正在得到有效遏制并开始呈现下降趋势。

在中国文学研究领域，人们面对经典作品也许根本不需要阅读前人的研究成果，直接通过阅读文本便可获得属于自己的阅读心得，然后再把这一心得用学术论文的模式外化出来。如此撰写出来的学术论文，除了要引用该文所要论及的作品之外，一般很少涉及前人的研究成果。也就是说，绝少有真正学术意义上的引用。这样看来，人文领域的学术研究之推进的内在逻辑便与自然科学截然不同，也与一些注重实证方法研究的社会科学有所区别，往往会演绎成一种自说自话的论文模式。我们在这里称其为论文模式，根据就是这种论文尽管也有引文，尽管也通过逻辑推理分析论证其要陈述的中心观点，但就其实质而言，却背离了学术研究"站在前人的肩上"这一基本原则。它没有对前人的研究进行系统把握，也没有将如何亟须推进的问题在前面提出，这表现出作者鲜有对该领域既有研究成果的了解和把握，具体表现为没有引用前人关于这一问题的研究成果，而仅仅满足于对自己提出的观点进行分析论证。然而值得关注的是，由于没有对前人的研究进行系统梳理，他们提出的所谓独立的见解或观点往往已被前人论述得很透彻了，这也直接导致了论文引用的不被重视，在中国文学研究领域一些学术水平颇高、影响较大的论文，其被引次数却往往多年止步不前，未有显著增长。20 世纪 80 年代末，陈思和、王晓明等人主持"重写文学史"专栏，并由此开启了"重写文学史"新观点、新看法的讨论与研究，但随后这个话题却"沉寂了十年"[①]，除却文学研究界的部分学者引起共鸣，在全国范围内应者寥寥，直至 10 年后"重写文学史"才由口号转为实绩，多部文学史著作陆续登上历史舞台。而文学研究的理论创新性方面显然更是不足，一方面源于文学研究自身理论突破难度较高，一般来说，语言类的文学研究存在"仁者见仁，智者见智"的现象，因而创新性的文学理论的提出需要时间的检验；另一方面源于文学研究与时代变化关系密切，时代诉求的不同、历史环境的变化，都极易引起文学研究意识形态方面的变动，而反过来，时代的稳定、历史环境的稳定性也促使文学研究理论上的稳定性增强，为创新性增加了难度。正如黄子平、陈平原、钱理群等人在 20 世纪 80 年代提出的"二十世纪中国文学"的概念，其理论创新性就在于"把二十世纪中国文学作为一个不可分割的有机整体来把握"。"一个由古代中国文学向现代中国文学转变、过渡并最终完成的进程，一个中国文学走向并汇入'世界文学'总体格局的进程，一个在东西方文化的大撞击、大交流中从文学方面（与政治、道德等诸多方面一道）形成现代民族意识（包括审美意识）的进程，一个通过语言的艺术来折射并表现古老的中华民族及其灵魂在新旧嬗替的大时代中获得新生并崛起的进程。"[②]时至今日，中国文学走向并汇入世界文学的进程也未完成，且成效不大，世界文学在中国文学研究理论方面的引用率也是微乎其微，这不得不说，中国文学在理论创新方面仍然困难重重。

客观地说，文学研究多数离不开对文学作品（如诗歌、小说、散文、戏剧等）的思想认识，它产自学者本身的思想，然后与评论者的心得体会有很多的关联。正如我们常说的："一千个读者眼中有一千个哈姆雷特。"不同的研

---

① 宋遂良：《在文言文：宋遂良论当代文学》，山东人民出版社 2015 年版，第 68 页。

② 黄子平、陈平原、钱理群：《论"二十世纪中国文学"》，《文学评论》1985 年第 5 期。

究者对相同的作品可能产生不同的思想或认识，这也就促使多数的文学研究活动还停留在自说自话的“一家之言”上，其科学性的学术研究价值并不尽如人意。而反观经济学研究，以《中小金融机构发展与中小企业融资》为例，在其行文中，更多的内容是偏向于用大量图表、数据、调研、计算等科学的研究方法来阐释经济现象，从而得出相对科学的理论。从这个层面上来说，经济与管理科学学科的科学性要高于文学研究的科学性。而且，与经济相关的学科，其研究的内容更多的是与当下社会发展密切相关的问题，其所涉领域较多，工业、农业、企业、文化经济等方面都在其研究范畴之内，问题基数也比较多，解决实际性问题也较为明显，其对社会的学理性价值也较高。而相对来说，文学研究涉及的是古代文学、现当代文学以及汉语言文学、文艺理论等方面，仅仅在人们的精神层面发现问题、解决问题，它往往不是解决社会现实中的实际问题。因而，文学研究在整个社会的话语权的问题层面上来看，其影响还是较小的。

最后，有些学者为减少其论文重合率有刻意“改写”或规避引文现象。随着适应抵制学术不端行为需要而开发的查重检测系统的普及和应用，重合率被诸多机构和期刊编辑部作为是否采用学术论文的重要指标，有些作者为了避开重合率这个“雷区”，有意识地将引用文献内容进行“改写”“改编”，从而把本来可以引用的观点换成自己的语言表述，这又使学术论文的被引止步不前。这种现象在许多文学研究论文中表现较突出。有些文学研究者尽管也查阅、参考他人的方面，但为了避免被发现抄袭，鉴于自身观点与他人观点相同，在语言表述上就会自觉地避开相关语言而“另寻他路”，有意识地回避同一观点，重新对自身观点进行语言改装。这种方式一般在学界被称为“搅拌式抄袭”，显然缺少科学的严谨态度。韦勒克曾批评文学研究中的一种极端现象：“否认文学研究为一门科学，坚持对文学的‘理解’带有个人性格的色彩，并强调每一文学作品的‘个性’，甚至认为它具有‘独一无二’的性质。”强调这种极端的现象是“一种反科学的方法，趋向极端时显然要冒一定的风险。因为个人的‘直觉’可能导致仅仅诉诸感情的‘鉴赏’，导致十足的主观性。”[①]文学评论需要与世界形成对话，既要有对文学的社会

① ［美］韦勒克：《文学理论》，刘象愚等译，浙江人民出版社 2017 年版，第 6 页。

问题的高度敏感性，也缺少不了研究者科学严谨、端正的研究态度，而文学研究中存在的过于主观的个性化情感则会大大减弱文学的科学性。同时，应当梳理相关方面的前沿成果，引用前沿学术理论话语，从而完整地呈现出问题的发展及流变。而在这一过程中，就需要文学研究者阅读大量的文献资料，且不仅仅限于中文研究资料，还要具有世界性的眼光，用科学的方法借鉴、吸收西方理论中与中国文学相对接的研究成果，并用马克思主义的批评方法正确看待不同国家、不同民族、不同文化等背景下学术研究成果的差异。

在对学术论文的被引情况进行考察时，我们还发现一个问题，那就是人为地干预论文的被引问题，此所谓魔高一尺，道高一丈。对此，国外有学者也进行过批判，像荷兰莱顿大学的文献统计学研究人员卢多·沃尔特曼就曾指出，很多论文只是勉强逃离了“从未被引用”的窘境，“我们知道，很多引用是很肤浅的或者敷衍的”。美国的健康经济学家达利亚·雷勒对互助引用进行了批判：“即使高引用率的研究也可能是一个游戏，学者们互相引用，却没有为任何人带来进步。”[①]不可否认，这种现象在国内学者中也不同程度地存在着。因此，我们对学术论文的被引进行科学考察的同时，还需要关注对学术论文被引的数据的甄别性分析，不能一味地把被引当作唯一的依据。要知道，任何事物都是利弊兼存的，任何学术评价体系“不管突出了哪个参数，都会在凸显这一参数作用的同时，遮蔽了其他参数的作用”[②]。事实上，诸多的学术评价体系已经在注意规避单纯看重被引的数量，既注重定性的科学估量，又注重被引本身的定性评估。但不管怎样，对学术论文的被引的考察，为我们提供了一个科学审视学术论文的窗口。引用率的高低不是判断学术论文价值的唯一标准，也不可能全面地反映学术论文的创新性和科学性，但作为评价论文价值的指标之一，它却在某种程度上体现了论文在社会上的影响力，显示了被学界或社会认可的程度，我们应当给予足够的重视。

---

① 张文韬：《零引用率的科学文献》，《世界科学》2018 年第 2 期。

② 李宗刚、孙昕光：《核心期刊评估体系的悖论与破解方略》，《西南民族大学学报》(人文社会科学版)2014 年第 10 期。

三

“任何学术研究都是建立在前人研究基础上的。离开了对前人研究成果的吸收和转化，离开了对前人研究成果的传承和提升，那人类自身的文化创新就会成为无源之水、无本之木。”[①]既然要继承和提升前人既有的研究的水平，就离不开对前人学术论文的引用。对此，有学者认为：“引用率作为一项评价指标，是建立在论文既被人引用，同时也引用别人的论文的研究和写作习惯基础上的。”[②]这是非常有道理的。那么，具体应如何促进中国文学研究论文的被引循着科学的轨道健康发展呢？

首先，当下的文学研究应纳入到科学的轨道、科学的方法和链条上来。从自然科学研究来看，优秀的学者都非常重视学术论文被引，像诺贝尔奖获得者、遗传学家奥利弗·史密斯便是一个非常谦逊的科研工作者，他生前经常提及自己“最大的失误之一”是1953年发表了一篇有关测量渗透压的文章，并表示该文从来没有被引用过。在2014年德国林道会议上，他对学生们说：“没有人引用过这篇文章，也没有人采用过这个方法。”事实上，史密斯没有意识到，他的论文并非完全没有吸引力。在文章发表后的10年内，有9篇论文引用了它。[③]类似的错觉，恰恰也说明西方学者对论文被引的重视。

与西方学者重视论文的被引情形相反，国内学者往往重视发文量，而忽视被引数量。正如有人指出的那样，“中国的论文发表量世界第一，引用率却是100名以外”[④]。造成这种局面，除了我们在科学研究上的观念滞后以外，还与我们的科学研究没有进入科学的轨道、没有获取科学的方法有着密切的关系，只不过其外在表现为不重视被引而已。

从科学研究的方法和规范来说，文学研究者应该重视学术论文的被引情况。但令人遗憾的是，我们很少听到哪位文学研究者对自己撰写的学术论文的零被引寝食难安，更多的人甚至还对被引到底是什么情况都一概不

---

① 李宗刚、孙昕光：《期刊学术引文不规范现象的成因探析与应对方略》，《河南大学学报》（社会科学版）2015年第6期。

② 耿申：《教育研究札记》，北京教育出版社1999年版，第153页。

③ 参见张文韬：《零引用率的科学文献》，《世界科学》2018年第2期。

④ 搜狗百科：《论文引用率》，2017年3月6日，http://baike.sogou.com/v52931113.htm?fromTitle=论文引用率，2018年3月25日。

知。实际上,我们很多学者在学术研究的出发点上便迷失了方向。不少人在其确定文学研究对象后,第一要做的就是研读文本,这是做文学研究的必经之路;读完后产生新的想法,与研究者的思想碰撞出火花,也就是我们通常所说的灵感;于是结合文本进行新的阐释,开始进入文学批评写作过程。这可以说是多数研究者的学术论文生产过程。但在这个过程中,研究者失却了用科学的方法来规范自身的想法,在很大程度上满足于"自圆其说"。文学研究虽然在一定程度上属于个人行为,但它并不单纯的是个人的事情,因而在其研究方法的使用上也存在科学性。一直以来,经济学研究遵循的是科学性的分析,学理性的研究,讲究运用科学验证、技术语言等方法;而我们的文学研究在多数情况下,仍然停留在主观评断的意识批评阶段,这也是产生引用率差距较大的重要原因之一。"文学研究和科学研究两者在方法论上有许多交叉和重叠的地方。诸如归纳、演绎、分析、综合和比较等基本方法,对于所有系统性的知识来说,都是通用的。"①从现阶段的文学研究来看,科学方法的使用对文学研究来说还是一个相对陌生的层面,因而,缺少科学的方法来进行分析研究也就从文学研究的根基上切断了其科学性。按照科学的方法,就要对相关问题的来龙去脉进行梳理,从历史的维度考证其流变,从而推进其新观点的发展。也就是说,在具体谈到某一问题时一定要搞清楚,这个问题到底是怎样的产生过程。我们翻看自然科学的研究、经济学的研究,基本都是这样的过程,它不是单独地就某个现象或某个问题阐述自己的看法,而是根据社会热点不断调整自己的问题,然后进入新的研究理论范畴,不断地在前人基础上进行推进式研究。而中国文学研究大都是建立在研究者自身对某一问题的看法上自说自话,缺少对其相关领域他人研究成果的理解和对照。这就造成人们在从事文学研究时仅仅关注的是文学自身,而没有关注文学研究的现状,其具体表现就在于他的文献中缺少对最新前沿问题的分析,甚至仅是低水平的重复。所以,文学批评说到底还是文学研究的方法的问题。

其次,中国文学研究的创新性有待加强和提高。文学研究既是一件具有科学性的工作,又是一件具有创新性的工作。没有科学性的支撑就无法使文学研究循着正确的轨道前行,没有创新性的支持就不能使文学研究走上提升的发展道路,二者之间是相辅相成、缺一不可的关系。因此,我们要

① [美]韦勒克:《文学理论》,刘象愚等译,浙江人民出版社 2017 年版,第 4 页。

在文学研究中走出既有研究中自说自话的误区，改变文学论文的低被引乃至零被引的现状，就需要在加强科学性的基础上，准确把握好进一步推进文学研究的关键所在，文学研究的学术前沿到底在哪里，这学术前沿又到底是什么。为此，我们才会聚焦学术研究的全部精力，集中攻克学术研究中的问题，从而真正推进整个文学研究向着更高的层次跃进。

学术研究的创新，固然会带来学术论文的高被引，但高被引并不见得就一定是创新性的学术研究。如有些人在统计论文被引时就错误地把高被引当作学术研究创新，他们没有看到，这些文章的高被引的背后，并不是以学术研究的科学性作为支撑的，这恰好表明了人们在高被引认识上的混乱。在近几年的文学研究中，有关莫言的话题似乎成了人们谈论的热点问题，而与此相对应的是，莫言的访谈或自我言说的文章成了高被引文献。如莫言的《我的故乡与我的小说》一文发表在1993年第2期的《当代作家评论》上，截至2018年3月1日，该文的总被引达到了206次，其中博士学位论文引用10次，硕士学位论文引用96次，学术期刊论文引用达到100次。而从学术期刊论文引用该文的数据来看，五分之三的引用(61篇文章)是在2012年10月莫言获得诺贝尔文学奖之后，这既说明了莫言获得诺贝尔文学奖之后，对莫言及其文学作品的关注度直线上升，也说明了许多研究者对莫言及其文学作品的研究仍停留在作家的自我言说上，没有真正地把研究的触角延伸到前人的研究上，更没有在前人研究的基础上深化和推进莫言研究。为此，我们不妨关注一下与莫言同时期发表的一些有关莫言研究的文章。丁帆的《亵渎的神话：〈红蝗〉的意义》(《文学评论》1989年第1期)被引35次、张志忠的《论莫言的艺术感觉》(《文艺研究》1986年第4期)被引39次、仲呈祥的《〈红高粱〉：新的电影改编观念》(《文学评论》1988年第4期)被引11次、樊星的《文学的魂——张承志、莫言比较论》(《当代文坛》1987年第3期)被引7次。由此会发现，这些研究文章就没有像莫言的自我言说的文章那样，产生大量的被引。这恰好说明，许多学者对莫言的研究，注重的是莫言怎样说，然后在此基础上为莫言的“立论”寻找根据。这样的研究，严格说来，且不说创新性，单就起码的学术研究的属性来说也不具备。对于当前中国文学研究中这种不正常的莫言研究热，有学者已经做出清醒的反思：“在一片热烈的学术狂欢之中，也存在着许多彼此重复、缺乏新意的低效现象。比如说，关于莫言的童心叙事，或者说儿童视角，说来说去，新意有限。关于葛浩文英文翻译与莫言小说原作的关系研究，已经形成了数量众多的论文，但是看来看去，这些研究基本是停留在葛浩文对莫言小说在翻译中的归化与异化的技术性分析方面，分别列举诸多具体的例证，其结论却大体相似，缺少更为深入的思考和阐述——为了免于空泛浮滑，对这一现象略加论述。归化与异化，是所有跨语际传播中不可或缺的普遍现象。而且，葛浩文翻译了莫言的众多作品，要从中为自己找出若干例证都不是难事，也不无研究价值；但是，诸多论者都如此浅尝辄止，就令人叹惋。”[①]这里指出的莫言研究中的彼此重复、缺乏创新的学术现象，恰恰是忽视论文引用而导致对学术研究的既有成果缺乏了解的结果。

严格说来，学术研究只有在科学基础之上才会走向创新之路。尽管各个学科之间因其属性不同，其论文的被引数量会有所差异，但不管怎样，这种差异应该是在可控范围之内的，而不应该是悬殊的。如果这种差异到了悬殊的程度，就需要我们对这一学科的创新性进行深刻反思。实际上，不仅经济学与社会的关系密不可分，文学与社会之间同样存在一种特殊的关系。对此，美国学者说过：“文学是一种社会性的实践，作为媒介语言来使用，是一种社会创造物。……文学具有一定的社会功能或‘效用’，它不单纯是个人的事情。因此，文学研究中所提出的大多数问题是社会问题，至少终归是或从含义上看是如此。”[②]因此，在对社会的影响关系方面，文学与经济学等学科同样应该受到重视。而就目前显示的巨大差距的引用率和关注度来看，探究背后产生的原因，这样的文学研究才会规避既有学术研究中的自说自话等弊端，从而使文学研究走上创新之路，自然，由此而来的论文被引的数据提升，便在情理之中了。

再者，文学研究者要有献身学术、求真求是的科学精神。许多文学研究者从事学术研究，并不是出于献身学术的目的，而是有着太强的功利性，甚至仅仅是为了“稻粱谋”，也就是说，文学研究往往被当作某种获取自我利益的手段。这样一来，学术研究本身便无法构成其学术研究的目的性，而仅仅充当了桥梁的作用，自然也就谈不上求真求是、献身学术、献身真理了。对此，有些清醒的学者发出了这样的“天问”：文学研究的意义究竟在哪里？客观地说，在现实社会中，许多从事文学研究的学者并没有把学术研究当作自己安身立命的根本，而是陷入了“文学自娱”和“文学取利”的误区，文学研究

① 张志忠：《从地域文化角度论莫言研究空间的拓展》，《当代文坛》2018年第1期。

② ［美］韦勒克著，刘象愚等译：《文学理论》，浙江人民出版社2017年版，第83页。

远离了社会，也远离了生活，更远离了大众，文学研究最终成为从事文学事业的圈内人士的集体项目，大家互相吹捧，互相抬轿，搞得好不热闹。但是，这些远离了社会、生活和大众的文学研究，因为没有承载起社会的重任，最终成为无病呻吟的庸俗之作。

人生境界决定研究高度，文学研究之于个体意义实为重大。我们的文学研究者应该努力实现作为知识分子的个体价值意义，寻找到社会群体中个体的位置，实现个体的意义。对社会问题应有社会责任意识，从而在社会中更大程度地实现自我的社会价值，抛弃社会与个体的二元对立的观点，将个体充分融入群体中去，将自我的社会价值和经济价值合为一体。

文学研究者要真正地把文学研究推向深入，就需要高扬文学对社会和人生大胆干预的旗帜，就需要当作自我人生社会价值的实现方式，充分发挥文学研究的引领作用，使文学研究作用于社会文化建设，真正获得超越物质的价值和意义，获得超越现实功利性的目的，由此进入更高的人生层次，这才是文学研究者应有的态度。由此出发，我们才能沉潜到学术中，才能端正从事文学研究的态度，才能避免急功近利的浮躁情绪，才能真正地查阅浩如烟海的原始文献，才能真正跟踪国内外的文学研究的学术前沿，才能真正地提高文学研究的科学性，确保文学研究富有创新性。

总的来看，中国文学引用率的高低虽不能完全代表中国文学当下的价值和发展能力，但它仍旧是提高中国文学在“世界文学”地位的重要评判指标之一，其影响力不可低估。因此，从表层来看，强化学术论文的被引，好像有缘木求鱼之嫌，但从根本上说，把学术论文的被引置于一个科学的平台上加以审视，我们就会发现，在学术论文被引的背后，隐含的是学科的科学性这样一个根本问题。也就是说，被引这样的“形式”问题，不仅是“形式”的问题，而且隐含着深刻的思想。也许，在我们对“形式”认识发生转变的同时，还将对“内容”的理解发生深刻的变革，这也许是中国文学研究与世界同步的一个重要契机。

[原刊于《西南民族大学学报》(人文社会科学版)2018年第7期，有改动]

关于提升 CSSCI 国际影响力的若干思考

王文军[*]

CSSCI(Chinese Social Sciences Citation Index,中文社会科学引文索引)是南京大学研发并于 1998 年投入运行的、专门收录中文人文社会科学学术期刊的引文索引数据库。

20 年来,CSSCI 从南京大学校园走向全国的期刊界和学术界,已经产生广泛影响,成为国内人文社会科学评价体系中的一个标杆,也逐步成为我国开展对外学术交流的一个重要窗口。今天,随着中华民族伟大复兴进入新的时代,国际学术界越来越渴望了解中国和中国学术,如何提升自己的国际学术影响力,在中文学术"走出去"中发挥更大作用,就成为 CSSCI 必须认真思考和切实解决的一个问题。

一

所谓学术的国际影响力,是指学术概念、范畴、理论、方法、表述等方面引起全球学界关注、认同、传播的能力。作为文化软实力之一种,学术的国际影响力是以国家的国际影响力为基础的,但同时也依赖学术共同体自身的建设。当前,随着中国国际影响力的不断扩大,中国问题研究和中国文化正引起越来越多的国际关注,中文学术的影响力也正逐步增强。不过,就像很多有识之士指出的那样,中文学术存在相当大程度的"国际失语症",其影

---

* 王文军,南京大学中国社会科学研究评价中心。

响力远未达到与国家国际影响力相匹配的程度。造成这种局面有多方面的原因，其中一个重要原因就是缺乏综合展示中文人文社会科学研究成果的平台，以增强全球中文人文社会科学领域研究的互动与交流能力。在这个方面，CSSCI 有高度的自觉，并期望能承担起自己新的历史使命。

提升国际影响力，是新时代期待 CSSCI 做出的新贡献。中国已经进入民族伟大复兴的新时代，已经有越来越多的人看到，中国将成为 21 世纪促进世界繁荣的领导者之一。中国对世界的贡献不仅应体现在经济方面，也需要对全球文化繁荣发挥应有的引领作用。正如习近平总书记所说："历史表明，社会大变革的时代，一定是哲学社会科学大发展的时代。当代中国正经历着我国历史上最为广泛而深刻的社会变革，也正在进行着人类历史上最为宏大而独特的实践创新。这种前无古人的伟大实践，必将给理论创造、学术繁荣提供强大动力和广阔空间。这是一个需要理论而且一定能够产生理论的时代，这是一个需要思想而且一定能够产生思想的时代。我们不能辜负了这个时代。"①应当看到，近年来，随着文化"走出去"等一系列措施的施行，中国的人文社会科学研究已经越来越从封闭走向开放，从自觉走向自信，在国际上产生了相当大的影响，中文已经成为世界学术出版的主要语言之一就是明证。② 各种渠道反馈的信息都表明，国际学术界正想方设法通过各种途径了解中国、了解中国学术，学术期刊则是他们了解中国学术的重要途径之一。较之于单本学术期刊，CSSCI 的优势在于能够汇聚中文人文社会科学期刊的精华，更集中、更便利地向国际学界展现中文学术的理论、方法和观点。提升 CSSCI 国际影响力，将能够发挥以小博大的作用，更好地推动中国人文社会科学走向世界。

提升国际影响力，是中华民族文化共同体建设需要 CSSCI 做出的新贡献。从现代学术发展的历史来看，自然科学的研究对象是超越文化的，因此其内容是可以互通、相互理解的。在全球化时代之前，一个全球化的自然科学研究共同体就已经基本形成，确立了共同的标准和规范，有着共同认可的研究成果，甚至有着共同的发表语言。据统计，英文是目前世界上使用最多

① 习近平：《在哲学社会科学工作座谈会上的讲话》，《人民日报》2016 年 5 月 19 日。

② 参见陈理斌、武夷山：《世界学术期刊出版语言选择现状与趋势》，《科技管理研究》2011 年第 1 期。

的自然科学学术发表语言。① 与自然科学不同，人文社会科学研究的大多数议题都与本土的政治、经济、文化有关，表征着该国的思想、文化特质，受该国历史和现实的显著影响。因此，人文社会科学的国际化不可避免地依赖于它的民族性。正如鲁迅先生所说："现在的文学也一样，有地方色彩的，倒容易成为世界的，即为别国所注意。打出世界上去，即于中国之活动有利。"②人文社会科学国际化的实践也不断证明，越是中国化的成果越能实现国际化。在全球化的进程中，保持各个国家各个民族文化的独立性才能保证世界文化的多样性，保持世界文化繁荣的活力，研究成果的异彩纷呈。在人文社会科学领域，基于共同的民族语言进行学术发表是民族文化共同体建设的一个重要领域，也是在多元竞争背景下建立、捍卫学术话语权的关键。当前，中文学术研究已经在除中国大陆之外的世界许多地区生机勃勃地发展起来，一个统一的中文学术界正在凝聚成形。无论从什么角度讲，这一历史重任都只能由中国大陆学术界来承担。提升 CSSCI 国际影响力，有利于将各个分散的中文学术圈联系起来，进而整合成一个统一的整体，从而为推动全球范围内中华民族文化共同体的建立发挥应有的作用。

走向世界，不断提升国际影响力，原本就是 CSSCI 的初心。南京大学中文社会科学研究评价中心在 CSSCI 研制初期，之所以将数据库定名为"中文社会科学引文索引"并使用英文"Chinese"译名，就是期待未来能够实现对全球中文学术期刊的完整收录。出于可以理解的各种原因，CSSCI 起步时期收录的来源期刊全部是内地（大陆）的刊物，为学术研究提供了翔实丰富的基础数据，有力推动了学术期刊的规范化进程，为不断提升中国内地（大陆）人文社会科学评价的科学化水平发挥了重要的推动作用。2000～2002 年，CSSCI 进行了国际化的探索，将港澳台及海外的 16 种中文人文社会科学学术期刊纳入了收录范围，后因种种原因未能坚持下去。2012 年，CSSCI 再次将海外版提上议事日程，并在大规模调研的基础上于 2014 年完成了 CSSCI（港澳台及海外版）试验库的研制工作，收录了 35 种期刊。

总之，20 年来，CSSCI 始终不忘初心，努力尝试一切可能，探索走向世界、不断提升国际影响力的道路。

---

① 参见陈理斌、武夷山：《世界学术期刊出版语言选择现状与趋势》，《科技管理研究》2011 年第 1 期。

② 鲁迅：《致陈烟桥》，《鲁迅全集》第 12 卷，人民出版社 1981 年版，第 391 页。

二

在中文学术的国际化方面，CSSCI 并不是在孤军奋战。从 2000 年开始，世界各地的中文学术期刊一直在探索共同推进中文学术国际化的合作途径。2010 年，海峡两岸暨港澳学术名刊联合签署“台北合作倡议”，呼吁推进学术期刊的交流合作，共同抵制学术不端行为，探索建立权威、科学的学术期刊评价体系，推动学术的繁荣发展，后于 2011 年发布“香港愿景”，呼吁“联合全球华人与华文学术刊物，共攀中华学术新高峰”。2012 年，“世界华文学术名刊高层论坛”发布“莫斯科宣言”：“以传承、发展中华文化为本位，加强与其他国家、民族学术界、期刊界的交流，引领华文学术与国际学术展开平等而有尊严的对话，彰显华文学术价值与魅力。”①2015 年 11 月 18 日，在香港召开的“中文学术评鉴与发展高峰论坛”上，海峡两岸暨香港地区共 32 所院校签署《推动学术中文合作协议》，提出学术中文的未来合作方向及实行计划意见，倡议为推动学术中文发表及提升中文学术期刊的国际地位而共同努力。在参与各方的共同努力下，这一计划取得了一些进展，但因各种原因目前事实上陷入停滞。世界中文学术期刊界的前述努力，无不证明了 CSSCI 国际化的必要性和重要性，同时也为 CSSCI 今后的国际化提供了有益的借鉴。

首先，CSSCI 必须要实现来源期刊的国际化，才能做全球最好的中文期刊引文数据库。学术期刊是一个国家文化发展战略的重要组成部分。历史上，德语、法语都曾经作为科学交流的主要语言，但 20 世纪 30 年代以后，英语逐步成为世界核心科学交流语言，德语、法语被严重边缘化。② 改革开放以后，中国高水平科技论文的国际化交流不得不借助于英文写作和英文期刊的发表，最终造成现在中文失去主导科学交流语言地位、中国科技论文大规模外流无法挽回的被动局面。目前，国际上主要的两个数据公司科睿唯安（SCI/SSCI/A&HCI）和爱思唯尔（SCOPUS）已经开始了收录中文学术期

---

① 李文珍：《从“澳门共识”到“莫斯科宣言”》，《中国社会科学报》2012 年 12 月 14 日。

② 参见陈理斌、武夷山：《世界学术期刊出版语言选择现状与趋势》，《科技管理研究》2011 年第 1 期。

刊的步伐，其目的也都是掌握中文学术期刊的评价话语权。也就是说，人文社会科学的学术发表似乎正在重复中文科技论文当年的老路，但历史的覆辙绝不能重蹈！

CSSCI是世界范围内第一种广泛投入使用的中文人文社会科学引文索引。它的建成在客观上促进了高学术价值的论文向一部分高水平学术期刊集聚，提升了一些刊物的学术地位，增强了其学术竞争力和国际影响力，也在一定程度上有效防范了西方话语权对我国人文社会科学研究的渗透，避免人文社会科学学术期刊遭遇科技期刊的覆辙，从目前的情况看，也确实发挥了显著的文化辐射作用。CSSCI是中国本土开发的引文数据库，但绝不应把眼界局限于中国本土期刊，而要有国际视野和更宽广的胸怀，尽早实现来源期刊国际化，以成为全球最好的中文期刊引文数据库为目标。在收录范围上，CSSCI应该重拾“初心”，破除地域的藩篱，以出版语言为标准，将海峡两岸暨港澳地区，以及海外出版的人文社会科学各研究领域的中文学术期刊同时作为CSSCI数据库的收录遴选对象，以建设成为华文世界中最有影响力的期刊引文数据库。这对于更好地维护中文学术发表的学术水准、在国际上加强中国学术话语权、提升中文学术期刊地位都大有裨益。

其次，CSSCI必须探索符合中文学术研究自身实际的质量标准和技术标准，以本土化的方式实现国际化。使用中文进行人文社会科学研究的主体是华人，华人的学术发表只有使用中文才能更加精确、完整地呈现整个研究的本质，因此，中文的学术发表必须有自己的质量标准，否则我们只能被动地迎合“SSCI、A&HCI”等等国际索引数据库基于欧美经验建立的所谓“国际标准”。对于人文社会科学研究来说，这不仅涉及质量标准，而且涉及意识形态和文化安全。复旦大学教授葛剑雄曾经谈道，为了追求国际影响力一些学者只能将中文学术成果写成英文，投往列入SCI等系统的刊物。这些论文主题基本上属于中国圈或汉语圈，许多学者认为这样做是多此一举。CSSCI的文献计量学理论基础来自西方，但在其20年的发展中，无论是检索技术、评价方法、学科分类还是收录对象和遴选规则，都已经根据中文学术的需求进行了全面本土化和全面优化。具体而言，就是尊重学科发展和期刊发展规律，借鉴国际同行的做法不断改进科学计量的方法。例如，在引文注释规范上兼顾对传统的尊重和对国际惯例的接轨，使之更加贴近中文学术期刊的实际，真实反映出不同类型、不同学科学术期刊的学术影响力和办刊水准以及规范化水平。CSSCI 提供的引文数据库及其相关的信息服务，但其核心优势是基于科学引文索引的期刊标准，这套标准系统需要持续改进和优化。唯其如此，CSSCI 才能在学术规范建设和提升国际影响力方面起到积极和正向的引导作用。因此，CSSCI 必须加快进程完成对全球华文期刊的覆盖，将港澳台及海外已经得到学界公认的高水准期刊纳入全球一体化的中文学术评价体系，增强 CSSCI 的国际认可度和作为“中文”社会科学引文索引的权威性，维持中文期刊在学术发表和学术评价中的地位。

最后，CSSCI 必须提升自己的资源整合能力，关注“互联网＋”时代中文学术共同体的民主参与需求，创新定量评价与定性评价相统一的新机制。在信息技术飞速发达的时代，期刊和评价面临的形式都发生了根本的变化，一方面需要有效利用自己的资源整合能力，将现有的学术资源进行整合，提升核心竞争力，进而在世界范围内提高行业竞争力，这是新时代实现 CSSCI 国际化发展的合理路径。另一方面要依靠创新，要用新思路和新方法适应“互联网＋”时代学术界期刊界的新的需求，通过创新为自己创造新的生存空间，依靠创新来提升国际影响力。

基于前期的探索，CSSCI 今后将在下列方向进行重点推进：组织学术造诣深厚且了解国际学术规范的学者集体参与制定优秀中文学术期刊的质量标准；通过与来源期刊合作，将英文的题录信息纳入 CSSCI 评分系统，自动生成 CSSCI 英文版，从而确立中文期刊索引的中文标准；通过优化的指标体系形成中文人文社会科学的一流期刊群，形成广泛的影响力；采用众包评审通过对论文进行发表后的众包评审而实现对期刊质量的实质性把握，等等。

三

CSSCI 的国际化是一个长期的过程。千里之行，始于足下。我们必须寻找一个适合的起点来推进这一过程。在这个方面，将台湾人文社会科学学术期刊率先纳入 CSSCI，是一个非常合适的选择。

首先，台湾地区拥有一个学科覆盖完整的中文人文社会科学期刊群，能对 CSSCI 现有的来源期刊形成有效的补充。据台湾人文及社会科学引文资料库[①](Taiwan Citation Index-Humanities and Social Sciences,TCI)的收录资料,台湾地区每年出版的人文社会科学学术期刊超过一千种,涉及的学科达到18个,其学科分类体系和CSSCI大体一致。台湾人文社会科学期刊评价制度也在不断演进,与CSSCI类似,TSSCI和THCI Core也按照一定比例确定了数据库的核心部分[②],为学术界提供多样化的检索选择。

其次,台湾地区出版的中文人文社会科学期刊的规范化程度较高,与CSSCI收录期刊的规范化要求基本相符,具备良好的融合基础。经过调研,我们发现,台湾地区具有学术影响的期刊有如下特点:编辑出版规范,匿名审稿制度较为严格,学术规范有较为严格的制度安排,开放度高,不仅都建有开放的全文数据库,而且大多加入各种数据库实现了全方位传播。从出版规范和形式规范上看,应当讲,这些有影响的台湾期刊已经达到CSSCI数据库的收录标准,在经过文献计量数据的采集评比和论文内容的专家审读评分后,将可以与大陆期刊实现统一标准同一时段开始同步收录。此外,CSSCI的检索系统还针对繁体、英文开发了简繁体转换、中英文转换的模块,检索技术已经平滑无障碍。

最后,台湾地区哲学社会科学界与大陆的学术交往密切,存在强烈的合作需求。近些年来,两岸学术界交流十分频繁,除了会议交流和考察访问之外,两岸学者的发表平台早已经不分彼此,交流已是常态。大陆出版的数据库CNKI和CSSCI都已经在台湾地区落地使用,“台湾学术文献库”也已经被有关部门批准进口。同时,台湾地区已有多个数据库收录大陆出版的学术期刊,如“台湾人文及社会科学引文索引资料库”就收录了40余种大陆学术期刊,而大陆却尚未有学术数据库正式收录台湾地区学术期刊的记录。两岸在人文社会数据库领域开展深入合作和交流是大势所趋,CSSCI在既往工作的基础上将台湾地区的学术期刊纳入遴选范围,则是水到渠成的应为之事。

2018年2月,国务院台办、国家发改委等部门发布实施《关于促进两岸经济文化交流合作的若干措施》,要求加快给予台资企业与大陆企业同等待

① 关于台湾人文及社会科学引文索引资料库的情况,参见 http://tci.ncl.edu.tw.

② 关于TSSCI和THCI Core的有关情况,参见 http://www.hss.ntu.cdu.tw/list.aspx? no=27.

遇，逐步为台湾同胞在大陆学习、创业、就业、生活提供与大陆同胞同等待遇。2018 年 7 月 13 日，习近平总书记在会见中国国民党前主席连战时强调，要适时推出更多新的政策措施，把《关于促进两岸经济文化交流合作的若干措施》中涉及的各项同等待遇逐一落到实处。作为人文社会科学评价的标杆 CSSCI 必须展现应有的勇气和智慧，率先同台湾地区的期刊界展开合作，将一个中国、一种文化落到实处，打开华文学术期刊真正联合走向世界的序幕，以在未来话语权的竞争中抢占先机，为中华民族的伟大复兴做出更大贡献。

［原刊于《福建论坛》(人文社会科学版)2018 年第 8 期，有改动］

基于文本相似度分析的期刊引文有效性识别研究

鞠秀芳*

一般来说，真实性、准确性、直接性与完整性是引用参考文献的基本要求。随着引文分析法在论文评价、期刊评价、科学家评价、学科评价、科研绩效评价和科技竞争力评价等各个领域的广泛应用，参考文献正慢慢脱离"展示科学研究的继承性"这一初衷，越来越多地受到作者、编辑、机构等多方面的人为影响，种种不当引用行为日渐增多。[①] 王立宏等认为学术不端行为（抄袭、剽窃、诱引、匿引、转引、滥引、崇引、引而不标）和引用不当行为（过度引用、错标、误标、引用时差）是不当引用的两大主要表现形式[②]；金铁成认为期刊编辑同样存在引文失范行为，共有 6 类：学术论文文后没有引文、学术期刊编辑随意删减作者的引文、限制论文的引文数量、文中不标注引文编号、期刊过度自引、期刊互惠引用等[③]。种种不当的引用行为极大地影响了科学研究领域的学术风气，给读者阅读、期刊审稿及成果评定等工作带来了许多不便。其中，虚假引用无论是从引文质量还是学术影响上更是首当其冲，对学者、期刊、管理者造成了多方面不良的影响。如何从数量巨大、类型复杂的期刊引文数据中识别出期刊引文的真实有效性，为学术研究正本清源，彰显科学研究的严谨务实精神，是当前引文分析研究领域急需解决的

---

* 鞠秀芳，南京大学中国社会科学研究评价中心。

① 参见鞠秀芳、郑彦宁、潘云涛：《期刊引用操纵行为研究综述》，《西南民族大学学报》（人文社会科学版）2013 年第 4 期。

② 参见王立宏、赵清：《不合理引用参考文献问题解决途径探析》，《农业图书情报学刊》2009 年第 4 期。

③ 参见金铁成：《学术期刊编辑的引文失范行为及其负面影响》，《第四届中国科技期刊发展论坛论文集》，2008 年，第 908～910 页。

问题之一。

在情报检索和信息处理中，面对海量的非结构化的学术论文，关键技术之一就是文本内容的相似度计算技术。文本相似度的计算是各应用领域（如搜索引擎、新闻推送、文本聚类与分类、网页查重、机器翻译、自动问答系统等）处理自然语言的关键技术之一，也是信息处理领域的热点和难点，受到了广大研究领域的高度重视。本文针对虚假引用现象，利用文本相似度算法深入论文内容研究，尝试从海量文献中识别出期刊引文的真实有效性。

一、引文有效性的定义及分析

引文引用是否有效的核心是施引论文中的观点是否真实有效的出现在被引文献之中。一般来说，引用参考文献通常有 4 种情况：

(1)引用有历史背景和意义的文献；

(2)引用实验中的方法；

(3)引用支持性或批判性的证据；

(4)引用相关文献用于比较。

科研工作者出于上述目的在引用他人的概念、数据、观点时出于表达的需要，通常有直接引用、间接引用、转引以及隐含引用几种情况。

无论哪种引用目的、哪种引用方式，参考文献的观点、数据、表述都需要真实有效地出现在施引文献中，方可判定引文是有效引用。鉴于参考文献表明了科学研究的某种继承性，本文认为在施引文献和参考文献之间天然存在相关性，但一般情况下两者之间并不存在上下关系、同义关系或整体-部分等相关关系，施引文献和参考文献的整体相关性并不高。施引文献和参考文献两者相关只是因为施引文献引用了参考文献中的部分内容、观点或数据，即参考文献被引用的内容和施引文献中引用的内容具有相似性。一般来说，直接引用的内容相似性高，间接引用或转引的内容相似性略低。因此本文认为，如施引文献中引用的文字内容与参考文献中的某段表述、数据、观点具有相似性，则称为引文有效，否则称为引文无效。对引文有效性的识别可用参考文献与施引文献引用的文本内容的相似性程度进行度量。

二、文本相似度计算

一般来说，相关文本的两个或多个变量之间存在以下依存关系：上下关系、同义关系、反义关系、整体-部分关系、主体-属性关系等，反映出文本变量之间的关联。相似文本的变量之间则一般表现为同义关系、上下关系、整体-部分关系。

由于应用场景以及需要解决问题、达成目标的差异性，学界对文本相似度尚没有统一定义。本文认为文本相似度分析是指对两个给定的文本通过词汇、语句、段落进行比较，判定两者的差异，从而确定文本的相似程度，通常用 0 到 1 之间的某个数值进行度量。相似性越强，数值越接近 1（意味着比较的文本完全相同）；相似性越弱，数值越接近 0（意味着比较的文本完全不同）。Lin D 在文献 An Information-theoretic Definition of Similarity 中给出了相似度定理[①]：

$$Sim(A,B)=\frac{\log P(common(A,B))}{\log P(desctription(A,B))} \tag{1}$$

common(A,B) 是比较文本 A、B 的共性部分，description(A,B) 是比较文本 A、B 的全部信息。此定义由于其通用性，是在多种应用领域下采用较多的概念。

国内外研究人员针对不同应用提出了诸多相似度计算方法并已成功应用。目前已有的可用于文本相似度计算的有向量空间模型（Vector Space Model）、布尔模型、隐含语义标引（ Latent Semantic Index）模型、P-normal 模型、字符串匹配模型、概率模型等文本表示模型。这些模型运用数学的语言和工具对文本信息及其处理过程加以翻译和抽象，解决文本相似度计算中的文本表示、特征加权和相似度计算问题。其中 Salton 等于 20 世纪 60 年代末提出的向量空间模型 VSM（Vector Space Model）是目前最有效的文本结构化表示模型，已经被广泛用于文本检索、自动文摘、自动分类、机器翻译、舆情控制等领域。VSM 认为词与词之间是独立的，文本表达的意义

① 刘宏哲、须德：《基于本体的语义相似度和相关度计算研究综述》，《计算机科学》2012 年第 2 期。

与词语在文中出现的顺序与位置没有关联，仅与词语出现的次数有关。如参考文献 A 可以看成是由词语(a1,a2,a3,…,an) 构成，每一个词语 ai 的权重 Wi 就是 n 维坐标所对应的坐标值，由此参考文献 A 可以用一个 n 维的文本向量空间表示。对于解决文本的相似度问题 VSM 有很强的可计算性和可操作性，是本文进行相似度计算的主要方法。[①]

三、期刊引文有效性识别方法与实现

对引文有效性的识别即对引用内容与参考文献内容相似度的计算。本文的引文有效性识别方法主要分成三步：文本表示，特征词权重确定，相似度计算。

(一)参考文献的文本表示

文本表示是指从参考文献和引用内容中抽取出能体现参考文献主要内容的特征词，以形成参考文献的向量表示，包括参考文献和施引文献引用的内容部分，主要解决抽取什么特征向量和抽取多少特征项量的问题。

期刊论文是人类自然语言的文本表示，属于非结构化信息。为了便于计算机处理论文信息，需要对论文进行预处理，即将非结构化的论文信息转化为能够被计算机直接处理的结构化文本信息，通常有分词和去停用词两个步骤。

分词就是将待比较的论文切割成单个的词，并根据词性进行标注。目前常用的汉语分词系统有 ICTCLAS 分词系统、HTTPCWS、SCWS(简易中文分词系统)、PhpanAlysis、盘古分词、MMSEG4J 无组件分词系统以及中国科学院的 NLPIR 中文分词系统。NLPIR 中文分词系统可以基于信息交叉熵自动发现新特征语言，从较长的文本内容中自适应测试语料的语言概率分布模型，实现自适应分词，在本文的期刊引文识别方法中分词效果最好，是本文主要使用的分词方法。[②]

文本预处理的第二步是去停用词。所谓停用词是指出现频率较高但实

① Gomaa W H, Fahmy A A. A Survey of Text Similarity Approaches. *International Journal of Computer Applications*, no. 13, 2013:13-18.

② 参见刘萍、陈烨:《词汇相似度研究进展综述》,《现代图书情报技术》2012 年第 Z1 期。

际意义不大的词,包括连词、叹词、语气词等没有实际意义的功能词以及地名、人名等词汇词。去除、过滤停用词可以有效降低文本相似度计算的误差,提高计算效率并节省存储空间。目前使用的停用词都是根据人类经验非自动化生成的,由此汇集而成停用词表,目前尚没有普遍应用的通用停用词表工具。已有停用词表包括“哈工大停用词词库”“四川大学机器学习智能实验室停用词库”“百度停用词表”等。

考虑到引文有效性识别过程中涉及的参考文献词汇量比较大,如果将文本预处理之后的每个词语都作为特征项,必然出现维度非常高的情形。为了提高计算计算效率,本文需要对特征项进行降维处理。传统 VSM 无法回避同义词、多义词现象,需要对这些原始词进行“合成”,使用 SVD 对原始的文本向量组成的矩阵分解以实现将原来的向量转换成新的向量,从而消除词的同义性和多义性对表征文本从而导致计算效果不佳的影响。

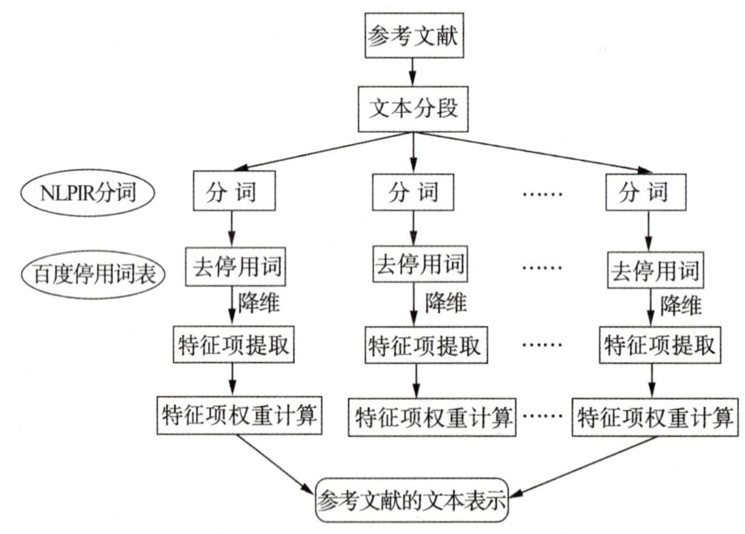

图 1　期刊引文有效性识别文本表示模块

(二)特征词权重确定

特征项的权重计算是期刊引文识别中极为重要的过程,和文本相似度计算的效率密切相关。TF-IDF(Term Frequency-Inverse Document Frequency)权重计算方法是向量空间模型中最常使用的权重计算方法之一。

TF-IDF 的主要思想是词语的重要性跟它在文本中出现的次数成正比，但跟它在语料库中出现的次数成反比。具体计算方式如下①：

$$W_{TF-IDF}=W_{TF}\times W_{IDF}=\frac{c_t}{\sum n_{t=1}c_t}\times\log\frac{n}{d_t}+\alpha \tag{2}$$

以上式子中 ct 是词语 t 在文本中的出现次数，$\frac{c_t}{\sum n_{t=1}c_t}$表征特征词的词频信息；dt 表示包含特征项词语的文件数目；n 表示文本总数（本文只比较参考文献和引用内容，故取值为 2）；α 是某个经验常数，通常取值 0.01。

利用 TF-IDF 对特征词确定权重后，可以得到一个包括了参考文献以及施引文献引用内容的 n 维向量空间 T（T1，T2，…，Tn），其中 n 为特征词的总个数，定义向量 Pi =〈Wi1，Wi2，…，Wim〉，Wjm 为特征词 Tj 在参考文献中的重要程度也就是权重，定义向量 Qj =（q1，q2，…，qn），其中 qj 表示特征词 Tj 在引用内容中的权重。这样参考文献和引用内容可以映射到向量空间 T 上，从而将参考文献与引用内容之间的匹配问题转化为向量空间中的向量匹配问题。

第一个、第二个步骤是参考文献以及引文文本表示的主要内容，也是引文有效性识别的关键步骤，具体实现的过程见图 1。

（三）相似度计算及引文有效性判定

本文使用相似度来表示文本间的相似程度，相似度越大文本间差异就越小，文本越相似。余弦相似度是实践中非常有效的一个相似度度量方法，其思想是通过计算两向量间夹角的 cos 值来度量文本间的相似程度，夹角越小，余弦值越接近于 1，比较的文本越相似。

余弦相似度计算公式如下②：

$$Sim(d_i,d_j)=\frac{\sum M_k=1W_{ik}\times W_{jk}}{\sqrt{\sum M_{k=1}W2_{ik}(\sum M_{k=1}W2_{jk})}} \tag{3}$$

根据以上思路本文给出具体的引文有效性识别方法体系：

① Pradhan N，Gyanchandani M，Wadhvani R. A Review on Text Similarity Technique Used in IR and Its Application. *International Journal of Computer Applications*, no. 9, 2015:29-34.

② Lin D. An Information-theoretic Definition of Similarity. Proceedings of the 15th International Conference on Machine Learning，1998.

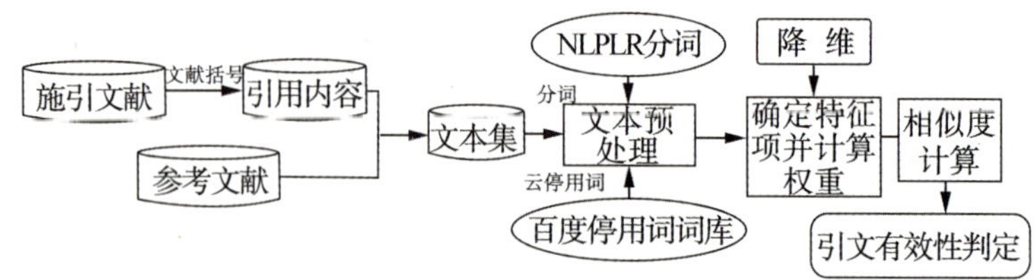

图 2 期刊引文有效性识别方法

四、实验及结果

实验选用某刊 2015 年第 1 期为实验文本集，获得论文 25 篇，参考文献 260 篇。出于数据获取的便利考虑，本研究剔除了图书、报纸、专利及外文类等参考文献，获得中文论文类参考文献 95 篇；作为比对，在每篇论文中随意划取一段叙述作为引用内容，并增加无关参考文献 1 篇作为虚假引用的参考文献（为了回避偶然性，取其他学科论文作为参考文献），获得虚假引文 25 篇。经过文本预处理之后，根据向量空间模型，分别计算期刊论文与参考文献和虚假引文的余弦匹配度，实验结果如表 1 所示。

表 1 论文与参考文献及虚假引文的余弦匹配度

论文序号	参考文献 1	参考文献 2	参考文献 3	参考文献 4	参考文献 5	虚引
1	0.890	0.652	/	/	/	0.012
2	0.605	0.308	0.651	0.652	0.448	0.008
3	0.356	0.582	0.235	/	/	0.001
4	0.995	0.685	0.951	0.951	0.124	0.024
5	0.452	0.684	0.352	0.501	/	0.007
6	0.568	0.441	0.915	0.751	/	0.125
7	0.725	0.765	0.614	/	/	0.102
8	0.362	0.582	0.462	0.506	/	0.005
9	0.352	0.901	0.802	/	/	0.201
10	0.584	0.608	0.362	0.195	/	0.108

续表

论文序号	参考文献 1	参考文献 2	参考文献 3	参考文献 4	参考文献 5	虚引
11	0.625	0.416	0.464	0.308	/	0.162
12	0.724	0.674	/	/	/	0.007
13	0.911	0.629	0.466	0.475	0.783	0.114
14	0.723	0.568	0.602	/	/	0.001
15	0.625	0.335	0.426	0.305	/	0.162
16	0.854	0.708	0.284	/	/	0.185
17	0.916	0.262	0.625	0.502	0.635	0.165
18	0.745	0.884	/	/	/	0.184
19	0.514	0.681	0.705	0.892	0.825	0.104
20	0.668	0.905	0.652	0.506	0.684	0.003
21	0.715	0.412	/	/	/	0.016
22	0.638	0.296	0.356	0.201	0.958	0.010
23	0.925	0.774	0.685	/	/	0.113
24	0.554	0.792	0.812	0.605	0.503	0.121
25	0.635	0.605	0.621	0.236	/	0.106

由试验结果得到该刊引用的参考文献余弦匹配度在 0.6 以上的有 54 篇，余弦匹配度在 0.2 ～ 0.6 的 39 个，不足 0.2 的 2 个，则该刊的参考文献有效性达 97.9%。相比之下，虚假引文的余弦匹配度极低，24 篇引文的余弦匹配度不到 0.02，引文有效性仅为 4%。本文的期刊引文有效性识别方法在引文有效性方面实现了较好的识别效果。

五、结束语

文献的不当引用是一个长期、复杂且相对隐蔽的现象，既属于学术道德问题，又属于学术规范问题。对期刊虚假引文的有效识别只是规范引文不当引用的第一步，但无法解决引文引而不注、过度引用、模糊标注等问题。① 广大学者、期刊界、管理者应共同重视引文不当问题的紧迫性和重要性，逐步推出针对不当引用行为的监督、奖励机制，鼓励广大学者及编辑人员发现、修正虚假引用、引而不注、匿引等不合理引用问题，为不端引用行为监督工作提供可靠的依据。

（原刊于《现代情报》2018 年第 11 期，有改动）

① 参见吕亚平：《学术论文参考文献不良引用行为分析及防范措施浅议》，《图书馆工作与研究》2012 年第 11 期。

建立中国特色学术期刊评价体系

李宗刚[*]

在国际学术平台上，中国学术得到了越来越多的关注，中国学术话语权也有了越来越大的提升。与此相关联，关于学术期刊理论的研究也逐渐走向深入，这在社会科学领域表现得尤为明显。但是，不容忽视的一个问题是，国内许多学术期刊评价体系面临诸多诘难，中国特色学术期刊评价体系并没有建立起来。

20世纪90年代，北京大学图书馆为了便于订阅日渐增多的学术期刊，在诸多学术期刊中遴选出了"中文核心期刊"。从此，中国学术期刊便被划分为不同层级，这便是"核心类"学术期刊和"非核心类"学术期刊。这一区分极大地影响了学术生产和学术生态，并远远地超出了当初区分的初衷，从而成为评价学术期刊以及学术论文的重要价值尺度——学术期刊一旦跨入"核心"期刊的殿堂，学术期刊以及学术论文均身价倍增。

20世纪90年代末，国内学术评价机构开始重视学术期刊的影响因子，由此催生了本土化的评价指标体系。随着国内高校重视SCI(科学引文索引)期刊，人们日渐关注学术期刊的影响因子。这一评价指标，深刻地影响了中国学术的发展走向。目前，高校管理者便是用这个指标体系衡量自然科学研究方面学术论文的价值。在人们膜拜SCI期刊的同时，诸多中国学术期刊被边缘化。在社会科学研究领域，SSCI(社会科学引文索引)来源期刊则成为另一重要评价体系，这就把具有相对独立性的社会科学期刊也纳

---

* 李宗刚，《山东师范大学学报》(人文社会科学版)编辑部。

入西方学术期刊评价体系之中，并逐渐成为人们唯C刊马首是瞻的风标。高校对西方的SSCI来源期刊以及A&HCI(艺术与人文科学引文索引)来源期刊的特别推崇，便由此而来。而许多在中国学术界具有重要学术影响力的期刊却被排除在外，这在某种程度上不能不说是西方学术评价体系话语霸权的一种表现。

值得庆幸的是，在社会科学领域，缘于意识形态的差异性，SSCI来源期刊并没有像SCI来源期刊一样，被学术评价机构当作唯一的评价标准，在SSCI来源期刊之外，国内学术评价机构还自主开发了本土化的SSCI来源期刊——CSSCI(中文社会科学引文索引)来源期刊。尽管人们对此褒贬不一，但不容忽视的一个客观事实是，许多机构已经把这套评价体系的有关指标当作衡量科研成果的重要标杆，而中文核心期刊则日渐边缘化。显然，这正是中国学术生态自我调控与自我平衡的结果。

客观地说，中国的学术期刊被排除在西方主导的学术话语体系之外并不重要，重要的是我们没有建立起一套属于中国的学术期刊评价体系，即便是初步建立起来的中文核心期刊等评价体系，也没有得到高校应有的重视。相反，高校依然把西方学术期刊评价体系纳入自己的评价体系中，这就直接架空了我们初步建立起来的学术期刊评价体系。既然我们建立起来的学术期刊评价体系连自己都不认同，自然就谈不上被西方学术界认同了。在此情形下，中国的学术评价体系就会陷入恶性循环的怪圈——我们不重视自己的学术评价体系，我们的学术评价体系就难以得到西方的接纳和认同；西方不接纳和认同我们的学术评价体系，我们自然就会反过来更加轻视自己的学术评价体系，如此一来，就导致了西方的学术评价体系强者恒强、我们的学术评价体系弱者恒弱的局面。

如果从这样的维度来审视21世纪以来学术期刊理论建设，我们便会发现，学术期刊理论建设已经得到学界的重视，并开始从学术的边缘走向学术的中心。其突出的表现在于越来越多的学者开始探讨如何建立起更为科学的期刊评价指标体系，并且这种探讨正在走向深入。

如何建立具有中国特色的学术期刊评价体系？本文认为，需要重新整合既有的“中文社会科学引文索引(CSSCI)来源期刊”“中国人文社会科学核心期刊”“中国科学引文数据库(CSCD)来源期刊”等评价体系，分别建立关乎自然科学的“中文科学引文索引(CSCI)来源期刊”和关乎社会科学的“中文社会科学引文索引(CSSCI)来源期刊”,由此真正凝练成既体现中国学术话语要求,又为国际学术界广泛认可和接受的评价体系,从而为中国学术“走出去”奠定坚实的基础。

学术期刊评价体系建设是关乎中国学术能否健康发展的关键所在。我们希望越来越多的学者和编辑关心这一问题,期待在不远的将来建立具有中国特色、充溢中国学术自信的学术期刊评价指标体系,为中国学术的提升和发展做出应有的贡献。

(原刊于《中国社会科学报》2018年11月27日,有改动)

学术期刊如何更好服务学术创新

蒋重跃*

我想把近期自己对人文社科学术期刊发展的一些想法跟大家交流一下。我认为人文社科学术期刊一定要切实提高服务意识、服务水平、服务质量。

一、立足学术发展，强化服务意识

人文社科学术期刊的最高任务是服务学术研究、学科发展、读者阅读、教育普及和社会应用。学术期刊的服务不是点头哈腰、唯唯诺诺，不是唯命是从、唯利是图。学术期刊的服务应该是学术性的服务，是按照科学精神、学术规范、尊重事实、坚持真理、平等讨论、学以致用的原则来服务。

这些看似是常识，但我们其实并没有完全做到，甚至有些问题还没有想明白。试问我们的服务对象究竟是谁？他们的工作是什么？他们是怎样做研究的？他们的研究究竟做得如何？他们的研究应该如何做？对于一直为之服务的学科、学校、机关、企业、社会，我们究竟了解多少？如果不了解服务对象，不知道他们的需求，不知道他们的工作发展到了何种程度，只着眼于编辑工作本身，那就本末倒置，甚至有可能成为阻碍服务对象发展的负能量。

---

* 蒋重跃，全国高等学校文科学报研究会理事长。

二、洞悉创新本质，提高服务水平

鉴于作者绝大多数是学者，编辑人员首先要问问自己面对的学者是哪些人，是否了解他们，是否了解他们所从事的工作，能否真正看懂他们的论文，能否对他们的论文做出学术评判，我认为至少要从学术规范的角度来做。目前业界存在这样一种情况，如果不是自己熟悉领域的文章编辑就加以拒绝，也就是说只有领域相同才有资格审稿。那如果有一篇文章在学科交叉上有所突破、有所创新，现有的研究领域没有与之完全吻合的，这篇文章还要不要审？如果真有价值还要不要发表？这个问题的答案其实是显而易见的。

当前学术界已经认识到，学术创新往往在学科交叉领域出现。原因很简单，凡是学术创新，都是某个学术领域内在结构的突破，某一领域的结构突破势必要进入另一领域的结构范围。所谓创新就是这样一个过程：两个或两个以上结构发生冲突和渗透、排斥和交叉、否定和重组，最后达到融合，从而形成新的问题领域。我是研究思想史的，如果我坚持不看经济史的论文，这显然是甘愿停留在浅层次上，不愿意付出努力深入事物的本质。

三、拓展学术视野，提高服务质量

过去有种说法认为编辑是杂家，即编辑什么都知道一些，但什么都不深入，希望编辑人员要认真反省一下。《汉书・艺文志》定义杂家为“兼儒墨、合名法”，也就是擅长兼并知识、合并知识，但其实《艺文志》里面还讲到杂家的另一特点，那就是“知王道之无不贯”，即用王道融会贯通具体知识。编辑被称为杂家，可事实上却可以分为三个层次。第一个层次就是初级的杂家，即什么都知道一点，什么学科的文章都能看。第二个层次提高了，达到专业化，有系统的专业技能和专业理论，有与本专业学者对话的能力，甚至可以与本专业的学者组成专业的学术共同体。第三个层次再提高一步，在本专业领域的专业理论上继续深造，直至走到反面，突破自己的范围，有了认识事物本质的理论修养。这样就可以在把握事物本质上与其他相关学科贯通起来。这样的编辑就会成为在本质意义上能够统揽学术全局的人才。这三个层次各有特点,第一个层次尚停留在经验上,知识迁移能力和把握全局的能力受到限制。第二个层次只满足于在本学科内达到一定深度。第三个层次能在本质上突破学科限制,可以做到不为某一学科所限,而以探求事物本质、获得真知为目标。第一个层次可以自诩为杂家;第二个层次是拒绝当杂家,可以称为专家;第三个层次则在更高的理论层次上回归杂家,这种杂家可以称为大家。如果说编辑是杂家的话,那就绝不应该限制在经验性的层次上,绝不应该以感官上的熟悉为满足,而要大胆地超越事物的经验层面,从本学科开始,深入本质,然后再前进一步实现自我突破,把专业理论和知识转变为知识迁移的能力,应用到探寻论文的内在结构上,从理论上衡量论文的质量和水平。

现在编辑人才紧缺,大家认为好像是学科领域的限制。有时急需某个学科领域的编辑人才可这个学科领域还没有培养出毕业生的情况会永远存在,即人才培养的速度很可能赶不上学科领域分化的速度。而且即使找到了我们需要的某领域的编辑人才,也可能这样的人才仍然无法满足该学科领域分化的需要。因为他不能从理论上把握创新的本质,只习惯于在经验层次上看自己熟悉的稿件。有学术研究经历的人都知道,即使同一个研究领域,某人的研究对于其他人来说也可能是陌生的。如果因为领域相同才有资格审读论文,那显然是不了解创新的本质含义。我的经验是:审读自己学术领域内的论文与审读某些有一定了解的其他领域的论文,在本质上没有太大的区别,除了经验上熟悉的程度略有不同,结构上的把握差不多,即看它是不是在结构上有所创新,有多大的学术价值和现实意义,论证是否合理有效,能不能成功地说明问题,如此而已。

现在,随着学科发展,编辑人员一般都有自己的学术领域,在各自的领域内,学术水平逐渐提高,能力得到增强。但问题随之而来,如果要求编辑了解学术界,了解服务对象,编辑人员一般就只满足于了解自己小圈子内熟悉的几个学者。我认为,如果把审读学术论文仅仅限定在研究方向或领域相同的范围内就窄了,而问题还不只是窄了这么简单,如果单纯是窄一点,那还只是量的问题,可这个问题不是单纯的量的问题,而是质的问题,是能否推动创新的问题。“抱团取暖”在某种意义上有它的道理,但如果联想到学科领域，那就是说研究方向和领域相同的几个人以局限在自己的领域内相互认同而满足，这种做法给创新留下的余地就会比较小，在这种狭小的范围内学术创新的资源很快就会枯竭。

据说，负责实施人类首次登月工程的美国原宇航局局长说过：“不要让同一专业的人在同一张桌子上吃饭。”这形象地说明了对于局限在某一个单一领域里的那种做法的警惕。不过，更重要的是要通过经验意义上的多领域知识的互动，促使编辑深入事物的本质，学会抓住学术创新的结构及其运动规则。有了这样的训练，编辑人员就会自觉地扩大服务对象的范围，自觉地提升服务技能，更好地为学术创新服务。

（原刊于 2018 年 12 月 17 日《中国新闻出版广电报》，有改动）

关于人文社科期刊导向管理的若干思考

刘曙光*

期刊前辈曾经指出，在办刊的质量把关和政治把关中，是“战战兢兢，如履薄冰，如临深渊”。以前不是很理解，现在算是有了深切的体会。不仅一字一句“关情”，不敢轻易放过，而且在导向管理方面更是慎之又慎。这里的“导向管理”，指的是坚持正确的政治方向、学术导向和价值取向。“导向管理”的实质是要正确处理好学术与政治的关系问题。

近些年来，绝大多数人文社科期刊是完全能坚持正确的导向的。但是，也有极个别的期刊出现导向错误。为什么这些期刊会出问题，把握不好学术与政治的关系？我想，在导向问题上明知故犯者是极少的，主要原因可能还是政治和学术的关系过于复杂，学术问题与政治问题的界限有时候难以把握，而有些问题本身就兼具学术性与政治性。到底是政治原则问题，还是思想认识问题，抑或是学术问题？有时候有些期刊编辑（包括主编、总编）可能难以区分和判断。“任何人都能懂一些政治，但政治是格外复杂的事物，很可能还是人类所遇到的最复杂的事物之一。如果不具备处理政治复杂性的技能，人们就会草率或过分地简化政治，这就是危险。”①这就需要期刊编辑特别是主编、总编，加强各方面的学习，不断提高综合理论素养，提高政治敏锐性。

哲学社会科学的创新，源于怀疑和反思，应当鼓励怀疑精神。在借古讽

---

* 刘曙光，《北京大学学报》（哲学社会科学版）编辑部。

① [美]罗伯特·A.达尔、布鲁斯·斯泰恩布里克纳：《现代政治分析》，吴勇译，中国人民大学出版社2012年版，第3页。

今、借古鉴今的文章中,我们也不排除有极个别的作者会对当今的现实有“坏心恶意”“怀不良之心”“捉鸡骂狗”“言三语四”“指桑骂槐”,影射现实中的某些现象和举措。对这种倾向,作为把关人,期刊编辑应当保持高度警惕。还有一种现象,期刊编辑也应当具有政治敏锐性,那就是有的问题虽然是学术问题,但在特定的时期特定的条件下,广泛而公开地讨论也是不合时宜的。换句话说,正常的学术讨论是应当鼓励的,但是应当把握“研究无禁区,宣传有纪律”原则。2018 年,中共中央办公厅文件转发了《中央宣传部关于进一步做好新形势下出版物重大选题备案工作的意见》,规定凡涉及国家安全、社会安定等方面的内容,对国家政治、文化、军事等会产生较大影响的选题,出版前需履行重大选题备案程序。因此,重大选题报批是必要的。不仅哲学社会科学应该报批,自然科学也应该报批,如人体胚胎基因编辑,这样的选题需要经过伦理审查。

一、为什么要对人文社科期刊进行导向管理

这是由哲学社会科学的本质属性决定的。作为文化软实力,哲学社会科学不仅仅是一种真理性、规律性的探索,更代表特定时代、特定国家的价值观念、意志和利益,必须“有补于治道”。哲学社会科学必然体现国家主体性,哲学社会科学话语权的大小取决于国家硬实力。哲学社会科学是民族性与世界性的对立统一,是普遍性与特殊性的对立统一,既体现文明的冲突、意识形态的冲突,又体现文明的和谐与共同发展。中国独特的历史、独特的文化、独特的国情,决定了中国的哲学社会科学必须走中国特色的发展道路,坚持中华文明的主体性。中国哲学社会科学要坚持指导思想上的中国特色、创新动力上的人民主体性;要通过融通古今中外,凸显中华文明的主体性;在理论与实践、理想与现实的矛盾运动中建构中国话语。要着力提出体现中国立场、中国智慧、中国价值的理论、主张、方案,展示为人类文明作贡献的中国,拓展中国哲学社会科学的“世界价值”。[①]

哲学社会科学的“中国特色”,直接关涉学术与政治的关系。这里的“中

① 参见刘曙光:《哲学社会科学的中国特色与中华文明的主体性》,《江苏社会科学》2019 年第 1 期。

国特色”包括:以马克思主义为指导,中国共产党的领导,社会主义制度,人民代表大会制度,人民主体性,社会主义核心价值观,马克思主义、中华优秀传统文化、西方文化的融合创新,中华文明的主体性,中国标准,中国话语,以习近平新时代中国特色社会主义思想统领哲学社会科学各项工作,等等。“中国特色”是对国际国内两个大局的深刻把握,是学术性与政治性的统一。所以,这里的“中国特色”包含了正确的政治方向、学术导向和价值取向。这也是中国哲学社会科学与西方哲学社会科学的根本区别之一。西方建构的是从个体主义出发并服务于资本权力的哲学社会科学理论体系和话语体系。而我们需要建构的是基于集体主义和人民主体性的哲学社会科学,要维护我们的国家安全和文化安全。①

哲学社会科学体现国家主体性。2019 年 3 月 4 日,习近平总书记在参加全国政协十三届二次会议文化艺术界、社会科学界委员联组会时强调:“一个国家、一个民族不能没有灵魂。文化文艺工作、哲学社会科学工作就属于培根铸魂的工作。”从党和国家事业发展全局的高度,习近平总书记提出新时代文化文艺、哲学社会科学发展的导向问题,那就是要做到“四个坚持”,即坚持与时代同步伐,坚持以人民为中心,坚持以精品奉献人民,坚持用明德引领风尚。

国家在经济学意义上是考察经济制度的重要切入点。哲学社会科学作为具有意识形态性的上层建筑,不仅体现国家核心价值观,关系国家的文化安全和政权安全,而且要为国家制度提供论证或者辩护。西欧国家观念的兴起推动了整个现代世界的形成。国家不仅在国际关系中作为主体出现,维护本国及本国人民的利益(国家利益至上),而且在社会管理中,国家也是作为主体出现的。作为上层建筑的国家可以通过计划进行资源配置,调整生产关系,从而改变资本逻辑的社会支配地位。② 因此,哲学社会科学难免会带有一定的成见或偏见,如修昔底德陷阱、中国威胁论、中国崩溃论、中国技术有害论、历史终结论,等等。

关于哲学社会科学的阶级性、国家性和意识形态性,马克思有过很多论

---

① 参见杨光斌:《有必要弄清“话语权”到底是什么》,《北京日报》2018 年 9 月 10 日。

② 参见周文、包炜杰:《国家主体性、国家建构与建设现代化经济体系——基于西欧、美国与中国的现代化发展经验》,《经济社会体制比较》2018 年第 5 期。

述。马克思在《资本论》第1卷中指出："在政治经济学领域内，自由的科学研究遇到的敌人，不只是它在一切其他领域内遇到的敌人。政治经济学所研究的材料的特殊性质，把人们心中最激烈、最卑鄙、最恶劣的感情，把代表私人利益的复仇女神召唤到战场上来反对自由的科学研究。"在德国从事政治经济学研究的专家，"当他们能够不偏不倚地研究政治经济学时，在德国的现实中没有现代的经济关系。而当这些关系出现时，他们所处的境况已经不再容许他们在资产阶级的视野之内进行不偏不倚的研究了"。"现在问题不再是这个或那个原理是否正确，而是它对资本有利还是有害，方便还是不方便，违反警方规定还是不违反警方规定。无私的研究让位于豢养的文丐的争斗，不偏不倚的科学探讨让位于辩护士的坏心恶意。"[①]马克思的这些论述告诉我们，在哲学社会科学领域，所谓的"自由的科学研究""公正无私的研究""不偏不倚的研究"，只是一种唯科学主义的呓语，只是一种对理性主义盲目乐观的价值预设，而缺乏对学术与政治复杂关系的理性反思。

要求学术导向正确，古今中外的民族国家，概莫能外。哲学社会科学的研究成果应"有补于治道"，维护国家安全和稳定，而不能去颠覆政府。这也是中国历史上为什么会出现"焚书坑儒""罢黜百家、独尊儒术"现象的重要原因。

二、学术与政治关系问题的复杂性、困难性

即使是自然科学研究，也不是非功利性的。人的需要和利益，是人的意识活动的导向器、过滤器和优化器。与人类的利益和需要密切相关的地方，就是人类文明和科学最发达的地方。

（一）正确处理学术与政治的关系

汪曾祺指出："世界上没有没有思想的语言，也没有没有语言的思想。"[②]语言与思想的关系尚且如此复杂，更何况学术与政治的关系！哪有没有思想的学术，又哪有没有学术的思想？以前，有的论者提出"思想淡出，学术凸显"口号，这是不可能的。

① 《马克思恩格斯选集》第2卷，人民出版社2012年版，第84、87、89页。

② 汪曾祺：《晚翠文谈新编》，生活·读书·新知三联书店2002年版，第82～83页。

学术论文是学术性与思想性的统一。思想性是指人文社会科学的论文都不同程度地带有意识形态性，要以正确的立场、观点、方法反映政治倾向和价值观念，为进步的阶级、阶层和社会势力服务，有利于推动社会发展，满足人们积极、健康、向上的精神需要，营造良好的精神氛围。既不要以思想性代替学术性，也不要以学术性否定思想性。人是天生的政治动物。学者从事学术研究，虽然是在把握客观事实、认识规律、追求真理，但也会不期然地站在某一利益主体的立场上，对政治施加一定的影响。任何学术都不可能做到“价值中立”或“价值无涉”。

1956 年 4 月 28 日，毛泽东提出“双百”方针：“艺术问题上的百花齐放，学术问题上的百家争鸣，我看应该成为我们的方针。”[①]由此引发关于学术与政治关系的大讨论。但由于问题的复杂性和敏感性，这一问题并未得到很好解决。1979 年 3 月 30 日，邓小平在党的理论工作务虚会上指出：“无论如何，思想理论问题的研究和讨论，一定要坚决执行百花齐放、百家争鸣的方针，一定要坚决执行不抓辫子、不戴帽子、不打棍子的‘三不主义’方针，一定要坚决执行解放思想、破除迷信、一切从实际出发的方针。”[②]2016 年 5 月 17 日，习近平总书记在哲学社会科学工作座谈会上的讲话中指出：“要正确区分学术问题和政治问题，不要把一般的学术问题当成政治问题，也不要把政治问题当作一般的学术问题，既反对打着学术研究旗号从事违背学术道德、违反宪法法律的假学术行为，也反对把学术问题和政治问题混淆起来、用解决政治问题的办法对待学术问题的简单化做法。”[③]

在实际的学术研究过程中，我们应辩证把握学术自由和政治导向管理的关系，做到二者的和谐统一。一方面，我们要在坚持正确政治方向前提下充分保障学术自由；另一方面，我们也要注意防止学者们对学术自由的滥用，以及由此导致的学术对政治统治造成的“负面”影响。[④]

（二）学术话语、政治话语（官方）与民间话语（大众）

有人将话语分为三种形式：学术话语、政治（官方）话语和民间（大众）话

① 《毛泽东文集》第 7 卷，人民出版社 1999 年版，第 54 页。

② 《邓小平文选》第 2 卷，人民出版社 1994 年版，第 183 页。

③ 习近平：《在哲学社会科学工作座谈会上的讲话》，人民出版社 2016 年版，第 28 页。

④ 参见袁冬冬：《学术自由与政治统治：寻求学术与政治的和谐之道》，《南都学坛》2013 年第 5 期。

语。这三种话语形式是对立统一的，它们既相互区别，又相互联系、相互依存、相互转化。三种话语形式虽然是可以相互转化的，但毕竟是不同的话语体系。个别学科的学术话语甚至很难转化为政治话语或大众话语。

中国特色的哲学社会科学，应以马克思主义为指导，立时代之潮头，通古今之变化，发思想之先声，积极为党和人民述学立论、建言献策，用学术书写社会发展的华章，应努力推进马克思主义中国化、时代化、大众化。学术话语应力求做到人民的立场、学理的阐释、学术的表达，向世界介绍好“学术中的中国”“理论中的中国”“哲学社会科学中的中国”。

学术与政治如何融合？有的人提出，须用学术的方式为党和国家大局服务，讲政治最好的方式是讲学术（把政治话语转化为学术话语）。构建有凝聚力、主导力的主流意识形态，政治话语需要有学理的支撑，政治需要有学术的审视。当然，学术话语是精英话语，可以转换为政治话语或民间话语，但应该坚持适度原则。如果学术中全是政治话语或大众话语，那也不是学术。

政治话语与学术话语如何统一，是目前亟待解决的问题。当前存在学术话语严重滞后于政治话语的情况。有的概念、范畴，学界与政界的理解是不一致的。也有学术话语远离政治话语的情况，一些政治话语缺乏深入的学术研究。如何把政治话语与学术话语更好地结合、整合，是当前面临的问题。把学术等同于政治，学术功利化；或者学术鄙视政治、贬损政治、远离政治；或者政治排斥学术、贬低学术、强奸学术，把学术当作自己的工具。这都是不正常的。

学术与政治的关系，也要具体问题具体分析，不同学科与政治或者说与意识形态性的上层建筑的关系不同，有的学科密切一些，有的学科疏远一些，不能一概而论，不能片面强调学术与政治的统一，否则就会闹笑话。我们不能对语言学、逻辑学、考古学等学科不加分析地讲政治。为往圣继绝学，有一些绝学、冷门学科，是需要国家、高校来“养护”的。

（三）学术与智库

关于学术的使命、学者的使命，张载曾经指出：“为天地立心，为生民立命，为往圣继绝学，为万世开太平。”[①]学者是社会的良心，应坚持“独立之思

---

① 张世敏：《张载学说及其影响》，三秦出版社2015年版，第133页。

想，自由之人格”。学者必须有独立的见解，有真知灼见，不受权力、利益的干扰，讲真话而不讲套话。

学有学统，道有道统，政有政统，三者各有自身发展的逻辑。学统、道统、政统是否三统合一、如何合一？我们可以深入研究。学术和政治不能无界限，不能用政治的逻辑取代学术发展的逻辑，学术的发展是连续性与阶段性的统一，不能割断历史的联系。在一定程度上应保持学术自由、学术独立，否则学者无尊严，学者的形象也会受损。

学者要组织开展重大现实问题、重大理论问题、重大实践经验总结等课题研究，通过扎扎实实的工作，为决策提供参考、咨询，真正发挥智库资政建言的作用。但是，如果学者对政治，只是一味地阐释、辩护，充满赞叹和溢美之词，而没有或缺少学理性和可行性，那么学者就只是“辩护士”。

智库是一个高频词。大学可以利用其学术资源、人才资源、信息资源，为政府提供智力支持。“智库”兼具学术性与政治性双重特征。社会期待教授、专家提供客观的、专业性的信息、意见或思想。马克斯·韦伯在《学术与政治》中指出，在工作中，只把政治和社会现实作为认知对象，对政策咨询和社会问题解决所能够做到的是：“可以提醒一个将要行动的人，他的计划是否周全，以他所拥有的资源，是否可以使计划成功，或警告他可能会有的种种结果。”①

“教授”“专家”的含金量现在也大打折扣。为什么会如此？因为有相当一部分教授、专家在社会生活中偏离了操守、偏离了学术、偏离了客观公正，特别是在做鉴定、做评价的时候。学术，是教授、专家的立身之本，专家、学者要分清主次、知道轻重、懂得进退；政治，是智库教授、专家的警戒线。②

学术与政治的关系应该是对立统一的，二者既相区别又有联系。一方面，学术是对社会政治、经济、文化的反映，应该服务于政治；另一方面，政治是学术理想的现实化，是由知到行的实践，因此政治应接受学术的审视。一方面，学术要对政治保持审视性、批判性；另一方面，如果二者完全隔离，则会造成两败俱伤。在学术与政治的关系问题上，贺麟的话可能还不过时：学

---

① ［德］马克斯·韦伯：《学术与政治》，钱永祥译，广西师范大学出版社2010年版，第188页。

② 参见胡天助：《学术与政治：大学智库专家的角色定位》，《北京航空航天大学学报》（社会科学版）2019年第3期。

术是“体”，政治是“用”，学术不能推动政治，学术就是无“用”，政治不能根植于学术，政治就无“体”。[①]

三、新时代对人文社科期刊的导向管理

作为期刊编辑，特别是期刊主编，一定要增强“四个意识”，坚定“四个自信”，做到“两个维护”，始终在政治立场、政治方向、政治原则、政治道路上同党中央保持高度一致，在办刊过程中严把导向关。那么，国家通过什么方式来对人文社科期刊进行导向管理呢？或者说，期刊编辑（主编）通过什么途径来提高自己的导向管理水平呢？这种导向管理原则是实实在在存在的。硬性的、软性的，网络线上的、线下的，相互交织、相互补充，可谓“天网恢恢、疏而不漏”。至少可以通过以下途径提高导向管理水平。

（一）通过学习党和国家领导人的讲话进行管理和引导

习近平总书记系列重要讲话，是我们做好导向管理的重要遵循。我们可以原原本本地学习《习近平谈治国理政》，也可以通过《习近平新时代中国特色社会主义思想学习丛书》《全国干部学习培训教材》等相关材料，努力提高自己的思想认识。

例如，2013 年 11 月 8 日，习近平总书记指出，中国共产党领导人民进行社会主义建设，有改革开放前和改革开放后两个历史时期，这是两个相互联系又有重大区别的时期，但本质上都是我们党领导人民进行社会主义建设的实践探索。他强调，对改革开放前的历史时期要正确评价，不能用改革开放后的历史时期否定改革开放前的历史时期，也不能用改革开放前的历史时期否定改革开放后的历史时期。习近平总书记的这一重要论述，集中体现了我们党对于这一重大问题的根本立场和鲜明态度。学习习近平总书记的重要论述，对于我们从宏观上正确认识和把握改革开放前后两个历史时期乃至整个党的历史，进一步坚定中国特色社会主义道路自信、理论自信、制度自信、文化自信，坚定不移地把中国特色社会主义伟大事业继续推向前进，具有重要指导意义。

---

① 参见贺麟：《学术与政治》，《当代评论》1941 年第 16 期。

2013年8月19日，习近平总书记在全国宣传思想工作会议讲话中指出，要围绕中心，服务大局，胸怀大局，把握大势，着眼大事，找准工作切入点和着力点，做到因势而谋、应势而动、顺势而为。意识形态工作极端重要，能否做好意识形态工作，事关党的前途命运；事关国家长治久安；事关民族凝聚力和向心力，中心工作和意识形态要两手抓。

2016年5月17日，习近平总书记在哲学社会科学工作座谈会讲话中指出："我国哲学社会科学为谁著书、为谁立说，是为少数人服务还是为绝大多数人服务，是必须搞清楚的问题。"①为人民做学问，尊重人民的主体地位，聚焦人民的实践创造，把个人的学术追求同国家民族的发展紧密结合起来。坚持以马克思主义为指导，是当代中国哲学社会科学区别于其他哲学社会科学的根本标志，必须旗帜鲜明地加以坚持。我国哲学社会科学的一项重要任务就是继续推进马克思主义中国化、时代化、大众化，继续发展21世纪马克思主义、当代中国马克思主义。

2018年8月21～22日，习近平总书记在全国宣传思想工作会议上指出，完成新形势下宣传思想工作的使命任务，必须以新时代中国特色社会主义思想和党的十九大精神为指导，自觉承担起举旗帜、聚民心、育新人、兴文化、展形象的使命任务，坚持正确政治方向，在基础性、战略性工作上下工夫，在关键处、要害处下工夫，在工作质量和水平上下工夫，推动宣传思想工作不断强起来，促进全体人民在理想信念、价值理念、道德观念上紧紧团结在一起，为服务党和国家事业全局做出更大贡献。

（二）通过学习党和国家的法律法规进行管理和引导

国家新闻出版总署培训中心编制了新闻出版行业系列培训教材《期刊出版工作法律法规选编》。这些法律法规也是我们在办刊过程中必须认真落实的，包括宪法、法律中关于期刊管理的条款；法则类的管理规定，包括地图编制出版管理条例、审计法实施条例、印刷业管理条例；规章及规范性文件，包括关于禁止有偿新闻的若干规定、互联网出版管理办法、期刊出版管理规定、出版物市场管理规定；中央和全国人大及部委的文件；等等。

---

① 习近平：《在哲学社会科学工作座谈会上的讲话》，人民出版社2016年版，第12页。

（三）通过文件形式进行管理和引导

中共中央宣传部办公厅2013年10月21日印发《关于西方自由主义的有关情况》，指出要坚持正面引导，摆事实、讲道理，帮助干部群众划清重大问题的是非界限：把发展社会主义市场经济同“彻底市场化”区别开来；把毫不动摇地鼓励非公有制经济发展同“全面私有化”区别开来；把做大做强国有企业同所谓的“国进民退”区别开来；把积极稳妥推进政治体制改革同西方“宪政民主”区别开来；把社会主义的“自由、民主、人权”等价值观念同所谓“普世价值”区别开来。要坚持马克思主义立场观点方法，深入研究西方自由主义的演变规律、发展趋势、最新变化、实质危害、防范应对等，推出一批有分量有价值的研究成果，为抵制西方自由主义的侵蚀提供有力的学理支撑。有关部门要坚持守土有责、守土负责、守土尽责，切实加强对各类宣传文化阵地管理，不给宣扬西方自由主义提供传播渠道。重大选题报备制度实施了这么多年，存在备案部门职责不明晰、把关不到位、工作周期过长等问题。很多作者、期刊、出版社干脆放弃选题，而不愿花太长时间申报。正是在此背景之下，2018年，中共中央办公厅转发了《中央宣传部关于进一步做好新形势下出版物重大选题备案工作的意见》。

（四）通过基金课题、主题出版进行管理和引导

中宣部对基金课题、主题出版的管理机构，以前叫“社科规划办”，现在叫“全国社科工作办”。全国社科工作办通过基金课题、主题出版进行导向引领和导向管理，唱响主旋律，弘扬正能量。在中宣部出版局指导下，中国期刊协会、中国编辑学会已经联合开展了三届“期刊主题宣传好文章”推荐活动。

主题出版配合了党和国家工作大局，根据不同时期的主题主线，推出一大批精品力作，对建设具有强大凝聚力和引领力的社会主义意识形态，发挥了重要引领作用。近些年，人文社科期刊的主题出版，既包括近两年的中国特色哲学社会科学的构建、习近平新时代中国特色社会主义思想、中华文明的主体性等，也包括2018年改革开放40周年、2019年建国70周年、2020年全面建成小康社会、2021年中国共产党成立100周年。宣传这些重大主题，是人文社科期刊的重要任务、导向引领。

（五）通过评奖、评优、评价进行管理和引导

国家通过各种各样的评优、评奖来加强对期刊的导向管理和引导。如

通过国家期刊奖，中国出版政府奖，百强报刊，期刊方阵，教育部名刊、名栏等各种评选活动，加强导向管理。如果导向错误，“一票否决”取消参评资格。导向管理可以通过各种各样的评价因势利导，发挥评价指挥棒的作用。评价指挥棒不能失灵，更不能误导。几大评价机构都有对出现导向错误的期刊实行“一票否决”的权力。评价机构的引导作用，不仅仅是政治方向、学术导向，还包括价值取向，如期刊主编、编辑的廉洁自律问题，等等。

（六）通过体制内人员的纪律约束进行管理和引导

哲学社会科学的人民性，党对哲学社会科学的领导，解决了哲学社会科学为谁服务、怎么服务的问题。这是中国特色哲学社会科学的鲜明特征。为人民群众做学问、为人民群众拿笔杆子，是我国哲学社会科学的神圣职责，是实现哲学社会科学价值的必然途径。

社科院、社科联研究人员以及高校教师，都不是自由撰稿人，不是松散的自由撰稿人联盟，想说什么就说什么，想写什么就写什么，想干什么就干什么，要有政治性、组织性和纪律性。体制内人员是党的思想理论文化工作者，更是党的思想文化战线上的战士，绝不能把自己降低到一个“自由撰稿人”的地位上，“自拉自唱”“自说自话”“自娱自乐”。

（七）通过会议的议题进行管理和引导

国家通过各种会议的形式引领哲学社会科学的发展方向。如马克思200周年诞辰，就是以国家的形式进行纪念的，习近平总书记发表重要讲话。又如，宣传工作会议、文艺工作座谈会、新闻舆论工作会议、信息网络工作会议、哲学社会科学工作座谈会、教育工作会议、高校思想政治工作会议等等，都为人文社科期刊的导向管理指明方向。

（八）通过发挥主流意识形态导向作用进行管理和引导

在媒体融合大背景下，传统媒体需要打破自身局限，不断转型升级，创新传播手段和传播方式，充分发挥马克思主义主流意识形态的导向作用。2019年第一天，聚合了大量可免费阅读期刊、古籍、公开课、戏剧、图书等资料的“学习强国”学习平台正式上线。这一平台，唱响了社会主义意识形态的主旋律，提升了主流意识形态在全社会的传播力、引导力、影响力和公信力。

（九）通过期刊编辑培训进行管理和引导

对于期刊编辑、主编，要进行岗位培训，要求持证上岗。期刊编辑每年要求接受72学时的培训。而在各种各样的培训中，导向管理往往是第一堂课。当然，出现政治错误，有时可能是因为校对失误所导致，特别是一些关键词汇、经典作家的引文。这就要求期刊管理部门通过培训、评比、检查等形式加强期刊编校质量管理和导向管理。

（十）通过主流媒体的舆论宣传进行管理和引导

主流媒体是政治传播的主导力量。党和国家主办的媒体，必须姓“党”。主流媒体应以高度的政治责任感，通过真实客观、观点鲜明的优质信息，发挥其导向管理的作用，为人文社科期刊的导向管理定下基调。如中央广播电视总台、《求是》杂志、《人民日报》《光明日报》等，都在导向管理方面发挥引领作用。

总的来说，国家对人文社科期刊的导向管理方式是灵活、多样的。期刊编辑特别是主编，要通过多种途径加强自身学习，坚持在大局下思考，增强政治敏锐性和政治鉴别力，注意区分政治原则问题、思想认识问题和学术观点问题。

［原刊于《山东师范大学学报》（人文社会科学版）2019年第5期，有改动］

“三大核心”：拿什么来取而代之？

——学术评价的困境(节选)

朱剑*

学术界和学术期刊界与评价机构的“缠斗”已不下二十年，之所以至今难分胜负，是因为评价机构有着自己的理论支撑和数据支持，更因为其以排行榜为主要形式的产品(“三大核心”)满足了行政权力的偏好，得到了行政权力事实上的采信，成功地将学术共同体的同行评议驱逐出了评价领域。但评价机构也有着自身无法克服的缺陷，因为专业能力的缺乏，其理论、数据和算法及结果都有经不起推敲之处，更因为其排行榜在学术评价实践中的运用导致了一系列严重的问题，为学术界和学术期刊界锲而不舍的抵制和讨伐源源不断地提供了动力和炮弹。在现行的科研体制之下，行政权力一方面是高于学术界和学术期刊界以及评价机构的唯一存在，另一方面也有着为科研服务的基本属性，故既不能不顾学术界和学术期刊界的意见，不能无视排行榜在运用于评价时出现的问题，但却又无法抛弃“三大核心”，因为离开了“三大核心”，行政权力就难以顺畅地运行。两难之下，找到可以为学术界和学术期刊界接受的“三大核心”的替代的产品无疑是最好的选择，但这又谈何容易？在找到这样的替代产品之前，面对学术界和学术期刊界与评价机构的“缠斗”，行政权力左右为难，举棋不定，从而“缠斗”也就一直持续了下来。然而，维持这样的“缠斗”是要以学术研究受到伤害为代价的。二十年来，行政权力虽不公开授权，却不阻止“三大核心”在事涉资源分配和

---

* 朱剑，《南京大学学报》(哲学·人文科学·社会科学版)编辑部。限于版面，本书只节选了朱剑先生所撰写的这篇宏文的第七部分。

科研管理中发挥决定性的作用，使学术界不得不屈从于这样的"指挥棒"，继而从屈从发展到刻意迎合，某些人甚至不惜因此造假。学术不端行为的普遍发生只是学术研究遭受伤害的表现形式之一，实质性的伤害更在于学术研究的机体遭到侵蚀而不能健康发展。时至今日，这种伤害不断加重，以至于行政权力也不得不出手干预。

2018年发起的清理"四唯""五唯"行动，范围涵盖了法律和行政法规、各类考核评价条件和指标、有关管理信息系统和工作表格等等，似可视为对多年来重"量"轻"质"的量化评价的雷霆扫穴之举，但只要细读一下这些文件就可以发现，清理行动并无意将量化评价逐出评价领域，甚至也不会将"三大核心"这样的排行榜完全废弃，而只是通过清理行动改变其唯此独尊的地位，恢复学术共同体在评价中的应有地位，让同行评议重回评价领域并且与各种排名实现融合和互补。[①] 可见行政权力也明白重建评价体系的艰难，故希望各方面共同合作，从而也为评价机构、学术界、学术期刊界在今后的评价重建中作出各自恰如其分的努力和贡献留下了充分的余地。由此，学术界与学术期刊界与评价机构的"缠斗"也许会转向合作，共建未来的评价。当然，这样的愿景是否会实现，还取决于学术生态能否改善和评价机构对自身进路的选择。

如前所述，对于行政权力的决策，评价机构要敏感得多，因为他们手中所握有的评价权力是由行政权力所赋予的，来自行政权力特别是最高权力部门对学术评价态度哪怕任何细微的改变，都足以给评价机构的前途带来决定性的影响。除了重视和迎合行政权力的意志以外，评价机构虽然极少正面回应来自学术界和学术期刊界的批评，但并不代表它们对这些批评的无视，恰恰相反，它们对这些批评的重视程度一点不亚于对行政权力的重视。它们不会不明白，来自部分学者和期刊人的批评一旦成为学术界和学术期刊界乃至舆论界的共识，是足以影响行政权力决策的。正因为如此，近年来，针对学术界和学术期刊界的批评，以"三大核心"为代表的评价机构拿

① 2018年"中央两办"《关于深化项目评审、人才评价、机构评估改革的意见》指出："SCI（科学引文索引）和核心期刊论文发表数量、论文引用榜单和影响因子排名等仅作为评价参考。……注重发挥同行评议机制在人才评价过程中的作用。"果真如此，评价机构仅靠制作排行榜独霸评价是不可能了，但作为评价的参考还是可以存在的。

出了许多应对之举。比如,加强对支撑其产品的评价理论的宣传,拓宽评价数据的挖掘范围,提高评价数据的内含质量,改变具体的评价方法和程序,直到让渡部分已掌握的评价权力,吸纳部分学者和期刊人参与其产品的制作,等等,以尽可能地改变自身的形象,力保自己在学术评价中的地位。这也是"三大核心"没有被行政权力抛弃的重要原因之一。

另一个重要原因就是评价机构并非一无是处。多年来,评价机构实际上充当了两种角色:一是评价数据的采集者和挖掘者;二是利用这些数据进行运算的评价者。后一角色是对学术共同体的取代,明显越界了,因其不具备各学科专业分析能力,决定了它们不可能是合适的评价主体。但对于前一个角色它们还是有一定的优势的,它们二三十年来创造的最大价值不是期刊排行榜,而是它们挖掘或掌控的大量评价数据。这些数据对于学术研究、学术期刊和科研管理都是可以有独到作用的,至于"三大核心"是否发挥了这些数据的价值则是另一回事。在笔者看来,在清理"四唯""五唯"的高压下,正是这些数据,不仅可以使制作"三大核心"的评价机构不致轰然倒塌,而且在未来学术评价机制重建的过程中还可以起到难以替代的作用。所以,对于评价机构来说,放弃评价主体,回归数据挖掘者的定位,是确保他们发挥自身作用不被驱逐出评价领域的最佳选择。但是,能否真正回归这一定位,并不是每个评价机构都愿意或都能够做到的。

由于各自的传统、拥有的资源以及既有产品形式的不同,"三大核心"的制作者在进路设计方面做出了不同的选择。限于篇幅,本文无法对此作出全面的分析和评论,仅根据"三大核心"近年来主要的变化,对其进路选择和可能造成的结果略作评论。

在"三大核心"中,北京大学图书馆等单位联合制作的《中文核心期刊要目总览》(以下简称《总览》)问世最早,当它于 1992 年首次出版时,只是作为各图书馆订阅期刊的参考工具书编制的,虽然也与评价有关,但当时的学术评价尚是同行评议,制作者大概不会想到其在学术评价中会有今天这样的地位。《总览》的问世让正呼唤量化评价的学术界看到了同行评议的替代品,《总览》的功能开始越界,逐步由图书馆订阅工具书过渡为期刊评价标准,后扩展成为学术评价标准。公正地说,这一功能越界行为并非《总览》制作者单一努力的结果,学术界出于对量化评价的渴望而在其中的推波助澜可谓功不可没。当然，《总览》的制作者是乐见其成的。随着《总览》评价功能的越界展开，特别是批评讨伐之声渐起以及行政权力对改革评价的回应，《总览》制作者意识到原初的遴选方法太过原始和简单了，于是有了在评价理论和制作实践方面的诸多发展。

2018年，《总览》第8版（2017年版）正式出版，使我们可以从其变与不变化中一窥其进路选择。不变有二：其一，所依凭的评价理论和使用的基本方法不变。"《总览》（2017年版）……在总体研制原则和研制方法上仍延续以往各版的做法。"[①]其二，以期刊排行榜为最终产品的形式不变。与不变相比，新版《总览》的变化更引人注目。首先，虽然理论不变，但制作者在对其产品作用的认定上大大地收缩了，似乎想退回到越界前的范围："为图书情报界、出版界等需要对期刊进行评价的用户提供参考，不具备全面评价期刊优劣的功能，不能作为衡量期刊质量的标准，更不能作为学术评价的标准。"[②]其次，评价指标数量有明显增加，新版《总览》较上一版指标数量增加了三分之一，达到了16种。再次，如果说《总览》的制作者是以搜集、整理评价数据并进行加权运算起家的，那么，随着指标数量的增加，其制作者逐渐放弃了数据的搜集工作，新版《总览》所有的数据已不再是自己采集，而直接来自其他机构。[③] 最后，参与所谓"定性评价"专家队伍扩大。[④]

这些变与不变说明了什么？又将给《总览》带来怎样的命运？综合上述"四变""两不变"来看，《总览》制作者选择的是一条以退为进的路径。对于他们说来，未见得不明白排行榜的弊病和在未来评价中必将被弱化的命运，未见得不明白数据才是安身立命的根本，但要舍弃已在各界形成很大影响的《总览》这样的排行榜是难痛下决心的。另外，他们在此前就放弃了原始数据的采集和挖掘，现已无法弥补。所以，"两不变"是不得已的选择。在独

---

① 张俊娥、蔡蓉华：《中文核心期刊要目总览（2017年版）研究报告》，《中文核心期刊要目总览》（2017年版），北京大学出版社2018年版，第79～99页。

② 张俊娥、蔡蓉华：《中文核心期刊要目总览（2017年版）研究报告》，《中文核心期刊要目总览》（2017年版），北京大学出版社，2018年版，第79～99页。

③ 详见张俊娥、蔡蓉华：《中文核心期刊要目总览（2017年版）研究报告》，"表4《中文核心期刊要目总览》（2017年版）各评价指标统计源"。

④ 详见张俊娥、蔡蓉华：《中文核心期刊要目总览（2017年版）研究报告》，"表6《总览》各版参评专家数量"。

立数据库建设基本无望、排行榜为产品唯一形式无法改变的情况下，他们的“四变”实际上是对数据采集和挖掘者角色的主动丢弃，甚至不惜在名义上放弃一贯以来所坚持的作为期刊评价乃至学术评价产品的定位，而寄希望于通过评价指标、评价方法(算法)的改变换取一个评价者的地位。应该说，这也是基于利益算计的一种可以理解的选择。毕竟科学的评价机制非短时间可以打造，能替代《总览》的产品何时才能问世，有太多的不确定因素，在此之前，凭着《总览》多年来的影响，也许还能维持相当一段时间。

晚于《总览》问世的第二大“核心”是中国社会科学院文献信息中心制作的《中国人文社会科学核心期刊要览》(以下简称《要览》)，其制作原理和产品形式与《总览》基本一致，都是根据综合指标制作的期刊排行榜。不过，除了制作者单位不同以及只涉及人文社会科学期刊以外，其制作动机已明显偏向要在学术评价中分一杯羹了，因为此时《总览》已成功越界成了学术评价的一个新标准。因为形式雷同，而《总览》先行了一步，所以问世以后《要览》的影响总不及《总览》。这一情况在 2013 年发生了重大变化，这一年，中国社会科学评价中心宣告成立，翌年即高调推出《中国人文社会科学期刊评价报告》(以下简称《评价报告》)，此后，《要览》的制作虽被归入该中心名下，但一直未见更新，事实上已被《评价报告》取代。《评价报告》虽然仍是个期刊排行榜，但该中心的出场却表现出了与以往评价机构完全不同的气势。首先，一改以往评价机构在自身评价主体认定上躲躲闪闪的底气不足，不仅俨然以天然的评价主体的身份自居，而且大有一统学术评价、号令天下的雄心：“‘以制定标准、组织评价、检查监督、保证质量’为主要职责，以制定和完善中国哲学社会科学评价标准，承担和协调中国哲学社会科学学术评价，构建和确立中国特色哲学社会科学评价体系为主要职能。”[①]其次，创造性地提出了《中国人文社会科学期刊综合评价体系(AMI)》，将评价指标涉及的范围大大扩展。再次，将排行榜上期刊的等级进一步细化，创造性地在“核心期刊”之上划分出了“顶级期刊”“权威期刊”。最后，宣布将着手建立适应这一新体系的数据资源。2017 年，中国社会科学评价中心更名为中国社会科学评价研究院。2018 年，新版《评价报告》继续高调推出。除了承继第一版

① 《中国社会科学评价研究院简介》，http://skpj.cssn.cn/xspj/zxgk/zxjj/。

的诸多特点外,新版《评价报告》最大的改变有二:一是将其制作的期刊排行榜命名为"A刊";二是引入专家参与评刊。

如果说《总览》制作者采取的是低调收缩的策略,那么,《评价报告》制作者采取的则是高调扩张和超越行政权力的战略。主要表现有二:其一,借助中国社会科学院在科研体制中的特殊地位,将制订与完善中国学术评价的标准和承担中国学术评价的重任加于自身。此前的评价机构虽不缺此抱负,但毕竟还希望通过行政权力授权和学术界以及学术期刊界的认可来谋求合法化,而《评价报告》制作者则绕过行政权力和学术界,直接自我授权。其二,其所推出的AMI综合指标体系与自我授权相配合,指标的设置已大大超出了传统核心期刊所采集或运用期刊形式数据的范围。AMI由吸引力、管理力和影响力三部分构成,除了保留了核心期刊常用指标,新增的指标主要集中于各期刊杂志社或编辑部的内部规制和运行,并辅之以扣分的手段。这不仅是对学术评价权的要求,而且染指行政管理和杂志社(编辑部)内部业务的目的已非常清晰。当然,也只有这样他们一统评价天下的目的才有望达到。那么,他们的目的能达到吗?如果达到了又会给学术界和学术期刊界带来怎样的影响?

一个人或一个机构的雄心能否实现,还是要取决于其能力。评价研究院如果有此能力,至少要做到如下几点。第一,尽管它可以自说自话自我授权,但这样的做法势必打破现行主管主办制为标志的报刊管理体制,所以是绕不过行政权力和学术界以及学术期刊界的承认的,它必须迈过从自我授权到获得正式授权和具备公信力这一关。第二,也是最根本的,要获得公信力,就必须证明《评价报告》是一个科学评价范本。尽管《评价报告》的制作者有很多创造性之举,但就其产品而言,在本质上与《总览》和《要览》没什么区别,都是通过综合指标加权运算而得出的期刊排行榜,故而他们必须证明排行榜就是科学评价。第三,为了拓展权力边界,AMI较《要览》新增了大量的指标[①],特别是涉及期刊制作业务和管理的指标。撇开其合法性不谈,在技术上也大大增加了数据采集、整理、分析的难度,仅保证数据的真实可靠,

① "AMI综合评价指标体系……由3个一级指标、10个二级指标和24个三级指标构成"[中国社会科学评价院:《中国人文社会科学期刊AMI综合评价报告(2018年)》,2018年11月16日,第二篇:A刊评价报告,第1页],http://www.cssn.cn/xspj/xspj_yw/201811/W020181119593425785869.pdf。

就不是一个评价机构所能轻言做到的，因此，他们必须证明在数据采集和处置方面自己具有超越常人的能力。

在笔者看来，以上三点，别说是评价研究院，任何一家以排行榜为唯一产品的评价机构都不会具此能力。事实也是如此，老牌的评价机构如《总览》的制作者已深知满足这些条件之艰难而选择了退却；《评价报告》的制作者虽然勇气可嘉，但评价研究院成立至今，除了其所在的中国社会科学院以外，又有几家大学或科研机构认同其自我授权呢？《评价报告》问世至今，又有几家大学或科研机构将它列为评价的标准了呢？也幸亏如此，不然，仅其别出心裁推出的“顶级期刊”“权威期刊”等新的期刊级别，定会把以排行榜为形式的量化评价推向极致，定会使“以刊评文”这样扭曲的评价歪风愈演愈烈。当然，也不能排除另外一种可能，那就是凭借中国社会科学院所具有的特殊优势，说动行政权力强行授权，使学术评价定于《评价报告》之一尊，那么，结果必定是灾难性的。除了“以刊评文”的歪风难止以外，允许不具备各学科专业研究能力的评价人员组成的评价研究院直接插手乃至指挥各期刊社（编辑部）的编辑出版业务，必将在评价机构与期刊之间建立一种颠倒的关系，是对学术期刊和学术共同体权利的严重僭越。

其实，以“A 刊”命名自己的排行榜，评价研究院并非首家。2016 年 4 月，教育部学位与研究生教育发展中心决定开展全国第四轮学科评估，同时推出一项重要的改革措施，即在判断科学研究水平时，“在人文社会与管理等学科采用‘A 类期刊’指标”[①]，以取代往届评估中使用的“C 刊”（CSSCI 来源期刊目录），并发布了由其编制的“A 刊”目录。然而，半个月后该中心就宣布放弃“A 刊”，恢复使用“C 刊”。“A 刊”之所以短命，不仅因为它是一个新期刊榜，更是因为它是一个即将成为学科评估标准的新期刊榜，才在遭到了远远超出该中心预料的学术界的猛烈抵制和抨击后草草收场。评价研究院以“A 刊”自命期刊榜，多少有点力压“C 刊”的意思，但不免有拾人牙慧之嫌。可以预料的是，一旦如评价研究院所愿，它的“A 刊”能够成为一个为行政权力所公开认可的评价标准，那么，必然引发学术界和学术期刊界与该评价机构新一轮的“缠斗”。实际上，对《评价报告》的批评之声从其问世时

① 教育部学位与研究生教育发展中心：《全国第四轮学科评估邀请函》，学位中心〔2016〕42 号。

就有了，之所以在学术界没有出现像对“C刊”那样的激烈讨伐，只是因为在中国社会科学院以外，没几个学术单位视其为标准，也没多少学者真的把它当回事。

“三大核心”中，CSSCI来源期刊目录问世最晚，也是被误解误用最多的。来源期刊和核心期刊原本就不是一回事，两者最大的区别在于数据与期刊目录的关系：核心期刊制作者采集数据是为了生产期刊排行榜，排行榜是其最终也是唯一产品；CSSCI制作者评选来源期刊只是为了确定数据源，其最终产品是引文数据库，即CSSCI。所以，“CSSCI”和“CSSCI来源期刊”所指是不同的。但因为来源期刊目录也是通过遴选所得，所以也可以当作期刊排行榜来使用。CSSCI于20世纪末问世之时，核心期刊已在学术评价中大行其道，当来源期刊这个与数据相关的新的期刊目录出现之时，对引文数据库尚知之甚少的人文社会科学学者和期刊人将其视为核心期刊之一种也就不奇怪了。而作为后来者的CSSCI制作者为了尽快在学术界和学术期刊界打出影响，也默认和乐见这种误解，于是，“三大核心”之说不胫而走。短短几年之后，CSSCI来源期刊目录即成功地反超了另两大“核心”，CSSCI来源期刊也渐渐地有了“C刊”的代称，在学术评价中的影响越来越大，而CSSCI（数据库）的影响远不如它，知“C刊”而不知CSSCI成为一种普遍现象。

CSSCI制作者很快就领教到了借“三大核心”成名的反噬之力。随着“C刊”影响日隆，大约从2010年开始，学术界和学术期刊界对评价机构讨伐的矛头所向由核心期刊转向了“C刊”，最初对“C刊”的讨伐几乎全是讨伐核心期刊的路数，令CSSCI制作者哭笑不得。痛定思痛，从此他们开始了有意识地加大作为引文数据库的CSSCI意义的宣传力度，并成为第一个也是迄今唯一的主动放弃学术评价主体定位的评价机构，反复强调评价只是CSSCI的附带功能，而其主要功能是为学术研究提供数据服务，从而由学术评价转向了知识服务平台的定位。①

随着近年来学术界和学术期刊界对CSSCI了解的逐步加深，CSSCI在

① 参见王文军：《检索抑或评价：CSSCI功能论析——兼论构建引文索引数据库的若干问题》，《澳门理工学报》（人文社会科学版）2013年第2期。

学术研究中有了较多的运用,其对于学术研究、学术期刊的价值正在被不断地开发出来,而如何确保数据真实性和准确性等数据质量的问题也就被提了出来。与此同时,由于学术评价机制并没有改变,“以刊评文”依然如故,“C刊”在评价中的风头不仅不减,而且因各界对CSSCI认同度的提高而风头更盛,“C刊”在评价中的现实作用并没有因为CSSCI制作者身份定位的转向而有改变,故而遭遇批评和讨伐仍然不可避免。如果剔除情绪性的发泄,理性批评的矛头已渐渐地集中于遴选“C刊”所依据的数据的质量瑕疵。可见,数据的质量问题已成为CSSCI制作者如何面对批评和如何实现自身价值所必须解决的迫切问题。

对于引文数据库来说,原始数据是否真实似乎是期刊和作者的问题,但在现行科研体制和评价机制之下,虚假数据实际上是和评价机构的偏好紧密关联的,造假的目的就是为了在基于排行榜的各种评价中获利,故而直接的根源还在评价机构的指标体系。在科研体制和评价机制没有根本改变的情况下,“C刊”仍会作为评价所用的排行榜而存在,数据造假现象就很难从根源上杜绝。CSSCI制作者要保证其引文数据库的质量,就必须尽可能减少虚假数据对数据源遴选造成的影响。具体而言,主要需解决两方面的问题:其一,虚假引用,最突出的是“互惠”引用;其二,期刊论文质量极不平衡问题。这两者解决不好都会造成来源期刊遴选的失当。

由于新版CSSCI来源期刊目录尚未发布,针对数据质量问题,将会有哪些遴选方法的改进尚不得而知,但从上一版发布以来CSSCI制作者所做的一些尝试性工作大致也可看出端倪。要防止虚假引用或互惠引用对数据质量的影响,前提是在海量数据中将它们识别出来,如今在技术上做到这一点已没有太多困难,困难的是对这些数据如何处理,是视而不见,还是剔除不实数据了事,或是把有数据不实现象的期刊排除出遴选范围?个中的分寸颇难把握。面对虚假数据问题,新版CSSCI来源期刊在遴选时有何新举措,我们不妨拭目以待。相对于虚假数据,鉴别和处置论文质量不一的期刊难度要大得多,这不是通过技术可以解决的,因为这已属于内容评价,只有对期刊所刊载论文进行专业分析才能得出结论。为此,CSSCI制作者建构了“中文学术出版物评测发布系统”,这是一个网络平台,已通过一定的途径吸纳了数以千计的各学科专业学者和学术期刊编辑加盟,参与对期刊所发表论文的抽样质量评测,评测的口径分为"创新程度、完备程度、难易程度、成果价值等四个部分"[①]。诚然,论文质量评价是一个十分复杂和困难的问题,该系统也许不足以彻底解决这个问题,但对于识别少数鱼龙混杂、质量参差的期刊应该会有不错的效果,因为鉴别粗制滥造、滥竽充数论文的难度远低于遴选最优论文,任何一个合格的学者和编辑都有这个能力。该系统已于2018年夏上线,相信经过一段时间的摸索和数据积累,会在今后的来源期刊遴选中发挥一定的作用。

比较"三大核心"近年来的进路选择,不难发现,CSSCI制作者之所以能主动实现身份定位的转向,是因为其所拥有并一直公开发行的引文数据库(CSSCI),这是以制作核心期刊排行榜为唯一产品的另两大"核心"所无法比拟和匹敌的。无论是《总览》制作者的低调收缩,还是《评价报告》制作者的高调突进,他们都没有改变自己作为评价主体的身份定位,究其原因,除了不愿放弃手中在握的评价权力甚至还希望攫取更多的权力以外,还在于他们拿不出一个能够为学术研究和学术期刊提供数据服务的数据库,所以他们仍会以各种手段坚持排行榜的生产和推行。可见,当年被视为同类的"三大核心"如今已分道扬镳了。

重建学术评价机制应该说是学术界、学术期刊界和行政权力多年来的共识,但直到清理"四唯""五唯"行动发起之时,学术评价的现状却仍如笔者在十年前就指出的那样:"行政部门不便作为,学术共同体不能作为,评价机构勇于作为。"[②]如果说,我们可以将清理"四唯""五唯"行动视为行政权力终于迈出了重建学术评价机制实质性的一步,那么,真正能够取代"三大核心"的必然是以学术共同体为评价主体的同行评议,而这将取决于制约同行评议的专业性和自律性条件何时具备。显然,这将是一个无比艰难的过程。可以预料的是,因为此前难以出现更好的替代品,类似"三大核心"这样的期刊排行榜的存在将会伴随这一过程的始终,只有同行评议公信力建立的那

① 王文军:《定量与定性相结合何以可能?——构建中国特色期刊评价指标体系的思考》,待刊稿。

② 朱剑:《学术评价、学术期刊与学术国际化——对人文社会科学国际化热潮的冷思考》,《清华大学学报》(哲学社会科学版)2009年第5期。

一天，它们才会真正退出学术评价。从这个意义上来说，"三大核心"的分道扬镳不失为一件好事，至少其中之一——CSSCI的制作者已有意放弃评价主体的定位，而愿意仅作为一个评价数据的提供者而存在，而这也可以为各界提供一个认识评价机构应有角色担当的新视角。

[原刊于《济南大学学报》(社会科学版)2019年第2期，有改动]

近年来国内外学术评价的难点、对策与走向

叶继元[*]

一、近年学术评价概况

随着学术研究对于国家发展的重要性的增强，世界各国越来越重视对学术资源的分配和研究者水平和研究质量的评选。学术研究是一项高强度的复杂劳动，真理的探讨和认证都需要一个相当长的过程，但科研管理的现实却要求在一定的时间里，最好尽可能快和好地评选和确定“好的学者”和“好的研究”，因此学术评价就成为一个世界难题。

首先，从国内看。2004 年，《中共中央关于进一步繁荣发展哲学社会科学的意见》第 20 条明确提出，要建立和完善哲学社会科学评价和激励机制。[①] 之后学术评价的实践和研究均有了很大发展，包括学术期刊（核心期刊/来源期刊）和学术图书评价、学术论文评价、学者评价、大学评价、创新力评价、学术评价体系和机制研究、学术评价理论分析、学术评价管理、评价指标研究、学术评价的规范研究等。在这 10 多年中，各个部委根据中央精神颁发了不少与学术评价有关的文件，直到 2018 年 10 月，管理部门又密集发布了多个与评价相关的文件（如表 1 所示）。这说明国家高层和各管理部门非常重视学术评价问题，拟下大工夫解决这一疑难问题，同时也说明管理部

---

* 叶继元，南京大学信息管理学院。

① 参见《中共中央关于进一步繁荣发展哲学社会科学的意见》，2019 年 4 月 18 日，http://www.zjweu.edu.cn/zjwaterculture/63/63/c1049a25443/page.psp。

门接受了学界的一些有益建议，固化在有关文件中，希望更合理地评价、掌握和分配各种学术资源。

表 1

文件名称	发布时间	发布方
《关于深化项目评审、人才评价、机构评估改革的意见》①	2018-07-03	中共中央办公厅、国务院办公厅
《关于优化科研管理提升科研绩效若干措施的通知》②	2018-07-18	国务院
《关于开展清理"唯论文、唯职称、唯学历、唯奖项"专项行动的通知》③	2018-10-15	科技部、教育部、人力资源社会保障部、中国科学院、中国工程院

为了深入贯彻落实全国教育大会精神，教育部办公厅于 2018 年 11 月 7 日发出关于开展清理"唯论文、唯帽子、唯职称、唯学历、唯奖项"专项行动的通知，明确要求"健全立德树人落实机制，扭转不科学的教育评价导向，推行代表作评价制度，注重标志性成果的质量、贡献、影响"。"认真梳理本校涉及项目评审、人才评价、机构评估事项，如职务职称晋升、项目基地评审、重点建设学科确定、人才培养指标分配等方面，可参考但不限于附件 2。对照'五唯'表现逐项检查。对涉及'五唯'问题的事项要深入分析问题根源，研究提出整改措施和意见建议。"清理的对象有：单位内部管理文件；各类考核评价条件和指标，具体表现形式包括但不限于评价指标体系、评价手册、评审细则等；有关管理信息系统和工作表格。要求 2018 年 11 月 19 日（周

① 参见中共中央办公厅、国务院办公厅：《关于深化项目评审、人才评价、机构评估改革的意见》，2018 年 7 月 3 日，http://www.gov.cn/zhengce/2018-07/03/content_5303251.htm。

② 参见国务院：《关于优化科研管理提升科研绩效若干措施的通知》，2018 年 7 月 18 日，http://www.most.gov.cn/mostinfo/xinxifenlei/fgzc/gfxwj/gfxwj2018/201807/t20180725_140828.htm。

③ 参见科技部、教育部、人力资源社会保障部、中科院、工程院：《关于开展清理"唯论文、唯职称、唯学历、唯奖项"专项行动的通知》，2018 年 10 月 15 日，http://news.sciencenet.cn/sbhtmlnews/2018/10/340216.shtm?id=340216。

一)前报送清理情况。[①] 2019 年 3 月 4 日,科技部、财政部、教育部、中科院四部门联合召开“减轻科研人员负担七项行动推进会”,具体包括减表、解决报销繁、精简牌子、清理“四唯”问题、检查瘦身、信息共享、众筹科改等7 项具体行动,分为“解剖麻雀”和“问题治理”两个阶段,要求集中整治后固化形成制度成果。科技部、财政部、教育部、中国科学院召开“减轻科研人员负担七项行动推进会”[②]。从 2019 年“两会”一些代表的提案看,学术评价和学术规范的问题仍然是重点之一。例如,有的学界代表提出以下建议:对一流大学建设高校 A 类 36 所单独制定更为合理的评估标准,可以先从前几轮学科评估中综合成绩排在前几位的大学入手进行试点;应主要采用国际国内同行评估,彻底淡化论文数量、项目数量的指标权重;对于一流高校的评估,建议有更长的时间周期,从目前的四年一评,扩展到八年一评,给一流高校更多时间从容发展,充分形成自身特色;取消学科评估中在读硕士生、博士生的论文发表统计。[③]

从总体上看,中央及各部委发出的一系列文件,再次明确了搞好学术评价的原则、要求。目前各学术机构都在深入领会反“四唯”“五唯”的精神,结合各单位评价实际,找出问题,颁布措施,这是主流。例如,2019 年 4 月 19 日清华大学发布《关于完善学术评价制度的若干意见》,并提出了“七大任务”,包括研究制定符合学科特点的分类评价制度、教师评价体系、研究生学位论文评价标准、大学生荣誉奖励体系等。但是,有不少机构仍在等待、观望,一方面是源于对不“唯”论文等后还“唯”什么的疑虑,另一方面也有“枪打出头鸟”的担忧。对这两个问题,需要从学理上解释清楚反“四唯”等的真实含义,出台保障“敢为人先”者的核心利益不因创新未果而受损的政策和制度。

其次,从国外看。多年来,国外学术评价长期以同行评议为主,但自《科学引文索引》(SCI)、《社会科学引文索引》(SSCI)、《艺术与人文学科引文索

---

① 参见教育部办公厅:《关于开展清理“唯论文、唯帽子、唯职称、唯学历、唯奖项”专项行动的通知》,2018 年 11 月 7 日,http://www.moe.edu.cn/srcsite/A16/s7062/201811/t20181113_354444.html。

② 《科技部、财政部、教育部、中科院召开“减轻科研人员负担七项行动推进会”》,2019 年 3 月 4 日,https://www.sohu.com/a/299450892_120033885。

③ 参见陆航、刘宁:《解除量化指标束缚、助推尖端学术突破》,《中国社会科学网》,2019 年 3 月 18 日,http://www.cssn.cn/zx/bwyc/201903/t20190318_4849541.shtml。

引》(A&HCI)以及欧洲的 Scopus 引文数据库等检索工具、美国 Dimensions 等统计与评价平台问世以来,世界各国有关引文数据评价与同行评价的实践与争论一直延续至今。2008 年以英国学者为一方,美国、以色列和澳大利亚的学者为另一方,曾激烈争论引文数据能否完全代替同行评价问题。欧洲有感于 SCI 等数据库偏重于英文,近年建立以西文(包括法文、德文等拉丁字母的文字)为主的引文库 Scopus①。Scopus 是 Elsevier 公司于 2004 年推出的多学科文摘索引型数据库号称全世界最大的摘要和引文数据库,涵盖了 15000 种自然科学、社会科学、技术及医学方面的期刊。Scopus 不仅为用户提供了其收录文章的引文信息,还直接从简单明了的界面整合网络和专利检索。

Dimensions 则是将引文数据与 altmetrics(补充计量学或替代计量学)结合在一起,为研究人员、研究机构、出版者、研究基金机构和政府提供更快更准获取各种研究及其影响的数据检索和评价平台。② 谷歌学术(Google Scholar)、微软学术(Microsoft Academic)、COUNTER 和 F1000 等一些类似的开源或免费的统计与评价平台在国外已出现不少,说明国外在应用大数据、网络等技术开展学术评价的实践和理论方面有很大发展。

近年来,欧美各国都在尝试进行研究的质量评价。意大利大力利用文献计量法,但后因受到学界反对而放弃;法国曾利用专家法,但后因工作量太大而终止,继而改用“独立、便于操作、程序简单,并具有科学合理性及透明度”的方法;德国科学委员会则以同行评议为主,文献计量法为辅,将数据提供给专家参考,其评价目的不是资源分配,而是找出研究之不足,寻找发展方向;英国于 2014 年对全国 154 个大学的研究质量进行评价(Research Excellence Framework,REF),以国际同行评价为主,其评价目的是配置科研经费和资源。评价指标是研究成果产出(Outputs)、影响(Impact)、研究环境(Environment)。“产出”是指评价研究成果的质量(Power Rating),权重占 65%,主要从研究的首创新(Originality)、重要性(Significance)、严谨性(Rigour)三个方面测评。“影响”是指研究对社会经济、文化、政治、生活方

① Elsevier. Scopus. https://www.elsevier.com/solutions/scopus.

② Dimensions. Reimagining discovery and access to research. https://www.digital-science.com/products/di— mensions/.

方面面的影响(Power Index)权重20%，这是2014年新加入的排名统计项目。“研究环境”是指研究的人力和物资条件等(Market Share)，权重为15%。质量等级为5级：最高级为4星级，次之为3星级、2星级、1星级和无星级。如被评为4星级(最高级)，则获得的研究经费最多，被评为最低级研究人员则无研究经费或走人。据悉，2021年英国REF研究质量评价项目将继续开展，近期已公布评价指南和评价标准等重要文件。下一次的评价将总结2014年评价的经验和教训，将由科睿维安(Clarivate Analytics，前身为汤姆森-路透)提供引文数据。评审专家在评审期间将负责任地利用引文数据进行验证和校对，以便做出合理的评价决定。①

二、《旧金山宣言》《莱顿宣言》与“全评价”分析框架

(一)《旧金山宣言》的发布与主要内容

2012年12月美国细胞生物学学会召开年会，会上一些学术期刊的编辑和出版者提出要反思科研评价问题，在此基础上形成了《旧金山宣言》(The San Francisco Declaration on Research Assessment，DORA)。该宣言呼吁科学界停止使用期刊影响因子等期刊计量指标来评价单个研究论文或学者个体的贡献，或者是作为聘用、晋升、资助等方面的依据。2013年5月，78个科学组织的155位科学家签署了这份宣言。2015年3月，由欧洲21个最知名的大学组成的欧洲研究型大学联盟(League of European Research Universities)声明支持该宣言。《科学》杂志撰写社论支持《旧金山宣言》，认为影响因子最重要的危害在于有可能妨碍创新，引导科学家过度关注高影响因子论文，追逐所谓“热点”。2017年4月27日，自然科研(Nature Research)也正式签署该宣言。②

《旧金山宣言》还提出了一系列改善科研产出评价方法的建议，比如强调科学研究的产出具有多样性，对于科研产出的评价应考虑期刊论文之外

① Clarivate Analytics will provide citation data during RE 2021. https://www. ref. ac. uk /news/ clarivate-analytics-will-provide-citation-data-during-ref-2021/.

② 参见自然科研：《自然科研签署〈旧金山宣言〉，倡导科研评估不要再过度依赖基于期刊的指标》，2017年4月27日，http://www. sohu. com/a /136891901_465226。

的成果，包括图书、数据、试剂和软件等；主张同行评议仍然是科研成果质量评价的核心方法，仍然是科研评价的根本。呼吁考虑采用更广泛的影响测度方法，包括对研究影响的定性指标，如对政策和社会实践的影响。

（二）《莱顿宣言》的发布与主要内容

2014 年在荷兰莱顿召开了一次国际会议，美国佐治亚理工学院教授戴安娜·希格斯（Diana Hicks）首次提出了《莱顿宣言》。2015 年，她与同事在《自然》杂志上发表题为《书目计量学：莱顿研究计量学的宣言》（Bibliometrics：The Leiden Manifesto for Research Metrics，以下简称《莱顿宣言》）[①]，提出了合理利用科学评价指标的七条原则，后来扩充为十条原则。其主要内容是：在肯定量化评价作用的同时，强调量化评价需要与质化评价有机结合。具体说来，《莱顿宣言》总的原则可以概括为四个主要方面：（1）基于指标的量化评估是辅助性的，而基于同行评议的质性评估是主导性的。量化评估应支撑质化的专家评估，而不是取而代之。（2）量化指标可以降低同行评议中的偏见并促进更为深入的审议。（3）在总则指导下，衡量绩效应基于机构、团队和个人的科研使命，应当首先明确评估的目标，在评价过程中特别注意科研活动的使命的差异，指标的选择和应用的方式应该考虑更为广泛的社会、经济、文化环境，以及地域性的差异、学科性的差异和个体性的差异。诸如保护卓越的本地化研究。研究的卓越不等同于在国际期刊上发表英文论文。Web of Science 数据库主要是以美国和英文期刊为主。这一数据库覆盖期刊的偏差应用于具有地域差异性的社会和人文学科成果，会造成严重的后果。（4）在对于个人研究成就评价方面，不能仅仅使用 H 指数之类，而应基于其综合学术产出的质性评价。H 指数在不同的领域存在巨大差别：生命科学家可高达 200，而社会学家最多只有 20～30。因此，研读评判一位学者的论文要远比仅仅依靠一个数字合适。

关于评价指标的数据采集和分析，提出要保持数据采集和分析过程的公开、透明和简单；要求允许被评估者验证数据和分析；要识别和认清评价指标对科研系统的影响，定期审查评价指标并加以改进，警惕负面影响。一般而言，一套指标体系总是优于单个指标，因为单个指标更易被操纵，成为

① Hicks D. Bibliometrics：The Leiden Manifesto for Research Metrics. *Nature*，vol. 520，2015：420-431.

驱动研究的指挥棒。研究的使命和评估的目标会随着时间而改变，科研体系也在不停变化演进。曾经有用的指标可能会变得不那么合适，而新的指标也会不停出现，指标体系也随之调整。科学决策必须建立在高质量的评估过程和充分并可靠的数据的基础之上。

（三）学术“全评价”体系/理论的提出与主要内容

学术“全评价”体系，或“全评价”理论或分析框架（Academic All-round Evaluation System ，AARES）是叶继元研究团队于2010年初正式提出的有关学术评价理论探讨的创新性成果。[①] 利用此评价体系，可以更好地认清以往的评价经验和教训，合理解释目前的评价现状及存在的问题，提出解决办法，并可科学预测评价的未来。此成果是国家社科重大项目“建立和完善哲学社会科学评价体系研究（2004～2011年）”的一项重要成果，已在学术期刊、著作、网站等评价上应用，被业界引用、评论较多，在学界、教育界和科研管理界产生了较大影响，亟待进一步推广和应用。

概括说来，“全评价”体系就是“六大要素”和“三个维度”。该评价体系认为，一个有组织的学术评价体系至少由评价主体、评价客体、评价目的、评价方法、评价标准及指标、评价制度六大要素组成，每一大要素又可以分成几个要素，各要素之间相互作用、影响。这些要素复杂多元，其中评价目的是龙头，它决定着其他五大要素及其他要素的选择。评价具有三个维度，即形式评价、内容评价、效用评价。大体看来，形式评价对应于文献计量评价，内容评价基于同行专家学者评价，效用评价则依赖于实践和历史评价或检验。通过检验，该评价体系及其有关推论，诸如评价目的制约论、同行专家主导论、评价客体分类论、评价指标关键论、评价方法适度论、评价制度保障论、计量方法与专家方法互补论、三个维度阶梯论等具有较大的合理性和可操作性。

比如是优中评优的评价，还是基本合格评价，不同的评价目的决定选择什么样的评价主体，评价客体如何分类，采取何种评价方法、标准和指标，匿名还是具名、是否需要申诉、复议等评价制度。如果是全国性优中评优有名

① 参见叶继元：《人文社会科学评价体系探讨》，《南京大学学报》（哲学・人文科学・社会科学版）2010年第1期。

额限制的评价，就要选择国内外一流同行专家学者作为评价主体，评价客体即对象的分类要根据名额来设置，要以定性评价法为主，以创新性、复杂性等学术标准及指标为主，评价结果的公示、申诉、复议、评审专家的信度考察等程序与制度就应设计和实施。评价主体中的同行专家学者是评价的主导，评价标准及指标是核心，评价方法是实现评价目的的工具和手段，评价制度则是评价的保障和基础。

目前国内许多评价之所以没有达到奖勤罚懒、褒优贬劣、激浊扬清、调动研究人员积极性的评价目的，其中一个主要原因就是没有明确评价目的，并根据评价目的来选择评价主体、方法等，复杂的评价被简单化，而简单的评价又被复杂化。

形式评价可以是定性或定量的评价，一般是从评价对象的外部形态进行的评价，常常用数据表示评价结果，如“有多少教授”“发表多少文章”等。它在一定的评价目的下是有用的，不可一概抛弃，但不能将其绝对化。

内容评价是指同行专家学者针对评价对象实质性内容的评价，一般要花较多时间和精力对文本、成果实体进行深入解读、分析，对其逻辑性、学理性、思辨性、解释性、预见性等进行评价，常常用文字评语来表达，如“此学者是一流学者”“此成果具有高质量”等。

效用评价是指对评价对象的实际贡献、社会和经济效益、应用结果、人们思想变化等的评价，它依赖于一段时间或较长时间的评价，是“进行时”或“未完成时”，可以用数字，也可以用文字来表述。

大体看来，形式评价对应于文献计量评价，内容评价基于同行专家学者评价，效用评价则依赖于实践和历史评价或检验。文献计量评价包含一般大众同行专家的评价，内容评价更多是经过挑选的精英同行专家学者的评价，效用评价涉及学术实践和学术“市场”的评价和检验，形式、内容和效用评价的概念组合可以较好地将大众同行评价、精英专家评价和“市场”评价和检验统一起来，既可以是评价方法，也可以以此形成评价标准和一级评价指标。形式、内容和效用评价，从低到高，从相对简单到相对复杂，可以根据不同的评价目的，评价的难易程度，加以选择、组合和应用，以避免评价中过分形式化、数量化、行政化、简单化等倾向。

从“全评价”体系可以演绎出若干推论，如评价目的制约论、同行专家主导论、评价客体分类论、评价指标关键论、评价方法适度论和计量方法与专家方法互补论、评价制度保障论、三个维度阶梯论等。

目前国内都在强调质量，何为质量？尽管有多个定义和不同理解，但质量的一个重要特征就是主要从评价对象的内容、效用上反映出来。因此，“全评价”体系为学术成果等的质量评价提供了学理基础。换言之，高质量的研究评价主要注重于内容、效用评价，即依赖于同行专家的评价和实践、时间的评价。同行专家又有大同行与小同行之分，尽管二者各有其用，但一般说来，对内容质量的评价更依赖于小同行的评价。不论是大同行还是小同行，都应考察其可信度，这对于保证同行专家评价的公正性至关重要。

同行专家一般将学术作为职业，更作为“志业”，且具有相近的研究目标和旨趣、价值观和行为规范，因此多数同行专家也是学术共同体的成员。但有些同行专家，如果不具有上述的学术共同体所具备的要求，就不是学术共同体成员。同行专家与学术共同体成员并非同一概念，二者既有联系又有区别。目前国内同行专家很多，但学术共同体成员还不多，这也许就是学术评价难题难解的主要原因之一。学术共同体成员多了，学术评价中的许多问题将迎刃而解。

质量评价除了重视同行专家的评价外，更重视实践、时间的评价，这是更有难度的评价，不仅需要较长实践、时间的考验，更需要“贵人”在一定的时间内看出其价值，这样才能有助于“王子文献”拉动“睡美人文献”和“润物细无声文献”。建立与评价有关的事实数据库或案例数据库则是进行效用评价的重要环节。

该体系是在较详细考察了国内外近年来的评价实践基础上概括出来的，既参考了自然科学评价的研究成果，更注重人文社会科学的特点及其评价的特点；既考虑到学术评价的普适性，更突出不同学科、不同领域、不同成果等的多样性、特殊性；既有相对稳定的分析框架，又留有动态的发展空间。该体系能较合理地分析国内外学术评价的历史，较清晰地解释目前学术评价的现状、问题和应采取的对策，也能大致预测学术评价今后的走向。该体系已被《新华文摘》(2010 年第 10 期)、《高等学校文科学术文摘》(2010 年第 2 期)、《光明日报》(2010 年 8 月 3 日学术版)、国家社科基金全国哲学社会科学规划办公室网站(2011 年 5 月 9 日)、《中国社会科学报》(2010 年 3 月 18

日)、《社会科学报》(2011 年 11 月 8 日)等转载或报道。有的评论者认为,“叶继元对评价体系的构想既是他多年研究的结晶,也是对学界对学术评价现状反思成果的吸纳,特别是他提出的评价体系六要素说,即评价主体、评价客体、评价目的、评价方法、评价标准及指标、评价制度,值得学界重视”①。有的学者认为,所提出的学术评价的定义“较具学理性、理论性”,“形式评价、内容评价和效用评价的‘三位一体’组合的观点,既具创新性、学理性,也具有较强的可操作性”②。“笔者赞同叶继元教授的观点:‘不同的评价目的决定着不同的评价标准和指标、不同的评价方法和评价专家的选择以及评价程序的确定,它是评价的龙头,分类评价的动因,规定、制约和导引着整个评价的方向和具体做法。’”③“叶继元提出由‘评价主体、评价客体、评价目的、评价方法、评价标准和评价制度’六部分构成的学术评价体系。笔者借鉴这一观点,可初步得到系统论视角下的四维度社会科学评价体系,即评价客体、评价主体、评价活动、评价结果。”④

近十年来,“全评价”体系已有多项应用,如对中国经济学学科、学者、论文、著作,对中国高校外国语言学及应用语言学学者专家库及其论著,对中国法学学术期刊质量,对中国图书馆学情报学学术期刊质量与特色,对学术网站等进行了验证性应用评价。已有数十篇论文正式发表,数十篇博士、硕士学位论文通过答辩。从应用结果看,证明该评价体系及其有关推论,诸如评价目的制约论、评价专家主导论、计量平价与同行专家互补论、评价客体分类论、形式评价、内容评价和效用评价层次论等具有较大的合理性和可操作性。比如,同行专家评价法与引文等文献计量评价法均有其局限性,为了克服这些局限性,一个有效的办法就是引入明确的“评价目的”,这样可以根据评价目的最大限度地利用二种评价方法的优点而避免其局限,从而达到相对合理、公正的评价。例如对大学、各省市地区、各国文科成果的评价,如果评价目的只是要了解评价对象的部分论文产出及其被引用情况,那么形

① 刘翠:《也谈人文社会科学评价体系的构建——从〈南京大学学报〉2010 年第 1 期“期刊与评价”专栏谈起》,《清华大学学报》(哲学社会科学版)2010 年第 5 期。

② 余三定:《关于我国新时期学术评价讨论的评述》,《云梦学刊》2011 年第 2 期。

③ 邸乘光:《科学的评价体系体现质与量的结合》,《中国社会科学报》2014 年 9 月 10 日。

④ 王文波、沈阳、林波:《构建系统论视角下的社会科学四维评价体系》,《中国社会科学报》2015 年 1 月 14 日。

式评价或引文等文献计量评价就可大体达到。但如果其目的是要知道评价对象的整体质量情况，那就要在形式评价的基础上，主要进行内容和效用评价，即由同行专家直面评价对象进行审读或对形式评价中的引文等数据的解读，还要根据其他表明内容质量和效用的非引文等的指标进行综合评价。

评价对象的规模越大，工作量也越大，甚至有的评价因为成本太大而简直无法操作。笔者团队曾对我国 60 种法学学术期刊、对中国图书馆学情报学学术期刊质量与特色[①]等进行了验证性应用评价。仅是问卷调查表的设计就花了几个月的时间，再加上选择调查对象、发放、回收、统计、分析和撰写调查报告，所花费的时间、精力就会更多。

在目前很难或不可能收集到有关评价对象全面或最重要的有关质量的信息情况下，要慎重进行质量综合评价，宁可进行评价目的明确的单项、过程性评价，少做或不做整体质量评价或等级排名评价。一旦要做，就必须具备充分的人力物力，精心设计，合理组织，搜集较全面的、最重要的有关评价信息，力求“业内公认，同行服气”。影响力评价不等于质量评价，尽管二者之间有着密切联系。凡是间接评价质量的，都必须明确说明，不能含糊，更不能误导。否则暧昧、勉强、仓促的评价，不仅不能反映评价对象的真实情况，反而会给用户和大众以误导，与评价目的背道而驰。

2013 年叶继元课题组将笔者提出的“全评价”体系应用于人文社会科学学术图书评价领域，拓展了学术图书质量评价框架体系，建立了中文人文社会科学学术图书“全评价”模型。根据形式评价、内容评价和效用评价新概念组合，采用引文等文献计量评价与同行专家评价相结合、以同行专家评价为主导的评价方法，基于人文社会科学学术图书“全评价”模型筛选出高质量的学术图书“代表作”，再通过学科同行专家小组审核方能确定为精品图书，即作为统计源（来源图书）构建了中文人文社会科学学术图书引文索引数据库（示范库）。

学界的一些同行也对“全评价”体系进行了一些应用，诸如《基于“全评价”分析框架的开放存取仓储评价体系研究》《21 世纪以来网站评价研究进

① 参见叶继元：《学术期刊质量评价具有多元性与复杂性》，《清华大学学报》（哲学社会科学版）2015 年第 2 期；叶继元：《图书馆学期刊质量“全评价”探讨及启示》，《中国图书馆学报》2013 年第 4 期。

展与趋势》《基于全评价体系框架的专业性网站评价体系构建——以书画艺术网站为例》《高校图书馆学科馆藏"全评价"体系构建研究》等。目前可以针对某些评价的具体问题,来进一步推广"全评价"体系/理论的应用。

三、学术评价的难点、对策与走向

从上述两个宣言和"全评价"体系提出的时间看,"全评价"体系提出时间比两个宣言早了3～5年。从内容上看,它们都强调评价目的的重要性,都反对将引文数据、影响因子绝对化,但"全评价"体系的内容更为系统和逻辑化,能够体现评价方面的"中国话语"。从主体上看,两个宣言是由学科领域专家、期刊界、出版界互动发声和提出,而"全评价"体系是由学者独立研究后提出。反"四唯"等文件则是由管理部门听取、归纳了学术界的合理建议后提出和颁布的。

(一)学术评价的难点

从两个宣言和"全评价"体系内容来看,也能看出当前学术评价的难点主要有:(1)如何克服过分数量化、形式化的评价。这个难题多年始终没有得到根本的解决,其中一个重要原因就是数量化、形式化评价简单易行,表面上看很客观。因为在实际的评价中,往往评价时间有限,评审专家来不及或没有兴趣进行内容或效用评价。(2)如何改变论文与期刊唯影响因子的评价。影响因子是测量期刊而非论文的指标,将影响因子高的期刊中所有论文都赋予一样高的评价,这是很大的误区。但也由于其简单易行,"一刀切",不服气也无可奈何。(3)如何选择、监督、评价同行专家的评价。内容和效用评价都依赖于同行专家,同行专家具有很大的评价权。任何权力都需要监督,否则必然带来不公或腐败。因此,必须从制度上形成一套办法,以确保同行评价的公正性和权威性。但是谁有资格,由谁来选择、组织专家库就是很大的问题。(4)如何根据评价目的制定评价标准及指标,并如何使其具体化和可操作;标准和指标是评价的精髓,但它受评价目的之制约,评价目的不同,评价标准及指标就不一样。不可能有一套指标包打天下。(5)如何厘清科研管理部门与学术共同体的责任边界。在学术机构,学术是逻辑起点,管理是为学术服务的。但在实际工作中,常常分不清主次,章程中的规定与实际做法不一致。

（二）学术评价的对策

解决上述难点是一个长期任务，可从如下几个方面制定有效的对策：(1)落实中央治理“四唯”或“五唯”的精神，推广“全评价”体系，体现中国话语。反“四唯”或“五唯”，不是不看论文、奖励等，而是不能“唯”。“唯”者，形而上学、片面化、绝对化也。这也是“全评价”体系的精髓所在，不能将形式评价推向极端，而要根据一定的评价目的确定其权重。相比而言，内容评价和效用评价更为重要。可见，“全评价”体系与反“四唯”或“五唯”有内在的联系，或者说，前者奠定了后者的学理基础。(2)建立和共享统一、权威、动态的同行或小同行专家库，需体制内外、管理与学界良性互动后产生。同行专家是评价主体，在质量、贡献、影响等评价中具有极为重要的作用。将真正活跃的、有真才实学研究者，包括青年学者组织起来，动态管理。(3)评价与研究同等重要，学界同行尤其是权威专家更应重视评价，积极参与评价。(4)根据一定的评价目的，建立多元、适度、柔性评价标准及指标。指标应适中，不宜太繁或太简。(5)深化科研体制改革。目前的科研体制和管理方式，尚未进行过实质性的修改，管理部门权限过大，学术共同体作用有待加强。体制改革了，牵一发动全身，评价难题有望解决。

目前学术评价的改革正在建立和完善中，还需要管理部门与学界共同坚持韧性的努力。(1)加速中国的学术共同体自律、自主建设。(2)学术具有普遍性、公有性等品格，故学术评价应以精神奖励为主，适当物质奖励。或在给予研究人员足够体面的生活待遇后，学术评价一律与物质奖励脱钩。(3)利用新的信息技术、网络技术、数据库技术，建立和完善各类型评价数据库和公示平台，评价的信息越多越准确，越便于评审专家利用、分析和决断，评价的结果才有可能越公正、合理，同时引文等数据还可以弥补同行评议的缺陷。(4)根据一定的评价目的，将学科专家精审评价与文献计量学宏观、参考评价有机结合起来。

（三）学术评价的走向

学术评价与其他事物的评价相比最为复杂。如同学术研究不可能达到而只能不断接近绝对真理一样，一定时间的学术评价的结果总是相对的。虽然建立和完善中国公正合理的学术评价体系还有很长的路要走，但十多年来实际上学术评价已有所推进，并呈现出积极的走向：(1)学术评价开始回归同行评价，这种回归并非简单重复，而是高级轮回，在这个过程中一定要对评价专家固有的缺陷要采取措施，逐步克服“人情化”“主观性”的弊端。(2)文献计量学评价对宏观评价仍然具有价值，对中观、微观评价亦能够对专家评价起到参考、核查、补充、验证作用。对引文等数据既不能高估，也不要低估，应适当用之。(3)形式评价将被放在合理的位置。形式评价仅是底线，有上限，而内容评价、效用评价将越来越多。随着有关内容评价和效用评价的文献内容数据库、评价案例、事实数据库的增多，评价的可行性、可操作性将越来越多。(4)评价制度和评价文化建设将受到格外重视。评价制度的建设非一蹴而就，需要在丰富的评价实践基础上加以总结、抽象和概括，形成文字性的规范。评价文化建设更需要时间和耐心，需要所有与评价活动有关的利益各方，从内心深处认同评价的目的、旨趣、意义和价值观等，形成良好的评价氛围和环境，这将是一项长期的任务。

(原刊于《甘肃社会科学》2019 年第 3 期，有改动)

当代中国人文社会科学学术期刊何以高质量发展

喻　阳*

当代中国，“高质量发展”本多用于谈论经济发展状况或方式，是相对于“高速度增长”而言的。由于在行业管理上长期实行总量调控等原因，我国人文社会科学学术期刊品种数量上相对稳定，似无“高速度增长”带来的种种流弊。而因种种考评之需，对“高质量”的“核心”期刊（本文谈论的“期刊”，在多数情况下实际指涉当代我国人文社会科学学术期刊）数量远不能满足需要的抱怨则不绝于耳。对期刊品种实行总量调控，其中一个重要原因恰好是许多期刊总体质量不高，所以需要控制（减少）数量以确保（提高）质量。但对期刊实行总量调控的做法并没有带来学术期刊的普遍高质量。在致力于构建具有中国特色、中国风格、中国气派的学术话语体系，繁荣我国哲学社会科学的时代大潮与呼唤中，学术期刊的高质量发展问题十分严峻、迫切地摆在我们面前。在当前和今后一个时期，如何实现我国人文社会科学学术期刊的高质量发展？其关键之处何在？判断、回答这样的问题，我觉得需要明确界定学术期刊的功能，明了判断学术期刊质量的标尺，继之提出推动学术期刊高质量发展的建议。

一、学术期刊的功能界定

学术期刊是篇幅（基本）固定、定期出版的学术出版物；是宣示思想观

* 喻阳，《新华文摘》编辑部。

念、理论主张的重要阵地；是展示、传播学术成果，开展、促进学术交流的平台；是实现思想、文化、学术积累和传承的重要载体。这是学术期刊的本然或应然功能。为学生完成学业，为教学研究或其他相关人员完成工作任务、获得奖励、实现职称职务的维系或晋升提供依据、平台或工具，充当学术评价的工具或标准，是当代我国社会赋予学术期刊的附加功能，属“节外生枝”，而绝非其固有、应然功能。这种附加功能对学术期刊质量的负面干扰作用远大于正向促进作用，总体上不利于学术期刊的高质量发展。

二、如何判定学术期刊的高质量

学术期刊是刊发学术文章的媒介、平台。判断学术期刊的质量，自然基于、实际上也主要是判断其刊发文章的质量。当然，与刊于其中的一篇篇文章不同，一本好的期刊，除刊于其中的文章质量高之外，我们还期望她是风格突出、特色鲜明的。但无论如何，对文章的评判都是对期刊评判的基石。这样，对一个期刊的质量的评价，在很大程度上就可以转换为对刊于其中的文章的质量的评价。我们说一种期刊是高质量的，主要意思就是说刊于其中的多数文章是高质量的。所以我在这里首先、着重谈论对文章质量的评价。

判断一篇文章的质量，除了基础性的导向、价值观评判外，可以从三个方面着手，一是看其有无新意，二是看其论证是否严谨、充分，三是看其文字表达是否规范、顺畅。下面分而言之。

一篇学术文章是高质量的，首先必须有某种新意。一篇毫无开新之处的文章，即便其在其他方面（论证、文字表达等）做得不错甚至很好，也不能说它是高质量的。判断一篇文章有无新意，大体可以从观点（思想、理论）、材料、方法、问题等方面着手。如果其在上述一个或几个方面有新东西，我们便认为它是有新意的。

但一篇文章有新意，并不能保证它就是高质量的。这样就引出了评判学术文章质量的第二个维度或标准，那就是看其对观点的论证水平。一篇高水平的学术文章，不仅要有新意，还应该有高水平的论证。高水平的论证主要体现在两个方面：一是材料充实，二是逻辑严谨。最主要的是论据不能互相矛盾，从论据到结论的推理过程要符合逻辑规则，或曰“逻辑自洽”。一篇文章如果材料不充实，推论过程有逻辑问题，就无论如何不能说它是高质量的。

判断一篇文章是否高质量，还有一个重要的方面，就是语言表达水平的问题。文章是独立成篇的“文字”，语言乃存在之家，文字表达本为文章呈现和存在的基本方式。如果一篇文章文字表达不好，即便有新意，材料也真实充分，论证过程符合逻辑，也不能说它是高质量的。文字表达方面的问题，主要有主题突出，没有语法和逻辑问题，标点符号、数字用法等要符合相应规范。作为学术文章，还存在注释体例规范等方面的问题。如果一篇文章在这些方面不同程度地存在问题，那也不能说它是高质量的。

有新意，论证严谨充分，语言表达流畅，只有这些方面都做好了，才能说一篇文章是高质量的。而只有一本杂志的多数文章都是高质量的，我们才能说它是高质量的。

以上是从文章质量的角度来判断期刊质量。以此为基础，我们还可以从其他的视角来评判一本期刊的质量。比如我们可以从这样三个角度来加以评价：一是看一本期刊里特别优秀的文章达到了什么样的高度；二是看一本期刊所有文章的总体（平均）水平如何；三是看其比较差（或最差）的文章达到了一个什么样的“低度”。任何一本杂志，刊于其中的文章的质量都不可能是完全一致的，难免参差不齐。这里特别需要强调的是，特别优秀的“代表作”固然给人深刻印象，但低水平的文章常常让人印象更深。因此，在提升期刊质量的过程中，应更多注意不刊发或尽量少刊发降低期刊质量、败坏期刊声誉的低水平文章。另外，值得关注的一个现象是，有的期刊不同文章质量水准比较一致，有的期刊不同文章质量差距较大或很大。对于前一类期刊，在保持总体高水准的同时，应适当加强“代表作”的形象提升作用；对于后一类期刊，重点是要减少或消除低水平的文章对刊物形象的负面影响，克服其短板效应。

三、如何实现学术期刊的高质量发展

有了一个评判期刊质量的大致尺度、标准或者说视角，如何才能提高我们林林总总的人文社会科学学术期刊的办刊水平，从而推动当代中国人文社会科学学术期刊高质量发展呢？

影响一个期刊办刊质量的因素有很多，有正面的，有负面的。我们这里不去过多论述基础性的导向性、价值观等方面的问题，而是把它们作为前提来遵守；也不去过多分析妨碍期刊高质量发展的负面因素。我们主要从办好一个刊物需要的具体条件这样一个比较“中观”的视角来略加辨析。

首先，办好一个刊物，需要主管主办单位的重视和支持。我们的学术期刊都是有主管主办单位的，这是我国期刊的一大特色。没有主管主办单位的重视和支持，要办好一种期刊基本上是不可能的。这种支持既有导向性、观念性的，如在把牢政治关和价值观的同时，提供一个相对开放、宽松的氛围，鼓励干事创业，提倡探索与争鸣，强调把办好期刊作为一种事业来追求；更有具体的人财物的支持，否则便是巧妇难为无米之炊，没有相对较好的物质条件，就很难办好一本学术刊物。其中，人、财、物等物质条件主要由主办单位提供，其对刊物的重视和支持是办好一个学术刊物的基础条件。

其次，办好一个学术刊物，要有一个好的期刊领导班子。社长、主编等期刊领导班子成员的状况，对办好一个期刊的影响直接而巨大。其主要要求是，期刊领导班子，尤其是其主要成员要熟悉刊物所涉领域情况，要有较高或很高的学术判断、鉴别能力，要善于协调与刊物经营有关的各种关系，最理想的情形就是其既是优秀学人，又是不错的“社会活动家”。同时，还有一个特别重要的因素，即期刊领导班子特别是其中的主要成员应该把主要精力放到期刊经办上来。我们国家目前有不少学术期刊的主要负责人都是兼职，其中更有不少人的主要精力并没有放在办刊上。这样的情况是很不利于保持和提高期刊质量的(虽偶有例外，但情形大多如此)。

最后，办好一个学术刊物，还需要有一个好的经办团队。即便一个期刊的领导班子成员是高水平、敬业的，但其并非三头六臂，一种期刊从策划、组稿、编辑到印制发行，是一个团队通力合作的过程。其中编辑人员尤其重要，他们应该是敬业的、有水平的，策划、组稿和编辑加工能力一佳或俱佳，否则难以持续性地保证期刊的高质量。

如果我们的多数学术期刊都办成了高质量，那也就可以说我们的人文社会科学学术期刊是高质量的了。所以说，要推动当代中国人文社会科学学术期刊高质量发展，除顺应时代潮流、把握好宏观趋势外，重要的便是要从主管单位领导重视支持、期刊领导班子成员守职黾勉、团队成员精诚敬业方面着手。当然还有许多宏观因素（如经济条件、社会风气、文化环境、学术生态等）和微观技术（如编校质量、版式印制等）问题会从多方面影响期刊质量问题。其中有些因素或许比我们前面着重讨论的因素更重要，由于篇幅等原因，我们便存而不论了。

（原刊于《中州学刊》2019年第7期，有改动）

多元有序：我国学术期刊评价体系建设展望

高自龙[*]

伴随40年的改革开放进程，以政府行政管理部门、行业社团组织、专业研究机构等为评价主体开展的各种学术期刊评价活动，极大地推动了我国学术期刊的质量提升和繁荣发展。各种学术期刊评价标准或体系并行推进，构成了多元共建的格局。如果这些学术期刊评价成果不被各种学术评价过度使用、误用乃至被异化为"以刊评文"的工具，就不会持续成为社会广泛关注的热点问题。为此，我们需要进一步厘清学术评价与学术期刊评价问题的边界，客观分析当前我国学术期刊评价体系建设的成绩及存在的问题，深入研究如何完善学术期刊评价体系的体制机制。

一、正本清源：厘清学术评价与学术期刊评价的问题边界

讨论学术期刊评价问题，为什么有人会产生焦虑、困惑、愤懑等复杂的非理性情感？主要原因是没有真正弄清楚学术评价与学术期刊评价、核心期刊与学术期刊评价的逻辑关系，及其各自存在问题的边界。

学术评价的内涵十分丰富。从广义上讲，凡是人们有目的的从学术维度开展的各种价值评估活动皆为学术评价。从狭义上讲，学术评价指第三方对学术研究主体或其研究成果的质量水平所开展的价值评估活动。学术评价是非自我主体之于客体的价值评估，涉及要素极为庞杂。例如，在评价

* 高自龙，中国人民大学书报资料中心。

对象上，有对论文、著作、课题、报告等的评价，有对研究个体、研究机构、地区/国别等的评价；在评价方法上，有侧重内容的同行评议，也有侧重外在形式的量化分析评价；在评价方式上，有公开的评价，也有匿名的评价；等等。

学术期刊评价是评价者对刊载学术成果的学术期刊所开展的评估活动，既是对学术期刊的使命，包括坚持正确的政治方向、舆论导向、价值取向，传播传承先进的科学文化知识，促进人类文明进步，倡导学术道德、学术规范、学术创新等的评价，也是对学术期刊的影响力、公信力、引导力、传播力等的评估。

核心期刊评价只是学术期刊评价的形式之一。核心期刊评价是舶来品，是基于文献计量学的文献离散定律、引文分析理论、文献增长与文献老化指数等理论基础构建的评级体系，其源于指导图书资料馆等的期刊采购、引导读者文献阅读的目的。由于核心期刊这种评价体系一定程度上耦合了同类期刊影响力大小的评选标准，尤其符合了技术主义或工具理性研究范式的世界潮流，因而被广泛推广应用。特别是在学术权威缺失、同行评议公信力遭质疑、社会功利性干扰、评价需求巨大等情况下，这种由专业研究机构研制的核心期刊评价体系越来越受推崇，甚而极端至“唯核心”论英雄。实际上，我国学术期刊评价已形成开放多元的发展格局，如下文将要论及的就有政府机构主导、行业学会组织或各教学科研单位自定的各种各样的学术期刊认定标准。所以，核心期刊只是学术期刊评价体系之一，但不是唯一。

厘清了学术评价与学术期刊评价的概念范畴，有利于从逻辑上清晰界定各自的研究对象和问题边界，避免将各种不同范畴的问题混为一谈进而陷入无所适从、无所作为的焦虑状态。

的确，学术期刊所承载的功能随着时代的发展而拓展。如果说学术期刊诞生的初心是学术信息交流，是学术同行之间信息共享、互鉴的媒介平台，那么随着社会的发展，学术期刊所承载的功能已拓展为：刊登最新的科学新发现新发明新创造，推动社会不断进步；传播新思想新理论新观点新方法，引领人类社会发展方向；记录学术研究新进展，积淀传承人类先进文化成果；规范学术研究行为，倡导良好学风道德；团结学术同仁，共建共享学术共同体家园；证明知识发现和创造首发权（扮演着载体、比较、证伪的重要作用),主张个体或组织的财产权;反映学术研究水平,体现个人、组织或国家的创新力、竞争力、影响力;等等。这也说明了为什么学术期刊评价问题会引起社会的广泛关注,牵动方方面面的利益。但即使如此,学术期刊作为一种成果发布载体,依然没有资格和能力僭越学术评价者的角色。

显而易见,学术期刊评价特别是核心期刊被异化为学术评价活动中"以刊评文""以影响因子评文"的工具,并非学术期刊评价之过,而是学术评价体制机制和学术生态环境存在流弊。那些抨击核心期刊是"闹剧""公害""万恶之源""扼杀""毒害""败坏"等"锐词",表面上很吸引眼球,实质上要么是对象不清、没抓住主要矛盾,要么是人云亦云、非理性议论,还有不少可能仅仅是源自不愿"被评价"或害怕被排除在"游戏"之外的反应。

二、多元格局:源自市场需求的我国学术期刊评价体系建设

期刊管理实行政府核准制度,但期刊评价却完全市场化发展,这是我国独具特色的现象。伴随着我国经济文化社会的繁荣发展,期刊规模迅速扩大,仅从 1979 年到 2018 年,期刊就由 1470 种发展到 10130 种,增长了近 6 倍。与之相适应,期刊评价活动如影随形。期刊评价的最终目的都是为了提升期刊质量、满足我国社会发展需求,但因市场需求不同、评价目的不同,期刊评价的主体、标准、结果也就不同。总体看,我国学术期刊评价大致遵从两个维度:行政管理机构(包括行业社团组织,下同)主导的综合质量评价和专业研究机构主导的学术影响力评价。

1.行政管理机构主导的学术期刊评价最明显的标志是"评优",评价标准的特色是"综合"

1992 年由国家科委、中宣部和新闻出版署联合举办的"全国优秀科技期刊"评选,是政府行政管理部门正式举办的首次期刊评奖活动。其中,设学术性期刊类别并首次出台《科学技术期刊质量要求及评估标准》。1995 年,新闻出版署开展"全国部分社科期刊评奖"活动,也设学术理论类期刊并同时出台《社会科学期刊质量管理标准》。据统计,2005 年前,仅新闻出版署就举办了"全国百种重点社科期刊"(1998 年、1999 年)、"国家期刊奖"(1999 年、2002 年、2004 年)、"中国期刊方阵"(2002 年)建设活动。2005 年,

中共中央办公厅、国务院办公厅印发《全国性文艺新闻出版评奖管理办法》的通知，对全国性的评奖乱象进行了清理。其后，政府行政管理部门又开展了一些专项的评优活动，如新闻出版总署举办的“中国出版政府奖”，国家新闻出版广电总局组织的“中国百强报刊”，教育部组织的高校哲学社会科学“名刊工程”、高校哲学社会科学学报“名栏建设工程”，国家新闻出版广电总局组织的学术期刊认定，全国社科规划办组织的“国家社科基金资助学术期刊”评选，中国科协联合财政部、教育部、国家新闻出版广电总局、中国科学院、中国工程院共同组织实施的“中国科技期刊国际影响力提升计划”评选，等等。此外，行业社团组织和地方行政机构等组织的各种期刊评优活动更是名目繁多、不胜枚举。

2010 年，新闻出版总署发布了从国家层面建构期刊质量综合评估指标体系的具有标志性意义的指导文件——《报纸期刊出版质量综合评估办法（试行）》①和《全国报纸期刊出版质量综合评估指标体系（试行）》②，并要求各地政府管理部门主要参考该办法、该体系制定符合当地实际的评估细则，对报刊质量开展评估。该指标体系分为“基础建设条件”“环境资源条件”“出版能力”“经营能力”4 个板块、17 个类别、60 余个具体指标。

行政管理机构主导的各种学术期刊质量评奖、评优、资助等活动，主要是为了合规评价、奖优罚劣、改革发展、扶持重点等管理服务目标，因此在设置学术期刊评估标准体系时，往往侧重政治质量、学术质量、出版质量等方面，全面性、综合性特点突出，真正反映期刊学术影响力的指标少，如仅有“学术水平”或“学术水准”“专业水准”与“国际知名数据库收录”等一两个指标。当然，从最终结果看，行政管理机构主导的学术期刊评价往往是“掐尖”式评优，权威性较高，凡是获得评优称号或获得资助的学术期刊大都是学术影响力较大、社会认可度较高的期刊，总体上并没有偏离学术质量这个基本点。

2. 专业研究机构主导的期刊学术影响力评价最明显的标志是“核心”或

① 新闻出版总署：《关于印发〈报纸期刊出版质量综合评估办法（试行）〉的通知》（新出字〔2010〕294 号），2010 年 7 月 12 日。

② 新闻出版总署新闻报刊司：《关于印发〈全国报纸期刊出版质量综合评估指标体系（试行）〉的通知》，2010 年 12 月 8 日。

"引文索引来源"刊，评价体系的特点是"量化"专业分析

我国专业研究机构主导的学术期刊评价经历了全盘引进西方"核心期刊"理论到吸收借鉴和本地化发展的过程。直到20世纪90年代前后，才陆续发布系统化、规模化的各种核心期刊目录及其评选指标体系。这些学术期刊评选体系所产生的代表性成果有：北京大学图书馆文献计量研究中心研制的《中文核心期刊要目总览》，中国科学院文献情报中心研制的"中国科学引文数据库(CSCD)来源期刊"，中国社会科学院文献信息中心研制的《中国人文社会科学核心期刊要览》(现为中国社会科学评价研究院研制的《中国人文社会科学期刊AMI综合评价报告》)，中国科学技术信息研究所研制的《中国科技期刊引证报告》，南京大学中国社会科学评价研究中心研制的"中文社会科学引文索引(CSSCI)来源期刊"，武汉大学中国科学评价中心发布的《中国学术期刊评价研究报告》，中国人民大学人文社会科学学术成果评价研究中心发布的"复印报刊资料重要转载来源期刊"，等等。

专业研究机构主导的学术期刊评价的特点是量化统计评价，往往依托数据库平台，以文献计量统计数据为基础，设计系统复杂的评价指标体系，分析学术期刊是否处于同类期刊核心区、学术影响力指数(CI)核心区、影响因子核心区(Q1、Q2、Q3区……)等。比如，SCI用"引文索引""期刊源索引"以及"论文主题词索引"来统计和分析著者、文献与期刊之间的引用和被引用关系，从而找出那些符合布氏定律的"核心期刊"。国内如北京大学、南京大学、中国社会科学院的中文核心期刊(或索引来源期刊)评选体系设置载文量、总被引频次、影响因子、即年指数、他引率、被引半衰期、学科影响指数、均被引、地区分布率、基金论文比、WEB(年下载率)等指标，试图从各种数据挖掘中寻找反映期刊内在质量的规律。如被广泛使用的主体指标——被引用量、影响因子就是从学科宽度、知识扩散程度反映期刊的质量、重要性和学术影响力。有研究证明，假设引用数据科学适当，那么影响因子这个指标就与期刊质量正相关。像互引、自引、伪引、负引等数据失真问题，并不能否定核心期刊评价理论体系的专业科学性。

专业研究机构主导的学术期刊评价虽起源于优质期刊资源购置需要，我们日常看到的也许仅仅是排行榜、核心期刊名录，但这是一种科学的文献计量学研究。不可否认的是，不管这些专业研究机构出于什么原因，也无论

其如何声明与学术期刊评价无关，从其研制方法、工具、数据、指标、结果等方方面面看，实质上都是对学术期刊进行评价，只是研制者、数据来源、指标体系架构、评选数量等方面有差异而已。

三、开放多元有序：我国学术期刊评价体系建设的未来图景

我国多元共建的学术期刊评价探索，对推动我国学术期刊规范化发展、质量提高、国内外学术影响力提升等方面，都发挥了积极的作用。但不可否认的是，围绕学术期刊评价产生了唯量化、唯核心等片面畸形的发展态势和矛盾，且越来越困扰着学术期刊事业的科学发展。其中，除了各学术期刊评价体系自身需要完善和纠偏外，目前在学术期刊评价体系建设问题上最应关注的是：

第一，学术期刊评价过度自由化发展。目前，在学术期刊评价研究领域，门槛低、小散弱、争山头、重复建、无特色、局面乱，可以说有百花齐放、百家争鸣，却没有形成秩序井然的共建局面。市场主体分散的各种学术期刊评价标准体系，在评价资源上的重复建设、在评价指标体系上的混杂趋同、在评价目的上的闪烁其词，导致了学界业界在评价结果判断上的无序与彷徨、困惑与质疑，“又爱又恨”是学界业界对学术期刊评价体系建设现状最形象的表达。各种学术期刊评价主体“你方唱罢我登场”，仅凭有限的数据资源、人力物力财力和研发能力，发布简单的期刊评价目录或排行榜，大大降低了学术期刊评价体系的科学性、权威性和应用性。学术期刊评价的目的不是“零和博弈”，而是共促进共繁荣。评价研究机构即使发布排行榜，也应在数据公开的基础上发布，公开透明地接受各种验证。实践证明，仅仅依靠总被引、他引、影响因子等少数几个指标数据支撑的核心期刊名录难免造成投机空间和结果片面。

第二，学术期刊评价缺乏国家权威的制度设计与运行机制。标准就是生产力、竞争力。从近现代世界学术发展史看，学术期刊评价是一种非常重要的学术话语权，是国家文化科技软实力的一部分。因此，西方发达国家很重视包括学术期刊评价在内的学术标准体系建设。我国学术期刊评价体系建设虽然形成了开放民主、多元共建的良好状态，但缺乏有效管理和指导，

还未形成一种纲举目张的有序局面，最明显的是没有形成在国家层面制定的规则秩序基础上的上下互动、次序分明的制度设计和有效的运行机制。长期以来，在行政管理主导和专业研究机构主导的多种学术期刊评价体系建设中，二者缺乏适度配合和黏性。而我国历史文化国情制度决定了顶层设计是一项事业成功的关键，缺乏国家顶层的建设指导意见，在评价原则、评价主体市场准入、研究成果推荐应用等方面就不易自我产生一套完整的制度体系和运行机制，致使我国的学术期刊评价标准体系不仅在国际上没有地位和声音，而且在国内也被当作西方各种核心期刊评价标准体系的附庸和替补品。实际上，行政管理机构主导的学术期刊评价标准体系一直没有在学界业界得到广泛认知和认可，反倒是舶来品——核心期刊评价的声誉更高、应用更普遍。

党和国家对学术评价问题十分重视，加快构建中国特色哲学社会科学的一个重要内容就是建设中国特色的学术评价体系。近年来，有关部门下发了不少指导性的文件，从政策导向上对学术评价进行了规范和要求。比如，2011 年《教育部关于进一步改进高等学校哲学社会科学研究评价的意见》中指出，要“正确认识《科学引文索引》(SCI)、《社会科学引文索引》(SSCI)、《艺术与人文引文索引》(A&HCI)、《中文社会科学引文索引》(CSSCI)等引文数据在科研评价中的作用，避免绝对化”，“摒弃简单以出版社和刊物的不同判断研究成果质量的做法”。[①] 2018 年，中共中央办公厅、国务院办公厅印发的《关于深化项目评审、人才评价、机构评估改革的意见》中也指出：“在对社会公益性研究、应用技术开发等类型科研人才的评价中，SCI(科学引文索引)和核心期刊论文发表数量、论文引用榜单和影响因子排名等仅作为评价参考。”[②]这些重要的官方文件中都仅仅提到了如何科学运用各种引文数据库及核心期刊的内容，而对学术期刊评价并没有提出明确的指导意见。

学术期刊评价如何在我国学术评价改革发展进程中发挥积极的作用？

① 教育部：《教育部关于进一步改进高等学校哲学社会科学研究评价的意见》(教社科〔2011〕4 号)，2011 年 11 月 7 日。

② 《中共中央办公厅　国务院办公厅印发〈关于深化项目评审、人才评价、机构评估改革的意见〉》，《国务院公报》2018 年第 20 号。

我们在厘清问题边界、肯定建设成绩的基础上，必须正视学术期刊评价体系建设自身存在的问题，尤其是顶层设计和体制机制建设问题。从世界范围看，由于学术期刊评价的多元复杂性，任何试图建立一套固化的、唯一的学术期刊评价体系都是不明智的。相反，通过加强顶层设计指导和运行机制建设，却可以发挥政府与市场两只手的作用，推动建立开放多元、系统完备、科学规范、运用有序的学术期刊评价体制机制，共建适合市场需求的中国特色的学术期刊评价体系。

展望未来，构建中国特色的学术期刊评价体系，需要在以下几个方面重点完善和改革。

一要明确学术期刊评价的初心和指导思想。学术期刊评价不能偏离初心，要真正担负起促进学术期刊科学发展，为繁荣和构建中国特色哲学社会科学、建设社会主义文化强国服务这个宗旨。在学术期刊评价的指导思想上，要坚持习近平新时代中国特色社会主义思想，始终坚持政治导向为先、社会效益为首、内容质量为上的原则；在学术期刊评价指标的设置上，要在遵循基本要求（指标）的基础上，允许根据学术期刊的类别特点和评价目标的不同开展具有实践应用价值的多元评价体系建设。

二要力避学术期刊评价“零和博弈”的负面效果。学术期刊发展是一个系统的生态环境，专业化、特色化、多样化等是其天然特征，没有哪一种合法合规运行的期刊是没有存在意义的。因此，对其评价的维度多元化就成为常态，且只有在同类比较中也才有科学实践价值。现有的学术期刊评价体系由于信息开放程度差、运作程序不透明、评价结果被异化运用，事实上产生了“零和博弈”的负面效果。广大学术期刊办刊人、学术期刊主管单位领导都把进入或保住核心期刊地位作为头等要事甚至唯一的目标，这种单一目标导向损害了学术期刊丰富多彩的发展生态。因此，学术期刊评价机构有责任、有义务针对这些问题，在评价目标、标准、方法、应用等方面向更加多元多样和提供信息数据服务上发展，克服学术期刊评价的负面影响，推动学术期刊市场形成竞争有序、各具特色、健康良性的发展环境。比如，对人文社科类期刊，就需要克服过分注重期刊影响因子、引文量的弊端，加强同行主观评价的研究；对量化数据的采集，就需要解决数据滞后和干扰数据的剔除等问题。

三要加强多元有序的学术期刊评价体制机制建设。首先，应从国家顶层设计始，明确指导和授权的国家主管部门，制定评价规则和程序，明确并授权中间组织。学术期刊是科技文化创新成果发表的重要载体，也是国家文化软实力的窗口，建设开放有序的学术期刊评价体系，是国家治理体系和治理能力现代化的组成部分。顶层设计要按照开放、多元、公开、透明、平衡、客观公正、自愿共识和法定程序等原则，授权并规定中间组织机构的权利义务，制定从需求信息发布、审核程序、意见反馈、批准或推荐到研发主体资格准入等一整套制度文件，规范学术期刊评价市场的发展，克服学术期刊评价领域"诸侯"林立、无序竞争、市场功利等倾向。其次，坚持"自愿共识""市场自主制定"的运行模式，保持学术期刊评价市场的活力。国内外的学术期刊评价实践证明，任何唯一的标准体系最终都会出现"天花板"效应，并且导致学术期刊发展趋同化、同质化，不利于学术期刊的多元创新发展。但符合市场需求的多元学术期刊评价体系的建设和维护，需要开放自主的市场环境。我国学术期刊评价体系建设的成绩来源于市场化的开放多元政策，未来建设和完善依然离不开市场在资源配置中的决定作用。评价机构、社团组织是学术期刊评价体系研发的主体，要鼓励其根据期刊发展情况、现实需求和资源优势，团结学术同行，合纵连横，积极申请、研发合乎需求的各具特色的学术期刊评价体系。这方面，美国、韩国等在标准建设方面的制度机制值得我们研究和借鉴，如对研制主体的利益保障，对申请批准的标准方案广泛征询社会意见并反馈采纳情况的公开透明程序，要求评价体系研制方对学术共同体等"相关利益方"最大限度的吸纳与关注，等等。

总之，学术期刊评价体系是一种标准导向，引导着学术期刊的发展方向，其复杂多元性决定了需要各关联方一起共同建设，不断改善期刊评价的社会生态环境。展望未来，建立"政府主导规则"的法定程序和坚持"市场自主制定"的体制机制改革路径，一定能使我国学术期刊评价体系走向更加开放、多元、共建的良性发展之路。

（原刊于《中州学刊》2019 年第 7 期，有改动）

综合性学术期刊评价困境蠡测

——综合性学术期刊评价体系建构略论

叶祝弟*

学术期刊评价及其相关问题，近年来越来越引起学界和期刊界有识之士的关注。然而如何评价学术期刊，至今众说纷纭，莫衷一是。这其中一个值得关注的现象是，人们热衷于总体讨论学术期刊评价，却很少涉及综合性学术期刊评价相关问题。考虑到综合性学术期刊在学术期刊中三分天下有其二，在此有必要仔细讨论综合性学术期刊的评价问题。人们在讨论期刊评价问题时，往往将综合性学术期刊和专业性期刊不加区别地放在一起比较和讨论。在进行学术期刊评价时，实际情况也是将综合性学术期刊看成一个整体，用评价专业性期刊的方法和标准来评价综合性学术期刊。这种评价方法忽视了这类期刊自身的特殊性，"用同一标准考量综合性期刊和专业性期刊，其结果难以令人信服"①。更大的问题在于，在"行政部门不便作为，学术共同体不能作为，评价机构勇于作为"②的学术评价生态下，学术期刊评价具有举足轻重的影响力，学术期刊评价尤其是期刊排行榜关系到学术期刊的"生死存亡"，用整体评价来评价综合性学术期刊，其后果不仅在于无法真实反映综合性学术期刊的实际学术质量和学术影响力，更重要的是，如果这种状况不改变，即使是综合性学术期刊中的头部期刊，也将会逐渐陷

* 叶祝弟，《探索与争鸣》杂志社。

① 黄筱玲、吴星溪：《以文评文——完善学术评价制度的新向度》，《科技情报开发与经济》2013 年第 16 期。

② 朱剑：《学术评价、学术期刊与学术国际化——对人文社会科学国际化热潮的冷思考》，《清华大学学报》(哲学社会科学版)2009 年第 5 期。

入被边缘化的危险。一个明显的例子是，在以“三大核心”为代表的评价机构制作的排行榜中，除了《中国社会科学》之外，综合性学术期刊的影响因子，普遍低于专业性学术期刊。综合性学术期刊的影响因子之所以长期处于低位，与评价机构对综合性学术期刊的现状、评价方法、评价目的和评价主体的认知错位有很大关系。当务之急，有必要深入综合性学术期刊内部，对综合性学术期刊的现状、类别、评价主体、评价方法等进行梳理和反思，并探索一套与综合性学术期刊办刊特点相适应的评价体系。

一、千刊一面还是百舸争流：综合性学术期刊现状再认识

综合性学术期刊并不像人们通常所认为的那样，是一个逻辑严密、内涵清晰的概念，它更像是一个期刊集合体。从办刊主体看，它不仅包括各高校主办的综合性大学学报，也包括各省市社科院社科联主办的综合性社科期刊，还包括一部分党校系统主办的期刊；从开放程度看，综合性大学学报创办之初的基本定位是本校科研和教学成果发表的平台及国内外学术交流的园地，具有相对的封闭性，当然，随着历史的推进，不少综合性大学学报也开始开门办刊，不过从统计数据看，不少大学学报的作者主体依然是本校科研人员，而综合性社科期刊则主要是面向人文社会科学学者，具有较强的公共性和开放性；从学科属性看，综合性学术期刊不仅没有自己清晰的学科属性，而且很多综合性学术期刊至少涉及 5 个学科。据南京大学中国社会科学研究评价中心统计，“以 CSSCI 综合性学报来源期刊为例，2009 年和 2010 年每年刊登学术论文总计在 1 万篇左右，其中 80％的论文集中在经济学、中国文学等 10 个学科，这 10 个学科的发文总数超过了该类期刊年度发文总量的 80％”[①]。这些数据也验证了综合性学术期刊多学科的属性。

综合性学术期刊是中国特色科研体制的产物。与专业性期刊相比，其存在先天不足，后天乏力的劣势。除了少数几家头部期刊外，大多数综合性学术期刊很难获得专业期刊的学科影响力。在学科的阴影笼罩下，综合性

① 王文军：《分学科评价：综合性学术期刊评价的合理路径——以教育部“名刊工程”入选综合性学报为例》，《南京大学学报》（哲学·人文科学·社会科学版）2011 年第 3 期。

学术期刊又无法逃脱学科化的窠臼，文史哲政经法，无所不有，无所不包，发表出来的文章，既无法引领学术前沿研究，也无法深化学科专门学问的积累。学科拼盘导致的结果便是小而全，小而散。散兵游勇对付机械化部队，其结果可想而知。这种对标专业期刊，跟在专业期刊后面亦步亦趋的办刊思路，显然是用自己的劣势去对比别人的长处。

学术界和评价机构对综合性学术期刊的理解，依然停留在学科的传统框架下，依然用学科性和专业性来衡量综合性学术期刊。比如王文军以高校学报的生存状态为例分析认为，高校学报分为三个层次，“一是发展比较好的高校学报，如进入名刊工程的学报，显示出较高的整体质量和影响力；二是有特色的高校学报，具有学科的优势或栏目的特色，具有较高的学科影响；三是数量最多的高校学报，则仍然处于困境之中……”[①]此处，王文军教授依然是用专业期刊的标准衡量综合性学术期刊。其他如仲伟民教授认为，高校学报等综合性学术期刊的问题，“一是数量庞大而平均质量偏低；二是过于综合而缺少专业性特点。”[②]在笔者看来，综合性不是综合性期刊的劣势，如果把综合性理解为“全、散、小、弱”式的学科拼盘，综合性学术期刊自然因为“过于综合而缺少专业性特点”，但是如果将综合性理解为跨学科、超学科，理解为问题域、大专业，把专业性不仅仅理解为某一学科的专业性的话，那么，对综合性学术期刊就可以有更开放的理解。综合性恰恰是综合性学术期刊的优势，而专业性、学科性也不必是综合性学术期刊非坚持不可的方向。

因此，学界及期刊界对综合性期刊千刊一面的批评有其合理性和针对性，但是也一定程度上忽略了综合性学术期刊中的头部期刊近几年的努力以及随之而来的变革，也忽略了综合性学术期刊的内部差异性。

如果细细翻阅每家综合性学术期刊，还是能看到综合性学术期刊并不是铁板一块，每家刊物都有自己的定位和特色。一些不愿坐以待毙的综合性学术期刊的办刊人纷纷开动脑筋，进行改革。一种依然以学科为导向，其逻辑是，与其伤其十指，不如断其一指，与其搞小而全，不如集中精力，发展

---

① 王文军：《分学科评价：综合性学术期刊评价的合理路径——以教育部“名刊工程”入选综合性学报为例》，《南京大学学报》（哲学・人文科学・社会科学版）2011 年第 3 期。

② 仲伟民：《中国学术期刊现状谈》，《中华读书报》2011 年 5 月 18 日。

一到两个优势学科。另外一种是，在栏目设置上，开始力求打破以往的以学科划分学术的惯例，而代之以学术专题和专栏策划，因为其集束效应而迅速引起学界的关注，并取得了不错的反响。从专题策划角度来看，近年来不少综合性学术期刊已经走出了一条特色化的道路。

在学科和专业建设方面，比如《天津社会科学》关于马克思哲学当代阐释的系列讨论、《华东师范大学学报》关于重写中国伦理学史的讨论，均很有特色，推进和引领了相关领域的讨论。比如《文史哲》深耕传统文化，走出了一条“小综合、大专业”的特色之路。近年来，该刊围绕中国传统文化，重心向古典学转移，在思想史领域用力甚勤。“疑古与释古”对古史辨派的影响及近20年“走出疑古”的趋向进行思考，“重估儒学价值”围绕“儒学的现代价值与未来走向”，持续推出贤能政治、儒学与自由主义对话等系列讨论。在专题讨论方面，《清华大学学报》《南京大学学报》《学术界》《重庆大学学报》等学术期刊策划的关于中国学术评价的系列专题讨论，推动了中国学术评价的健康发展；《江海学刊》关于中国学术原创空间问题的讨论；《学海》关于“亲亲相隐”问题的争鸣都产生了较大的学术影响力。此外，《探索与争鸣》加强选题策划，以前瞻性、现实性、咨政性为特色，追踪改革大潮；以学术性、争鸣性、思想性为核心，致力于学术争鸣；以名家、名作、名栏目为抓手，注重集束效应。近年来，该刊推出苏东问题研究、中国社会心态的系列讨论、新文化运动价值重估的系列讨论以及重识中国与世界、人工智能与未来社会等系列专题，在推动学界对相关领域的研究中发挥了学术组织者的作用，而像后真相、亚美学、别现代、涂层正义等系列概念的提出和讨论，正是瞄准了中国正在发展和变化的复杂社会现实背后的时代精神状况，试图提炼和概括出反映时代新变化的代表性概念。事实也证明，综合性学术期刊如果能找准定位，抓住社会发展和学术发展的机遇，找到适合期刊个性发展的领域，将很快提高自己的学术影响力。比如，《新疆师范大学学报》近年抓住了“一带一路与人类命运共同体建构”的时代命题，策划和组织了一系列相关讨论，虽在西北边疆，但在学界声名鹊起，影响力也节节攀升。

总之，特色和个性是综合性学术期刊的生命。今天是一个注意力经济的时代。一本学术期刊如果没有自己的特色和个性，其学术影响力和社会影响力也不会高到哪里去。事实上，综合性学术期刊中还是有不少期刊坚持了自己的特色和个性。特别是那些得到国家社科基金资助的学术期刊，创新办刊理念和办刊机制，加强专题策划和专题讨论，围绕学术前沿开展系列研讨，学术影响力大幅提升。

二、评价方法：整体评价、分学科评价还是分类评价

在对综合性学术期刊的状况有了一个相对清晰的了解后，我们才能有针对性地选择用什么合适的尺度进行衡量。众所周知，学术评价的首要前提和基本方法是同类比较。进行比较的学术期刊如果不属于同一个类别或者同一个体系，那么得出的结果则既不准确也不客观。问题是：所有的综合性学术期刊都属于同一个类别吗？表面上看，综合性学术期刊是一个类别，实则不同期刊差别较大。然而，长期以来，为了评价的方便，评价机构往往将综合性学术期刊看成一个无差别的整体，选择性地无视综合性学术期刊的内部差异，而值得玩味的是，学术界和期刊界也基本默认了这一分类。然而，将所有综合性学术期刊看成是同一类型，并用专业期刊的评价方法来评价综合性学术期刊，其导致的结果是严重的。将所有综合性学术期刊看成是一个固定的、无差别的整体，其实是对综合性学术期刊的盲视，而用同一个标准来评价和衡量内部千差万别的学术期刊，更是对学术期刊个性的阉割。就连王文军教授也认为，“毋庸置疑的是，采用整体评价的方式对综合性学报以及综合性社科期刊的评价，也日益显现出较多的问题”[①]。以综合性学报为例，“如果将综合性学报视为一个类别进行整体评价，其评价（比较）是否合理的前提在于综合性学报之间是否具有良好的可比性，恰恰在这一点上，综合性学报并不具有这一前提”[②]。这是因为，不同的综合性学报，其关注的领域、刊文风格并不一致，有些侧重基础学科研究，有些侧重基础理论研究，有的侧重对策研究，有的侧重热点和前沿问题研究。侧重基础研究与侧重对策研究，侧重学科深度挖掘与关注热点问题的学术期刊，“在引

① 王文军：《分学科评价：综合性学术期刊评价的合理路径——以教育部“名刊工程”入选综合性学报为例》，《南京大学学报》（哲学·人文科学·社会科学版）2011年第3期。

② 王文军：《分学科评价：综合性学术期刊评价的合理路径——以教育部“名刊工程”入选综合性学报为例》，《南京大学学报》（哲学·人文科学·社会科学版）2011年第3期。

证习惯和引用规律上存在着很大的差异，加之反应速率、学科规范程度等因素，体现在影响因子上也就有较大的差异，难以进行真正的同类比较”[①]。因此，那种整体性的削繁就简的评价方式导致的结果是，人为拉低了综合性学术期刊的影响因子，“综合性学报存在着因为‘评价’而被边缘化的可能，……综合性学报对学者的影响力用日渐式微来形容可能是最合适的”[②]。

不独综合性学报，整体评价的方式忽略了综合性社科期刊内部的差异性。比如，有些学术期刊侧重于社会学政治学等社会科学，如《开放时代》，仅从每年人大复印资料公布的全文转载数据看，其排名并不理想，但是该刊在政治学社会学前沿问题重大问题上持续发力，吸引了相关领域名家，并已经形成了重大的影响力，影响因子一直高居综合性学术期刊前列，该刊实际上走的是一条介于专业刊和综合刊之间的专业化道路。而像《读书》这样的期刊在现有的评价指标体系中更是无法归类。如果按照量化评价所看重的学术规范来衡量，在所有入选 CSSCI 来源期刊的学术期刊中，《读书》大概是唯一一个既没有内容摘要，也没有关键词、作者介绍和参考文献，更没有基金项目的“五无产品”，其发表的文章更像是学术随笔，而不是严格意义上的学术论文，有些栏目如“读书短札”刊发的还是一些随感式的小短文，但是谁能否认《读书》是一本有重要影响力的思想期刊呢？谁又能否认《读书》在 20 世纪 80 年代以来中国政治社会建设中所发挥的重要推动作用呢？在学术评价主宰学术期刊界的今天，像《读书》这样坚持个性的期刊不能说是绝无仅有，大概也是硕果仅存。千刊一面的背后是千文一面，因此，我们要批评综合性学术期刊存在的千刊一面问题，但是也不能忽视量化评价在千文一面中所产生的负面作用。以形式代替内容的量化评价，所发表的只不过是徒有形式，而缺乏实质内涵的平庸的论文，而这最终伤害的是整个学术生态。事实上，近年来，为了保持期刊排行榜中的位置，一些学术期刊投鼠忌器，不仅不敢坚持办刊特色，更不愿大胆改革，甚至很少发表真正有个性的学术论文。从这个意义上讲，《读书》坚持了自己的学术个性和一以贯之的

---

① 王文军：《分学科评价：综合性学术期刊评价的合理路径——以教育部“名刊工程”入选综合性学报为例》，《南京大学学报》（哲学・人文科学・社会科学版）2011 年第 3 期。

② 王文军：《分学科评价：综合性学术期刊评价的合理路径——以教育部“名刊工程”入选综合性学报为例》，《南京大学学报》（哲学・人文科学・社会科学版）2011 年第 3 期。

学术风格，其示范意义难能可贵。除了一些坚持学术本位和追求学科影响的综合性学术期刊外，还有一些刊物虽然也坚持学术本位，但是并不主要是谋求学科地位，更多的是追求公共影响力，对于这样的以思想性见长的学术期刊，只考察其学术水平，忽视其真正的思想贡献力，也是不公平的。像《探索与争鸣》以及刚刚跻身 CSSCI 来源期刊的《文化纵横》等刊物，并不是严格意义上的专业性学术期刊，其载文风格因为偏于公共性、思想性，而具有了思想性学术期刊的性质。在栏目设置上，是以问题意识和专题策划为特色，事实上已经突破了学科分类的限制，这些期刊也已经放弃了谋求学科影响力的想法。而《探索与争鸣》更是以当下性、公共性、学术性、争鸣性、思想性为核心，坚持思想温暖学术，学术关怀现实的定位，以及学术为底、思想为旗的办刊理念，追踪时代和改革前沿问题，在选题策划和专题策划上下工夫，在全国同类学术期刊中形成了自己独特的风格并受到学界关注。上述所列刊物虽然都是综合性社科期刊，但是以学科为中心和以问题为中心的学术期刊，我们能说这些刊物都是同一类学术刊物吗？

现有的整体评价的方法对综合性学术期刊带来的消极影响，王文军已撰文进行了讨论，在此不再赘述。如何调整评价方法，王文军提出分学科评价的观点，笔者对此大部分表示认可，但是也有一些地方不敢苟同，在此略求教一二。分学科评价注意到了那些以学科建设为定位，特别是综合性学报中的入选教育部名刊工程和名栏工程的学术期刊在学科建设中的历史、现状和成就，并考虑到不同学报背后主办单位的学术传统、学术结构和优势学科等的差异。相对于均质化、整体性评价为主的评价体系，分学科评价对综合性学术期刊做了进一步分类，有其进步意义，分学科评价希望通过分学科评价，以评促改，以评促分，以评促建。比如可以推进综合性学报“在专业和特色方面下工夫，进而逐步向专业期刊转型”，“敢于在学科的研究深度和广度上下工夫，在整体上提升刊物的质量和影响力，使综合性期刊在多个学科能够达到专业期刊的影响力”，“优势学科强者更强，特色栏目更具特色，对学科发展的推动作用将十分明显”。[①] CSSCI 统计结果也表明，“一些综合

① 王文军：《分学科评价：综合性学术期刊评价的合理路径——以教育部“名刊工程”入选综合性学报为例》，《南京大学学报》（哲学·人文科学·社会科学版）2011 年第 3 期。

性学报的学科影响因子已经达到或超过了专业类来源期刊的平均水平"[①]。从这一评价方法的提出者的设想和意义的阐述可以看出，分学科评价关注到了综合性学报中的一些以学科建设为使命的期刊的特点和长处，以学科建设、专业建设为导向的分学科评价思路符合这一类学术期刊的现状和规律，也符合期刊界有共识的"综合性学术期刊专业化"的思路。但是，正如笔者在上文指出的那样，综合性学术期刊是一个大集合，不是所有的学术期刊都符合这一思路。

在笔者看来，综合性学术期刊评价的关键是要做好分类，学科分类只是其中的一个方法，学科分类并不能涵盖所有的综合性学术期刊，也忽视了近年来一些综合性学术期刊的新探索和新趋向。正是痛感于综合性学术期刊积贫积弱的现状，一些期刊主编尝试做了不少努力，纷纷提出综合性学术期刊转型的方案。不过，如何转？转到哪里？大家的思路并不一致。学界主流的思路是"专业化、集团化和数字化"，也有学者认为，综合性学术期刊"更多的应该是从学科拼盘转型为以问题为中心跨学科研究的专题期刊"[②]。据笔者有限的观察，实际情况是，同样是学术质量颇佳、享有较高学术口碑的综合性学术期刊，除了那些具有学科优势的专业性综合性学术期刊，至少还存在三类同样很具特色和个性的综合性学术期刊。一类以问题域为中心、专题研究为特色的综合性学术期刊，暂且称为专题性综合性学术期刊。这类期刊及时捕捉和追踪人文社会科学领域的新兴研究的动向，特别是抓住国家发展重大战略调整和转移的契机，以某个论域为中心集中力量进行研究，前者聚焦的论域如文化研究、城市问题研究、边疆问题研究、民族问题研究、儒学研究等，后者如治理研究、三农研究、"一带一路"研究等。这类期刊因为集中于某个重大领域，凝聚不同学科的专家的力量，经年攻关，已经成为该领域研究的重要期刊，实质上具有了专业期刊的特质。比如，《中共浙江省委党校学报》转身为《治理研究》专刊后，取得了长足的进步。

另外一类学术期刊，他们敏锐地看到了转型期的中国学术市场已经分

① 王文军：《分学科评价：综合性学术期刊评价的合理路径——以教育部"名刊工程"入选综合性学报为例》，《南京大学学报》（哲学·人文科学·社会科学版）2011 年第 3 期。

② 王浩斌：《社会转型期的学术生产方式与学术评价——以期刊影响因子为中心》，《南京大学学报》2014 年第 2 期。

化为学术市场和思想市场。这类期刊姑且称之为思想型的综合性学术期刊。这类期刊主张面向生活世界本身，直面转型期中国在全面深化改革中的一系列重大现实问题，提倡以学术的方式研究和介入现实问题。与强调学术规范、学术积淀、学术传承不同，这类学术期刊固然也必须遵守学术规范，但它更强调的是，学术规范基础上的思想创新和观念革新，并主张学术创新应该介入社会现实并推进社会进步。它所承担的使命其实是近代以来知识分子所承担的思想启蒙的任务，背后与中国人文传统千百年来流传下来的“文以载道、文章启百代群蒙、为天地立心、为生民立命”[①]的理想和追求契合。对于这类综合性学术期刊，它并不以学术为本位，也不追求学科影响力，其定位是王元化先生提倡的“有学术的思想”和“有思想的学术”。它主张学术研究与时代处于共振的关系，学者不是冬烘先生，学术也不是象牙塔里的智力游戏，学者应该从书斋中走出来，将学问、人生、时代结合起来，在天地和现实之间做学问，在时代和未来之间做学问。在以学术、学科为中心和主流的学术期刊阵营中，这类学术期刊因其独特的个性，而更像是一个异类，但对转型期中国学术和思想的推进、对思想潮流的引领发挥了弥足珍贵的作用。对于这类期刊，不仅整体性评价是不合适的，分学科评价也是不合适的。

还有一类是以关注跨学科、交叉学科问题见长的综合性学术期刊。一方面，这类期刊看到现有的技术条件下，学科边界越来越模糊，学科越界的冲动越来越强烈，跨学科、交叉学科方兴未艾；另一方面，看到了现存体制下学科壁垒存在的种种弊端。这类期刊的重心并不在于研究某个学科的艰深学问，恰恰相反，它以打破学科界限、倡导跨学科研究为旨归和特色。这类期刊姑且称之为跨学科的综合性学术期刊。当然，这类期刊目前还不多，但是应看到有些期刊在跨学科、交叉学科研究方面正在努力探索。

在笔者看来，综合性学术期刊未来其实可以归为两条路径。一条是专业化路径，有些知名的综合性学术期刊，因为长期深耕于某个专业领域，其专业排名已经跟这个领域的专业期刊不分伯仲，事实上是走一条专业期刊

---

① 王浩斌：《社会转型期的学术生产方式与学术评价——以期刊影响因子为中心》，《南京大学学报》(哲学·人文科学·社会科学版)2014年第2期。

的路子。还有一条则是打破学科藩篱的去专业化的综合性路径，是以综合性、专题性见长，成为一本“以问题为中心跨学科研究的专题期刊”。因此，未来综合性学术期刊的学术评价最重要的前提是做好分类。如何在分类的基础上进行评价，这是一篇大文章，限于篇幅，本文在此不述。

三、综合性学术期刊评估的根本准则：保持学统与道统的统一

期刊评价是一项非常复杂的工作，连量化评价指标的资深研究者也不得不承认，期刊质量评价“即以期刊内容、效用评价为主的评价，远比单纯的形式评价、文献计量评价和以文献计量为主，辅以专家的评价要细致、复杂得多”①。事实也证明，一刀切、标准化的量化评价不仅不加选择地将本来用于自然科学研究成果评价的量化标准，移用于以个性化、差异性为特色追求，刊载的主要是“研究过程、方法、结论经常是难以精确量化”②的人文社会科学学术期刊，将存在诸多无法克服的问题。其中一个广为人们诟病的问题在于，量化评价所赖以依靠的数据库，完全不顾学术期刊的独立性以及学术期刊人的努力，将本来作为一个整体的学术期刊进行肢解，“考察一下各期刊数据库中社科期刊的存在形式，不难发现如下特点：任何一家期刊，在这些库中都不再以独立的形式存在，封面、目录已与正文割裂而基本消失，剩下的就是一篇篇论文，而这些论文也已被拆散而分置于各个专题库中，以最常见的方式检索，如题名、作者名、关键词，得到的是来自各种期刊的一篇篇论文。因此，这样的数据库对读者阅读方式的改变，已不仅仅是介质上的——纸本的还是电子的，而且是实质上的，期刊不见了，因期刊而存在的刊物特色、编辑思想、编排风格、专栏结构、各专栏间的呼应对话统统不见了。社科期刊这一独立存在的个体已迷失在网络的海洋之中”③。

此外，更大的问题还在于，量化研究终究只是一种外部评价和外行评

① 叶继元：《学术期刊质量评价具有多元性与复杂性》，《清华大学学报》（哲学社会科学版）2015 年第 2 期。

② 陈颖：《学术评价和学术期刊评价若干问题之我见》，《福建师范大学学报》（哲学社会科学版）2016 年第 1 期。

③ 朱剑：《徘徊于十字路口：社科期刊的十个两难选择》，《清华大学学报》（哲学社会科学版）2007 年第 4 期。

价，其无力对学术质量作出真实而恰当的评价。回应学界对评价机构外行冒充内行的指责，一些评价机构通过引入专家同行评价机制来试图让自己的评价更加贴近实际情况。然而，这样看似公允的做法并不能改变量化评价的实质，且不说评价机构所主导的同行评价不过是一种无可奈何的补充手段，这种用程序正义代替实质正义的行为，并不能抵达和实现实质正义。

理由有四：第一，从专家来源看，专业评价机构所主导的专家同行并未经过严格的筛选，学术水平高低不一，对单篇论文的评价很可能大相径庭。第二，从程序看，由于缺乏必要的协商、讨论机制，在遇到争议性较大的学术论文时，这种背对背的打分机制看似客观，但存在无法克服的缺陷，没有经过充分的协商和讨论，凭借机械的加权机制并不能真实而公允地反映出一篇学术论文的质量，特别是对那些突破陋见、有创新意识、充满争议的学术论文，其缺陷更大，更有可能出现不公正评价。第三，同行评价是一种专业评价，对于专业领域内的问题，同行评价有充分的发言权。但是对于那些立足于学术前沿、跨学科、跨专业论文，这种以学科为界的小同行评议就有些捉襟见肘了，因为这些专家可能对本学科的情况如数家珍，但是一旦超越学科，就很难对之作出恰如其分的评价。第四，量化评价的基础是数据库，依托于数据库评价的一个致命问题是：专业评价机构提供的只是随机挑选的单篇论文，同行评价也只不过是对提供的单篇论文的质量评价。其问题在于，近年来有一些勇于探索的学术期刊，在办刊思路上已经转向了以问题域为中心的专题期刊。这些经过精心策划、组织的专辑论文，最大优势就是集束效应，其学术影响力远远比单篇论文大。然而，量化评价却是以单篇论文为中心的评价，某篇论文只不过是某个专辑或者某个问题域中的一篇，将之拆解开来，既无法还原和呈现原刊专辑讨论的面貌，也无法评价出该专辑论文的整体影响力。即使是评价机构有心来做专题库，也因为缺乏专业知识以及繁重的工作量而很难实施。

此外，学术评价不能外在于社会实践，“如果学术活动本身就不具有纯粹性，而是具有深层的政治社会情感等属性，那么，以纯学术性作为学术评价的追求目标、最高目标，就只能是一种不可实现的学术乌托邦。……当前的学术评价存在的问题主要不是学术的纯粹性没有得到尊重，而是学术生态、学术活动、学术评价的复杂性没有得到充分的认识"①。改革开放以来，中国的人文社会科学虽然已经取得了长足的进步，但是仍然处于起步阶段。中国的人文社会科学深深植根于中国改革开放的实践，与改革开放和中国社会文化发展具有同步性和同构性。这种同步性表现在三个方面：其一，中国社会发展从根本上决定和制约了中国人文社会科学以及中国学术期刊的发展。中国依然处于社会主义初级阶段，现时代的主要矛盾是人民日益增长的美好生活需要和不平衡不充分的发展之间的矛盾，这一阶段的主要矛盾决定了中国的人文社会科学的发展处于不平衡、不充分的阶段。其二，中国现在依然处于社会转型期，一方面，社会生机勃勃，充满朝气和活力；另一方面，泥沙俱下，良莠不齐。社会转型期所带来的问题具有复杂性、多样性，表现在学术领域，一方面，基本的学术规范、学科意识已经建立，专业期刊在学科建设、学术共同体构建方面发挥越来越重要的作用；另一方面，受体制因素、社会因素的制约，学术规范压抑了学术创新，学科越来越内卷化，越来越与现实世界脱节。但是转型期提出的重大现实问题不是以学科来划分的，这就需要人文社会科学不同领域的学者携起手来，协同攻关，而这正是综合性学术期刊存在的价值。其三，转型期的社会具有矛盾性和不充分性，人文社会科学不能外在于整个人文社会科学界，整个社会的进步和落后，在人文社会科学领域表现得亦非常充分。拿量化评价机构所引以为傲的影响因子来说，学术影响力并不等同于学术质量。对于一篇文章来说，体现其学术影响力的两个指标——一般影响因子和总被引频次高，并不意味着这篇文章的学术质量就一定高。因为在中国的特殊语境下，学术影响力背后有很多人为因素的影响和制约。真实情况是，在现阶段的学术生态下，"引文分析为基础、影响因子为主要指标的期刊评价体系"②并不能对学术论文的学术质量和思想质量作出合理的评价。众所周知，衡量一篇文章是否有学术价值，虽然学术规范非常重要，但是学术规范只是基础条件，学术质量高低并不主要由其要件的完备或者影响因子的高低决定，而主要是看其内容、

① 陈忠：《知识领域的公共悖论与学术评价的伦理可能》，《华南师范大学学报》（社会科学版）2015年第5期。

② 王文军：《分学科评价：综合性学术期刊评价的合理路径——以教育部"名刊工程"入选综合性学报为例》，《南京大学学报》（哲学·人文科学·社会科学版）2011年第3期。

观点、方法和材料的创新性。一篇引文齐全、学术规范的论文也有可能是一篇质量平平的平庸之作。即使量化评价号称客观公正，可以杜绝学术共同体可能存在的人情因素的干扰，这也只不过是一种一厢情愿、经不起认真推敲的自说自话。比如受到“晕轮效应”的影响，一位学界大佬的一篇质量平平的学术论文，有可能比一位籍籍无名的学术新秀形质俱佳的论文，获得更多的引用，也具有更大的影响力。之所以会出现这样的现象，根本上是因为“学术活动、学术评价总是由处于复杂社会关系、具有复杂情感的具体的人所从事的知识活动”[①]，其背后的机制是“学术界中的关系网络所生成的社会资本，助长了人们彼此之间的互引行为，处于网络中心地位的机构或学者群体往往更具有号召力与影响力，他们不仅吸引了网络边缘者的引文量，而且还以互引的方式进一步巩固了该群体的地位。当然，也不乏一些社会心理因素的参与，如引用者心态的影响，譬如对权威的盲目信任、追随权威学者的研究方向与话语风格、引用知名学者与期刊论文可以降低与规避风险等”[②]。知道这个道理，就能明白为什么学术期刊对高被引用作者如此热捧了。但其导致的结果却是消极的，长此以往，学界大佬把持着学术发表的阵地，青年学人很难出头。因为宣称客观公正的量化研究并不能判断和筛选出那些因受复杂的人情和人性等社会和情感因素左右而导致的不当或弊端，这也是量化研究一直广为人们质疑和诟病的原因。从这个维度讲，人们批评“学术期刊的影响因子更多的是学者社会关系与社会影响力的反映，而不是真实学术水平和学术影响力的反映”[③]，是有一定的道理的。

上述种种分裂反映的正是学术研究和学术评价中学统与道统的分裂。中国传统治学追求的是学问人生，学统与道统的一致性，这在今天依然有其存在的价值和意义。现有的学科分类是建立在西方19世纪发展起来的科学主义和专业主义基础之上的，事实上，在19世纪之前以及中国传统的做学问的方式，并没有追求某一专门知识，而是学术和人生、天地和日常世界的融通。从这个角度上讲，我们不能否认传统的学问方式依然有其存在的

---

① 陈忠：《知识领域的公共悖论与学术评价的伦理可能》，《华南师范大学学报》（社会科学版）2015年第5期。

② 阎光才：《学术影响力评价的是非争议》，《教育研究》2019年第6期。

③ 王浩斌：《学术共同体、学术期刊与学术评价之内在逻辑解读》，《中国社会科学评价》2015年第3期。

价值，在画地为牢的学术界，因为其稀缺而弥足珍贵，更应该获得学术期刊的支持。

四、建构综合性学术期刊评估体系

第一，重新认识综合性学术期刊的综合性。

虽然综合性学术期刊因学科拼盘一直为人们所诟病，甚至被称为“综合性陷阱”[①]，但在笔者看来，在一个学科分化、学科藩篱甚至学科固化的时代，综合性恰恰是综合性学术期刊最大的优势、特色，也是其看家本领。只是我们需要对综合性作重新定义，综合性显然不是文史哲政经法诸学科无所不包的大拼盘式的综合性，事实证明学科拼盘已经无路可走。我们只要关注现实就会发现，当前突飞猛进的科学技术和高歌猛进的国家重大战略，对人文社会科学大发展、大繁荣提出了新的要求，特别是对跨学科、交叉学科研究的重视被提到了前所未有的高度。因此，跨学科是与专业化、学科化相对应的学科的交叉、融合的跨学科；综合性应以问题导向为中心，以跨学科研究为基点，以专题策划为抓手，以个性和特色为追求，以推进不同学科的交叉、融合为动力，以推进学术研究、探求真理知识和服务现实需要为旨归。在今天的学科体制下，学科分工越来越细，学术壁垒越来越多，学术视域越来越窄，学术的内卷化和不及物越来越严重。不受专业限制，不为任何学科所把持的综合性学术期刊，因为没有这样的束缚和困扰，反而可以没有太多顾忌，静下心来讨论专业期刊因为囿于专业壁垒而不愿、不敢、不能讨论的学术问题，甚至能充分发挥鲶鱼效应，促进不同学科的对话、交流甚至碰撞，进而推进不同学科的交叉和融合。总之，综合不是学科的拼盘和集合，而是在学科之外和之间寻找跨学科、超学科的发展之道，而这恰恰是综合性学术期刊的应有之义。天下分久必合，合久必分，在学科分化已经越来越严重的当下，随着社会发展的需要，学科的融合和交叉将成为学术发展一个越来越重要的方向。

① 金志军、唐忠毛：《学术共同体的构建与学术权力的平衡——“哲社综合性学报建设的困境与机遇”主编高峰论坛述评》，《华东师范大学学报》(哲学社会科学版)2014 年第 6 期。

第二，充分评估综合性学术期刊的复杂性。

前文笔者已经用大量的篇幅分析了综合性学术期刊并不是一个整齐划一的类别，并按照自己的观察，大致划分了四类不同性质的综合性学术期刊。当然，这样的划分是否科学，还有待检验。但是它提醒我们，对于综合性学术期刊的评价要慎之又慎，而评估的前提是做好正确的划分。如果划分不正确，不仅评估的结果有待商榷，评估的公平公正性也受到很大的损害。如果不能公正评价这类刊物在话题引领、现实影响方面的效度，根本上也不利于激励学术期刊界和学术界的创新，最终伤害的是整个学术生态。好的分类，不仅让各类学术期刊各得其所，而且有利于激发其特长和个性。海阔凭鱼跃，天高任鸟飞，学术期刊要改变千刊一面的不利局面，不仅在办刊机制上要灵活，营造宽容的办刊环境，大胆创新，敢作敢为，而且在期刊评价方面，也应该正向激励，甚至大胆激励，在指标体系等方面，要向有创新意识的刊物倾斜，做好正向引导作用。

第三，充分发挥学术共同体的主体性，重建跨学科学术共同体。

已经有学者反复指出，学术研究的主体是学者，学术评价的主体当然也应该是学者，任何外在于学术共同体之外的学术评价都是不恰当的。如果学术期刊评估促进学术期刊专家办刊、开门办刊、多元办刊，那么这样的学术评价是有正向意义的。如果无法做到这一点，不能说取消学术期刊评价，至少要降低学术评价的频次。没有学术评价，在正常的学术机制下，经过正常的学术竞争和自然优胜劣汰，良币最终驱逐劣币，整个学术生态得到清理和净化。而在学术评价尤其是排行榜等量化评价一统天下的情况下，一些办刊质量乏善可陈的期刊，主要精力不是千方百计提高办刊质量，而是投量化评价所好，钻研量化评价指标技巧，人为引用或者虚假引用，以获得排行榜的有利位置。而那些本来办刊质量还不错的期刊，苦于保住排名，或者倾向于发表那些高被引用的社会科学学科的文章或者高被引用的学者文章，或者只愿意发表名家而不愿意发表青年学者的论文。或者为了提高期刊影响因子，增加发文篇幅，压缩发文量。或者压缩人文学科发文量扩大社会科学发文量；这种调整导致紧俏的学术市场日益奇货可居，青年学人尤其是人文学科的青年学人发文更加艰难，学术生态日益恶化。更多的学术期刊，即使不屑于投其所好，也因为惮于被挤出排行榜，不敢放手一搏，办刊思路日趋保守，更不用说大胆创新了。

学术评价要打破目前的学术期刊封闭和半封闭的状态，就必须真正做到开门办刊、学术共同体办刊，让学术共同体参与到从选题策划、组织、审稿到评价的全过程中。学术期刊不是自留地，也不是利益交换的工具，而是学术公器。因此，学术期刊要真正回归到学术发表的公共平台建设的定位上来；学术期刊的编辑则要回到为学术共同体服务的定位上来。回归学术共同体，是学术期刊的正途。在多学科交叉，不同思潮风起云涌的情况下，某一学科的专家都无法对另一个学科进行评价，更何况学术期刊的编辑。因此，在新的学术生产机制和新的知识生产时代，学术期刊的编辑更多的是做学术服务工作，通过开门办刊，充分发现、吸纳、服务和依靠那些具有学术影响力、思想引领力和公信力的不同学科的学者，依托编辑、学者等组成的共同体，策划选题、组织专题，持续进行相关的讨论，借此来引领和推进学术的发展与创新。

当然，对于综合性学术期刊来说，其所依赖和服务的学术共同体并不是学术界通常所认为的以学科、专业为中心的小学术共同体，而是一个跨学科、多学科的基于“共同的信念、价值和规范”①的大学术共同体，是一个跨学科的学术共同体的联合体。这样一个共同体既具有一般学术共同体的基本特征，又有其特殊使命，它“不仅是一个知识共同体，也是一个知识人追求真理、尊重学术规范的价值共同体，同时它还应该是一个知识同行交流思想、代际传承的情感共同体”②。跨学科的学术共同体的使命不仅是最大程度“追求真理”，更应该“解决问题”③，它要在学术价值和思想价值、学术价值和公共价值、“独创性和共识性”④、内部性和外部性之间对综合性学术期刊生产的学术产品进行学术评价。

① 关于跨学科学术共同体的联合体的讨论，参见叶祝弟：《面向生活世界本身——综合性学术期刊困境纾解蠡测》(未刊稿)。

② 金志军、唐忠毛：《学术共同体的构建与学术权力的平衡——“哲社综合性学报建设的困境与机遇”主编高峰论坛述评》，《华东师范大学学报》(哲学社会科学版)2014 年第 6 期。

③ 童世骏：《建设独创性和共识性相统一的学术共同体》，《探索与争鸣》2016 年第 3 期。

④ 童世骏：《建设独创性和共识性相统一的学术共同体》，《探索与争鸣》2016 年第 3 期。

第四，坚持评价标准中学术性和思想性的内在统一性。

有学者批评："当下的学术现状，表现之一就是，学术期刊大量发表知识循环性的论文，发表的评论性论文太少，思想性论文更少。"[①]这与我们的学术评价中只注重学术评价而不重视思想创新有关。种种迹象表明，今天的中国学术界，已经逐渐分化为两个场域：一个是学术市场，一个是思想市场。对于前者，学界已经有很多的讨论，而对于后者，学界还没有给予足够的关注。然而，我们当注意到，一个集广大的中产阶层知识群体、新科技应用引发的媒介革命、作为思想发动机的一流大学在内的思想市场正在崛起，我们对之应给予足够的重视。李泽厚先生曾经用"思想家淡出，学问家凸显"来概括20世纪90年代之后的中国学术思想界的状况。诚如先生所言，近20年过去了，我们看到一个由不同学科支撑的学术市场日益规范、成熟。然而，我们也听到很多人公开和私下的不满，我们看到与学术繁荣相伴的是一个跑马圈地、以邻为壑、自娱自乐的学术界。他们孜孜以求于专业内的问题，为谋求专业地位，"焚膏油以继晷，恒兀兀以穷年"。术业有专攻，这本来无可厚非，但是现实世界提出的种种重大命题，亦亟待跨学科研究的介入。也许在今天，我们有必要重新思考李泽厚先生的那个著名的论断，思考思想家和学问家携起手来的可能性。

"思想市场"是诺贝尔经济学奖得主科斯的一个著名观点。2011年，科斯在财经年会上发表了著名的致辞。他说我有重要的话要对中国说，"如今的中国经济面临着一个严重的缺陷，即缺乏思想市场。这是中国经济诸多弊端和险象丛生的根源"[②]。"思想市场"的提出，是一个对中国友好的经济学家对李泽厚那个著名论断的隔空回应，也是对未来中国的期许。显然，科斯的思想市场不仅是针对中国的经济，而更多是针对中国的思想状况。中国的崛起不仅是经济的崛起，更是文化和思想的崛起。八年过去了，种种现实提醒我们，科斯的思想市场的论断越来越彰显出其深刻的洞见，越来越多的有识之士认识到，能不能提供具有原创力的知识和思想，越来越成为制约

① 李文珍：《学术批评与学术理论创新的自觉性——刘少杰、叶初升、秦前红、叶航、肖滨、何艳玲六人谈》，《中国社会科学评价》2016年第1期。

② 科斯：《中国改革：商品市场与思想市场的发展》，《学术界》2012年第2期。

中国创新和未来发展的最重要的因素。

习近平总书记在哲学社会科学座谈会上的讲话中，高屋建瓴地指出："这是一个需要思想而且一定能够产生思想的时代。我们不能辜负了这个时代。"[①]既然这是一个需要思想的时代，那么在专业刊物一统天下的今天，综合刊物的办刊人不应该守着自己一点可怜的地盘，向隅而泣，自怨自艾，而应该跳出专业化的窠臼，做专业刊所不能做的事情，瞄准、拥抱和深耕正在崛起的思想市场，在学术市场之外寻找到自己差异化、特色化的生存空间，为推动时代所需要的重大的理论和重要的思想的生产，贡献自己的一点力量。立足于思想市场的办刊定位，一是回应时代重大关切；二是有效介入现实世界。在方法论上，应倡导有学术的思想和有思想的学术的结合；在价值目标上，以中国为方法，以世界为目的，重新发现中国，为人类文明作出中国的贡献。在无情、无我、无物的日益僵化的学术圈外，建构一个有情、有我、有物的思想空间；在学术共同体之外，建构一个更加宽容、平等、自由的思想共同体。

第五，回归学术批评：学术评价生态重建的基石和关键。

学术批评是学术共同体建设的保证，也是学术健康发展的保证。没有健康的学术批评和学术争鸣，就没有真正的学术创新，也就无所谓健康的思想市场。学术争鸣固然要尊重设定的规则，但是学术争鸣也需要宽容异类。学术创新和思想突破最终是要打破常规，学术争鸣应对那些有不同见解的、有个性的学术给予尊重和宽容，推而广之，学术评价者也应该对思想市场中那些有独特个性和风格的学术期刊给予尊重和宽容。

总之，笔者以为，综合性学术期刊评价应充分尊重、保障和促进有特色和个性的综合性学术期刊的发展。综合性不是制约综合性学术期刊的陷阱，而是优势，应探求以问题导向为中心，以跨学科研究为基点，以专题策划为抓手，以个性和特色为追求，以推进不同学科的交叉、融合为动力，以推进学术研究、探求真理知识和服务现实需要为旨归的综合性；应充分评估综合性学术期刊的复杂性，评估的前提是做好科学的划分，科学划分的标准是各

---

① 《习近平总书记在哲学社会科学工作座谈会上的重要讲话》，《人民日报》2016年5月19日。

类期刊都能各得其所，都能得到客观公正评价。还应该充分发挥学术共同体的主体性，重建基于“共同的信念、价值和规范”的跨学科学术共同体。此外，还应该坚持将学术性和思想性作为学术期刊评价的根本标准，回归学术批评，让学术批评真正成为学术评价生态重建的基石和关键。

（原刊于《学术界》2019 年第 8 期，有改动）

我心目中的一流学术期刊

蒋重跃*

什么是一流期刊?

刊发一流文章的期刊可以当之。

什么是一流文章?

这个问题就复杂了。对于学术期刊来说,一流文章自然指的是一流的学术论文。那么什么样的文章才是一流的学术论文呢?衡量一篇学术论文是不是一流论文的标准是什么呢?衡量本身有没有问题需要考虑呢?

要想很好地回答这些问题,就必须深入问题的语境。

从事学术期刊编辑工作的朋友都知道,一篇论文是不是有价值,目前有这样几种通行的评判方法:一是被引用;二是被摘转;三是被采用。所谓被引用,主要是指一篇文章在数据库收录的期刊论文中被其他作者引用或提及的次数;所谓被摘转,是指一篇文章被文摘刊物摘转的次数;而所谓被采用,则是指一篇文章被党政机关或其他公共机构采用的情况。这三种情况都远远不能说是完美的,因为它们都包含着若干不确定的因素。就说引用吧,有的是肯定的援引,有的是否定的抨击。肯定的援引未必说明文章的正确,否定的抨击也未必证明文章一无是处。对于文章的评价来说,两种引用都可能是没有意义的。所以说,被引用,是有意义无意义各居其半,可信度只有50%。被摘转呢?情况略有不同。一般情况下是从正面加以推介的,是肯定,肯定的可信度主要靠文摘编辑的判断,而文摘编辑的判断则与他们的知识水平和经验积累有关。

* 蒋重跃,《北京师范大学学报》(社会科学版)编辑部。

由于长期的工作实践,文摘编辑的判断一般不会出大问题。这样看来,文摘的肯定式评价大体是有根据的。不过,各家文摘刊物摘转文章的数量总是有限的,更要命的是文摘刊物的定位各有侧重,摘转论文的选题领域和范围也是有限的,那么,在定位范围以外的领域中,论文再好,也无法进入文摘编辑的视野。由此可见,一篇论文能否被摘转,在某种情况下真的不取决于论文本身,甚至不取决于文摘编辑的眼力,而取决于文摘刊物的容量和定位。这样看来,文摘也不是具有普遍意义的评价方法,而是数量和领域皆有局限的选用方法,摘转了很可能是一流的好文章,没有摘转不见得就不是一流的好文章。对于发表的论文全体来说,是否被摘转就不具有评价的意义。而被采用呢?概率就更低了。一篇论文及其所提出的政策建议,能被政府机关或其他公共机构采用,这种情况少之又少,对于广大学术期刊来说,总是可望而不可即的。而且采用与否,很少会考虑论文与论文的比较和鉴别,更多的是偶然因素,碰巧被政府机关或其他公共机构选中。显然,采用也不适合用来做评价。总之,通行的这三种评价方法有一个共同点:都是在论文之外,由使用者的需要来决定。而使用者的需要显然是有局限的,而且是千差万别的。比如,引用者之所以引用某篇文章,有的是选用总体结论,有的是选用某个具体观点,有的是转引某条材料,有的是借取某个表达方式,而且这些选用都可以有肯定和否定这样两种相反的态度。拿这样的引用来衡量一篇文章的优劣,实在不知有什么客观性可言,不知到底能说明什么。摘转和采用情况略好,但在性质上也没有多大差别。

那么,被引用、被摘转、被采用在评价一流论文上就一无是处了吗?也不是。一篇文章,能被引用、被摘转、被采用,在差不多的情况下,总还算是有了一点影响吧。基于我们对引用者、摘转者和采用者的某种信任,我们一般认为被引用、被摘转、被采用的论文在同类中还是相对要好一些的,只是在这个意义上,我们才承认目前通行的引用、摘转和采用也可以作为评价论文的一种不得已而为之的办法。如果不加区分,凭感觉判断,到目前为止,被引用、被摘转和被采用的文章大多数还说得过去,这是值得庆幸的。当然,我们心里明白,把这三者当作衡量论文的标准只是权宜之计,只是因为它们有一定的可用性或可操作性,而不能把它们当作绝对真理。

从形而上学(绝对)的意义上说,要想知道一个对象是什么,首先应该明确我们是在哪个范畴内说话的，不区分范畴囫囵地表态，是无法说清问题的。说到学术论文是不是一流，那首先就要区分是哪个范畴的一流，是什么意义上的一流。例如，是学术水平的最高层次呢？还是读者关注的最多次数？对于学术水平，还要进一步区分，是选题填补空白的学术意义呢？还是理论造诣的深刻到位？还是搜集资料的丰富全面？还是行文论证的有效有力？还是什么其他因素？至于读者关注，究竟是对学术水平的肯定呢？还是对某个观点的使用价值的青睐？还是仅仅对某条材料的兴趣？一篇文章的学术水平和读者关注，两者之间以及两者内部所有这些因素之间会有怎样的关系？会形成怎样的结构？这些结构又将怎样地加以计算和衡量？可见，要想回答这些问题，非要做数学模型不可。这显然不是我们这些文科期刊编辑所能做到的。

我们虽然做不到像数学那样精确，但以上这些问题却不能不予以考虑。尽管我们不得不使用引用、摘转和采用这三种方法，但越来越多的人已经认识到由专家评审或许更能够准确反映论文的实际水平和价值。

目前通行的博士论文评审表格可以较好地反映出受评博士论文的实际水平（见表1）。

表1　开放评议博士学位论文评阅书

评价指标	评价要素	分项评价
选题	选题的前沿性和开创性； 研究的理论意义、现实意义； 对国内外该选题及相关领域发展现状的归纳、总结情况。	
创新性及论文价值	对学科发展的贡献； 对解决社会发展中的重要理论问题和现实问题的作用； 论文及成果对文化事业的发展和社会进步的影响和贡献。	
基础知识科研能力	论文体现的学科理论基础坚实宽广程度和专门知识系统深入程度； 论文研究方法的科学性，引证资料的翔实性； 论文所体现的作者独立从事科学研究的能力。	
论文规范性	引文的规范性，学风的严谨性； 论文结构的逻辑性； 文字表述的准确性、流畅性。	

但显然，关于博士论文撰写中的科学性问题，以上这种设计还比较笼统，未能做到具体明确。例如，从积极方面说，证据的真实性和全面性，结构的客观性和合理性，指标的可计量性和可验证性等，还未能予以具体呈现。对于人文社会科学来说，个人价值观与真理观之间的纠葛，学术研究中个人价值观的躐进，长期以来限制了论文质量的提高。怎样使研究者在个人价值观上做到自觉和自律，才算是符合科学规范？这个问题一直没有得到很好的解决，急需给予认真对待。

科学研究中个人价值观的作用和影响，对于人文社会科学来说，是一个根本性的问题。人们一向认为人文社会科学研究之有价值观内容是天经地义的，有多有少，在内在外，并未在意。其实，这里面问题不少。

一般情况下，求真和致用是人文社会科学论文都有的属性。没有求真，就没有科学性可言；没有致用，就没有价值可言。而没有价值，也就没有人会去研究。即使是许多自然科学分支领域，没有致用的属性，也不会有很多人去研究。一个学术领域，没有相当数量的人参与，就不会形成学术氛围和讨论的空气，对于许多学术领域来说，没有讨论，要想取得进步，是困难的。这样看来，学术研究之有价值观是很自然的了。

但是，一项人文社会科学的学术研究能否给社会带来好处和价值，这是一回事；而用作者想要宣传的某种个人价值观来指导和设计具体的科学研究，则是另一回事。一项科学研究能够给社会带来好处，而不是坏处，这是成果的使用价值或效果问题，比如，事关治病救人的科学研究，就一定要鼓励和支持；而制造毒品戕贼人命的勾当就一定要禁止。再比如，对于一项自然科学研究，研究者如果不遵循科学规范和程序，那就必然会在实验中遭遇失败。可见，自然科学研究本身具有强大的自足性或排他性，对于任何主观任意的躐进具有严格的约束机制，这一点不用费太大力气就可以弄明白。但是在人文社会科学领域，就有一些模糊不清、不好界定的情况。

人文社会科学领域，不仅要研究真理观的问题，价值观的问题也在研究视野之内。不过，据我理解，即使是在人文社会科学领域，一旦进入研究状态，研究主体就应该尽可能排除个人主观因素的干扰，按照科学规范，冷静客观地面对作为研究对象的真理观问题和价值观问题。我们对学术研究真的拥有高尚的价值观吗？如果有，那就一定会严格约束自己，避免用个人价值观干扰客观分析和冷静判断。我们的价值观越是真诚，我们就越是会冷静客观地履行学术职责。在几十年的学术和编辑生涯中，我有幸遇见过多位学识渊博、道德高尚的学者，他们之所以能做出了不起的学术成果，经得起时代的检验，就是因为他们都能够在研究中严格自律，用严谨的科学态度对待自己的研究对象，不管是真理观的还是价值观的。

古代希腊有所谓"修辞学"，以发挥自己的主张，批评别人的意见，而使人相信为目标，是从事政治活动，获取社会收益的讲话和写作技巧。这在西方形成了悠久的传统，影响至今。不过，把这种方法应用到科学和哲学领域，这在西方学术界则被认为是不可取的。在中国，古代有所谓的"策术""说术""纵横术"，也很流行，这派人士善于揣摩进说对象的心态，投其所好、攻其所恶、摇唇鼓舌、耸动视听，以达到某种现实目的。他们的说辞虽然也是文章的一种，却为历代文章家所鄙夷。科学，不管是自然科学还是人文社会科学，研究者自然是拥有价值观的主体，但研究工作却是严肃的、客观的、冷静的，它不允许掺杂主观的臆想和实际的利益。许多自然科学领域的研究程序本身就可以检验和约束，但有些领域的研究结果也需要一段时间才能得到检验，而人文社会科学的许多领域，研究成果的客观检验没有那么严格和规范。因此，不论自然科学还是人文社会科学，能否坚持科学态度，能否尊重科学规范，最终都要靠研究者的良心和自律。

在人文社会科学领域，有多少所谓的研究成果是客观的、科学的？排除掉效果的良善，有多少文章其实是作者用资料包装的方法，来兜售某种个人价值观？这是一种故意的行为。还有一种情况，站在某种文化的立场上，用某个群体的语言，对他者的文化和语言横加指摘。这种行径，不知是不是出于有意。不管是不是，都缺少了一点科学的、客观的自律。我不想举例说明，我相信，我们的朋友们只要想一想就会明白其中的秘密。

学术研究是一项高尚的事业。为了某种理想的价值目标，努力地探求人的行为和社会发展的道理，摸索解放的道路，这是价值观在人文社会科学中的合理存在，是应该大力提倡和不懈追求的。有了这种精神，就会达到这样的境界：越是尊重自己的理想价值，就越是要排除掉个人的成见和偏见，就越是要遵守客观的科学规范。而总以为个人的价值观最好，不惜一切代价强加于人，为了掩人耳目，甚至假借某些貌似学术的方法，搜集一些资料加以包装，以此来达到兜售的目的，这种所谓的学术研究在人文社会科学领域中一定要坚决地予以清除。

说到这里，我想告诉各位尊敬的朋友们，我心目中的一流学术期刊，应该是这样的：她所刊发的论文，都能遵守科学规范，不尚阿谀、不事逢迎、不插刀子、不打冷拳，是自律的、理智的、客观的、勤勉的，是有公共价值、有益于世道人心、有利于社会进步的科学成果，可以毫无愧色地作为实现造福人类的远大价值理想的真诚贡献。

[原刊于《杭州师范大学学报》(社会科学版)2019 年第 5 期，有改动]

从网刊到新平台

——“中国高校系列专业期刊”及其升级转型

桑海*

在专业化、数字化、集约化理念的指引下，2011 年春，《清华大学学报》《南京大学学报》等教育部“名刊工程”学报联合发起了“中国高校系列专业期刊”(以下简称“网刊”)，成为中国学术期刊最重要的数字化实践之一。纵观网刊十年来的发展，可用不温不火来形容。一方面，网刊目前仍未能进入学术传播的主流，但也因其模式创新以及对加盟刊传播的切实提升，引起期刊界和学界的关注和赞誉；另一方面，网刊的合作一波三折，时冷时热，却能始终按时保质地出版。网刊是中国高校期刊人重要的改革探索，虽然已有一些关于网刊和域出版的论文，但迄今未见对这一当代期刊史现象的系统梳理。作为网刊实践的主要参与者之一，笔者拟梳理从创办网刊到域出版、再到网刊升级转型的理论脉络和实践进程，尝试勾勒网刊十年的历史框架，提供一些当事者特有的资料和所思所感，并重审当下学术期刊的症候，从新平台建构的视角对学术期刊的未来形态提出设想，以期抛砖引玉，引发业界同仁和学界方家对网刊的历史、现状和未来作更多更深入的讨论，助益中国期刊与学术之健康发展。

---

* 桑海，《澳门理工学报》(人文社会科学版)编辑部。

一、网刊:回顾与反思

(一)网刊的创办及其理念

2011 年,17 家教育部“名刊工程”学报联合发起“中国高校系列专业期刊”,创办了《马克思主义学报》《文学学报》《历史学报》《哲学学报》《政治学报》《经济学报》《法学学报》《社会学报》《教育·心理学报》[①]《传播学报》10 个一级学科的专业网络期刊,以开放获取方式在中国知网上线出版。

在今天,数字化和网络化已经成为出版业和大众的共识,但不应简单地把网刊看作数字化潮流的产物。网刊并非是从商业考量出发打造的数字化产品。虽然其在中国知网上线,但又并非知网所有——其主办者是部分高校学报组成的联合编辑部,后来又由全国高校文科学报研究会下设的青年委员会管理。网刊“坚持开放获取、免费使用的理念,努力实现学术资源共享”[②],并不以营利为目的,也不只是为了提升期刊文章能见度而开辟的数字传播渠道。虽然数字传播已成为学术期刊传播的重要方式,借由网刊增加期刊的传播和影响力,或是吸引单刊加盟网刊的重要原因,但这并非创办网刊的初衷。

创办网刊的初衷和理论依据,在《清华大学学报》(哲学社会科学版)2010 年刊发的一篇文章中得到集中表述。[③] 概言之,网刊是针对高校学报的体制性困境而产生的一种改革方案,其理论基础是“三化”,手段是“两分开”。

当时高校学报的基本困境为“全、散、小、弱”[④]。追溯中国高校学报的历史传统,可窥见其陷入困境的根源。从晚清诞生的《学桴》(1906 年创刊)到民初创办的《清华学报》(1915 年创刊)、《复旦学报》(1917 年创刊)、《北京大

① 后改名为《教育学·心理学学报》,部分专刊的名称曾有改动,故可能出现不同时期名称不同的情况,文中不再一一注出。

② 《敬致读者》,2013 年 4 月 28 日. http://www.sju.cnki.net/sju/info.html。

③ 参见朱剑:《高校学报的专业化转型与集约化、数字化发展——以教育部名刊工程建设为中心》,《清华大学学报》(哲学社会科学版)2010 年第 5 期。

④ 袁贵仁:《21 世纪新阶段高校社科学报的形势和任务——在全国高校社科学报工作研讨会上的讲话》,《北京大学学报》(哲学社会科学版)2002 年第 6 期。

学月刊》(1919 年创刊)等,这些学报开创了中国学报的传统——外部形式特征为综合性,而其核心特征是以开放的心态追求真理、传播学术、引领时代。然而,20 世纪 50 年代之后,这一传统裂变为二:一类继承其内核价值,即开放的专业期刊为主的以中国科学院为代表的期刊体系;另一类则继承其形式要素,即一校一刊(综合性学报)的、内向的、综合性的高校学报。[①] 这种模式导致高校学报数量急剧扩张,占用了大量刊号资源,而定位和结构却极度雷同,形成了遍布于各高校的"千刊一面"的局面。

内向性的弊端克服起来相对容易,因为这是一个办刊理念的问题。越来越多的校领导和学报主编认识到,只有开门办刊才能提升办刊质量,拥有高质量的期刊才有助于提升学校的影响力。此外,以影响因子为基础的核心期刊体系的崛起,也给了沉醉于自己园地的主编们当头棒喝。近年来,几乎所有不甘于平庸和沉沦的高校学报,都在有意识地淡化甚至消除内向性——对内外稿一视同仁甚至限制内稿比例,努力使学报成为开放性的学术交流平台。

综合性带来的弊端则是真正的难题。所谓综合性学报涵盖多个学科,既缺乏专业能力——专业的编辑和专业的学术洞察力、判断力,又缺乏真正的综合能力——跨学科和交叉学科是大多数学报难以企及的,因而难以令学者产生归属感,更难以被专业学术共同体所接纳,绝大多数只能是"学科拼盘"。在学科细分的专业化大趋势下,这种期刊结构与学者需求脱节,很难形成适宜学术交流的平台。由于数量庞大,又缺乏学术质量保证机制和淘汰退出机制,以致有学者说出"大多数中国大学的学报都是学术垃圾的生产地"(李伯重语)这样的狠话。综合性的弊端是整体性、结构性的,与一校一学报的高校期刊体制互为表里,绝非单个期刊所能改变。体制一旦形成,就有极大的惯性和惰性,而其背后更涉及高校管理体制和布局、期刊管理体制特别是刊号资源配置等深层次的问题,有人将之形象地称为"体制病":

> 所谓高校学报的"体制病",一言以蔽之,就是违背了学术期刊发展规律而出现的种种病态,使高校学报成了学术期刊中的另类,其结构、

① 参见仲伟民、朱剑:《中国高校学报传统析论——兼论高校学报体制改革的目标与路径》,《清华大学学报》(哲学社会科学版)2012 年第 5 期。

> 分布及其性质、作用和编辑出版过程均有异于一般学术期刊，仍然留在高校学报百多年前诞生时的初始状态，其传播学术的功能甚至还不如当年（展示压倒了传播），从而与学术期刊的本质属性——开放的学术平台渐行渐远。随着学术研究和学科建设的进展，这样的与学科和学者疏离的期刊必然丧失竞争力，边缘化无可避免。[①]

作为高校学报的管理部门，教育部对综合性学报的弊端看得分明，早就提出了高校学报改革“三策”：上策是办高校社科学报各专业专刊；中策是鼓励若干高校社科学报合作，组成联合编委会，进行相对集中的学科专业分工；下策是走内涵发展的道路。[②] 上策是从期刊结构调整的层面着手实现专业化，可谓直探其本，却为刊号稀缺、利益格局等因素掣肘，所以知易行难；中策是在不改变期刊结构的前提下，通过学报间的协作办刊来实现自发集约化和“软专业化”，但让分属不同学校的期刊之间顺畅协作又谈何容易；下策则是单个学报的自我优化，实际上是一种无奈的权宜之计。为使学报走出困境，教育部启动了“名刊工程”，虽然造就了一批高校精品期刊，但其实践路径仍然是推动单刊“内涵式发展”的“下策”，且并未见进一步的动作。“内涵式发展”虽对单个学报有益，但无力改变结构性的弊端。三策虽好，却都不能落到实处，学报改革一时陷入“山重水复疑无路”之困局。

“屋漏偏逢连夜雨”，数字化大潮的侵袭，更令彼时身陷体制困局的期刊人谈虎色变。幸而朱剑把期刊面临的体制危机和数字化威胁巧妙结合，将数字化作为学报改革理念中新的一维，形成相辅相成的“三化”，即学报联合构建专业化、集约化、数字化平台，从而全盘皆活。[③] “三化”的实质，是在维持学报现有格局和单刊“内涵式发展”的前提下，在数字层面重组，既不触动现有期刊体制，又能推动体制改革。这种“增量改革”拜数字化时代所赐，数字化给出版体制造成的缝隙，数字化带来的载体与信息分离、时空距离压缩、期刊数据库兴起和阅读习惯改变等新变化，使学报的专业化和集约化不

---

① 朱剑：《被遗忘的尴尬角色：“双一流”建设中的高校学术期刊》，《清华大学学报》（哲学社会科学版）2020 年第 1 期。

② 参见袁贵仁：《21 世纪新阶段高校社科学报的形势和任务——在全国高校社科学报工作研讨会上的讲话》，《北京大学学报》（哲学社会科学版）2002 年第 6 期。

③ 参见朱剑：《高校学报的专业化转型与集约化、数字化发展——以教育部名刊工程建设为中心》，《清华大学学报》（哲学社会科学版）2010 年第 5 期。

再只是空谈。

仲伟民、朱剑明确指出，学报改革的目标是“科学合理的学报体系的构建”，而手段则是“将纸本学报与数字化学报分开，将学报编辑与出版发行分开对待”的“两分开”办法。[①]“两分开”的实质就是以“数字化”为前提实现“专业化”和“集约化”：不改变学报体制，暂时维持纸本学报的现状，而在尚属空白的数字领域创办专业期刊，从而实现专业化；不改变编辑部体制，而将学术期刊编辑与出版发行分开，编辑回归学术共同体，出版发行则交给大型出版集团或网络运营商，从而实现集约化。

概言之，学术期刊面临两场交错在一起而又全然不同的变革——出版体制变革（转企改制）与出版载体变革（数字化），网刊可以说是学报界同时应对这两种变革的产物。这一以“三化”和“两分开”为核心的改革思路，因其温和而务实，后来也被管理部门接受，并被吸纳进政府文件之中。

在阐述网刊理念的文章中，朱剑给出了相当具体的操作指南：

> 在这一全新平台的起步阶段，当以现有名刊学报为基础，对各刊纸本发表的论文同步实行专业化和数字化的二次重组，创设以一级学科划分的若干数字化专业期刊，借助大型期刊网的数字化平台予以整体呈现，从而实现名刊学报集体的专业化转型与集约化、数字化发展。假以时日，辅之以必要的后续手段，则彻底突破瓶颈，达成名刊工程既定目标终将可期。[②]

对照几个月之后正式创办的网刊，特别是其办刊宗旨——“打破校域界限，集中名校优势，在数字平台上实现学术期刊的专业化转型，从而构建一系列高校权威的专业期刊和专题期刊”，以及具体做法——“对加盟期刊拟发表文章进行专业化选编和数字化重组，通过中国知网实现优先出版和整体传播，并利用网络和手机推送等全媒体新型手段强化传播效果”[③]，不难发现网刊的实践是严格依循朱剑设想的模式进行的。

---

① 仲伟民、朱剑：《中国高校学报传统析论——兼论高校学报体制改革的目标与路径》，《清华大学学报》（哲学社会科学版）2012年第5期。

② 朱剑：《高校学报的专业化转型与集约化、数字化发展——以教育部名刊工程建设为中心》，《清华大学学报》（哲学社会科学版）2010年第5期。

③ 《敬致读者》，2013年4月28日，http://www.sju.cnki.net/sju/info.html。

了解了上述背景就不难明白，网刊不仅仅是顺应数字化大潮的产物，也不是从某些人或某家单位的利益出发考虑，而是作为一种带有实验性质的整体性高校学术期刊改革方案被设计出来的，与当时教育部“名刊工程”、出版管理部门的转企改制等有密切关联，其诞生有特定的背景和动因。所以笔者曾指出：“网刊的出发点虽然是学术期刊的现实焦虑，但从一开始就有着鲜明的理想主义色彩，更多是以学术期刊群体的前途命运乃至学术发展和社会进步为己任，至于自己的现实利益反倒很少考虑。”[①]

（二）网刊初期的成员

网刊从理论构想到付诸实践，速度非常惊人。2010 年 10 月 12 日在重庆举行的名刊主编论坛可以看作网刊的策源地。参与者叶娟丽这样回忆：“这次会议期间召开了一个小型会议，我称之为学报界的‘南湖会议’。仲伟民主编、朱剑主编，还有十几位名刊主编开始谋划创办网刊。重庆会议之后仅 3 天，我们就收到仲伟民主编和朱剑主编起草的各种文本，网刊工作正式启动。”[②]2011 年 3 月，网刊创刊号即上线出版。

2013 年初，亦即网刊运行快满两年时，网刊联合编辑部作了自我统计和分析，对当时的 21 家高校期刊进行了摸底，也记录了与中国知网的合作过程，形成了一份“中国高校系列专业期刊”调研报告[③]，为网刊，也为期刊史留下了一份史料。

网刊的创始成员有以下 17 家高校综合性学报：《复旦学报》（社会科学版）、《华东师范大学学报》（哲学社会科学版）、《华中师范大学学报》（人文社会科学版）、《吉林大学社会科学学报》、《兰州大学学报》（社会科学版）、《南京大学学报》（哲学 · 人文科学 · 社会科学）、《南京师大学报》（社会科学版）、《南开学报》（哲学社会科学版）、《清华大学学报》（哲学社会科学版）、《求是学刊》（黑龙江大学）、《陕西师范大学学报》（哲学社会科学版）、《思想战线》（云南大学）、《四川大学学报》（哲学社会科学版）、《文史哲》（山东大

---

① 桑海：《新新媒介时代的学术平台——以域出版为中心》，《澳门理工学报》（人文社会科学版）2017 年第 1 期。

② 《重庆大学学报》（社会科学版）编辑部整理：《学术期刊专栏出版暨学术平台建设——研讨会会议实录》，《重庆大学学报》（社会科学版）2016 年第 5 期。

③ 中国高校系列专业期刊联合编辑部：《高校学报的专业化转型与数字化、集约化、规模化发展——“中国高校系列专业期刊”调研报告》（内部报告），朱剑、仲伟民、叶娟丽、桑海执笔，2013 年 2 月 6 日。

学)、《武汉大学学报》(包括人文科学版、哲学社会科学版)、《厦门大学学报》(哲学社会科学版)、《浙江大学学报》(人文社会科学版)。2012 年初,又有《中山大学学报》(社会科学版)、《社会》(上海大学)、《现代传播》(中国传媒大学)和《政法论坛》(中国政法大学)加入。

以上 21 家学报(期刊)均为教育部"名刊工程"入选期刊,可谓高校学报的第一梯队。截至 2013 年初,这些期刊的大致状况如下:均有各主办单位(即所属学校)设立的编辑部,并各自正式出版具有 CN 号的纸质学报(期刊)。其中,《武汉大学学报》当时拥有人文科学版和哲学社会科学版两个刊号,所以是一家两刊,在计算单位时以一家看待,但在计算刊数时当以两刊看待。除《社会》《现代传播》和《政法论坛》三家是专业期刊外,其余都是典型的综合性高校学报。除并入本校出版社并已完成改制的《浙江大学学报》已转变为企业编制外,其余 20 家编辑部均为事业编制。有 9 家为独立编辑部,其余则与自然科学版学报或其他本校期刊合组编辑部或期刊中心。16 家为与本校各院(系)平级的正处级建制,其余为副处级或无级别。这就意味着,绝大多数网刊成员都是高校事业编制、编辑部体制、综合性学报,正是高校学术期刊体制改革的主要对象。

各成员单位人员构成情况是:21 家单位(22 种期刊)的编辑人员总数为 152 人,刊均 6.9 人。其中,专职编辑 133 人,刊均 6.01 人;兼职编辑 19 人,刊均 0.86 人(还有大量临时性介入编辑工作的专家未计入);事业编制 128 人。拥有正高职称 57 人,占总人数的 37.5%;副高职称 51 人,占总人数的33.6%,即拥有高级职称的比例已超过 70%。报告还对此进行了分析,其要点是:刊均专职编辑人数多,年发稿量远低于出版社编辑;高级职称占比高,职称评定的主要标准不是编辑工作量和经济效益而是学术水平;每位编辑均具有特定的学科背景,并在从事编辑工作的同时进行本学科的教学与学术研究;在综合性期刊,每位编辑的学科背景各异;兼职在编辑部日常工作中的作用不可忽视,一方面学科编辑兼任教学科研,另一方面学者大量介入编辑部日常策划和编辑工作。以上情况表明,网刊初期成员刊的编辑,多数是有教学科研能力的学术人员,而非仅仅是出版从业者。而兼职现象说明,这些学术期刊的编辑与学科关系紧密,且与学者之间存在兼任和身份互换的可能,可以成为学术共同体的一部分。同时,由于综合刊编辑学科背景不同，单刊的专业化转型几乎无法完成。

各成员单位2011年经费数额和来源情况如下：22种成员期刊年收入总额为1150.8万元，刊均52.3万元，其中，由主办单位即学校拨款总额为633万元，刊均30.1万元；发行收入总额为201.8万元，刊均9.17万元；其他收入（如基金项目资助等）总额为316万元，刊均14.36万元。上述学校拨款不包括人员工资和福利支出，如以编辑人员人均年工资和福利支出10万元估算，133位专职人员的工资性支出每年总额即达1330万元，刊均60.45万元。如果将人员工资并入年度总收入，则22种期刊年度总收入不少于2480万元，刊均超过112万元——学校拨款占比约为81%，发行收入仅占总收入的8%。2012年，除《南京师大学报》（社会科学版）外，其余各成员刊都获得了国家社科规划办每年40万元国家社科基金的资助，按该基金管理办法规定，原主办单位拨款不能因此而减少，因此，自2012年始，刊均总收入已超过150万元，发行收入占比将更小。各成员刊办公用房总面积2880.9平方米，刊均130.95平方米，基本由主办单位免费提供，难以估价。通过以上分析可以看到：各成员刊办刊经费（含人员工资）主要来源于主办单位（学校）的直接拨款和各种基金（主要是国家社科基金和教育部名刊工程专款）的资助；发行收入只占收入的很小部分，绝大多数刊物除发行收入外，几乎没有其他来自市场的收入，由于学术刊物的“小众化”特征，几乎没有广告收入，而加入“名刊工程”和获得国家社科基金资助的各刊，已被明确禁止收取版面费。

各成员期刊纸本原刊的发行收入和数字化收入情况显示，只有《文史哲》《社会》《政法论坛》《现代传播》的纸本发行量达到了3000册；21家成员单位数字化年发行收入总额仅为42.4万元，刊均不到2万元。纸本发行量呈萎缩之势，这由传播方式的变化所致。期刊数字化传播使期刊刊载论文的影响扩大，但数字化收益的绝大部分并没有落到期刊的袋中。即便是已改制的《浙江大学学报》（人文社会科学版），也无力靠发行收入维持学报的出版。

通过这份调研报告，我们可以发现最好的高校学术期刊基本的共同特点：一方面，除已改制的《浙江大学学报》（人文社会科学版）外，基本都保持了计划经济时代学术期刊的单位制特征，若离开主办单位和国家基金的“输血”，单靠市场收入根本无法生存；另一方面，这些期刊的编辑与教学科研有着密切的联系，很多编辑兼具学者的身份。总之，这些编辑部不同于一般经营性的出版社或期刊社，具有十分典型的学术单位的特征。正是这种实际状况，使得出版行政管理部门当时试图推行的转企改制遭到普遍的抵制，以至于最后不了了之。以教育部“名刊工程”为代表的举措显然更接地气，因其出发点不是把期刊视为市场主体，而是视为学术研究的组成部分。而网刊的“两分开”方案，则把学术的交给学术，把市场的交给市场。

高校学术期刊面对的是这样的特殊困境：只有体系性的变革才能使单刊突破发展瓶颈，而单刊的内涵发展却无法导致体系性的变革。要解决这个悖论，就需要有一种力量来倡导和推动全局性的变革。“名刊工程”是一种自上而下的具有强制性的改革，却止步于头部期刊和内涵式发展；而网刊虽是一种自下而上的民间自发改革，但能在“名刊工程”停滞处再度出发，指向期刊体系的全局。正是共同的危机感和理想，促使参与者们走到了一起。

（三）与中国知网的合作

再来看合作的另一方中国知网。清华大学中国学术期刊光盘版电子杂志社成立于 20 世纪 90 年代中期，后又创建了在互联网上线的中国知网，其产品是几乎囊括所有学术期刊的庞大的期刊数据库。由于中国知网是中国学术期刊数字化的先行者，其推行的数字化阅读方式已为学术界普遍接受，随着数字化传播日益取代纸本阅读，包括高校学报在内的学术期刊的传播已离不开知网。尽管千余家高校人文社科学报均是其数据源期刊，但并未参与建库和规则制定的过程，部分高校学报为维护自身权益曾试图抵制知网，甚至拒绝加入，有的还退出知网，但结果却是传播效果大打折扣。因此，要寻找数字学术传播平台，除了知网这样的大型数据库以外，选择并不多。网刊在设计阶段，也将中国知网列为数字化制作和传播的首选合作者，同时也为与知网谈判不成设定了预案，那就是创办自己的开放获取的 OA 网站——在一无资金、二无技术、三无设备、四无专业人员的情况下，这将是一个非常困难的选择。

网刊发起者对与知网的谈判是有信心和底气的，因为一方面 17 家国内知名高校最好的学报联合起来就是一个不容轻视的群体，另一方面这样的合作对知网自身的发展也十分有益。对知网的益处主要有以下两点：知网自创立以来，由于作者和期刊授权问题，其与期刊之间的关系存在某种紧张感，加强与期刊的合作可以增进互信、化解矛盾；更重要的是，知网体量虽然庞大，但内容良莠不齐，十分缺乏个性化产品，也不能介入期刊前期的编辑工作。而网刊的创办，使这两个颇为致命的问题都有望破解。因此，如能成功合作，将是双赢。

在制定专业网刊方案的同时，与知网的谈判也已展开。从2010年9月到12月，历时3个多月，经历几轮谈判后，双方在合作的原则问题上达成初步共识，并形成了合作草案和联合编辑部章程等文件。此后，知网负责人直接参与了谈判，在专业网刊的形式、定位、规章等问题上，双方充分交换了意见。以下是当时知网负责人与网刊发起人诸多往来邮件的摘要：

> 知网负责人：一篇稿子两个杂志刊发（指原刊和专业网刊），新刊只能是转载。如被视为转载期刊，则形象不佳。建议改为中英对照版，既有利于避免转载之嫌，又有利于国内外发行，还可以戴上“走出去”的名分，得到更多的支持。
>
> 网刊发起人：我们强调同步发表的理念。其实，综合刊很少有那种无特定目的的阅读者，一般读者都是有了明确的研究目的后通过检索才直接阅读各刊的论文（而不是全本地读刊）。而新刊就是要让读者无具体目的地阅读，就像读者每天都会看某报来了解新闻一样，而不是知道了某新闻再找报纸来详细看。因此，老刊没有固定读者群，而新刊则能锁定读者群。这对于期刊来说是至关重要的。从某种意义上来说，实际能到达读者手中的“刊”，只有新刊，而无老刊，所以，新刊不会被读者视为重复出版。出版中英文对照版是一个非常好的主意，但全刊翻译在技术上有困难。我们已有计划，先走第一步，即把所有文章的摘要、注释标出双语，进而申请加入SSCI和A&HCI，以这样的方式“走出去”。[①]

在邮件中，关于如何处理网刊与原刊的关系这一重要问题，知网方面给出了有价值的建议，网刊发起者也作了清晰的回应，尽管网刊至今未能做到

① 中国高校系列专业期刊联合编辑部：《高校学报的专业化转型与数字化、集约化、规模化发展——“中国高校系列专业期刊”调研报告》（内部报告），朱剑、仲伟民、叶娟丽、桑海执笔，2013年2月6日。

中英双语出版，但国际化传播确实就在最初的规划之中。除此之外，双方还就读者定位、选稿标准、规章制度、电子刊号、数字版权等问题进行了细致的讨论。从这些邮件可以看出，谈判中双方各有立场，有时各执己见，但总体而言沟通是卓有成效的。最值得注意的是，网刊发起者坚持的开放获取原则被知网接受，作为以数据库销售为主要营利模式的企业，能作出这样的让步殊为不易。

双方在2010年12月达成了合作创办“中国高校系列专业期刊”(网络版)的协议，并与知网工作人员落实了具体操作方案。由于联合编辑部没有法人资格，故未正式签署文本性的协议。

在网刊几次改版和工作平台升级中，知网对联合编辑部的设计予以技术支持和细节优化，使之顺利付诸实施。2012年，知网技术部门按照要求升级了网刊页面，设计了滚动目录式封面，添加了总下载篇次统计，设计了整本阅读的仿真浏览翻页模式和单页阅读模式，成功实现单篇下载和数据统计，增加了“栏目导航”功能，此外还推出了专业期刊投稿平台和采编平台(试用版)。之后，知网还配合联合编辑部的要求对网刊工作平台进行了几次升级。

为实现网刊与原刊同步出版(而非二次文献)的设定，知网工作人员与网刊编辑一起努力，在2012年就将网刊上网周期压缩到20天之内，相比在知网总库一个多月才能上网，留出了一定的提前量。由于网刊的文章加工在知网是单独进行的，提早上网需要协调多个部门、动员不少人力，能够实现目标体现了知网对网刊的重视。在那段时期，网刊实现了比原刊更早上网，这对当时网刊影响力的迅速提升起到了关键作用(到3.0版工作平台上线后，网刊数据与大库打通，网刊上线时间又有所延迟)。

在网刊创办初期，知网还曾以多种方式积极对网刊进行推广。截至2012年底，按照联合编辑部提供的各校专家名单，累计向专家发出推送邮件2.2万封；从2012年第2期开始发送手机彩信，到当年年底累计发送1450条；曾刻录一批2012年网刊的光盘用于推广；还曾在知网主页对网刊重点文章进行推荐。

在网刊诞生至今近十年的过程中，在网刊的日常运营中，知网起到了重要的作用。尽管在不同时期知网对网刊的重视程度有所起伏，在一些问题上与网刊视角不尽相同，人员上也经历了更替变化，但网刊的页面和数据始终得到正常维护，网刊的工作平台和制作加工过程始终有序，知网管理层一直与网刊联合编辑部保持沟通并参加网刊会议，一直安排专门人员负责网刊事务的协调，且工作都十分出色。总体上说，网刊联合编辑部与知网的合作是持续的也是成功的，为学术期刊与数据服务商之间的合作探索出了一条可行之路，也为未来进一步合作奠定了良好的基础。

（四）网刊初见成效

前文已述，创立网刊的初衷及其目标设定都是宏大的。这有利有弊：一方面使网刊具有宏观视野和全局意识，从而在一定程度上超越了眼前利益和局部得失的羁绊，可以触及行业发展大势；另一方面也使网刊有着某种理想主义色彩，整体性的大目标与单刊、个体的小目标未必一致。比如，综合性期刊相对专业期刊而言危机感更强，对网刊有着更多的期待，无论在数量还是发挥的作用上，都占据主流地位。这与网刊缘起于高校综合性学报的体制弊端有关。不同的期刊，处境和期刊主编认识不同，对网刊的重视程度和参与度也不尽相同，但总体而言，初期的网刊加盟成员是齐心协力的，对网刊寄予厚望。

除去共同的体制困境和转企危机外，在网刊及其成员大小目标之间的最大公约数，就是提高期刊论文的传播度（以下载量为主要指标）及影响力（以被引频次为主要指标）。

在网刊创办之初，对加盟期刊论文网络传播的提升作用是非常显著的。据知网统计，在未创办网刊的2010年，最早加盟网刊的17家学报在知网的总下载量为157739次，2011年创办网刊后为448982次，是2010年下载量的2.85倍。其中，原刊在知网大库（通过搜索引擎或按单个期刊查找文章）下载量为184677次，而在专刊入口（通过浏览网刊查找）的下载量是264305次，后者是前者的1.35倍，2012年扩大到1.92倍（见图1）。除了自然增长外，主要应归功于网刊的创办。有很多论文在网刊入口的下载量很大，甚至高于原刊，显著提升了论文的传播效率。

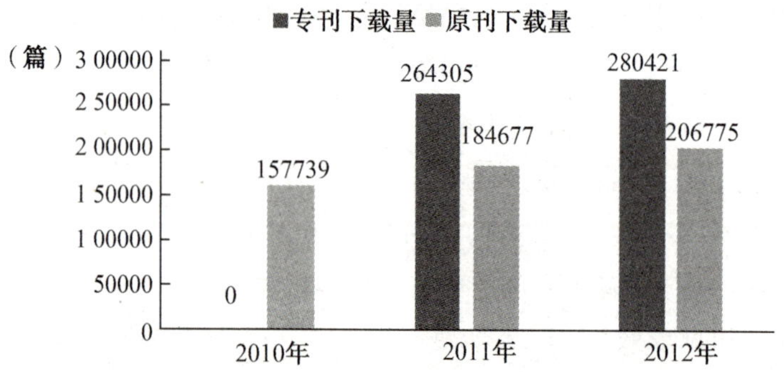

图 1　专刊与原刊三年总下载量比较(截至 2012 年底)

从单个专刊来看,不少专刊所收的文章,在专刊入口的下载量也超过原刊,比如,截至 2013 年 4 月 7 日,《教育·心理学报》的专刊文章总下载量达到 38928 篇,《马克思主义学报》总下载量达到 33685 篇,《经济学报》达到 61285 篇,均大于这些文章在原刊入口的总下载量(见图 2)。

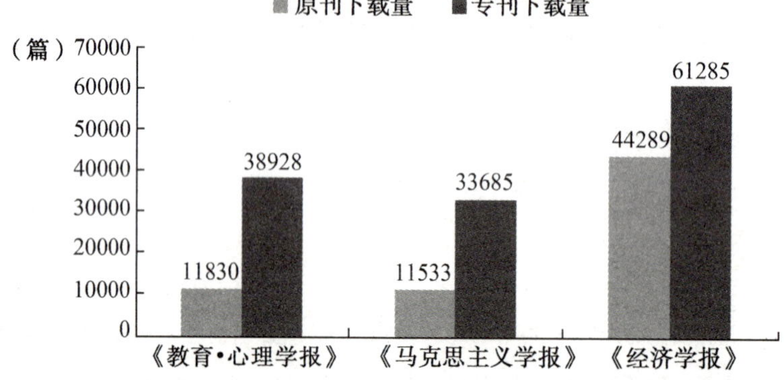

图 2　部分专刊与原刊总下载量比较举例(截至 2013 年 4 月 7 日)

特别值得注意的是,如果把单个专刊与同类刊物进行比较,则可以发现,其文章质量和作者阵容都是高水准的。从数据上看,在网刊创刊仅一年后,一些专刊在知网的下载量(仅统计网刊入口)已经超越国内公认最好的同类期刊。截至 2013 年 4 月 7 日,《文学学报》的下载量已经达到 38073 次,高于文学研究界公认的权威专业期刊《文学评论》和《文学遗产》同期下载量 28756 次和 18117 次;《历史学报》的下载量达到 33760 次,高于历史研究界公认的权威专业期刊《历史研究》和《世界历史》(见图 3)。这也表明网刊集中高校力量办最好的专业刊的目标并非没有实现的可能。

从单篇文章来看，许多文章进入网刊后下载量大幅增长，以2012年为例，网刊中的高被引文章，在专刊中的下载量远高于原刊下载量(见表1)，这也在一定程度上证明，网刊对提升文章的影响力有显著的作用。

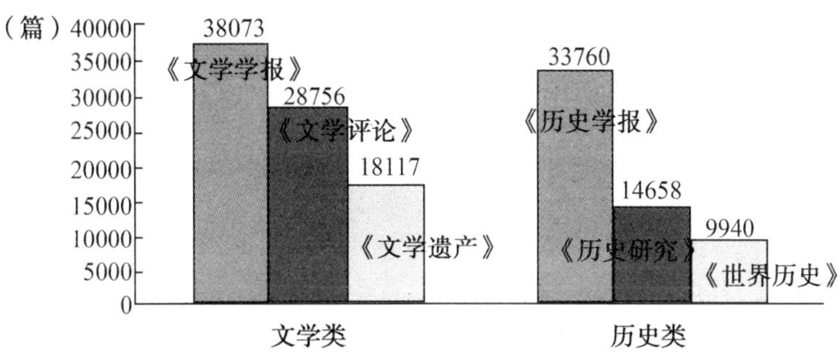

图3　同类刊物2012年下载量比较(截至2013年4月7日)

表1　2012年高被引文章专刊下载量比较

篇名	作者	原刊即年下载量/次	专刊即年下载量/次	即年被引频次
《论专利制度下的独占与公共利益——以专利的经济功能分析为视角》	刘斌斌	275	430	15
《基于内需的经济全球化：中国分享第二波全球化红利的战略选择》	刘志超	455	1846	10
《中国高校学扫传统析论——兼论高校学报体制改革的目标与路径》	仲伟民 朱　剑	172	241	7

网刊创办后，加盟刊的文章下载量大幅增长，相应地带来引用量和影响因子的提高，而这直接关系到学术期刊在核心期刊和各种排行榜中的地位，与期刊的声誉、稿源、资源等利益紧密相连，加入网刊的益处不言而喻，这也为网刊能够顺利扩容奠定了基础。

(五)网刊扩容与进入瓶颈期

2012年底的网刊厦门会议讨论决定，为了做大做强，2013年春节后对网刊进行扩容。网刊协调小组制定了严格的扩容标准，按照CSSCI中心提供的分学科影响因子排序，确定了第一批拟扩容名单并逐一发出邀请，得到热烈响应。2013 年 4 月，在成都召开网刊会议时，网刊加盟成员就迅速增加到 70 家，突破了“名刊工程”学报的范围。

随着网刊影响力和吸引力不断增加，越来越多的高校学术期刊主动要求加入，甚至还有一些高校之外的学术期刊提出申请。在扩容中必然会面对这样的矛盾：一方面要让更多的刊进来，扩大网刊影响；另一方面又要控制网刊质量，维护精品形象。为保证加盟刊的学术质量，原则上要求加入刊是 CSSCI 期刊，并且有良好的学术声誉；每一个新成员的加入都需要协调小组讨论通过。在吸收加盟刊时，既坚持网刊遴选标准，同时又综合考虑学科分布、地域等因素。

为保证稿件质量，网刊制定了推荐额度、筛选检查等制度，甚至也在考虑建立评价机制和退出机制。配额制度是一种自我审查的精品化方式：对于综合刊，按照该刊近年分学科影响因子排名情况，确定每期推荐篇数的上限(配额)，并限定只能推荐该刊的优势专业，这样就可以把各刊中的好文章选出来；筛选检查制度则是一种外部审查的精品化方式：专业刊主编和编辑小组有权对各刊推荐的文章进行筛选，这样就可以把质量不达标的文章排除在网刊之外。此外，还通过接入学术不端检测系统、各专刊设置责任校对、上线前请负责人认真审校等手段来进一步保证网刊质量。

到 2013 年底，网刊的加盟成员已经增加至 140 余家，囊括了大多数有影响力的高校学术期刊。与此同时，网络专刊数量也增加到 19 个，其中专业期刊从 10 个增加到 12 个(增加了《艺术学报》与《民族学报》)，还创办了《三农问题研究》《儒学研究》《性别研究》《青少年研究》《区域文化研究》《资源环境研究》《民族问题研究》7 个以问题为边界的专题期刊，形成了延续至今的专刊格局。

在网刊扩容后，网刊工作出现了一些新情况和新特点。网刊体量较大且长期保持稳定，如 2015 年总共刊发论文 5551 篇，共计 46576 页；2016 年刊发 5201 篇，共计 44826 页；2017 年刊发 4728 篇，共计 42369 页(见表 2)。

表 2　2015～2017 年专利刊发文量

专刊名称	2015 年		2016 年		2017 年	
	发文量（篇）	发文量（页）	发文量（篇）	发文量（页）	发文量（篇）	发文量（页）
《传播学报》	182	1270	174	1285	162	1169
《法学学报》	361	3214	294	2675	238	2281
《教育学・心理学学报》	351	2570	327	2393	266	1993
《经济学报》	819	7515	784	7380	718	7069
《历史学报》	485	4580	400	4099	383	3808
《马克思主义学报》	141	1062	160	1212	111	840
《民族问题研究》	121	838	195	1446	141	1112
《民族学・人类学学报》	278	1963	243	1843	232	1828
《青少年研究》	183	1056	218	1334	196	1375
《区域文化研究》	124	909	112	790	85	621
《儒学研究》	132	1092	87	628	99	880
《三农问题研究》	281	2343	310	2636	281	2527
《社会学报》	423	3963	377	3707	338	3602
《文学学报》	524	4267	471	4074	403	3572
《性别研究》	151	1134	125	920	146	1069
《艺术学报》	82	748	70	644	145	1056
《哲学学报》	395	3279	377	3044	324	2688
《政治学报》	358	3412	333	3386	328	3629
《资源环境研究》	160	1352	144	1276	132	1252
总计	5551	46576	5201	44826	4728	42369

网刊稿源大幅度增加，为专刊发展打开了新空间。各专刊都解决了因稿件不足而空期的问题，如《马克思主义学报》《传播学报》2011～2012 年是季刊或半年刊，而 2013 年扩容后则能保证出六期，至此所有专刊都成为双月刊。同时，栏目安排和选择的空间也扩大了，使得增设新的专业期刊、专题期刊，增加二级学科学报、主题策划等成为可能。

与扩容相伴而来的，是网刊工作量和管理难度的增加。加盟刊推荐稿件总数成倍增长，各专刊规模迅速增大，如《经济学报》2013 年第 5 期达到 119 篇，《文学学报》《历史学报》在 100 篇左右，相比《经济学报》创刊号 37 篇、《文学学报》创刊号 61 篇、《历史学报》创刊号 44 篇，体量明显扩大。为把控网刊质量而设置的筛选制度也增加了各专刊编辑小组的工作量和劳动强度。网刊日常协调工作也更加繁杂：协调小组要指导诸多新加盟期刊掌握推荐稿件的方法，对近百家期刊稿件上传情况进行统计和检查等，需要付出大量时间和精力。同时，知网的相关工作量也增加不少。在各方的共同努力下，网刊顺利度过了扩容后的过渡期。

2013 年 4 月，网刊联合编辑部在四川大学举办研讨会，针对网刊扩容后面临的具体问题，完善了网刊管理机制和工作流程，还特别强调“创办更多问题边界清晰的专题刊”，将专题刊作为网刊新的增长点，明确了网刊从专业化走向专题化的发展方向，为后来的“域出版”埋下了伏笔。2013 年夏天，全国高校文科学报研究会决定，以其下设的青年工作委员会为基础，成立“全国社科期刊创新联盟”，负责管理网刊的运营工作，从此，网刊从民间自发联合行为转为由学会领导。

为优化工作流程和便捷操作，协调小组主导开发了网刊工作平台并进行升级。从最初用电子邮箱传送，到 1.0 版的网页工作平台，再到操作简易的 2.0 版工作平台，经历过网刊发展过程的人，自会明白其中的巨大差异。最初的网刊编辑是通过电子邮件和 QQ 群开展工作的：各刊选出高质量文章，以推荐表形式发送到网刊工作邮箱里，同时发送整刊的排版文件，并依靠 QQ 群传递信息。直到开发出 1.0 版工作平台，实现网页上传文件，才结束了这种“刀耕火种”式的工作方式，使 QQ 群和邮箱传文件成为美好的记忆。2014 年，工作平台进行了迄今为止的最后一次升级换代，界面变得更加亲和易用，原刊推荐和专刊组稿更清晰便利。最大的变化是：此前的网刊，宛若知网中的一座“孤岛”，以独立的流程制作出版，免费开放获取，与收费的知网大库相分隔；改版后，网刊与知网大库实现了数据连通。但这次升级也有副作用，由于网刊文章需要先进入大库，整体上线时间延迟，这对下载量造成不利影响。

按照网刊创办时设定的目标和规划，网刊应该逐步升级更新，以适应业界的发展变化，然而 2014 年之后，网刊的发展却进入了一个踌躇不前的瓶颈期，主要表现为：用户关注度和下载量未有显著提升；各专刊编辑工作常态化，参与者缺乏清晰的目标和足够的动力；成员刊对网刊的重视度有所降低，推荐论文的积极性有所减弱，等等。其背后的原因是多方面的，如随着期刊转企改制的暂缓、国家社科资金对期刊的资助、核心期刊作用的强化，高校学报的生态和心态都出现了一些变化，危机感和改革的紧迫感减弱了，单刊内涵式发展的路径似乎又有了垂而不死的希望；随着数字化程度的加深，国家哲学社会科学学术期刊数据库、人大复印资料数字版的推出，特别是微信公众号等新传播渠道的兴起，网刊原有的数字化传播、免费阅读等特色优势已经弱化。更重要的是，由于网刊的办刊主体和运营团队比较松散，与知网的合作也时有起伏，缺乏人力、资金、技术的支持，因而未能及时抓住移动互联时代的先机进行升级和推广，其模式已显得陈旧，降低了对加盟期刊和读者的吸引力。为了适应学术期刊和数字技术发展的新趋势，网刊必须在理念和操作上进行升级换代。

二、域出版：诞生与终结

说起网刊的升级换代，不能不提到前几年引发广泛关注的一个概念——域出版。域出版是朱剑于 2015 年初提出的一种期刊数字化新思路，希望借此重构互联网时代学术传播新秩序。关于域出版已有不少讨论，如朱剑从学术传播秩序重构的角度对域出版理念作了清晰的阐述①，《澳门理工学报》(人文社会科学版)还做过一辑“域出版笔谈”②，笔者也曾撰文③详述④。关于域出版的理论和历史过程，上述文章已有比较详细的说明，本文

① 参见朱剑：《构建互联网时代学术传播的新秩序——以高校学术期刊发展战略为中心》，《武汉大学学报》(人文科学版)2016 年第 2 期；朱剑：《学术共同体、学术期刊体制与学术传播秩序——以媒体更迭时代人文社会科学期刊转型为中心》，《澳门理工学报》(人文社会科学版)2016 年第 3 期；朱剑：《从无序聚合到专域平台：学术传播秩序的重构》，《传媒》2016 年第 19 期。

② 朱剑、仲伟民、高自龙等：《“域出版笔谈”》，《澳门理工学报》(人文社会科学版)2017 年第 1 期。

③ 参见桑海：《新新媒介时代的学术平台——以域出版为中心》，《澳门理工学报》(人文社会科学版)2017 年第 1 期；桑海：《我们需要什么样的在线学术平台——“中国高校系列专业期刊”之未来构想》，《南京大学学报》(哲学·人文科学·社会科学版)2015 年第 3 期；桑海：《学术编辑：学术传播新模式的灵魂——以“中国高校系列专业期刊”和“域出版学术平台”为例》，《传媒》2016 年第 19 期；桑海：《平台重构与交流复兴——媒介变革为学术期刊带来新契机》，《澳门理工学报》(人文社会科学版)2018 年第 4 期。

④ 在这些文章中，笔者除讨论“域出版”的基本理念和实践外，也尝试从媒介变革角度提出一些理论观点，如学术期刊的本质是学术交流平台，在互联网时代，印刷时代的典型形态学术期刊将为在线学术平台所替代；网刊尚未完全跳出期刊思维窠臼，应在此基础上建设尊重用户体验的在线学术平台；学术期刊编辑在互联网时代，将因其把关和筛选功能，扮演信息导航者的重要角色；新技术带来的媒体迭代，为学术平台重构以及学术交流功能的回归带来了新契机等。

不拟赘述,只是大致回溯一些要点,并作一些补充和更新。

(一)何谓"域出版"

域出版思想的正式提出,可追溯至2015年3月12日在清华大学举办的"首届学术期刊文学编辑论坛",朱剑在上午的论坛报告中令人信服地论证了"专栏是在线数字传播的最佳单元",还对"数字化传播平台"提出了基本设想:在统一的数字平台上包含多个边界清晰的专栏;以专栏为单元的私人定制期刊;不按"刊"的周期出版,随时刷新;聘请一流专家担任主持人;建立审稿专家库;以专栏为依托举办学术活动;专栏内作者、编者与读者的互动;以专栏为中心的学术评价,真正的以文评文;以专栏为中心的新媒介传播,等等。尽管在这个报告中,朱剑并未说出"域出版"这三个字,但所有基本要素都已具备。在这次会上,笔者也从媒介变革角度重新思考学术期刊问题,对在线学术平台作了框架性勾勒,并在稍后撰写的论文中指出,在线学术平台将取代学术期刊,成为互联网时代主流的学术交流传播方式,并对在线学术平台提出了框架构想,提出了具有操作性的域出版方案。①

域出版与网刊可谓一脉相承,其中的连续性远远大于断裂性。朱剑很早就开始从媒介变革和传播新秩序视角思考期刊变革问题,如他在2011年就阐述了一种叫作"云出版"的思路,与域出版已经非常接近,并且他还说,网刊只是云出版构想付诸实践的第一步。② 由此不难看出域出版与网刊之间的连贯性。域出版的基本要素几乎都已包含在网刊早期的方案中,"网刊团队对于网刊改进的酝酿从未停息,域出版正是这种长期思考的产物,将其看作网刊的迭代产品是比较准确的"③。

域出版与网刊之间又存在代际差异:网刊是从学术期刊自身困境出发采取的对策,数字化的作用虽然很关键,但却是拉来救急的配角,更重要的仍是以专业化为核心的学报改革。而域出版则从媒介变革和重构学术传播新秩序的高度,对学术出版体系进行重新规划,数字化成了当仁不让的主

① 参见桑海:《我们需要什么样的在线学术平台——"中国高校系列专业期刊"之未来构想》,《南京大学学报》(哲学·人文科学·社会科学版)2015年第3期。

② 参见中国高校系列专业期刊联合编辑部(朱剑执笔):《"云出版"视角下的学术期刊——以"中国高校系列专业期刊"为例》,2011年,未刊稿。

③ 桑海:《新新媒介时代的学术平台——以域出版为中心》,《澳门理工学报》(人文社会科学版)2017年第1期。

角，专业化也拓展为专题化。以学科细分为基础的“专业化”，转换成了“专栏”“专题”或“专域”。所谓的“域”，就是强调“边界清晰”，不论是学科边界还是问题边界，无疑比“专业”更能切中学界的实际需求。数字化带来了即时更新的便利，既然可以不按“刊”的周期出版，网刊就未必一定是“刊”，但总是数字出版之一种。以“域”取代“专业”，以“出版”取代“刊”，于是，专业网刊的升级版就成了域出版。

（二）域出版与超星

关于域出版概念诞生的历史，需要特别辨析之处，就是其与超星公司之间的关系。超星公司域出版项目的负责人汪新红对域出版做了这样的描述：“域出版理念于 2015 年由中国领先的数字出版方案提供商超星集团首次提出。超星的学术期刊域出版方略，是基于其发现、百链、读秀等具有庞大使用者基础的数字出版平台以及最新研制的‘域出版平台’来实现的。”① 按这个说法，域出版无论作为一种理念、一种方略，还是一种平台，都是由超星公司提出并主导的，是其数字平台向期刊领域的自然延伸。

据笔者所知，“域出版”这一概念，最早确实是超星公司提出来的，在宣传推广上也是超星公司贡献最大。第一次听到这个词语组合，是 2015 年 4 月在澳门举办的“华文学术期刊发展趋势国际研讨会”上汪新红的发言。大约从当年 5 月开始，超星公司就已经在推广域出版签约了。从协议内容看，域出版与传统期刊数据库非常类似，给人的印象是，超星这家以数字图书知名的公司，要跨界进入数字期刊市场了。期刊界对域出版的使用明显晚于超星公司。比如，2015 年 5 月在天津南开大学举行的“综合性学术期刊的数字化传播方式研讨会”，有几场围绕以专栏为中心的新平台的报告及讨论，拙作《我们需要什么样的在线学术平台——“中国高校系列专业期刊”之未来构想》也是这年 5 月刊发的，但其中都没有使用域出版，而是用“专栏出版”“在线学术平台”“新平台”等来指称。

由以上事实，虽然大致可以确认是超星率先提出和使用了“域出版”这个说法，但更重要的还是在字面之下的内涵和实质。那么，域出版的理念和

① 汪新红：《移动与社会化网络环境下人文社科学术期刊数字化发展路径探析》，李向玉：《总编视角——华文学术期刊发展趋势国际研讨会论文集》，社会科学文献出版社 2016 年版，第 162～172 页。

方案究竟是什么呢？

汪文是这样界定“域出版”的：“在数字出版中，期刊编辑部按学术规范处理完稿件后，根据稿件内容决定编入哪个专题栏目，这个专题栏目就是‘域’，按‘域’组织发布和出版传播数字论文，就是期刊的‘域出版’。”[①]也就是说，超星的域出版，其实质就是以专栏为传播单元的期刊数字出版。很显然，这不过是对朱剑观点的重新表述。

既然域出版理念实际上是网刊发起者提出的升级方案，那么其与超星公司之间到底是一种什么样的关系呢？

当事人朱剑有一段回忆，把网刊与超星之间的互动过程叙述得很清楚：

> 2015 年年初见到汪新红（超星副总经理，域出版项目负责人），跟她说起应改变知网模式，专栏应该是未来互联网传播的基本单元，开放获取是不可阻挡的潮流。汪深以为然。3 月，史超（超星公司总经理）在南京找到我，告知超星要进军期刊传播，问对策，我告知以与汪谈话的内容，谈得更具体和深入，谈了有 3 个小时，得到史超的赞同。3 月初，清华开文学编辑会前，与桑海有交流，得到桑海赞同。文学编辑会时，正式在会议上谈以专栏为基本单元的设想。会议期间再次见史超，商谈合作。此后，超星大张旗鼓地推出“域出版”。[②]

2015 年 6 月 11 日到 12 日，朱剑、仲伟民在北京与超星负责人进行深入讨论，超星基本接受了他们提出的初步方案，特别是无条件的开放获取的合作前提，双方的合作由此正式开启。6 月 18 日，以网刊协调小组为基础组建的新平台筹备组，利用端午假期在武汉大学开会，讨论了关于新平台的运营主体、组织架构、设计思路、合作协议等一些基本问题。7 月，全国高等学校文科学报研究会业务培训在呼和浩特举行，筹备组决定利用这一机会召开运营团队会议。以理事长蒋重跃为首的研究会领导班子，对新平台的筹备给予了极大支持，甚至将这次培训会的主要内容也调整为宣讲新平台。新平台与网刊有一个明显的差异，就是面向所有人文社科期刊，而不限于高

---

① 汪新红：《移动与社会化网络环境下人文社科学术期刊数字化发展路径探析》，李向玉：《总编视角——华文学术期刊发展趋势国际研讨会论文集》，社会科学文献出版社 2016 年版，第 162～172 页。

② 来源于笔者 2016 年 11 月 12 日对朱剑的微信采访，并写入《新新媒介时代的学术平台——以域出版为中心》[《澳门理工学报》(人文社会科学版)2017 年第 1 期]一文。

校，且不对期刊设立门槛，只有统一的稿件质量标准。新平台理念一经发布，就得到了人文社会科学学术期刊界的普遍欢迎。

2015 年 11 月，筹备组将平台设计的文字稿交给超星，并委托李宏弢起草了单刊与超星的标准合同，其核心原则是期刊将内容无偿授权给超星进行传播，条件是超星将其向所有用户免费开放。大约在此前后，筹备组还通过微信群征集新平台的名字，将新平台定名为“超云”。同期举办的“图书馆知识服务空间构建学术研讨会暨云舟上线仪式”上，史超在做报告时多次引述“重建学术传播的新秩序”的说法，并明确指出朱剑是域出版的始创者。

2015～2016 年，从南开会议开始，期刊界围绕新平台的建设召开了多次研讨会，包括 2015 年 9 月在陕西师范大学举行的“‘中国高校系列专业期刊’网络专栏合作方式研讨会”，2016 年 4 月在重庆大学举行的“学术期刊专栏出版暨学术平台建设研讨会”等。在这些会议上，讨论了平台设计细节、编辑团队组织、专域设置、审稿专家库建设等一系列实际问题。仅从这些会议的名称就不难看出，学术期刊界对新平台的认识和接受程度在逐渐加深。“域出版”这一说法的使用者，也逐渐从超星扩展至期刊界，甚至进入公众的视野。

朱剑在《构建互联网时代学术传播的新秩序——以高校学术期刊发展战略为中心》中采用的是“专域平台”的说法[①]，而他后来的报告和文章中也开始使用“域出版”这个概念。全国高等学校文科学报研究会成立全国社科期刊创新联盟，同时作为网刊和“超云”平台的运营机构，委托下设的青年工作委员会管理。2016 年 9 月，全国社科期刊创新联盟在吉林大学召开“‘域出版’暨学术期刊联盟建设研讨会”，第一次明确把域出版作为会议的名称，标志着域出版已经为学术期刊界所接受。

综上所述，域出版诞生的过程大致是这样的：超星接受了以专栏为中心进行传播的期刊数字出版理念，对期刊界的网刊升级方案进行商业化改造，以此为基础建立数字平台，并将之定名为“域出版”；期刊界的网刊实践孕育了域出版理念及其方案，在与超星接触走向合作的过程中，又逐渐接受了超

① 参见朱剑：《构建互联网时代学术传播的新秩序——以高校学术期刊发展战略为中心》，《武汉大学学报》(人文科学版)2016 年第 2 期。

星对域出版的命名。

“域出版”这一概念在使用中有很多含混之处。超星所说的“域出版”是一个比较宽泛的概念，希望借助期刊界这一理念做成以期刊数据库为基础的分类知识平台，其内容不但不限于人文社科期刊，甚至超出了学术范围。而期刊界则把“域出版”界定为以专栏为基本传播单元构建在线学术平台的理念及其方案，是网刊的升级版本，是在与中国知网合作处于停滞状态后网刊升级的一个新途径。

在 2016 年 9 月的“‘域出版’暨学术期刊联盟建设研讨会”及 10 月的“媒体融合·域出版平台发布会”上，域出版平台上线试用并正式发布，但与期刊人的设想有不小的差距。由于种种原因，超星与期刊界的域出版的合作主要停留在数据库合作层面，尽管超星按承诺向公众开放了其期刊数据库，但期刊人所期待的域出版在线学术平台未能真正落实。对期刊而言，超星域出版只是多了一个传播的渠道，和中国知网、万方、维普等一样，充其量只是合作的第一步，而真正的域出版仍然只是作为理念而存在。

到 2018 年下半年，随着超星公司经营思路的调整，不但与期刊人之间更深一步的合作举步维艰，域出版项目在公司内部也边缘化了。尽管超星与期刊之间的数字合作仍然持续，其域出版平台也还在更新期刊数据，但从网刊发起者们的视角看，这种域出版已经失去其本义。期刊界与超星之间的域出版合作，始终未能真正构建起以专栏为基本传播单元构建的在线学术平台。从这个意义上说，域出版尚未真正诞生就已经终结。

三、新平台：升级与转型

尽管与超星公司的合作陷于停顿，域出版的实践受到挫折，但这并不意味着“网刊”或“域出版”理念的失败。网刊不但一直持续平稳运行，而且还在积极酝酿升级和转型为新平台。

（一）期刊环境的新变化

在网刊进入瓶颈期，域出版平台又千呼万唤未出来的几年时间中，不但升级转型之路颇多坎坷，日常运营也有所松懈。比如，网刊主编联席会议原本是每年召开一次或两次，但 2017 年之后就未召开过，也未正式发布新的行动方案；在既无资金支持，也无明确新方向的情况下，对原刊的上传推荐和专刊编辑的积极性都有所降低，偶尔还出现专刊编辑的缺位和拖期现象；在知网内部，网刊长期没有专门部门或项目组支持，知网改版后首页上没有给网刊留下位置；甚至在网刊协调小组内部，也出现了“红旗能打多久”的疑问。

网刊到底还要不要坚持下去，其价值何在，要走向何方？要回答这些问题，还得回到当年创办网刊的初衷：针对期刊体制之弊和出版业数字化大势的双重“突围”。

网刊是为高校学报的“体制病”开出的一剂药方，试图解决其结构性的错位，使之回归学术期刊的本质属性——开放的学术平台，重建与学术共同体之间的关系，以适应学术传播和交流的需要。那么如今的高校学报，其“病情”究竟有没有好转呢？

与网刊创办之初相比，由于转企改制的直接威胁已经缓解，高校学术期刊编辑部的事业编制算是暂时保住了；由于国家教育和科研投入总体性的增加，高校学术期刊在财务上的处境有了一定的改善，处于第一集团的高校学报还获得了国家社科基金资助或本校的经费支持，编辑外出组稿和参加学术会议增多了，稿费和审稿费也有了普遍增长。在这些方面，可以说高校学术期刊的处境有了明显好转。

然而，这些只是皮相和局部的，事实上，近几年来高校学术期刊的困境和危机并未真正解决，反而有加深的趋势。比如，社科院所属期刊和社科文献出版社所属集刊都有向刊群发展的趋势，高校学术期刊若仍然一盘散沙，整体上将日益处于劣势；综合性学报虽然在选题策划和办刊质量上已经尽力而为，但难以从根本上克服“学科拼盘”的弊端，学报之间同质化导致的竞争日益严酷；随着以学科为基础的集刊不断创办和发展，甚至获得刊号或被核心期刊收录，学报稿源的分流日益加速；高校学术期刊编辑普遍存在的身份焦虑[1]，因绩效考核趋于量化和组稿压力增加而日益严重；等等。上述种种现象，其根源都在于高校期刊的体制。

① 参见朱剑：《如影随形：四十年来学术期刊编辑的身份焦虑——1978～2017 年学术期刊史的一个侧面》，《清华大学学报》（哲学社会科学版）2018 年第 2 期。

这里还要提及近年来一个对学术期刊的发展影响深远的现象，即核心期刊坐大和固化，期刊界对 CSSCI 的重视程度持续增加。这几年，高校学术期刊中的核心期刊特别是“C 刊”的日子似乎更好过了一些，当然另一面就是非核心期刊的处境的恶化。每次 CSSCI 来源刊发布都成了期刊界万人瞩目的盛事，其结果难免几家欢乐几家愁：有“C 刊”光环护体的期刊，或小富即安或如履薄冰，而落选的期刊只能在窘境中惨淡经营，苦苦支撑。

CSSCI 是一种量化的期刊评价标准，因其客观性而成为期刊评价中的一种重要工具，但也带来了不少问题。虽然以总被引频次和他引影响因子为基础的 CSSCI 能够较为全面地反映期刊的影响力，但“基于引用的文献计量指标只是用来遴选来源期刊，不能直接用于期刊评价”，评价期刊只能在数据的基础上“进行引文分析和同行专家评议”，更不能代替学术评价，因为“真正意义上的学术评价，尤其是对创新性等学术价值的判断，只能依靠基于内容的定性评价”。[①] 然而，事实上，CSSCI 却发生了严重的越位和异化，不但被当成了权威期刊评价，甚至代替了学术评价本身。不知自何时起，许多期刊人的办刊目标已经成了进“C 刊”或保“C 刊”；另外，在“挣工分”式的考核制度逼迫下，许多学者把发“C 刊”当成了首要的目标。

CSSCI 中心近年来也在努力调整，比如强调服务，淡化自身评价机构的色彩；努力修补自身在期刊评价中的软肋和短板，如建立评价网络系统，发动期刊编辑作为评审专家，对来源期刊中的文章进行主观评价，找出质量较差的文章，试图以此作为评价指标之一。但期刊界乃至学术界对“C 刊”的误用，短期内恐怕不会改变，其根源仍在于体制。在当下的学术体制中，行政权力往往凌驾于学术，其掌控学术资源所依赖的手段便是评价，量化评价因其天然的客观性和“公正性”，更能满足行政权力对评价的需要，这正是 CSSCI被一再误用的驱动力所在。

CSSCI 被误用的逻辑链条在于，以文献计量指标评刊，再以刊评文。网刊升级转型构想的一个重要方面，便是建立一种同行专家评议和网络民主结合的论文遴选机制，不以发表的刊物论英雄，而是以文章本身的学术水平来判断，真正实现“以文评文”。若这样的良性机制真的能够建立，无论对于

---

① 仲伟民、桑海：《如何客观评价 CSSCI》，《澳门理工学报》（人文社会科学版）2017 年第 3 期。

期刊界还是学界，或许都将是一种优化生态的良方吧。

（二）“双一流”机遇与“体制病”

既然高校期刊体制并无改变，那么“体制病”就谈不上好转，甚至更加“沉疴难起”，一再错过发展的机遇。朱剑近期的一篇文章，毫不留情地揭示了在如火如荼的“双一流”建设中，高校学术期刊被遗忘的尴尬处境及其背后的原因。

朱剑文中提到一个现象：2016 年各高校的工作报告，对高校学术期刊建设不是只字未提就是一笔带过。在学术期刊发文对大学排名至关重要，因此没有哪个校长会不重视期刊的作用，但具体到某一类或某一种期刊，“受不受高校重视，取决于其能否为排名作出立竿见影的贡献”[①]。高校学术期刊之所以被忽视，只能说明其对大学排名的贡献微乎其微，“直接原因是对大学排名贡献不大甚至没有贡献，深层原因是在学术交流中作用的弱化，而根本原因则在于高校学术期刊的‘体制病’”[②]。

另一个更严重的现象是，2015 年“双一流”建设启动，《统筹推进世界一流大学和一流学科建设总体方案》却对学术期刊只字未提。这是因为，“所谓‘双一流’，说白了，实际上就是国际大学排序中的一个等级，根本离不开量化标准”[③]。从近期看，提升国际排名只能依靠现有期刊评价体系；从中期看，高校期刊与学科建设关系不大，分散的综合性学报格局又积重难返，改造难度太大。[④] 于是，“双一流”建设要达成近期和中期目标，只能主要依靠国际学术期刊，中国高校学术期刊的处境甚至会变得更加困难。入选“双一流”建设高校的学术期刊，不但因无助于提升学校排名而成了被遗忘的角落，而且因加分能力不如国际期刊和社科院的专业期刊，连争取本校优质稿源的难度也大大增加了。

---

① 朱剑：《被遗忘的尴尬角色：“双一流”建设中的高校学术期刊》，《清华大学学报》（哲学社会科学版）2020 年第 1 期。

② 朱剑：《被遗忘的尴尬角色：“双一流”建设中的高校学术期刊》，《清华大学学报》（哲学社会科学版）2020 年第 1 期。

③ 朱剑：《被遗忘的尴尬角色：“双一流”建设中的高校学术期刊》，《清华大学学报》（哲学社会科学版）2020 年第 1 期。

④ 参见朱剑：《我们需要什么样的内涵式发展？——“双一流”建设背景下高校学术期刊的路径选择与评价支持》（2019 年第四届中国学术评价高峰论坛上的报告）。参见 2020 年 1 月 22 日“中国人民大学评价研究中心”微信公众号。

尽管为了迅速跻身世界一流不得不依赖国际认可的现有评价体系，但这只是权宜之计。“双一流”建设的根本目标是使中国成为高等教育强国、科学技术强国，不可能没有与教育和科研水平相匹配的一流的专业化、体系化、规模化的学术期刊集群，否则将“根本无法掌握国际学术话语权和评价标准，是否一流，只能由别人说了算”[①]。因此，当“双一流”建设进展到一定程度，必定会启动中国一流学术期刊集群建设，这对中国高校学术期刊而言当然是难得的历史机遇。但即使国家层面的世界一流期刊建设顺利启动，也不等于高校的一流期刊建设能够同步进行，因为未来学术出版平台的大趋势是“高度聚合化（数字化）、专业化、规模化、体系化和国际化”，追求“与学科体系完全配套”，而高校学术期刊不成体系、不成规模，结构同一，布局分散，特别是还要面对综合性学报的转型问题。因此，面对未来的机遇，朱剑不禁质疑：“现有高校学术期刊有能力当主角吗？如果只是个配角，又能有多少戏份？会不会连配角也当不上？”[②]

因此，在中国高校特别是名校总体面临巨大发展机遇的背景下，如果高校学术期刊再不改变现状，不但会错过机遇而被遗忘，其地位和处境还可能会更加沉落。

（三）出版业数字化新趋势

高校学术期刊面临的另一个机遇，是出版业的数字化、规模化发展大趋势。在互联网更加普及和移动化的时代，学术用户与纸本学术期刊越来越疏离，以数字化方式阅读文献已是大趋势，网刊的价值和前瞻性凸显。通过对近年来有关部门文件精神的分析，可以清晰地看到出版业发展的新方向，比如规模发展、媒体融合、平台建构、新型出版等。

规模发展。从国际出版业发展的规律看，学术期刊和其他出版业态一样，都有集约化、规模化的内在需要。分散的期刊编辑部整合为学术期刊出版集团，或者作为期刊部门并入大型出版集团是大势所趋。对高校学术期刊而言，打造学术期刊集团有两种比较典型的模式：一种是中国科学院、中

---

① 朱剑：《被遗忘的尴尬角色：“双一流”建设中的高校学术期刊》，《清华大学学报》（哲学社会科学版）2020 年第 1 期。

② 朱剑：《被遗忘的尴尬角色：“双一流”建设中的高校学术期刊》，《清华大学学报》（哲学社会科学版）2020 年第 1 期。

国社会科学院、中华医学会等学术机构的模式，大量优质期刊归属同一部门，形成颇具规模的期刊集群，如中华医学会杂志社下属的期刊就达 148 种之多；另一种是单个高校内部的期刊整合为期刊社或期刊中心，有些逐步具备了规模化发展的基础，如清华大学出版社期刊中心下辖 27 种期刊，上海大学期刊社下辖 13 种期刊。因高校学术期刊分属不同高校，又分散在全国各地，所以第一种模式很难实施，而第二种单校整合的模式虽然可操作性较强，但单个学校的学术出版资源有限，很难形成具有国际影响力的大型期刊出版集团。高校若要建立一流学术期刊出版集团，就需要打破各自为政、布局分散的现状，跨地域、跨部门、跨学科整合期刊出版资源，把分散的学术出版力量联结起来，打通学术出版的链条。从目前来看，网刊这样涉及面广、规模较大、具备数字化基础的期刊集群，最具备实现这种模式的基础。

媒体融合。数字化是出版业发展的必然方向，而新兴媒体与印刷媒体会长期共存，因此媒体融合将是相当一段时期内出版业的基本形态。学术期刊的媒体融合，与网刊尝试的“两分开”或“两条腿走路”异曲同工。与其他出版类型相比，学术期刊在传播上更依赖于数字化平台，而纸质期刊的价值，主要是为出版内容的资质和可靠性提供背书。在刊号管理和期刊布局短期内难以改变的现状下，像网刊这样，多家高校学术期刊联合建立协同出版长效机制，构建内容专题整合、更新及时和高效传播的数字平台，是可行的期刊媒体融合之路。

平台建构。与许多行业一样，出版业已经进入平台时代，学术期刊的发展趋势是构建包含选题策划、论文采集、编辑加工、出版传播、审核评价在内的全链条数字化平台，对内容进行精准加工和快速分发，在服务学者的同时也推动学术成果的大众普及和应用转化。这不但是全流程数字出版平台，还应当具备学术信息平台、知识服务平台、学者虚拟社区等功能，并可建设专家学者库、论文引文数据库、应用信息服务数据库、学术论文大数据中心等，发展成为移动化、智能化的综合学术平台。这正是网刊升级转型的总体方向。

新型出版。新技术迅速发展带来的媒体迭代，使出版业处于转型过程中。学术期刊的数字化远不是纸版内容转换为数字形态这么简单，而蕴含着多种新型出版的可能，例如网络优先出版、数据出版、增强出版、全媒体出版等新型出版模式，都为学术出版带来了丰富而多元的发展空间。这些新型出版形态对于单独的学术期刊而言，大多是不容易做到的，需要通过大型学术期刊联合体自主开发，或与数字服务商合作开发。以网刊与中国知网的合作基础来看，未来开发多种新型出版模式是有可能的。

从上述出版业态变化的大势不难看出，单打独斗式的传统学术期刊发展路线，无法把握学术出版更新迭代的机遇，反而很可能在这一过程中进一步衰落和边缘化。实践证明，在范式发生变化的时代，沿着老路运行的实体往往会被符合新范式的实体所替代，如果一个群体甚至一个行业都无法创新，其地位往往会被群体之外的新生力量甚至行业外的新兴者所取代。

在学术传播领域，学术期刊之外的另一极是以知网为代表的期刊数据库。这些期刊数据库带着数字时代的基因降生并迅速发展，事实上已经成为学术传播的主渠道。与之相比，网刊也有着难以取代的优势。比如，期刊数据库优势在于在后端的传播，前端的策划与出版薄弱甚至空白，而网刊是一种以期刊为主体的媒体融合型学术出版，具有期刊数据库所不具备的刊号资源、品牌效应、评价优势等，网刊拥有纸本期刊刊号，在学术评价中有优势地位，并可以提供从投稿到出版、传播、评价的全流程服务；在数据和信息过剩的时代，如何快速准确地发现真正需要的信息，比拥有海量信息更重要，网刊是主动向读者推送经过筛选的精品文献，而非被动等待检索的海量数据；网刊的成员刊遍布主要高校，可以调动编辑力量和学术资源，可深入学术共同体内部，吸引学界的优秀专家学者参与，有可能开展专题策划，并成为学者交流互动的平台，逐渐建立用户的黏性；即便是在微信公众号为代表的泛传播和自媒体时代，网刊也仍然拥有自有内容资源丰富的独到优势；等等。

综上所述，网刊的实践尽管还不够成熟，却既蕴含着学术期刊走出危机的新希望，也符合数字化学术出版的规律和需要。

（四）网刊升级转型思路

自 2014 年底起，网刊的升级方案就已初步形成，其后又有一些新的思考。为适应期刊出版和新技术发展的新趋势，网刊不能再继续文章重组的旧模式。既然将从周期出版转变为随时推送严格来说已经不是传统意义上的“期刊”，“网刊”这一名称似乎不太准确，“域出版”也不能准确概括，无以名之,暂且称为“新平台”。新平台是由一系列平台复合而成,比如及时遴选各领域最重要的学术成果,打造专题发布平台;覆盖从投稿到传播、评价的全流程服务,建立包含投审稿平台、评价平台在内的整合出版平台;构建吸引作者、读者、学者、编辑参与的互动平台;逐渐形成用户黏性,创立用户专属的个人学术云平台;等等。

网刊的升级转型正在进行中,与现在的网刊相比功能将大大加强,以下仅列举一些框架性的思路,供读者参考。

1.即时更新的专题出版,与学术共同体融合

网刊将由目前的以一级学科专业期刊为主体,转向以专题出版为主体,同时将打破期刊的思维惯性,不再按期发布,而是单篇即时更新,滚动推出本领域有价值的最新文章,以加快传播效率,吸引潜在读者。网刊文章上线速度应早于原刊,以“优先出版”或“网络首发”方式出版,实现最快速的发表和传播。

平台的基本出版单元是以问题或学科细分领域为边界形成的专题。专题由该领域一线学者与学术编辑担纲主持,以学术研究群体或共同体为依托。各专题将在目前学科体系的基础上,根据学术前沿状况进一步细化专题,关注新兴领域和交叉地带,陆续增设有学术前景的新专题(比如“人工智能”“数字人文”专题)。各专业和专题之间不设硬界限,允许文章重复出现,可按不同标签归集。

发展比较成熟的专题,可以召开本领域学术研讨会,以扩大在学界的影响,吸引更多学者使用乃至参与平台。这样,专题中一旦有新文章推出,就可以引起同行的广泛关注,对学术共同体产生影响,形成学术出版传播与学术生产的良性循环。

2.全流程服务,突出投审稿和评价两端

平台贴合学术共同体的需求,提供包括投稿、审稿、编辑、发表、传播、评价等环节的全流程、全链条服务。

突出投审稿功能,利用学术期刊在现有评价系统中的优势地位以及编辑、学者资源,建立各加盟刊协作的、基于匿名同行评议的、具有公信力的联合投审稿平台。联合投审稿平台的设想在网刊创建之初就已提出,在2012年就已经开发出来,只是未付诸应用。这一平台从作者的需求出发,针对作

者的痛点和学术出版的弊病，可以帮助作者选择刊物，缩短投稿周期，使投稿过程更加公开透明，有助于遏制论文中介滋生、版面费泛滥的不良现象。不但有利于期刊健康发展，更有望解决目前学者发表时面对的信息不对称、刊物选择难、用稿机制不透明、与编辑部沟通不顺畅、发表周期长等现实问题。投审稿平台的建立，基于期刊的核心优势，是二次文献机构的数字平台难以做到的。

突出评价功能，开通用户评论系统，开放部分专家审稿意见，并整合单篇文章的下载、评论等数据，采用同行专家评议、学术用户评议、智慧数据结合的审核与评价机制，对文章进行打分和分区，尝试建立“以文评文”“以文评刊”的新型期刊评价系统，使真正优秀的学术成果脱颖而出。这也是针对目前学术评价的弊端，结合专家把关和民主监督评议的优势，促使学术风气更加公正、透明、健康，并增加信息量和互动性，逐步建立新平台权威可靠的形象。

此外，对编辑的服务也将走向深化，比如集中提供单篇论文效益追踪服务（被引、下载、评论、转载、获奖等信息的集成与可视化），提供组稿服务（在投稿平台公开征稿、在系统内定向约稿、人工智能推荐选题方向和约稿对象等）。

3.开放期刊来源，以质量为门槛遴选学术精品

平台在原则上对所有学术声誉较好的学术刊物开放（含学术期刊和学术集刊），原有网刊成员刊只要有意愿就可以直接成为来源刊，其他期刊提交申请并经资格审查通过即可成为来源期刊。目前网刊的文章全部来自期刊编辑部对本刊文章当期文章的推荐。在新平台上，文章来源将更加多元化，从主体角度看包含作者投稿、编辑部荐稿、专家荐稿、用户荐稿等不同路径，从时间角度看则拟纳入一定期限内的过刊文章。

与此同时，加强对文章质量的审查。为保证入选文章质量，每篇文章都需经过平台认可的同行专家（专家库内）审稿。原刊编辑部录用稿件时应完成专家审稿，若推荐未经专家审稿的文章，则需在专刊审稿平台重新审稿。同行评议将成为网刊控制质量、遴选精品的基础。

为突出精品，将区分普通文章和重点文章，由编辑和专家团队按一定标准和比例筛选重点文章。重点文章传播媒体化、事件化，放在突出位置、撰写推荐语，并通过微信等新媒体平台转发，乃至由平台主动向其他媒体和二

次文献推荐。

4.以用户为中心,提供个性化服务

平台设计的出发点和服务重心将面向用户特别是个体用户的需求,注重优化用户体验,提供个性化服务及增值服务,更好地为学者服务。比如,可根据用户的选择或AI算法,实现首页及推送信息的个性化。再如,可以建立个人笔记、收藏夹或云盘,便于读者记录、整理、储存学术文献。用户还可以把某一学科或专题领域内喜欢的文章归集在一起,形成个性化的核心论文列表。该列表可以公开分享,形成类似豆瓣"豆列"、虾米"歌单"的"文单",供用户参考和评论。平台各专题也可以由主持人或委托权威专家编制并发表官方的"文单"。

在相当长一段时期内,网刊应坚持开放获取,这有利于扩大影响、培育用户。但同时也不排斥探索增值服务的方式,向知识服务平台发展,以保证平台的健康可持续发展。

5.打造移动端,实现多屏互动、多维传播

对现有PC端网页进行改版,在知网显著位置设置网刊入口,并向移动端发展,开发移动版网页、客户端等,实现多屏互动。早在2013年4月的成都会议报告中就已提到开发App和利用二维码实现多屏互动的构想,只是一直未能落实。此外,还将开发并推广微信公众号,作为客户端的流量入口;做好与主要社交媒介的接口,快速将文章转推到各新媒体平台上。

上述网刊升级转型的构想,有一些与时俱进的新想法,也有不少是网刊固有而没有落实的设计。例如,升级转型方案中的重要组成部分——联合投审稿平台,这一平台的提出和设计至少可以追溯到2012年5月的一次网刊QQ会议:

> 大家普遍认为,更好的做法是建立公共投稿平台。一种思路是每个专业刊建一个公共投稿平台。可以先建政治学、社会学等平台,或者说十个平台全搭起来,成熟一个开放一个。另一种思路得到了更多的认可,这就是与知网合作建立一个统一的公共投稿平台。公共投稿平台首先是个大平台,在此下可设各专刊平台及跨学科平台。作者投稿

时可以不指定具体刊，也可以在21家中指定投某一刊或多刊。[①]

与此相较，不难发现，后来的在线平台构想中的投审稿平台部分不但在理念上与之相同，就连操作细节也非常相似：

> 初步的投稿审稿模式如下：加盟期刊联合建立统一的投审稿平台以及审稿专家库。用户可通过联合网络投稿界面向平台投稿，投稿前需实名注册为会员，并将作品授权网络平台免费使用和传播。用户投稿时需选择对应的专业或专题，同时选择若干加盟期刊作为投稿对象……[②]

四、结语

网刊升级转型的总体方向是成为某种学术平台，这一平台有望孕育取代期刊的新媒体形态。虽然目前其形态还不是很清晰，但据笔者推测，这种新媒体应该是一种智慧型媒体，同时也是平台型媒体。

在人工智能和移动互联风起云涌、大数据和智能算法无处不在的时代，新平台显然应当具有"智慧型媒体"的特征，面向以数字人文为代表的文科学术发展新趋势，走向知识服务。比如，平台可以对期刊数据进行深入分析，在发现学科生长点、绘制人文社科知识图谱、AI辅助组稿服务、智慧型期刊评价等方面进行拓展。

平台型媒体(Platisher)是另一个重要的发展趋势，它既是一个平台，同时也是一个有"把关人"和主动推送的媒体。平台型媒体是传统的出版业要素与网络时代结合的产物，兼具媒体特性和平台优势，或许是适合网刊的发展途径。

新平台将促进学术期刊、学者与数据库服务商深度互动与合作，使数据服务更适应人文社会科学学者的需求，同时增强人文社会科学学者的信息获取能力，提升成果传播力度。这为学术期刊参与知识服务、大数据、数字

① 2012年5月23日网刊会议纪要。

② 桑海：《学术编辑：学术传播新模式的灵魂——以"中国高校系列专业期刊"和"域出版学术平台"为例》，《传媒》2016年第19期。

人文等新兴趋势提供了很好的机会，拓展了学术编辑的学术空间。因篇幅所限，有关新平台未来的方向和愿景，将另外撰文探讨。

（原刊于《苏州教育学院学报》2020年第1期，有改动）

开拓、创新、发展：新中国编辑学研究70年

姬建敏*

1949年10月1日，中华人民共和国成立，开天辟地，万物更始，中国掀开了崭新的一页。在中国共产党的领导下，编辑出版业开启了波澜壮阔的发展历程。随着编辑出版业的发展，作为客观反映、理性总结编辑出版实践的编辑学研究也同步展开并持续深入。70年来，我国的编辑学研究与新中国同命运共进步，不仅取得了巨大的成就，实现了由“无学”到“有学”的历史性转变，而且为建设中国特色的社会主义出版事业做出了突出的贡献。回顾70年的发展，1949年出版的《编辑学》被认为是其开端。② 新中国成立后，从“文化大革命”前“小荷才露尖尖角”的稚嫩弱小到十年浩劫中的荒芜凋零，再到改革开放40年研究的复苏崛起、深化发展及至数字媒体时代的变迁、重构，编辑学研究由自在、自为到自觉，走过了一段不平凡的发展历程，探索了开拓、创新、发展的学科演化路径，初步奠定了一个具有中国特色、自主话语和融合特色的新兴学科基础。本文立足于编辑学学科发展的历程，尝试提出新中国70年编辑学学科发展的阶段性构成，以期总结学科发展的内在逻辑。

一、零星的自发研究阶段（1949～1978年）

新中国成立伊始，党中央和中央人民政府高度重视编辑出版工作，不仅

---

* 姬建敏，河南大学编辑出版研究中心。

② 参见姬建敏：《中国编辑学研究60年（1949～2009）》，社会科学文献出版社2015年版，第50页。

在政务院新成立的34个部、会、院、署中专门设立了领导全国出版工作的出版总署，而且在新中国成立的第三天，即1949年10月3日毛泽东主席为在北京召开的全国新华书店出版工作会议专门题词“认真做好出版工作”；朱德副主席讲话指出：“出版工作者，毫无疑问是文化战线上不可缺少的重要部队之一。”1949年11月1日出版总署开始办公，1950年9月25日召开第一届全国出版会议，通过了以《关于发展人民出版事业的基本方针》为主的五项决议；1950年10月，周恩来总理签发了《中央人民政府政务院关于改进和发展全国出版事业的指示》，这是新中国成立后中央人民政府发布的关于出版工作的第一个纲领性文件。[①] 1952年《关于公营出版社编辑结构及工作制度的规定》公布。1955年12月，毛泽东主席在《合作社的政治工作》按语中指出：“报刊编辑要重视文法和修辞。”1956年3月5日，刘少奇主席在《关于作家的修养等问题》中强调：“应该重视编辑工作，对于编辑的待遇，各方面都要提高。编辑工作是一种高级创作。”[②]在人民政府和党的最高领导人的重视下，在作为出版主体的广大编辑的努力下，1949～1956年我国编辑出版事业出现了欣欣向荣的新局面。1957年后，反右斗争、“大跃进”等政治运动较多，“新闻学成了荆棘丛生的园地，社会学、心理学等许多社会科学都被判为资产阶级伪科学，编辑学研究自然不可能被提到议事日程上来”[③]。1966年“文化大革命”爆发，不仅使新中国社会主义出版事业遭受重创，而且使刚刚起步的编辑学研究难以为继。

这一时期的编辑学研究，一方面因为学科本身刚刚起步，另一方面因为编辑学赖以生存的出版业受政治运动不断、学术潮流多变的时代环境影响，弱小稚嫩，研究成果少，研究内容零星、散乱，处于自发研究阶段。比如，1952年《关于公营出版社编辑结构及工作制度的规定》颁布后，关于编辑“三审制”等编辑工作的讨论；1955年4月中国人民大学新闻系开设出版专业后，1958年出版的《报纸编辑学习参考资料》、人民出版社内部编印的《出版周报》等。有意思的是，1956年8月中国人民大学出版社根据苏联К. И. 倍

① 参见方厚枢、魏玉山：《中国出版通史9：中华人民共和国卷》，中国书籍出版社2008年版，第2页。

② 宋应离、袁喜生、刘小敏：《中国当代出版史料》第一卷，大象出版社1999年版，第30页。

③ 王华良：《我国的编辑学理论研究》，宋应离等：《中国当代出版史料》第六卷，大象出版社1999年版，第328页。

林斯基教授的《书刊编辑课大纲》讲稿，翻译并出版的教材《书刊编辑学教学大纲》把“编辑课”误译为“编辑学”[①]，使其“成了一个学科术语，带有专门的学问、学术、学理等含义”[②]的“编辑学”开始在我国流布。可以说，自发研究阶段是编辑学学科发展的诞生阶段，是学科发展的初始期。编辑学学科概念的自发出现，反映的是编辑实践理性认识的初步探索。这种学科发展的自发性，表现在编辑学学科概念的提出还缺乏专业的论证，甚至是误打误撞的翻译“巧合”。对于学科概念认识的缺位，造成整个学科的发展没有能进入到真正议程，而处于一种不自觉的概念萌生、概念呈现状态。当然，这也在一定程度上反映了编辑实践理性研究的现实需求和编辑理论研究的空间宏阔。

二、有组织有计划的建制化发展阶段（1979～1999年）

如果说1949～1978年的编辑学研究还属于自发的、无意识的懵懂状态的话，那么，从1979年到20世纪八九十年代，则是我国编辑学研究有组织、有计划、有目的、有建制的繁荣发展期，无论是在编辑学研究机构、高等教育教学、学术刊物出版、学术团体的建制化方面，还是在编辑学理论研究、编辑学学科建设方面都取得了前所未有的骄人成绩。

（一）中央重视、各方努力，编辑学研究走上建制化发展道路

1978年12月，党的十一届三中全会召开。改革开放、开拓进取，我国的编辑出版业进入了突飞猛进的新时期。随着出版业的快速发展，“很需要一套切合实际的编辑学”，研究编辑学已是“当务之急”。[③] 1979年12月，中国出版工作者协会成立，引领有组织有计划开展编辑出版科研活动之先。1983年6月，党中央和国务院发布《中共中央、国务院关于加强出版工作的决定》，不仅旗帜鲜明地指出“编辑工作是整个出版工作的中心环节”，而且提出要加速建设北京印刷学院，“建立出版发行研究所”。1984年，在中共中

① 孙琇：《编辑学研究二十年之回顾》，《编辑之友》2001年第1期。

② 王振铎：《编辑学研究60年的6大发现——编辑学理论创新与学科发展》，《中国出版》2010年第13期。

③ 邵益文：《20世纪中国的编辑学研究》，河北教育出版社2000年版，第4页。

央政治局委员胡乔木的倡议下，教育部批准北京大学、复旦大学、南开大学建立编辑学专业，次年开始招收本科生。1985年3月，国务院批准成立中国出版发行科学研究所，该所作为我国第一个专门从事出版科学研究的科研机构，“十分重视编辑学的研究，立即着手组织图书编辑学、期刊编辑学和科技书籍编辑学的研究和编写工作。仅在建所后的第一个10年就出版了编辑工作和编辑学方面的书近10本”[①]。与此同时，我国第一个编辑专业人员的群众组织——上海编辑学会率先在上海成立；第一个以研究编辑学为内容的专业学术期刊《编辑之友》在山西人民出版社创办；第一个“编辑学研究”(初为学报编辑工作论坛)栏目在高校学术期刊《河南大学学报》上亮相。1987年，中国科学技术期刊编辑学会在北京成立；1989年，天津书刊编辑学会成立；1990年，河北图书编辑学会成立；此后，湖北、辽宁、江苏、湖南等地也成立了图书编辑协会。[②] 特别是1992年首个独立法人资格的全国性、群众性学术团体——中国编辑学会在北京宣告成立，标志着“以马克思主义为指导，遵照党的基本路线和出版方针，开展编辑工作、编辑理论、编辑学和编辑史的研究，探讨出版工作中的重大问题，逐步建立编辑学学科的理论体系，促进出版事业的繁荣，更好地为我国社会主义现代化建设事业服务”[③]的中国编辑学研究步入了有组织、有计划的研究历程。

20世纪80年代，包括全国高校文科学报研究会、各省市学报研究会在内的各种类型的专业研究机构，专业学术期刊和高校学报的“编辑学研究”栏目，以及几十所高校设立的编辑学专业等的竞相“绽放”，不仅助推了编辑学研究在中国的狂飙突进，而且唤醒了中国编辑沉睡几千年的主体意识，一大批长期奋斗在编辑出版一线的编辑工作者，积极投身到编辑学研究的热潮中去，或总结经验、或分析实务、或探索学理，阙道隆主编的《实用编辑学》(1986)、林穗芳编著的《列宁和编辑出版工作》(1987)、刘文峰主编的《编辑学》(1988)、伍杰编著的《中国古代编辑家小传》(1988)、戴文葆等著的《编辑工作基础知识》(1988)、叶再生的《编辑出版学概论》(1988)、朱文显和邓星盈编著的《编辑学概论》(1988)、刘光裕和王华良的《编辑学论稿》(1989)、王

---

① 方厚枢、魏玉山:《中国出版通史9:中华人民共和国卷》,中国书籍出版社2008年版,第353页。

② 参见方厚枢、魏玉山:《中国出版通史9:中华人民共和国卷》,中国书籍出版社2008年版,第353页。

③ 刘杲:《刘杲出版论集》,湖北人民出版社1998年版,第478～483页。

振铎和司锡明主编的《编辑学通论》(1989)、萧汉森和戴志松等主编的《编辑学概论》(1989)、赵航编著的《编辑应用写作》(1989)等“60 多部”[①]编辑学研究论著的出版，在彰显了这一时期编辑学研究的高度和水平的同时，也为编辑学研究的深化奠定了基础。

(二)编辑学理论研究风生水起，学术地位初步确立

有学者指出:“到 1980 年代后期，进入所谓‘思想家淡出，学问家登场’阶段。”[②]到 20 世纪 90 年代，中国编辑学研究可谓进入“编辑家淡出，编辑学家登场”阶段。

新中国成立以来的编辑学研究，编辑工作总结、实务性探讨居多，理论研究严重滞后。改革开放后的十余年间，虽然也有少量的理论研究成果问世，但关于编辑学学科性质及归属、研究对象、研究范围、“编辑”概念、编辑活动起源等基本理论问题的讨论还没有进入主流话语体系。进入 20 世纪 90 年代，随着编辑实践变革和编辑出版教育发展对编辑学理论的迫切需要，积淀了一定的研究成果、研究力量、研究热情的编辑学界，对编辑学基本理论的讨论与争锋以井喷之势迅速达到高潮。这场围绕编辑学的概念、理论框架、基本规律、学科性质等基本理论问题的论争，争论的时间之长，参与的人数之多，争论的程度之激烈，碰撞的场面之火爆，是新中国 70 年编辑学研究历史上史无前例的，也是其他学科研究中所少见的。从时间上看，这场论争最早从改革开放后编辑学研究勃兴之时开始，历经 1985 年中国出版发行科学研究所召开的首届出版科学学术讨论会和 1987 年在郑州召开的首次以“编辑学”为主要研讨内容的全国编辑学学术讨论会的酝酿，20 世纪90 年代达到高潮后余波延至 21 世纪第一个 10 年。从参与的人员看，既有像刘杲、邵益文、蔡学俭、高斯等从中央到地方出版系统的行业领导，也有像阙道隆、戴文葆、林穗芳、巢峰、蔡克难等具有丰富的编辑实践经验又潜心钻研编辑学研究的业界精英，还有像王振铎、任定华、刘光裕、王华良、赵航、宋应离等既从事高校学报编辑工作又承担编辑学教育教学任务的学术骨干。从争论的激烈程度和火爆场面看，“《编辑学刊》于 1990 年 11 月到 1997 年12 月，

① 姬建敏:《中国编辑学研究 60 年:1949～2009》，社会科学文献出版社 2015 年版，第 105 页。

② 徐秀丽:《中国近代史研究 70 年(1949～2019)》，《经济社会史评论》2019 年第 2 期。

组织开展了历时七年的大讨论。在这场大讨论中,共发表争鸣文章二十余万言,涉及的作者分布于全国十一个省、市的高校、出版社及其他编辑出版和科研单位”[①]。研究者各持己见,或争鸣,或讨论,见仁见智。以“编辑”概念为例,当阙道隆将“编辑”概念分为“广义的编辑指以传播信息、知识为目的,设计、组织、选择、加工整理作品和资料的再创造性智力活动”,“狭义的编辑指媒介组织中的一种专业工作,其任务和内容是按照一定的方针、计划,策划、组织作品和资料,经过选择、加工,形成可供复制、传播的定稿或文本文件”[②]时,蔡克难批评这两层编辑概念定义并无实质差别;所谓的“专业工作”,没有认识到编辑活动的内在本质。[③] 任定华也批评阙道隆所下的编辑与编辑学定义过于随意,二者之间缺乏内在的逻辑契合关系,不具备理论上的严谨性。当王振铎针对“横断编辑群和纵贯编辑史的编辑活动”进行研究的基础上,提出内涵抽象度极高的编辑概念,并从文化缔构的大视角审视编辑活动时,刘光裕则视这种观点为学术上的“跑马圈地”,批评这种编辑概念外延“泛化”。同样,与王振铎观点一致的学者则认为刘光裕把编辑活动拘泥于出版,使编辑概念“狭化”。

编辑概念是编辑学理论研究的逻辑起点,编辑本质是编辑概念认识的关键所在。围绕编辑概念的“泛化”“狭化”之争,研究者对编辑概念、编辑本质认识不同,并由此形成了不同的理论认知,观点相近或大致相近的研究者以群体形式出现,不仅形成了以阙道隆为首的“选择优化派”、以王振铎为首的“媒介文化缔构派”、以任定华为首的“信息智化派”、以刘光裕为首的“中介服务派”等编辑学理论流派,而且出现了一大批热衷于编辑学理论研究,执着于编辑学学科建设,既有高度的编辑文化自觉和编辑理论自觉,又乐于奉献,且在编辑学理论研究和理论建构中有一定创见和造诣的编辑学家。编辑学理论流派的形成和编辑学家的“扎堆儿”出现,标志着编辑学研究作为中国出版事业的一部分,登上了中国的学术舞台。特别是像姚福申的《中国编辑史》(1990)、任定华等的《科技期刊编辑学导论》(1991)、高斯的《编辑规律探论》(1992)、邵益文的《编辑学研究在中国》(1992)、钱文霖的《科技编

① 丛林:《中国编辑学研究述评(1983～2003)》,齐鲁书社2004年版,第13～14页。

② 阙道隆:《编辑学理论纲要》,《出版科学》2001年第3期。

③ 参见蔡克难:《编辑概念、编辑活动基本规律和编辑学研究的意义》,《中国编辑》2003年第5期。

辑方法论研究导扬》(1992)、张如法的《编辑社会学》(1993)、阙道隆等的《书籍编辑学概论》(1995)、刘光裕等的《编辑学理论研究》(1995)、向新阳的《编辑学概论》(1995)、肖东发的《中国编辑出版史》(1996)、王振铎等的《编辑学原理论》(1997)等有影响、有分量的学术著作的出版,以及 1993 年国家教委把"编辑学"列入《普通高等学校本科专业目录》,1998 年教育部颁布的《普通高等教育本科专业目录》中把"编辑""出版发行"等出版类专业合并为统一的"编辑出版学"方向,再次入选《普通高等学校本科专业目录》,不仅展现了不同媒介、各具特色的编辑学学术观,而且史、术、论相结合的学术研究成果大量出现以及普通高校编辑学专业教育得到官方正式确认,也表明编辑学作为一个独立学科建设和理论研究的学术地位得以确立。

建制化发展阶段,既是编辑学发展的开创期,更是编辑学的发展期。正是在这一阶段,编辑学学科框架体系得以提出,编辑学学科概念讨论得以深入展开,学科方法认知得以深入研究,学科的研究队伍得以建立,学科的学术阵地得以不断拓展,从而真正奠定了编辑学学科的学科地位,编辑学成为一个由中国人自主创立、自主发展的新兴人文社会科学。但值得特别关注的是,编辑学不同于其他人文社会科学,这一时期的发展有两个显著特征:一是编辑学学科发展具有鲜明的实践性,它深深地扎根于中国编辑出版实践,不断地回应中国编辑实践发展的问题,彰显编辑学人的理论思索;二是编辑学学科发展具有独特的自主性,它是中国学人独立提出和建构的学科,无论是学科概念体系还是框架体系,都是中国话语的自主表达,显示了这一时期中国编辑出版学人学科发展的自主意识和独立意识。正因为这两点,这一时期的编辑学研究呈现出"百花齐放,百家争鸣"的局面,"有人称之为编辑学研究的深化期,有人称之为编辑学研究的高涨期。但不管是深化还是高涨,它都像一面光彩夺目的旗帜飘扬在编辑学研究的道路上"[①]。

三、自觉的创新发展阶段(2000～2019 年)

进入 21 世纪,媒介技术的日新月异和全球化进程的加速,数字化、产业

① 姬建敏:《中国编辑学研究 60 年:1949～2009》,社会科学文献出版社 2015 年版,第 110 页。

化、媒介融合等急剧变革的社会实践使我国编辑出版业的形态、业态、生态都发生了重大变化,编辑学研究作为编辑实践的积极呈现,在承继上一阶段轰轰烈烈的编辑学基本理论研究基础上,研究更趋自觉、理性、时尚、多元。

(一)数字媒体发展,构建涵盖多种媒体编辑活动的普通编辑学理论体系备受关注

21 世纪以来,随着计算机、互联网与数字技术在编辑出版业的广泛运用,电子媒介、数字媒介、移动互联网等新媒介层出不穷,以传统纸媒编辑活动为主要研究对象的编辑学研究受到了前所未有的挑战,“建立普通编辑学已经不是要不要的问题,而是必须切实抓紧的当务之急,这是实践的需要,时代的需要,也是编辑学学科建设的基本目标,或者是编辑学界在 21 世纪初需要共同奋斗的目标”[①]。2006 年中国编辑学会换届,换届后的新一届领导班子积极把构建涵盖多种媒体形式的普通编辑学理论体系当作迫在眉睫的任务来抓。2008 年 4 月,时任会长桂晓风基于 2002 年党的十六大做出推进文化体制改革的战略部署后文化产业化加剧以及媒体数字化迅猛发展的形势,提出了“大文化、大媒体、大编辑”的编辑观。“大文化”强调的是一种具有历史深度和空间广度的文化视域,“大媒体”突出的是信息和互联网技术飞速发展引领下的媒介融合趋势,“大编辑”则是具有“大文化”视野和“大媒体”技能,理论基础扎实,实践能力突出的新型当代编辑。该编辑观作为编辑学研究领域一种科学有效的引导性理念和编辑学研究的新成就,从时间上来说,最早以“大”视角被研究的是文化,“大媒体”方面的研究是伴随着新媒体的方兴未艾而产生并日渐形成潮流的,“大编辑”的提法最后出现,从实践上来说是“大文化”“大媒体”的现实发展趋势使然,从理论上来说则是一种方法论的借鉴。理论来源于实践,又反过来指导实践。该理念的提出与研究,既体现了编辑学研究顺应实践变化情境和“大”的学术研究语境主动做出的视阈上的调整,又反映了编辑学理论研究的发展和进步。从某种程度上来说,一个“大”字包含了多种媒介、多种形态的编辑活动,不仅与编辑学研究的最终目标——“我们从研究社会主义历史阶段的编辑活动入手,从建立图书期刊编辑学入手,由个别到一般,最终建立涵盖各种传播媒体编

---

① 邵益文:《编辑的心力所向:编辑工作和编辑学探索》,贵州人民出版社 2004 年版,第 51 页。

辑活动的普通编辑学”[①]相吻合，而且对普通编辑学理论体系的建构与发展是一种积极的探索和有力的推动。

与此同时，面对飞速发展的编辑实践，对编辑学研究有着强烈的文化自觉与理论自觉的编辑学研究者，都以贯通各种媒介形态的编辑概念立论，明确提出了涵盖各种编辑实践形态的编辑本质论。如王振铎的《编辑学原理论（修订版）》（2004）、《编辑学理与媒介创新》（2010），靳青万的《编辑学基本原理》（2003）、《编辑五体研究》（2010），周国清的《编辑学导论》（2008）等，力图构建普通编辑理论体系。尤其是2012年由邵益文、周蔚华担纲主编的《普通编辑学》一书，第一次对普通编辑学的学科体系、理论框架、基本原理进行了大胆探索，在“大文化、大媒体、大编辑”编辑观的基础上，实质上迈出了系统探讨涵盖所有媒介编辑活动基本原理的步伐。它的出版，标志着我国编辑学理论研究达到了新的高度，普通编辑学理论体系构建取得了令人瞩目的新成果。

（二）媒介融合进程加速，编辑概念、范畴及编辑学理论变迁与重构受到热议

2013年，党的十八届三中全会提出推动传统媒体与新兴媒体融合发展的战略部署。2014年8月，中共中央《关于推动传统媒体与新兴媒体融合发展的指导意见》出台，标志着媒体融合上升为国家战略。自此，传统媒体和新兴媒体逐步进入从合二为一到融为一体的实质性融合阶段，再加上大数据、人工智能等数字技术的深度应用，云媒体、融媒体、智媒体花样翻新并不断呈现，由此引发对编辑学相关概念、范畴的新一轮探讨以及在此基础上对编辑学理论的创新与重构。郝振省、周蔚华、范军、张志强、靳青万、万安伦、李频、吴永贵、段乐川、甘险峰、吴赟、朱鸿军等从不同角度、不同视域对编辑学理论的变迁与重构发表了建设性理论建议。《编辑之友》策划的系列选题如《创新编辑概念，是理论回应还是叠床架屋》邀约周国清、吴平、王勇安、李建伟等也对数字媒体时代编辑概念及其理论创新问题进行了讨论。段乐川、路畅等的《媒介融合视域下的编辑客体论》[②]《媒介融合视域下编辑活动

① 刘杲：《出版笔记》，河北教育出版社2006年版，第371页。

② 段乐川、路畅：《媒介融合视域下的编辑客体论》，《出版发行研究》2016年第5期。

主体论》[①]《论媒介融合视域下编辑活动的"主体间性"特征》[②]《媒介融合视域下编辑社会关系论》[③]等论文,立足互联网编辑场域实践,回答了媒介融合环境下编辑与社会、编辑与平台、编辑与技术、编辑与媒介之间的逻辑关系,重新厘定了编辑的概念和范畴,回应和建构了编辑学本体论研究的基本理论问题,显示了新一代编辑学人高度自觉的学术担当和学术创新。

另外,特别值得一提的是2016年中国新闻史学会编辑出版研究委员会成立,在编辑学研究历史上具有里程碑意义,它不仅为媒介融合时代编辑学研究与交流建立了新的更广阔、更有凝聚力的平台,而且被认为是编辑学学科建设和发展迈向新阶段、走向新征程的标志。比如,它成立三年来已成功主办了2016年度、2017年度两届"全国编辑出版学优秀论文奖"评选活动,每年评出的10篇优秀论文,"无论选题视角还是方法逻辑,无论理论探索还是现实问题分析均具有很好的示范引领性"[④]。特别是理论探索性文章,像《媒介融合视域下编辑社会关系论》《论媒介融合视域下的编辑功能》《微信编辑:基于文本生成观的认识》《自出版概念探析:基于社会分析的视角》《知识传播视角下数字出版创新发展的框架分析》等,无论是相关概念的内涵厘定,还是理论演化发展的本质探讨,都及时、清晰地映现出理论对实践的导引性以及理论研究的创新性和前瞻性。当然,这一时期的编辑学研究,面对媒介变革的日新月异,问题意识和实践属性进一步加强,研究者在自觉自愿反思历史、辨析学理的同时,在理论与实际的结合上也取得了新进展、新进步。

可以看出,这一阶段编辑学发展呈现出明显的转型和融合特征。一方面,编辑实践的数字化巨变,给编辑学学科研究范式的创新提出了新的课题。如何面对新的数字化、智能化编辑实践,回应编辑实践发展的"时代之问",成为当前编辑学学科发展的重要命题。另一方面,编辑学学科发展逐渐地步入了分化融合阶段,编辑学与传播学、计算机科学、社会学等不同学

① 段乐川、路畅:《媒介融合视域下编辑活动主体论》,《出版科学》2016年第3期。

② 段乐川:《论媒介融合视域下编辑活动的"主体间性"特征》,《河南大学学报》(社会科学版)2019年第1期。

③ 路畅:《媒介融合视域下编辑社会关系论》,《河南大学学报》(社会科学版)2017年第4期。

④ 吴平:《"第二届编辑出版学优秀论文奖"评选述评》,《现代出版》2019年第1期。

科在媒介融合实践交互中作用性更加凸显。要破解编辑实践创新发展的命题,越来越需要不同学科的融合交流和碰撞。如何在这一新的学科发展背景下,推动编辑学发展的转型与再造,同样是这一阶段编辑学学科发展的重要问题。

四、结语

刘杲曾在《我们是中国编辑》里说过,“振兴中华离不开出版,繁荣出版离不开编辑”。正是在这一认识的基础上,他们追求创建有中国特色的普通编辑学学科体系,以更好地服务迅速变革的编辑实践。尽管在这一过程中,编辑学与出版学存在着学科概念的论争,但是编辑学学科特有的文化属性和社会价值始终没有改变。编辑实践的转型发展,在给 21 世纪编辑学研究提出挑战的同时,也给学科发展带来了更加广阔的研究空间。回顾过去 70 年的编辑学研究,虽成就多多,“霞光满天”,但当初理论建构时各执一端的纷争还言犹在耳,如今“苟日新日日新”的媒体变革,编辑概念的无限延展性和媒体发展的不确定性,都昭示着未来编辑学研究的任重道远。回顾历史,总结经验,展望未来,在全面深化改革的新时代,编辑学人需同心同力、开拓创新,建构更加成熟、更加完善的编辑学理论体系,为社会主义出版文化的进步发展做出更大贡献。

(原刊于《出版发行研究》2020 年第 1 期,有改动)

化危为机：计量时代综合性学术期刊的困境与出路

刘京希*

对于人文社科学术期刊从业者而言，怎样认识和看待学术研究与学术期刊，决定了我们将怎样塑造一本学术期刊。从对于事物的认知也即从认识论的角度来看待学术期刊，它应当是有生命、有性格的鲜活的存在，更应当是一个主体性的存在。也就是说，它应当有主格、有品格、有刊格，它应当有自身的学术追求，以物化的形态被塑造成为个性化的精神存在，以践行其繁荣学术事业的使命。

因此，就其存在的价值和使命而言，学术期刊所最不应当成为的是从业者借以追求功利性外在目标的工具性客体——学术期刊这一事物自打出现以来，就未曾被赋予这样一项职能。当然，那种一两页一篇，一本期刊一期发文上百篇的所谓“论文”，肯定已经不能再被定义为学术期刊了。就此意义而言，从业者只有以上述眼界来看待、认知进而经营和建设一本学术期刊，才有可能使之成为富有其本原价值的物质呈现和精神质性；进而，从业者的存在意义和职业价值才可得以最深层次的认知与发掘。在这里，从业者的存在意义已经与期刊的学术价值融为一体。

学术期刊之本质，这个本来不是问题的问题，在计量思维盛行的计量时代，却不期然成为问题。尤其是对于深具中国特色的综合性人文社会科学学术期刊及其从业者而言，在量化评价一统江湖的格局之下，其左支右绌、进退失据的窘态，更加暴露无遗。在此背景之下，对于计量时代综合性人文

* 刘京希，山东大学《文史哲》编辑部。

社会科学学术期刊所面对的困境及其突围的路径予以探讨，显然仍有其必要。本文的立意，即在于将综合性人文社会科学学术期刊置于大数据尤其是计量时代的历史场景，考察其生存与发展的处境及困局，探寻其脱解之道，展望其未来的可能前景。

一、计量时代、计量思维与量化评价

大约从20世纪50年代中期开始，人类从工业社会进入到以计算机技术为标志的信息化社会。之于后发的中国，则是在世纪之交，以工业化与信息化相交混的方式，全面进入信息化社会。就是这短短二十载的信息化时代，之于学术期刊界而言，则尤显漫长。其原因在于，就是在这短短的二十载之间，刊界便经历了从大数据时代到计量时代的两次蜕变！

无疑，我们早已迈入以互联网为标志的信息时代。而随着网络信息技术的进步与飞跃，“大数据”成为这一时代的新特征，表征着一种新的文明形态的产生。如果说信息社会的初期阶段，其主要特征是以信息技术为主体，重点是创造和开发知识，那么信息社会的近前阶段，则是在创造与开发知识的同时，转而进入数据应用与无限扩展的新场景。因此，有人把以互联网、大数据、云计算为代表的“大数据时代”称为“数字文明时代”，因为它以全新的思维方式，全新的生产与生活方式，全新的生产关系和社会关系，开启了一个新的时代。而由互联网应用这种生产方式所促生的新的生产关系，定将是社会学家、政治学家、历史学家必须面对的现实问题，这样的问题也必将影响社会制度的变迁和世界格局的改变，因此人类必须面对数字文明时代来临时的一切现实问题。[①]

这个新场景，在笔者看来，又可切分为“大数据时代”和以之为基础的“计量时代”。也许，有赖于大数据技术的支持和铺垫，由信息化时代而计量时代，看似成为历史的必然。前者的特质是以海量信息为资源形成客观性

---

① 参见余建国:《数字文明时代，一个新的人类时代的到来》，2017年4月27日，http://blog.sina.com.cn/qmgbaby。

数据库,以为政府、社会与大众提供单纯的数据服务;后者则是以基于海量信息的筛选、计量与考核为特征,如此就形成了有赖于大数据的所谓量化客观评价特质。从对于事物予以评价与考核的角度来看,把当下时代称之为"计量时代",恐怕再贴切不过了。因为它涉及的不仅仅是数据的几何级数的暴增与便捷的网络检索,而且是通过对数据的规范化的分类处理,进而以之为依据,进行数据计量和评价。如此,我们遭遇的首要问题,便是如何看待和定义"计量时代"。

要弄清"计量时代"之所指,首先需要明确"计量"之要义。按照"百度"提供的定义,所谓计量,即利用技术与法制手段实现单位统一和量值准确可靠的测量。任何测量都要有一个统一的体现计量单位的量作为标准,这样的量称作计量标准。而计量之要旨,仅仅有计量单位的量的标准是不够的;它更加须臾不可离的,是量值的传递和保证量值统一必须采取的措施、规程和法律制度。失去规程和相应法度的规定与推行,计量标准便只具有形式意义。

由此便知,所谓"计量时代",即是基于海量数据信息,以信息技术为工具,以数据计量作为对任何事物进行衡量、评价与考核之标准的时代。比如广泛存在于经济领域的GDP考核,行政领域的"一票否决制",高教领域的年度综合排名,科研领域的"来源期刊"发文量排序等等,不一而足,充斥于各领域、各部门、各行业。这样一个以数据为标准、拿数据说话、唯计量是从的时代,难道还不可谓之"计量时代"?

如果我们认可这样一种基于技术的文明形态,那它也是一种较为低级的文明形态。原因很简单,它基于一种以量化评价为特质的同一性思维或一元化思维。这种思维在哲学上看无疑是有欠发达的思维形态。而以此种思维方式所呈现出的文明形态,能够称得上高级文明形态吗?

计量时代不过是这个时代的显性特征。其隐性质性,则在于无所不在的计量思维,和与之相表里的量化评价。

所谓"计量思维",概指凡涉及对于事物与人的行为的定评,均以计量或量化为衡量与取舍之首要标准的理念或思想。前述广泛存在于经济领域的GDP考核等等,无不是拿数据说话之计量思维的产物和作为,进而形成风靡一时之量化评价。

而所谓量化评价，是指通过评价要素设定和数据分析的方式，对事物的发展过程和结果进行描述、解析，进而得出数量化结论的评价方式。即在评价一类事物或现象时，首先予以数字分类；然后，进行同类要素之间的量化比较；最后完成加总排序，从而反映其高下优劣，以便起到评价的作用，达致量化评价的效果。各省 GDP 年度增长率的横向比较与排名，即是典型一例。GDP 排名关涉地方政府及其首脑的政绩评价，事关地方政府首脑的前程与命运，因此，对于这些年所出现的日趋疯狂的“GDP 崇拜”现象，自然便不难理解了。

量化评价又被称作定量评价，从而与定性评价相对应。比起带有主观性和或然性的定性评价，由于量化评价具有模块化、公式化、计量化、定量化、形式化因而简便易行的独特优势，深受相关管理部门、统计部门和评价体系的青睐而风头正劲。但正因为此，它的弊端也同样显明，兹容后叙。

二、量化评价：是非自有评说

计量思维与量化评价风潮的盛行，表现在与学术期刊界切近的科研领域，那便是教学科研单位之间、学者个人之间仅限于来源期刊之发文的量化比较、竞争与考评。这一风潮，发端于量化评价体系被行政化之后的本世纪之初。自此以后，如何挖空心思地进入来源期刊方阵，或者不被这条“客船”无情地抛入波涛汹涌的大海而淹没，成为所有学术期刊办刊人的心结。其偏执之至，以至于原本代表着学者学术积累之最高水准的学术专著的写作与出版，因为在考评过程中并不被作为首要考核要素计入量化“工分”，而招致普遍性冷落。历史学家何兆武先生在 2011 年不无忧虑地讲过一个有关学术人才评价的故事，并且委婉地指出我们的人才评价体系的问题之所在：我在历史研究所的时候，一次评职称，有个同事叫嚷：“我有一百万字。”我当时就很不以为然，你怎么论字数啊？牛顿的万有引力定律才几个字？照这么说牛顿根本不用评了。而且万有引力定律搞了 17 年，按照我们的规定他 17 年都评不上。爱因斯坦的晚年要搞统一场论，结果没有成功，但没成功他仍是第一流的学者，放在我们现在的体制里就行不通。我们这些年改革开放,等于转到一个新的轨道上来,可是还没摸索出行之有效的新办法。[①]

在国际学术期刊领域的量化评价,以 SCI、SSCI 指标最为人所重。而仅就本文所及的人文社科学术期刊领域来看,国内量化思维及其评价体系在人文社科学术期刊界的萌芽与尝试,大约始于上个世纪末,至今也就是二十余年时间,已然落地生根,一统江湖。蓦然回首,似乎就在一瞬间。而经过这短短二十余年近乎惨烈的竞争与搏杀,逐步形成了以 A 刊、B 刊、C 刊为代表的三足鼎立的量化评价体系格局。[②] 就目前态势和可见前景而言,三者之中,C 刊尤其占据并锚定更为强势的有利地位。而今,诸般科研单位及其主管、主办部门,在各类各层科研成果考评之中,无不以 C 刊为标尺,去衡量所发成果的多寡和优劣。虽然,各学术主办单位另有根据自身情况制定的、用于内部掌握的期刊分级目录,但大致不出 C 刊范围。

这样的评价体系设计,就在客观上形成了"以刊评文"的奇特现象。换句话说,只要是发表在来源刊的文章,因其"出身高贵",便是好文章。这种"文以刊贵""人以文贵"之"唯出身论""唯成分论"的不合理评价取向,早已为国际学界所诟病。本庶佑曾深有感触地说:有一种倾向,认为文章发表在有名的刊物上就是一流的工作。但是,与许多人的想象不同,真正一流的工作往往没有在顶级刊物上发表。这是因为,一流的工作往往推翻了定论,因此不受人待见,评审员会给你提很多负面的意见,你的文章也上不了顶级刊物。迎合时代风向的文章比较容易被接受,否则的话,需要花费较长时间才能获得认可。我认为《自然》《科学》这些杂志上的观点有九成是不正确的,论文发表十年之后,还能被认为是正确的只剩下一成。[③] 但在同行评议制度尚不成熟的国内学界,"以刊评文"便成为一种无奈的选择。

从学术期刊评价体系自身发展历程来看,它的"初心"并非在评价,而是在数据服务。包括 SSCI,其创设的初衷,便是为作者更加合理与准确地选择

① 参见灵子:《不敢乐观,也不敢悲观——对话何兆武》,灵子:《忧郁的常识》,安徽教育出版社 2013 年版。

② 所谓 A 刊、B 刊、C 刊,即中国社科院所属中国社会科学评价研究院自 2014 年开始发布的"中国人文社会科学期刊 AMI 综合评价报告"、北京大学图书馆自 1992 年始发布的"中文核心期刊要目总览"、南京大学 1997 年开始研制的"中文社会科学引文索引"(CSSCI)。

③ 参见《前任诺奖得主本庶佑谈科研:论文发表十年之后,观点正确的只剩下一成》,"墨香学术"微信公众号,2019 年 10 月 29 日。

期刊以投稿，提供一个数据性参考。也许，正是大数据时代的来临，为这些平台从数据库转型为评价体系提供了外部环境条件。当然，我们也不能排除这样的可能性：从数据库的服务职能转型为评价体系之考评职能，内中所隐含的主观性权力追求与获取冲动，乃是完成此一转型的更为根本的因素。

换言之，学术期刊评价体系初时在本质上只是一种便利于文献检索的引文数据库(包括 SCI，是目前国际上公认的最具权威的科技文献检索工具，以及科研评价的依据)。一方面，它为图书馆、阅览室和读者订阅期刊，为作者投稿提供了一个关涉期刊质量与发稿趣尚的观察视角；另一方面，它让办刊人直观地了解到以影响因子为表征的客观数据指标，由此从一个侧面清晰地研判一本期刊在业界所处的位置与状况、优长和不足，以便办刊人作出针对性的应对举措，这是数字时代所带来的数据便利。也因此，客观地说，评价体系的出现与存在，对于学术期刊质量的正向激励作用不容否认。虽然，评价体系各有不足，但这不是问题的主要方面。问题的要害，更在于量化评价指标与由此所生成的来源期刊目录的行政化滥用，使得评价体系失去了其本来的民间评价的性质，变形为带有某种权力属性的官方评价，从而造成诸多意想不到的弊端与后果。首先，我们来梳理一下量化评价体系自身的先天性弊端。

我们知道，量化评价体系一般以影响因子、被引频次、即年指标、被引半衰期等作为评价指标，对一本期刊是否入围来源期刊做出评定。其中，影响因子和被引频次作为主要指标，至为关键。

这类指标体系的先天性不足或弊端，一是“唯量化是从”，或以定量评价为主、定性评价为辅，形成事实上的“一刀切”式“量化剃刀”，以之格式化地裁切与打磨所有期刊。因此，在评价过程中，忽视了期刊尤其是综合性学术期刊的学科属性不同、风格迥异所造成的差异化发展生态，消解掉期刊的个性风格与特色，尤其不利于人文类综合性学术期刊的生存与发展。在此“剃刀”面前，诸多老牌人文学术期刊在究竟是保持既定传统风格，还是丢掉自身传统转而谋求适应评价体系的裁切之间踌躇彷徨。难怪有同业主张，评价体系应恢复其数据库之本来面目和相应的服务职能，而把评价权交还给业界同行。

二是扭曲“学术的使命在于将新知识用于社会普遍教育和公共事务”的

本质。学术期刊繁荣学术事业这一根本目的,在业界原本毫无认知障碍,而今则成为日渐模糊因而需要重新思量的大问题。为繁荣学术还是为保住或进入来源期刊而办刊,令身处其中的每个期刊人时时处于焦虑与踌躇的茫然状态。是遵循学术期刊自然成长与演化规律,在差异化竞争之中进行特色化办刊,为繁荣学术事业服务,还是舍弃这些本质性追求,转而投其所好,按照评价体系的格式化指标要求,去"做大做强"自己的数据?

三是形式评价压倒内容评价,外部价值偏好评价压制内部价值偏好评价。[①] 在现行学术期刊评价体系下,如果一个编辑部不胜量化考评压力,那么它在选取稿件的时候,首要的衡量和选择标准,恐怕不是同行评议所看重的,以观点、材料、方法为表征的学术成果的原创性和创新性,也不是看该学术成果对于学术研究是否有所推进,概而言之,即文章的学术性;而是看文章选题是否切合当前的社会热点,观点是否足够耸人听闻,刊用之后是否会有足够高的引文率等等,这些学术之外的、过眼烟云般的要素。如业者所谓:"目前最突出的问题,是知识生产受到学术评价机制的影响,引用率等指标对办刊理念和选稿方向等有误导作用。"[②]

或曰,难道就不能将繁荣学术与高影响因子追求相统一,使之相得益彰吗?窃以为,抛开专业性期刊不谈,至少就人文类综合性期刊而言,这是一个不可能兼及和完成的任务。这是因为,在人文类综合性学术期刊这一阵营,恰恰存在一个悖论——对于那些以人文见长的期刊而言,坚持既定风格,固守人文学统,必得牺牲影响因子;而追逐影响因子,就得抛却人文积淀与传统,牺牲既定风格,转战应用学科阵地,如此"我"将"非我"。

继而,再来看看民间量化评价体系被行政化、披上权力的光鲜外衣、被定格为宰制性评价标准之后,对于学术期刊办刊目的的进一步异化。

当数据库在量化评价方面所天生具有的"量化剃刀"式的简便性与易操作性特征,恰好吻合于行政主管部门的官僚化、形式化评价偏好之时。因而,当计量思维与量化评价由民间评价转型为官方评价系统,甚至成为唯一标准的时候,那么它由一般性数据库或评价体系到宰制式评价体系的蜕变,

① 参见刘京希:《学术期刊评价:形式为王还是内容为本?》,《华南师范大学学报》(社会科学版)2015 年第 5 期。

② 《学术期刊的所能和所愿》,《华东师范大学学报》(教育科学版)微信公众号,2019 年 11 月 15 日。

便成为必然。当然，这也是诸多数据库乐此不疲的追求。

笔者以为，行政管理部门的职责在于为学术研究提供服务与保障条件，而非介入学术评价过程。之所以介入其中，在行政管理部门看来，或者管理就是服务的应有之义；或者来自官方的评价才是最为权威的评价。当然，也或者按照保守主义的看法，有一只“看不见的手”，总是按捺不住试图去增进私人利益的冲动：“在政府活动的领域，正如在市场中一样，也有一只看不见的手，但它的作用正好同斯密的那只手相反：一个人如果一心想通过增加政府的干预来为公众利益服务，那他将‘受一只看不见的手的指引，去增进同他的盘算不相干的’私人利益。”①

以行政为主导的学刊评价体制，其实质乃是一种最简化、实用的管理制度，表面上看起来客观、中立、科学，甚至“去价值化”。然而，人文社会科学研究是带有极大的主观性且又极为复杂的思维活动，因此对于它的评价，充满价值性判断，只能在一个竞争性的学术公共空间之中获得其内在尺度，而无法用一种外在的、一刀切式的量化管理指标来评估和衡量其高下优劣。②民国那一代学者惜墨如金与厚积薄发的严谨学风已被“薄积厚发”的浮躁风气取代；当年北大文科研究所所长傅斯年对新任年轻教师“三年内不许发表文章”的要求，也早已被“不发表就出局”取代。③

其结果是，不唯大学教师早已沦为“挣工分”的“计件工”，学术期刊也沦为烧制砖瓦的流水线式“砖瓦厂”，期刊从业者则沦为“砖瓦厂”流水线上的搬运工。而行政力量介入其中的计量评价，所形成的“量化剃刀”式“一刀切”负效应，对于期刊生态的异化，较之自发性民间量化评价，无疑是大巫小巫。

一则带有浓厚的行政色彩的量化评价“两年影响因子”偏好，过于看重期刊的当下影响力，而不注重考察期刊的历史性学术贡献即学术史价值（量化评价体系所谓“半衰期”），导致刊界唯“影响因子”是从，一味趋新、媚时、

---

① ［美］米尔顿·弗里德曼、罗斯·弗里德曼：《自由选择一个人声明》，胡骑、席学媛、安强译，商务印书馆 1982 年版，导言。

② 参见许纪霖：《回归学术共同体的内在价值尺度》，《清华大学学报》（哲学社会科学版）2014 年第 4 期。

③ 龚刃韧：《“拖后腿”的中国人文社科》，2019 年 6 月 21 日，http://m.aisixiang.com/data/116799.html? from=timeline。

阿世,追逐焦点、热点,造成对学术研究发展规律的无视甚至阉割,这种片面性行为被詹姆斯·威尔逊称为"选择性关注"。如此,便在客观上弱化了期刊的纯然性学术追求和学术史价值的锚定,更是限制了期刊人对长远办刊思路的谋划与布局,战略性思维严重缺失。

在中国,自学术期刊作为新生事物产生,直到量化评价体系出现之前,将近百年的历史,对于学术期刊的评价,基本上是由学界同行以及以之为主体的读者来进行和完成的。当然,刊界同行在此时也是以读者的身份参与期刊评价的。也就是说,是通过读者的口碑来形塑一本学术期刊的学术声誉与社会影响力,正因如此,也就不是一把尺子量天下。由读者来评价,在他的眼中,就只有所刊论文之质量的优劣、创见的有无,编者是否具备善于发现和引领学术思潮的眼界,以及期刊的特色是否鲜明、质量是否恒定,而不抱持任何功利目的。①

近期,因于量化评价的形式化弊端,回归以内容评价为主导的质性评价,成为一个国际性总体趋势。2015 年 4 月发表于《自然》杂志的"莱顿宣言",便是向"质性评价为主,量化评价为辅"转折的重大信号。② 在 2019 年世界顶尖科学家莫比乌斯论坛上,2013 年诺贝尔生理学或医学奖获得者兰迪·谢克曼呼吁:"作为学者,我们是依赖于学术界的同事对我们的评价,以此获得工资、资金和晋升的机会。我希望思考学术人员在评价学术文章中的作用,而不是用扭曲的学术期刊影响因子。""通常高引用率的文章,并不一定质量很好,有时候一篇有错误或者争议的文章,也很引人注意。所以,这些所谓的 Luxury 杂志的编辑们知道这一点,在选题上尽量选取更加'性感'或具有挑战性的主题。这实际上是在制造论文泡沫,同时也给其他重要的研究工作带来不利影响。"③2019 年 12 月 18 日,国务院通过《国家科学技术奖励条例(修订草案)》。尤其值得业界注意的是,条例规定,2020 年度国家自然科学奖提名书将取消填报"SCI 他引次数"的硬性规定,这无疑是一个

① 参见刘京希:《学术期刊评价:形式为王还是内容为本?》,《华南师范大学学报》(社会科学版)2015 年第 5 期。

② 《莱顿宣言》的提出源于 2014 年在荷兰莱顿召开的一次国际会议。美国佐治亚理工学院公共政策教授戴安娜·希克斯(Diana Hicks)等提出了合理利用科学评价指标的七条原则,后来扩充为十条。

③ [美]兰迪·谢克曼:《虚假的影响因子是为了销售学术期刊》,文汇客户端,2019 年 10 月 31 日,https://wenhui.whb.cn/third/baidu/201910/31/298402.html。

值得关注的新动向。

当然，对于计量评价，也不能一棍子打死。客观地看，受制于社会整体环境，在学术共同体建设难如人意、不能独立担负起评价职能的背景之下，计量评价不失为一种退而求其次的选择。只是，计量评价之先天弊端，并不应因此而为人们所刻意回避。笔者倒是觉得，量化评价指标体系之中的“半衰期”指数，也就是期刊刊文的生命力周期，是个并非急功近利的良好指标设计。半衰期越短，说明期刊的学术性越差；半衰期越长，则表征着期刊的学术性越强。它形象地说明了一本期刊的学术生命力的长短、学术史积淀和贡献的大小，也就是学术生命力周期的半径之幅度。令人遗憾的是，在量化评价体系之中，这也是一个其重要价值被普遍忽略的指标。①

二则与战略性思维缺席相应，策略主义思维在刊界大行其道。所谓策略主义，是市场主体基于自己的功利性判断而作出的效用最大化市场选择。人文社科学术期刊界作为一个“类市场”，自打进入计量时代，同行之间的高度竞争态势，用“惨烈”来形容，似也不算过分。为了实现对于影响因子的最大化追逐，进入或保住来源期刊，某些业者急功近利、不计成本、不惜代价地采用一切有助于目标实现的技术、策略和手段，而不论其公平、正当与否。表现为或大幅度减少其刊文篇次，或组织“互引联盟”，或与作者建立有偿引用关系，不一而足，形成事实上的“虚假引用”和“虚假评价”，从而严重恶化了行业心理和生态环境。②

三则，行政性量化评价体系不分学科属性，以影响因子“一把尺子量天下”，导致综合性期刊一窝蜂扑向应用学科，争相抢占影响因子高地，以至于零被引论文被戏称为“僵尸论文”。此一趣好进一步传导至学界，影响所及，冷僻小众学科乃至独门绝学的相关研究成果难以见刊，传统学科遭到严重削弱。这一现象类似于行为经济学所谓“偏好替代”。行为经济学认为，行为主体在跨期选择时“存在系统的‘短视’认知偏差，形成短期贴现率高、长期贴现率低的不规则的时间偏好结构特征。具体来说，行为主体会更看重

① 就在本文成文后的一周内，笔者得到南京大学中国社会科学研究评价中心采行“中段评价”(10年期)指标的信息，深感欣慰。

② 参见刘京希：《谁是学术期刊内在质量的鉴评者》，《澳门理工学报》(人文社会科学版)2015年第3期。

短期的成本收益比，而对长期后果则考虑较少”[①]。“目标可以转译为一系列代表相应结果的价值优先权或实用功能。如果没有清晰的优先次序，理性评估和选择就不可能发生。”[②]“偏好替代”反映在绩效评估上，就是迫于严峻的定量排序压力，业者极端关注与追逐影响因子指标，甚至出现“影响因子崇拜”症候群。诸多综合性学术期刊甚至不惜变更办刊宗旨与方向，置期刊的既有学科与专业特色于不顾，“计不旋踵”地向高被引学科变移。行政性“量化剃刀”的“一刀切”效应，消灭事物自然演化规律与差异化发展格局，尤其不利于人文学术期刊的生存。据统计，目前社科领域发文量已膨胀至人文领域的15～50倍。此种反生态做法，使有些名刊为几代人层累而成的独有期刊风格这一无形资产，一夕之间坍塌而荡然无存。

近期，政策层严厉批评教学科研领域广泛存在的严重的“四唯”“五唯”现象，但效果不彰。原因在于，虽然说是看准了问题把准了脉，但所开出的“自下而上”治理路径或者让基层组织检讨式“自反”的药方，显然并不对症。不论是“四唯”还是“五唯”，都只不过是所存在问题之症结的映像，而不是问题赖以生发的根源。也因此，仅止于声讨“四唯”“五唯”之现象，或止于基层“神经末梢式”检讨，而不是寻根问底，探寻与挖掘其赖以生根的体制、机制根源，不过是隔靴搔痒，即使一时间反掉“四唯”“五唯”，风头一过，还是会生出“七唯”“八唯”。对于量化评价体系所产生的问题及其检讨同样如此，关键是要找准症候的病灶，进而予以根除。

上述行政化“量化剃刀”式外部评价所产生的负效应，不免让人联想到现代城市绿化、美化过程中所流行的千篇一律的“草坪文化”。此种城市绿化文化在性质上属于“建构性文化与秩序”，主要是以人工草坪取代作为“自发秩序”的丛生的杂草，以追求一统、整洁之视觉效果。其优点显而易见，那就是整齐划一，美观大方，且便于修剪打理。但其缺点也同样显明，那就是人工草坪的种植原则，是以同质性排斥多样性，把异质性元素视作“坏”的成分予以清除，从而改变多种元素相竞互补、互惠共生的良好生态系统，往往使得人工草坪因不适应所生存之环境，而变得孱弱不堪，既旱不得，又涝不

① 叶德珠：《地方政府投资中的冲动与拖延——中国经济过热的一个行为经济学解释》，《经济经纬》2008年第5期。

② ［美］斯格特：《组织理论》，黄洋等译，华夏出版社2002年版，第32页。

得，还易招虫患，不得不经常进行一体性更新，因而养护成本极其高昂。与之相反，各色原生杂草因环境而生，多元互补、互惠共生而自成生态系统，历经生存考验而与环境融为一体，既抗旱又耐涝，抵御病虫害的自我修复能力尤强，因而总是生机勃勃。这是与盲目干预自然生态规律的“草坪文化”正相对应的顺乎自然生态规律的“杂色文化”。[①] 学术期刊的生存与发展，是走“草坪文化”之路还是走“杂色文化”之路，似乎仍然是个问题。

基于行政性量化评价所存在的致命缺陷，笔者认为，尊重学术期刊发展生态规律乃至学术进步生态规律的评价体系，起码应当具备这样的特点：内容评价而不是形式评价；非功利性评价而不是功利性评价；非建构性评价（扩大评价主体基数，实行较大范围的自发性、非建构性读者民主评价）而不是建构性评价；中长时段评价（看重学术史积淀与贡献）而非短时段评价（以致盲目逐追热点、谀世媚时）。其中，最为紧要的一环是：评价方式宜采行同行多元定性评价（“代表作制”及“抽查制”并行）与量化评价相结合、专家（精英）评价与读者（民主）评价相结合的基本原则。[②] 换言之，超越浅表性、“一刀切”的行政化量化评价，“唯一的希望在学术共同体本身，在学术共同体内部建立起一套民主的讨论与协商机制，通过竞争性的评审、对学术的专业讨论、多种价值与利益的博弈、协商与投票，逐步建立起学术共同体的内在价值标准和程序性规范”[③]。一言以蔽之，就是以多维多元复合式评价，取代一维单元简单化评价，目的在于回归学刊的本来面目和本真使命，保护、保守、光大期刊得之不易的自身既有传统与风格，最终服务于学术事业的繁荣与发展。如此，方可实现形式正义与实质正义兼而得之的评价正义。

当然，我们应当看到，有的评价体系也在注意听取来自学界与刊界的声音，不断地对评价体系和评价指标进行调整，力图使所得评价结果更加趋近于业界和学界的大致判断。目前，A 刊以吸引力、管理力、影响力作为一级评价指标；B 刊以被索量、被摘量、被引量、他引量、被摘率、影响因子、获国

---

① 刘京希：《论“草坪化政治”与生态化政治——兼及政治生态指标测定》，《四川大学学报》（哲学社会科学版）2019 年第 3 期。

② 参见刘京希：《构建公正理性的期刊评价体系》，《中国社会科学报》2017 年 4 月 11 日。

③ 许纪霖：《回归学术共同体的内在价值尺度》，《清华大学学报》（哲学社会科学版）2014 年第 4 期。

家奖或被国内外重要检索工具收录、基金论文比、Web 下载量等 9 个评价指标作为主要评价指标;C 刊遵循定量(文献计量指标)评价与定性(学科专家)评价相结合的原则,量化评价体系以被引频次、影响因子、即年指标、期刊影响广度、地域分布、半衰期等定量指标构成。其中,被引频次、影响因子构成核心数据。而在三大评价体系之中,又以 C 刊指标体系的相应调整和改进最为明显。据笔者所掌握的零散信息,C 刊近期调整动向大致如下:(1)动向之一:增加 C100 来源刊。估计相当于 C 刊权威。(2)动向之二:对综合刊进行人文与社科分类评价。假设,综合刊期发文量占比 70%以上,属人文类;反之,属社科类。这是业界施压的结果,无疑是值得称许的动向。(3)动向之三:"以刊评文"与"以文评刊"相结合。即以"代表作制"和"论文抽检"变量,部分消解量化评价的弊端。(4)动向之四:来源刊大幅缩减刊文量的投机行为,被其纳入监控范围。(5)动向之五:压缩以高校学报为代表的综合性期刊的来源刊数量指标,以引导综合性学术期刊的专业化转型。(6)动向之六:引导期刊注重引注形式规范,设定来源期刊引文差错率门槛指标。(7)动向之七:增设十年期"中段评价"类目,延展评价工作的纵深度。

在笔者看来,各评价体系的这些新举措与新动向,大多属择善而从,值得业界肯定。但诸般新举措,尚不足以改变其计量评价的基本属性。更为根本性的变革,还需拭目以待,那就是在体制层面诸评价体系回归其原初的数据服务职能;与此同时,行政权力与评价体系脱钩,从"裁判员"退回至"服务者"角色。唯其如此,学术期刊为行政性量化评价所宰制而变异的困局,方可被根本性破解。

三、"计量时代"综合性学术期刊的困境及其解脱

在全球范围,最早的学术刊物出现于 1665 年,是由英国皇家学会出版的《皇家学会哲学会刊》。其主要目的是协助交流,而不是发表研究成果。在西方学术期刊界,编辑出版专业刊与专题刊是其一贯的办刊传统。与之不同,受苏联式一统学术体制的影响,中国高校学报以及社科院系统的院办

学术期刊,多采用学科综合的办刊模式。[①] 这正是"计量时代"人文社科综合性学术期刊陷于办刊困境的学术体制根源。

学术期刊的根本职能是为学术群体提供自由交流的开放空间,以营建和凝聚学术共同体。但是,随着外部评价体系的行政性、宰制性介入,学刊的性质和职能因为生存问题而发生显著变异,与其提供自由交流的开放空间、营建和凝聚学术共同体的本质使命日益游离。行政性量化评价所引致的期刊等级制、圈子化的转向,使这一学术公器异化为获取文凭、谋职、晋升、跳槽等等的"敲门砖"。如此境况,使得诸多学术期刊不得不在学术公器与功利私器之间彷徨和徘徊。尤其是对于那些个不乏纯粹学术追求的办刊人来说,犹如"戴着镣铐跳舞",在无奈之中徒劳地挣扎。

面对如此窘境,刊界尤其是综合刊当何以自处?以怎样的面貌而存在?且当以"C 刊"为代表的以计量为主体的评价体系,拟议即将缩减综合性期刊的来源刊指标时,综合刊在评价体系的总体评价中,将处于更形不利的境况。确定无疑的是,这将引发综合性人文社科学术期刊界别的新一轮恐慌性躁动。

那么,接下来的一个严峻问题便是:身处无以逃避的计量时代,面对以行政性量化评价为特征的外部评价,人文社科综合刊究竟应当如何应对?在笔者看来,人文社科综合刊的应对之策,可用 12 个字予以概括:"形塑风格,坚守自我,顺势而为。"你所面对的,已经不是曾经可以被平视的民间评价,而是一锤定音的、自上而下的官方评价,你无由也无力抵抗!但顺应不等于随波逐流,而是宜进行主体性因应,顽强地打造属于自己的风格。只有奋力凸显自我,才不至于沉寂甚至沉沦。

(一)走"小综合,专题化"的"中间态"办刊路径

关于综合性学术期刊的未来出路,近来业界不乏讨论甚至争论。[②] 但有一点不容置疑,那就是,综合刊这一类型仍有其存在的必要性。正如《学术月刊》前任总编王亚夫先生早在 20 世纪 80 年代初就认识到的:"综合性刊物还是有它的作用,有它存在的必要。综合性,正是它的特点。哲学、社会

① 参见徐贲:《贺卫方有资格当教授吗》,"书时光"微信公众号。

② 2019 年春季,在由湖北民族大学学报编辑部主办的"首届学术期刊政治学编辑论坛"上,便展开过一次有关综合性学术期刊是否有必要进行专业化转型的激烈争论。

科学各门学科既有区别、又有联系。一个专业理论工作者不能只读与自己有关的专业文章。搞哲学的要了解经济学中所提出的问题,搞经济学的要了解哲学。各门学科都有相互了解的必要。有些问题是大家都关心的,如'一分为二'与'合二为一'问题;生产目的问题等等。综合性刊物应该多抓大家共同关心的问题,少搞过专过僻的东西。作为一个专业理论工作者,如果能够通过一本综合性的学术刊物,了解整个哲学、社会科学界的研究状况,对他的研究工作是有好处的。"①

只是具体到综合刊的定位,多年来相沿成习的无机大拼盘式的传统办刊模式,无疑已是死路一条,再也不能陈陈相因了。但是,在综合性学术期刊寻找新的突破之际,也要力避走向一窝蜂专业化的另一个极端。面对专业刊与专题刊的两面夹击,综合性学术期刊一窝蜂地挤向专业化、专题化办刊路径,也不太现实;另辟蹊径,走"小综合,专题化"、介于专综之间的"中间态"办刊路径,比较符合既有实际。如此,也就使得传统人文社科期刊兼具综合刊、专业刊及专题刊的各自特长,反而化劣为优了。

在学科细分与交叉齐头并进的今天,科学技术的助推,比如人工智能、基因编辑技术研究的突飞猛进,使融合成为一大趋向。不同于专业性期刊,综合性学术期刊的优势,正在于学科交叉与融合。由此说来,综合刊也并非像有的业者所批评的那般不堪。但学科交叉与融合在综合刊上的体现,不应是栏目间无内在有机联系的大拼盘无机组合,而应当是实现相近或相宜学科之间的实质性融合。换个说法,就是把相互之间具有内在联系的学科,通过创新性栏目设计,实现有机融合,以取代目下综合刊普遍存在的、以一二级学科命名的无机机械式栏目组合方式。此种融合的最重要的实现形式,无疑就是专题化——只是,这个专题是不同学科互相激荡所生成的、共同感兴趣的话题。或者用不同学科的方式方法,研究一个共同感兴趣的问题;或者以不同学科角度和观点,观照和论说同一个话题;或者以跨学科的方法和观点,去检视一个普遍性、整体性问题。

《读书》2017 年第 5 期发表过一篇相关的文章,题目为《如何把握我们这个复杂的时代》。这篇文章实际上是围绕"新人文精神"而展开的一个对话。

① 王亚夫:《关于〈学术月刊〉的性质、对象和方针问题》,《社联通讯》1980 年第 10 期。

其中丁耘的一个看法，引起笔者的兴趣和思考。他认为，当下人文学科存在总体性危机，而总体性危机一定需要有各自学科的协同研究。“由于目前的学科壁垒，在进入各自学科之前，很重要的事情大概是前学科的描述。对现实的把握是最容易产生对话的地方。较一致的前学科描述或可弥补各学科间的差异。”

此文所给予笔者的启发，是按照这一“前学科描述”思路，可以恰如其分地发现“小综合”性人文学术期刊不同于专业性期刊的独特定位，进而形成与专业刊之间清晰的区分度。依此思路，各人文综合刊的学术生长点甚至其风格定位，恰恰在于“基于学科差异的前学科对话”。原因很简单，这个位置是最容易产生话题和对话的地方。一旦找准这一定位，并使之与期刊自身的历史积淀、传统优势、学科或专题侧重完美地结合与统一起来，一本特色鲜明的“小综合”期刊就横空出世了。这样的概括，与《文史哲》前主编陈炎先生“学贯文史哲，理通儒释道”的办刊理念，和现任主编王学典先生所谓“非文非史非哲，亦文亦史亦哲”的“小综合通科”办刊思维，极相近似。

（二）以问题凝练学科，而非以学科切割问题

由“小综合，专题化”的“中间态”办刊原则所决定，必然会提出“以问题为中心”的栏目设计理念。这一先决理念，把“问题”看得比“学科”更重要，更带根本性。[①] 通过超学科问题的凝练，实现学科之间的有机融合，形成融合性学术生态。其具体路径可简括为：提出为不同学科共同关注但仅靠学科知识结构又难以解决的跨学科或超学科问题——展开学科内或跨学科研究——得出跨学科或超学科研究结论。

如果说，我们把不同学科的专门化研究视作一股股各异的“潮流”，那么，对于综合性人文社科期刊而言，它的优长正在于汇集不同学科，进而去关注被各专业学科所忽视的潮与潮之间的交汇地带，即“潮间带”。换言之，综合性人文社科学术期刊的办刊理念及其实践，必须注意处理好具体学科与超学科之间的关系，既不能陷于具体学科、纠缠于琐细问题而不能自拔——这等同于以自己的“特短”去抢夺专业刊的饭碗，也不能脱离开具体

① 关于综合性学术期刊改革与发展路径的看法，可参见仲伟民：《调整是综合性社科期刊发展的必然选择》，《重庆大学学报》（社会科学版）2007 年第 4 期；叶祝弟：《综合性学术期刊评价困境蠡测——综合性学术期刊评价体系建构略论》，《学术界》2019 年第 8 期。

学科,盲目求全、求大、求博而变得空疏无根,甚至失去特色——这正是我们试图所要疗治的、综合刊的共通性病症。适宜的操作策略,应当是沿着“前学科——学科——后学科”的路径,筹划综合性人文社科学术期刊的特色化出路,如此才可找寻到综合刊的恰切定位。[①]

具体而言,无论是选题还是栏目的组织策划,都应从超越具体学科的“前学科”层面,即中观与宏观视域切入与考量;进入具体稿件的组织环节,则宜从具体学科入手,微中知著,小中见大,寻求之于学术问题的专业化解决方案与答案;而最终的目的或目标,则又是从具体学科中游离出来,进入“后学科”的宽广视界,寻求超学科的共通性、普遍性价值和意义。这一过程,也可以用“抽象——具体——抽象”三部曲予以表达。当然,如何能够发现和提出超越学科壁垒的“问题”或“话题”,也正是目前综合性学术期刊及其编者的普遍性困惑所在,考验着人文社科综合性学术期刊编者的学术视野与眼力,当然,也直观地反映了其与学界的互动与交流程度。

(三)提高期刊内容的集中度,获致集约与集群效应

与上述内容高度相关,自觉综合刊最为理想的办刊方式,是进行可持续的专题性选题策划和组织,形成内容和论域的适度集中,以及栏目的集群效应,以求实现某一个点位的突破;进而通过这一亮点,吸引读者注目,形成眼球效应,带动期刊的整体性发展。

一个公理性的办刊原则就是:影响力取决于集中度。抓住集中度做文章,无疑就抓住了办好学术期刊的“牛鼻子”。

集群效应是个生物学名词,指同种生物聚集在一起生存所产生的良好生态效应。借用于期刊发展,所谓集群效应,就是期刊内容集中度的外部化或社会化;或指期刊选题策划以及相应讨论的较高的集中度和内在关联性。只有提高期刊内容的集中度,才能形成集群效应,进一步凝练特色,也才能为相关学人所注目。比如《国际社会科学》杂志以及《文史哲》英文版,总体上看,是综合刊或“小综合”,但每期只是集中讨论一个话题。所以,具体到

---

① 王学典先生有关“新文科”建设的问题导向思路,大可用于综合刊的办刊探索实践:“旧文科强调分科治学,新文科应该强调联合攻关、科技整合、协同治学。应该以问题为平台来整合学科,而不是以学科为平台来切割问题。”参见王学典:《把中国“中国化”:人文社会科学的转型之路》,《北京日报》2016年9月26日。

每一期，则又具有专题刊的性质。这样就既保持了综合刊的宏观性、融合性的优势，又回避了综合刊在专业性方面的不足。这一办刊思路，可以概括为“问题导向，专综结合”的尝试。当然，这样做也有不足之处——虽然部分回避了综合刊的劣势，但话题的游移性，使得她难以长效地、持续性地锁定专业读者，也即难以培养相对固定的、忠诚的读者群。当然，数字化时代读者的“检索式阅读”方式和习惯，已然淡化了这个曾经引发同业广泛焦虑的问题。

若说是更进一步，则宜在可持续的专题性选题策划和组织的基础上，增强专题的讨论性和回应性。即是说，围绕一个专题或话题，从不同侧面、不同角度甚至是不同学科予以切入，展开深入讨论，以达到在理论和方法上互相切磋、互为启发之功效。如果能够做到使话题的讨论更加具有现场感、热烈感和及时回应性，那就难能可贵了。当然，这便对编辑者提出了更高的专业化要求，即必须能够就专业性学术问题，与专家学者展开对话，甚至引导专家提炼与凝聚拟议讨论的话题。

在综合性学术期刊限于体制的束缚，一时无法转型为专业刊的状况下，一个次优选择，就是基于期刊与主办单位的自身传统和学科优势，或者是基于所在地域的独特文化资源，进行差异化选择，实施特色化建设，提高期刊内容的集中度，达致集约与集群效应，形成“一刊一特栏，一刊一特色”的良好局面。如此，即会形成良性的差异化竞争和错位化发展格局，一定程度上改变为学界所诟病的、由无机化机械组合所形成的“千刊一面”、了无生气的沉闷局面。

（四）进行以凸显特色、个性和品牌为前提的“归核化”经营，构建以主打栏目为轴心的同心多元体系

与前述理念相关联，在综合性人文社科期刊的办刊理念上，它主张进行以主打栏目为核心的“归核化”经营，即构建以主打栏目为轴心的同心多元体系，从而完成期刊自身的特色化与个性化定位。由于同心（有机）多元化以主打栏目为轴心，因此，它比“无机多元化”——毫无特色与个性的一二级学科命名之栏目拼盘——具有更大的竞争优势；它主张期刊依据自身优势进行差异化分工，各自培育不同于他刊的特色优势栏目，进而形成个性化的核心竞争优势。当然，这必然是一个经济学所谓通过法治化市场公平与正当竞争而自然演化的历史过程和应然结果。

因此,学术性期刊尤其是综合性人文社会科学学术期刊,如果说非要总结出一个办刊的秘诀,那就应当是:个性,个性,还是个性。[①] 个性、特色与品牌,无疑是超然于时代、超然于任何评价方式的办刊要件。而一本期刊的成长、发展与成熟,正是沿着特色——个性——品牌的路径一路走来的。对于综合刊而言,这无疑更为紧要。概言之,就是保守传统(自身历史积淀是什么以及如何保存与弘扬这一精神财富),凸显特色,型塑个性,打造品牌。

那么,特色是什么?就是"人无我有"的个性风格,"与其第一,不如唯一"。比如领域的开拓、专题栏目的设置,坚持"不同于人"的个性化追求,强调占先性甚至独占性。所谓"个性",就是"不可取代性"。没人能够无视或取代你的存在,便是你最根本的个性。个性如此重要,以至于没有个性,期刊的"这一个"与"那一个"便没有了界限,也就失去了赖以存在的依据,只能如歌曲《存在》中所唱的那般,"找个借口继续苟活"。期刊个性恰如"美眉"的脸,风格不同,美而各异,才楚楚动人。每张脸长得都毫无二致,便显得平淡了。那么品牌呢?学术期刊有其特殊的商品属性,它以发表精良的学术成果、开展学术争鸣、引领学术潮流来赢取读者。因此,作为学术期刊的生产者和经营者来说,同样也需要强化品牌意识,注重期刊的品牌建设。

品牌建设和特色定位,是期刊发展过程之至为重要的一步。编者只有担当起文化传承的责任,肩负起繁荣学术的使命,也才有可能以战略家的眼光去一以贯之地强化品牌意识,进行品牌建设,学术期刊才会产生广泛的影响,拥有众多的读者。学术期刊虽然不同于一般企业的产品,通过自由竞争去占有市场,但在某种意义上,它也是商品,它也要面对同类商品之间的激烈竞争。只是,它有其特殊商品的属性,即不以销量和盈利为追逐目标,而是以发表精良的学术成果赢取读者、获得赞誉。[②] 但凡在学术市场竞争中始终居于有利地位的学术期刊,无不高度重视品牌建设,也无不是响当当的业界品牌。

---

① 参见刘京希:《个性决定期刊的生命力》,《光明日报》2004 年 9 月 30 日。

② 在国际学术期刊界,一般来说,评价一本期刊的优劣,如果说销量是一个衡量指标的话,那恰恰是看谁的发行量更小,而不是更大。发行量越小,往往说明期刊的读者层次越高,受众面相应收窄,因而,期刊的学术性越强。

品牌不仅仅是期刊的名称，在名称背后，它还传递着期刊的内涵、特色、风格等信息，以及办刊人的理念、品位和境界。期刊的内涵也就是内在质量，是支撑期刊品牌的最主要因素，某种意义上是唯一因素；主办单位等是第二位的因素。为什么这样说？事实已经证明，一流的主办单位不一定办得出一流的期刊；非一流的主办单位也不乏办出一流期刊的案例。所以，人文社科综合性学术期刊界没有必要妄自菲薄，自轻自贱。只要走集约化内涵发展之路，凝练自我风格和气韵，辅之以超学科特色栏目策划和组织，以问题带动学科，假以时日，必定会创出富有学术甚至社会影响力的期刊品牌。

结 语

当下时代，对于综合性人文社会科学学术期刊的生存与发展而言，从外部评价的角度看，无疑这是计量的时代。但无论如何，这确乎仍然是一个学术的时代。两相比较，后者是更为本质性和决定性的存在，它是跨越时空、超越时代的永恒性存在。也因此，决定了我们必然要立足于学术的主体性立场，来看待和评价计量时代林林总总的学术期刊评价体系，进而来研判综合性人文社会科学学术期刊的未来发展所应选择的路径。当业者普遍回归并致力于繁荣学术事业、推进人类文明进程的历史使命和职业担当，而不是孜孜于揣摩外部评价体系的评价偏好以投其所好的时候；当期刊人秉持自我主体精神，凝练和形塑期刊风格、打造期刊独有个性、走品牌化发展之路的时候，便意味着我们找回了失落已久的学术期刊的本质，回归了应然性学术生态，也便意味着期刊人方才无滞无碍，进入“办刊自由”之化境。

[原刊于《澳门理工学报》(人文社会科学报)2020年第3期，有改动]

论学术期刊在科研诚信建设中的责任与作为

陈颖*

人无信不立，诚实守信乃维系人与人之间正常关系的基础，也是人类从事各种社会活动必须遵循的道德准则。科学研究作为人类追求真理、推动社会进步的一项高尚的创造性活动，是最需要讲诚信的。然而，近年来，在我国学术界时有违背诚信原则的学术不端事件被曝光，涉事者上至两院院士、大学校长，下至高校普通教师、研究生等。可见，科研诚信已经成为一个影响我国科研学术事业健康发展的重大问题，引起了全社会的极大关注。鉴于此，近年来，中央和国家有关管理部门连续下发相关文件，规范科研诚信行为。

2018年5月，中共中央办公厅、国务院办公厅印发了《关于进一步加强科研诚信建设的若干意见》①（以下简称《若干意见》），全面规划了科研诚信建设，其中学术论文发表和学术期刊出版中的诚信建设成为重要方面内容，“若干意见”第（十一）条提出“建立健全学术论文等科研成果管理制度。科技计划管理部门、项目管理专业机构要加强对科技计划成果质量、效益、影响的评估。从事科学研究活动的企业、事业单位、社会组织等应加强科研成果管理，建立学术论文发表诚信承诺制度、科研过程可追溯制度、科研成果检查和报告制度等成果管理制度。学术论文等科研成果存在违背科研诚信要求情形的，应对相应责任人严肃处理并要求其采取撤回论文等措施，消除

---

* 陈颖，福建师范大学文学院。

① 中华人民共和国中央人民政府网，2018年5月30日，http://www.gov.cn/zhengce/2018-05/30/content_5294886.htm。

不良影响。”第(十五)条提出“建立健全学术期刊管理和预警制度。新闻出版等部门要完善期刊管理制度，采取有效措施，加强高水平学术期刊建设，强化学术水平和社会效益优先要求，提升我国学术期刊影响力，提高学术期刊国际话语权。学术期刊应充分发挥在科研诚信建设中的作用，切实提高审稿质量，加强对学术论文的审核把关。科技部要建立学术期刊预警机制，支持相关机构发布国内和国际学术期刊预警名单，并实行动态跟踪、及时调整。将罔顾学术质量、管理混乱、商业利益至上，造成恶劣影响的学术期刊，列入黑名单。论文作者所在单位应加强对本单位科研人员发表论文的管理，对在列入预警名单的学术期刊上发表论文的科研人员，要及时警示提醒；对在列入黑名单的学术期刊上发表的论文，在各类评审评价中不予认可，不得报销论文发表的相关费用。”

2019 年 5 月，中宣部、教育部、科技部等 7 部委专门针对哲学社会科学研究的诚信问题，联合下发了《哲学社会科学科研诚信建设实施办法》①，对哲学社会科学研究中的科研诚信教育、惩戒等制定了具体实施办法。2019 年6 月，中共中央办公厅、国务院办公厅又印发了《关于进一步弘扬科学家精神加强作风和学风建设的意见》②(以下简称《学风建设意见》)，号召广大科研工作者要自觉践行、大力弘扬新时代科学家精神，在加强作风和学风建设、营造风清气正的科研环境等方面发挥示范作用。《学风建设意见》第(十一)条“坚守诚信底线”中特别强调“严守科研伦理规范，守住学术道德底线，按照对科研成果的创造性贡献大小据实署名和排序，反对无实质学术贡献者‘挂名’，导师、科研项目负责人不得在成果署名、知识产权归属等方面侵占学生、团队成员的合法权益”。最近，科技部、中宣部、最高人民法院、最高人民检察院等 20 部委又联合颁发《科研诚信案件调查处理规则》(试行)③，对科研失信行为的认定以及相关案件的调查、处理等制定了具有可操作性的具体规定。

---

① 中国高校人文社会科学信息网，2019 年 6 月 27 日，https://www.sinoss.net/show.php?contentid=87873。

② 中华人民共和国中央人民政府网，2019 年 6 月 11 日，http://www.gov.cn/zhengce/2019-06/11/content_5399239.htm。

③ 国家自然科学基金委员会科学传播中心网，2019 年 10 月 11 日，http://www.nsfc.gov.cn/csc/20340/20289/46016/index.html。

这一系列重要文件的下发，表明科研诚信建设已迫在眉睫，必须高度重视。虽然相关内容主要是针对广大科研人员、科研单位和科研管理部门提出的，但其中也涉及学术期刊的诚信建设问题。“切实提高审稿质量，加强对学术论文的审核把关”是学术期刊加强诚信建设的核心要义。学术期刊在科研诚信建设中负有不可推卸的责任，必须有所作为。

一、编辑人员的职业道德操守影响学术期刊的诚信原则

学术期刊作为提供科学研究成果发表的一个公共平台，是为科学研究服务的，从行业属性上说，学术期刊出版行业是社会中的一个服务行业。因此，与社会上的其他众多服务行业一样，重契约讲诚信也是学术期刊运作的基本准则。清醒认识自己的行业属性，准确定位自己的社会价值，摆正自己在社会中的位置，对于学术期刊从业者来说至关重要。

既为服务行业的一员，那么，如何处理与服务对象之间的关系就成为首要问题。在当代社会，人与人之间的交往大都带有服务与被服务的性质。比如，从理论上、逻辑上说，领导和群众之间是服务与被服务的关系，教师与学生之间、医生与患者之间也都是服务与被服务的关系，但干群关系、师生关系、医患关系通常是无须借助中介物而由人与人直接接触建立的关系，而学术期刊的编辑与作者的关系却有些特殊：其一，在信息时代，编辑与作者之间无须建立人与人之间面对面的直接关系，两者是通过论文及其刊载物为媒介发生关系的；其二，由于供求关系的悬殊，编辑与作者之间的关系可能处于不平等状态；其三，服务的过程与结果不是由被服务对象的权力或金钱来决定的。正是基于这些特殊性，学术期刊主编、编辑的道德操守就显得格外重要，并直接影响刊物的诚信原则。

首先，学术期刊编辑的道德操守首先体现在其政治立场和政治原则上。改革开放40多年来，随着社会主义市场经济的发展，许多原属国家严控的服务业都放开由市场自主经营，唯独出版业中的人文社会科学学术期刊业始终是作为意识形态的重要阵地保持它的事业属性，尤其是高校主办的社科期刊无一例外是由政府人财物投入、高校管理、新闻出版行政部门严密监控的对象，担负着以理论先导服务国家政治、经济、科学和文化发展的重要

使命。作为学术期刊的主编和编辑，对于刊物的政治属性必须有清醒的认识，这是由中国的特殊国情所决定的，否则不仅容易犯政治上的错误，而且可能使刊物偏离党和政府所规定的政治方向，从而给个人和刊物带来严重后果。

其次，编辑的职业道德操守体现在对刊物学术质量认真负责的态度上。学术质量是学术期刊的生命线，是学术期刊的生存之本。学术期刊的编辑出版是作者和刊物协作互动、主编和编辑协同配合集体劳动的成果。其中，作为刊物的领航人，主编是决定刊物刊风、学风、文风的核心人物。学术期刊的主编虽然不可能通晓所有学科专业，即便是专业期刊的主编对不属于自己研究领域的学科方向也未必精通，但只要具备一定的学术造诣，经过一定时间的专业历练，主编通常对来稿的优劣能够作出基本判断，尤其是对劣质稿更是一目了然。主编对刊物学术质量的负责固然最终落实在刊物出版的水平质量上，但对于编辑出版过程的关注和责任承担更加重要。不可否认，在当前我国科学研究领域，带功利目的的所谓学术研究还是比较普遍的现象，研究不是目的，发表论文以达到晋升职称、获得学位，从而提升社会地位、改善生活待遇才是目的。因此，一些作者会想方设法通过各种关系寻求特殊门径以求达到快捷发表论文的目的，刊物的编辑特别是主编通常成为作者“攻关”的对象，这就涉及前述刊物与作者的关系问题。中国自古以来就是一个人情社会，规则在某些人心目中并不占有神圣地位，“潜规则”或所谓“门路”反而大行其道，学术期刊的主编和编辑同样无法逃脱人情的袭扰，但只要对学术研究事业有着起码的神圣和尊严感，主编和编辑大都能处理好服务与“学俗”的关系。具体说来，当一些作者出于特殊需要，如临近毕业、面临晋职的关键时刻，只要其论文达到质量要求，刊物通过版面调节照顾优先发表，属于人情常理，既体现刊物对于作者的良好服务态度，又不降低学术水准、违背学术原则，何乐不为。真正考验主编和编辑职业道德操守和学术意志的是来自权力的压力和金钱的诱惑。在今日中国，行政权力干预学术研究的现象并不少见。当此之时，处于风口浪尖的学术期刊的主编和编辑不仅不能回避矛盾，而且必须旗帜鲜明坚决抵御劣质人情稿、关系稿的袭扰，坚决维护学术的神圣和纯洁。这是学术期刊及其主编、编辑最大的学术诚信。

由于国家对学术期刊总量的严格控制与学术研究事业发展之间的矛盾日益凸显，使得学术期刊与学术论文发表的供需关系长期处于紧张状态。按照经济学原理，当供不应求的时候，供方处于上风，求方处于下风，学术期刊主要是那些所谓的“核心期刊”作为供方，于是成为作为求方的作者顶礼膜拜的对象。当权力和人情无以为借的时候，一些作者会通过金钱铺路达到目的。面对金钱的诱惑，学术期刊主编和编辑若没有强大的道德自律和牢固的学术坚守是很容易成为金钱的俘虏，从而由学术高地跌入“学俗”洼地，不仅违背学术诚信原则，严重者甚至堕落为犯罪分子，《求索》原主编乌东峰利用职务大肆敛财便是典型案例。

二、科学健全的管理制度是学术期刊诚信建设的必要前提

如果说编辑人员的道德操守是对学术期刊诚信建设软约束的话，那么科学健全的管理制度就是学术期刊诚信建设的硬措施。俗话说，没有规矩不成方圆。学术期刊的全部工作都是为高质量的学术研究成果提供良好的传播平台和优质的编辑出版服务。然而，学术研究论文不同于一般的文学作品或科普文章，具有很强的专业性，判断一篇论文是否具有创新性、是否具有学术理论价值，同样也是专业性很强的工作。综合性社科类学术期刊通常要面向人文社会科学诸多学科，受专业和人员编制的限制，许多编辑要一身兼任多个学科的编辑工作，如何准确判断来稿的学术水平、学术质量就成为学术期刊整个编辑工作的关键一环。对于主编来说，其职责是建立健全严格科学的编辑部内部管理规章制度。对于编辑来说，只有不折不扣认真执行规章制度使之落到实处，才能保证刊物出版的水平质量，取信于作者和读者。

我国社科期刊的编辑出版流程大同小异，主要包括审稿、编稿、校对、印刷、发行五大环节，其中审稿是基础工作也是决定刊物水平的最重要一环，《若干意见》将“切实提高审稿质量，加强对学术论文的审核把关”作为学术期刊发挥在科研诚信建设中的作用的重点工作，足见审稿质量问题已经成为管理部门和学术界关注的焦点。学术期刊审稿通常包括责编初审、专家评审、主编终审三道基本程序，其中责编初审和专家评审自由度相对较大，

属于主编难以直接掌控的环节，主编严格终审固然能够防患于未然，但建立严格的审稿制度才是根本。当下，绝大多数社科期刊都建立有“三审制”之审稿制度，近年来国际通行的专家匿名审稿制也越来越被我国学术期刊广泛采用，但各家刊物在实践中的效果则因刊而异。同行专家匿名审稿作为“三审”中的关键一审是否有助于刊物准确判断论文水平，除了受专家自身的学术水平、研究视野等因素的影响外，责任编辑对于审稿专家的选择也极大地影响评审的结果。而居于专家评审前端的责任编辑初选初审来稿更是学术期刊整个编辑工作中最基础并影响全局的工作。由于各个刊物管理制度的差异，有些刊物是由主编直接担任稿件的初选工作，那么主编的学术视野和责任担当就将起决定作用。无论是主编还是责编担任初选工作，都各有利弊，但建立严格的审稿制度则是共同的，并且需要得到上下共同遵守，大家既各担其责，又协同配合。主编最重要的职责是督促检查责编是否严格遵守审稿制度按章办事，主编更不可出于一己之私或受人请托为照顾个别人情稿而强迫责编按自己的意志办事。眼下各家核心期刊来稿巨量，刊社人手有限，难以对每篇来稿都做到精挑细选，似情有可原，然一旦出现严重失误，将使期刊的学术声誉受损。最近，微信上一篇题为《相同内容，相同期刊，发表时间仅差1个月，他俩谁抄谁?》的文章披露了一件匪夷所思的荒唐事：《戏剧文学》2017年第5期、第6期先后发表了一篇题为《民国时期新闻出版行业对戏剧传播的影响》的同题同内容文章，但作者分别署名李慧和郭杨阳，同一家刊物前后两期竟然先后发表不同作者的同一篇文章，实为刊界奇葩。笔者登陆中国知网查证为实。我们暂且撇开论文作者究竟谁抄袭谁不问，仅从编辑出版的角度追问，这显然是期刊编辑出版中一个罕见的丑闻，虽然此文的责任编辑不是同一个人，但主编总该是一个人吧，出现这样严重失误，主编的责任心到哪去了？由此可以窥见这家期刊的管理工作是多么混乱。前些日子，闹得沸沸扬扬的南京大学梁某论文造假自行撤稿事件就让一些学术期刊蒙羞，网络上有一篇题为《这条路有多难你知道吗？评南京大学梁某事件》的文章说：“当年《南京工业大学学报》(社会科学版)的编辑们居然就让这么一篇抄袭的文章发表在自己的期刊上了。期刊声誉与未来兴衰紧密关联，不容小觑。尽心尽力的编辑往往把经手的每一篇文章都视同己出。但很显然，《南京工业大学学报》(社会科学版)的编辑们并不以此为意。相反，他们勇于展示自己的不专业，不认真，不负责。”[①]笔者不知道，此文作者指责《南京工业大学学报》(社会科学版)的编辑“勇于展示自己的不专业，不认真，不负责”是否有事实根据。业界人都深知，没有一家刊物愿意与论文抄袭事件扯上关系，但有时编辑或主编受专业和视野的限制，难免会百密一疏让个别抄袭伪文得逞，何况梁某抄袭的厦门大学陈振明的论文是在2002年发表的，当时网络查重系统没有今天这么完善。当然，只要发生抄袭事件，不论出于何种原因，刊物声誉受损是必然的。可见，学术期刊对于论文的审核把关是何等重要，刊物的诚信建设莫不以此为大，切不可掉以轻心。

作为科研诚信建设中的一个备受关注的核心问题，论文造假犹如过街老鼠人人喊打，学术期刊无不避之唯恐不及，但如果不幸与伪论文扯上关系，又该如何处置呢？通常发生此类学术不端事件，学术期刊是被动者和受害者，而造假者多是主动者和施害者，其结果刊物的声誉固然会不同程度受损，但造假者因学术不诚信行为而受到的道德谴责、经济损失乃至断送个人事业前途的等风险更大，二者之间的是非、责任与后果是容易分辨清楚的，但刊物仍需认真对待，审慎处理，如及时在刊物或其他相关媒体发表声明，谴责造假者的不端行为并追究责任，必要时给予被侵权者适当的经济补偿，以重树学术期刊严守诚信坚决反对学术不端的良好形象。当下，在刊物与作者关系中，常见的另一种与学术不端相关联的情况是一稿两刊或多刊问题。这个问题的发生并不像刊登伪论文那样单纯，需要具体问题具体分析。常见的一种情况是，作者明知故犯，采取“撒胡椒面”的方式一稿多投，并在事先得知将造成一稿两刊或多刊的情况而不及时撤稿，责任在作者，刊物追究作者失信责任理所当然；另一种情况是编辑工作失职造成一稿两刊或多刊。国家著作权法规定的期刊通知刊稿期限为十五日至三十日[现行《中华人民共和国著作权法》(2010年2月26日第二次修正)第33条规定：著作权人向报社、期刊社投稿的，自稿件发出之日起十五日内未收到报社通知决定刊登的，或者自稿件发出之日起三十日内未收到期刊社通知决定刊登的，可以将同一作品向其他报社、期刊社投稿。双方另有约定的除外]。但多数学

① 里瑟琦智库，2018年11月26日，http://www.idmresearch.com/news/html/?3328.html。

术期刊难以做到，故按照著作权法的规定，多另行约定刊稿通知在二至三个月之内。眼下由于许多刊物来稿甚巨，特别是核心期刊，作者趋之若鹜，编辑应接不暇或工作懈怠，对一些作者来稿没有及时审理，超过约定期限，造成作者一稿两刊或多刊，责任应在刊物和编辑。因此，增强编辑人员的工作责任心，提高工作效率，建立编辑工作责任奖惩制度是学术期刊诚信建设题中的应有之义。

三、正确把握刊物的价值取向是学术期刊诚信建设的基础

如同每个人都有自己的人生观、价值观一样，学术期刊的价值取向是其立身行事之本。在我国，学术出版基本是作为公益事业对待，人文社会科学学术期刊由于其专业性强，读者面窄，发行量低，更需要靠国家财政支持。高校主办的社科期刊有些还须承担服务学科建设、促进人才成长的任务，因此，社会效益第一，兼顾经济效益向来是社科期刊的价值取向。只有牢记使命，准确把握刊物的价值取向才能使刊物朝着正确的办刊方向发展，也才能在刊物诚信建设中不丧失自我、迷失方向。

不可否认，近年来由于少数学术期刊的主编和编辑未能正确把握刊物的价值取向，在办刊过程中“罔顾学术质量、管理混乱、商业利益至上，造成恶劣影响”，备受社会诟病，甚至被视为学术乱象的源头之一。长期以来，社会批评学术期刊的声音归结起来大致包括两个主要方面：一是认为学术期刊滥收版面费，助长功利学术，是学术乱象的源头之一；二是认为学术期刊特别是其中的高校学报低水平重复，制造大量学术垃圾，已经成为“学术垃圾场”。对于这些批评声音，一方面需要冷静对待，客观分析，辨明是非；另一方面也要扪心自问、深刻反省。如说学术期刊滥收版面费，虽然有以偏概全之嫌，但也是不可否认的事实。业内人士都知道，收取版面费的学术期刊固然不少，但其实主要集中在科技类学术期刊，它们遵行的是所谓的国际通行规则。我国人文社科类学术期刊，特别是其中影响大、学术质量较高的高校社科学报，绝大多数是不收取版面费的，并且它们的主编和编辑多对收取版面费的行径嗤之以鼻。之所以给学界造成学术期刊滥收版面费的印象，大概有四个方面的原因：一是前些年的确有少数大刊名刊曾经收取过高额

版面费，但自从得到国家社科基金资助后已经基本与版面费诀别；二是有部分地方高校学报至今仍在收取版面费，这些学报创“名刊”“名栏”或上核心期刊榜于它们太过遥远，既然追求所谓社会效益效果不彰，那么以补充办刊经费不足的名义收取版面费得些经济实惠倒能起立竿见影之效；三是社会上假学术期刊泛滥，这些“李鬼”鱼目混珠，唯利是图，制假贩假，坑蒙拐骗，造成极坏的社会影响，导致众多不明就里的上当受骗者把账算到了正规学术期刊头上；四是一些走市场化的科技、社科期刊收取版面费，这是它们的赢利点，是刊物赖以生存的经济基础，是必然的经济行为。至于将高校学报视为学术垃圾场的刺耳声音，学报编辑也要坦然面对，深刻反思。高校学报是学术期刊中最庞大的家族。作为高校主办的学术期刊，高校学报的水平质量通常是与主办单位的办学整体水平密切相关的。全国几千所高校，办学历史有长短、培养人才的定位有高低、科研教学水平有差异是十分正常的现象，而以高校教师、研究生为主要作者群的高校学报呈现了水平质量的差异同样无可厚非。不排除一部分办学层次较低的高校主办的学报由于稿源差，加之学校领导比较强调学报的“自留地”属性，刊登了较多低水平重复的所谓科研成果，给人学术垃圾场的口实。这些高校办学报的主要目的是给本校教师解决职称论文的出路问题，这也是当今中国高校办学中一个备受诟病却十分无奈的现实。作为科研成果发表的公共传播平台的学术期刊，不论是名刊、大刊，还是普通高校学报，其职责是共同的，就是在对刊物定位准确和正确的基础上，尽己所能，办出各自最好的水平。

学术期刊的主编和编辑近年来已成为学界中一个特殊的群体，尤其是核心期刊的主编和编辑更成为学术界引人关注的对象。诚然，人们对于学术期刊的评价主要是对其刊载内容质量水平的评价，但刊物主编和编辑的所作所为也极大影响人们对刊物的印象。且看不久前南京大学文学院苗怀明教授在其微信自媒体发表的一篇题为《学者五相——学术圈食物链速写》的文章中对“编辑学者”的“画像”：

> 所谓编辑学者就是有着编辑身份的学者，本来无须强调，但是随着近年来核心刊物学术评价制度的实施，他们已成为学术界中一个特殊的群体。
>
> 这些编辑学者主要是来自各类核心刊物，他们是现行学术评价制

度的受益者,因为这一制度将他们手中的学术刊物变成了稀缺物品,变成了交易的筹码,无论是得学位还是评职称乃至评奖,都必须在核心刊物发文章。于是一夜之间,这批编辑学者变身为超级学者,学问暴长,地位陡升。出去开会,主办方不仅免交通费、食宿费,而且还让其坐主席台、做主持、办讲座……不开会的时候,不断有单位以办学术讲座、参加论文答辩等名目邀请……所有这些,目的只有一个,那就是发文章。

自己的学问到底如何,这些编辑学者的心里都是很清楚的,自然也明白人家为什么如此奉承自己。有意思的是有些人乐此不疲,耀武扬威,真把自己当成了学界大腕,到处指点江山,毫(好)不风光。还有一些人借此敛财,成为学术圈里不折不扣的寄生虫。[①]

苗教授对于核心刊物编辑学者的"画像"不无犀利、刻薄、偏激,甚至丑化,但他大体说出了部分事实。如果说,上述对于滥收版面费和制造学术垃圾的批评主要是针对刊物的,那么,此处"编辑学者"的画像更多的是对一些学术期刊主要是核心刊物主编群体的不满。作为学术期刊的主编和编辑,必须深刻认识到,由于自己手中握有学术成果的传播权和裁量权,如果不自律、不自警、不自量,自觉不自觉地助长功利学术,败坏学界风气,是很容易沦落为"乌东峰之流"的。

当下最令学术期刊主编和编辑挠头的是期刊评价机构的如影随形、挥之不去。对于期刊评价机构,主编和编辑真是又爱又恨,爱的是自己的刊物在各类核心期刊排行榜上如果占有一席之地,作者和读者则会高看一等,好稿滚滚而来,刊物地位倍增;恨的是不幸被挤出核心阵营,随之而来的是好稿流失,"巧妇难为无米之炊"的窘境将让刊物陷入恶性循环中。加上教育科研单位行政管理部门的"懒政"行为,"以刊评文"简单化评价科研成果,一定程度上助长了人们对于核心期刊的盲目崇拜,导致许多主编和编辑似乎已经忘记了学术期刊服务科研、繁荣学术的初衷和使命,变成了核心期刊排行榜的"奴隶"。为了应付两至三年一轮的核心期刊遴选,主编和编辑真是绞尽了脑汁,承受了巨大的压力。鉴于当下核心期刊遴选规则中论文的影响因子具有决定性作用,许多期刊主编、编辑都将目光聚焦于学界的所谓大

---

① 古代小说网,2017 年 1 月 20 日,http://www.sohu.com/a/225520036_100098090。

咖们身上，他们不惜重金向“大咖”约稿，利用“大咖”在学界的声望和影响，提高论文的被引和转摘率，以图提升刊物影响因子，从而保住核心地位。而少数层次不高不低的地方高校学报和省市社科期刊，为了保住或挤进核心期刊的行列，主编、编辑不是在提高刊物水平、质量上用心，而是在“诗外”下工夫，他们或抱团结伙，相互引用；或毫不掩饰公然许以重金引诱作者假引滥引，极端者到了不讲廉耻不顾学术道德的境地。靠弄虚作假即使一时侥幸挤进核心期刊，但终究经不起学术检验，难以赢得读者、作者的信任，最终刊物的诚信丧失、信誉受损。

必须指出，造成当下科研诚信危机的原因十分复杂，其中科研管理体制存在弊端是主因，包括期刊评价机构在内的各种学术评价机构迎合功利需要火上浇油是次因。学术期刊主动或被动配合，身不由己被置于功利学术的最前沿，不幸成为了社会热捧或激烈批评的主要对象之一。在加强科研诚信建设的系统工程中，学术期刊的诚信建设固然难以彻底救治沉疴，但给病体一些健康的营养，还是有助于学术肌体的良性循环。因此，为了中国学术事业的健康发展，学术期刊必须在科研诚信建设上有所作为，也能够有所作为。

[原刊于《河南大学学报》(社会科学版)2020年第2期，有改动]

社科期刊与中国学术话语的国际化传播

杜敏*

中国的发展需要建构自己的话语体系、学术体系及学科体系，这是中国走向世界所应表现出的一种文化自信。中国话语体系的建构既要有自己的特色，又要与国际社会进行更为广泛的沟通与交流，在不同文化与文明的互鉴中获得更多的理解与支持。虽然中国话语体系的传播，可以在不同层面和不同领域展开，具有信息内容的广博性、传播主体的多样性、传播媒介的丰富性、传播对象的广泛性、信息传播的目的性等特征①，但学术话语以其学理性、概括性、系统性成为中国话语体系构成的内核之一。作为中国学术话语传播重要平台的人文社会科学期刊(以下简称社科期刊)，有必要思考如何让中国的学术话语体系在国际社会创造更好的传播语境，获得更多国家的认知与理解，减少传播过程中因文化差异和理解歧义引起的摩擦与误解，从而推动中国学术话语的国际化传播。

学界关于中国学术话语国际化传播的研究与讨论，多是在国家文化软实力提升的话题下进行的，一度成为学者关注的热点问题。近些年来，学者们开始从中国学术话语构成的多个方面对之进行论述，探讨了中国特色社会主义话语体系，中国特色社会主义政治经济学话语体系，中国新时代的外交话语体系、政治学话语体系、社会学话语体系、公共政策话语体系、文艺批

---

* 杜敏，《陕西师范大学学报》编辑部。

① 参见杜敏：《国家话语传播与社科期刊的国际化》，李向玉：《总编视角：华文学术期刊发展趋势国际研讨会论文集》，社会科学文献出版社 2016 年版，第 462 页。

评话语体系,等等,并对话语体系的构成特色、表达方式等进行了探讨。[①] 本文在上述研究成果基础上,着重从社科期刊国际化的角度出发,分析中国学术话语的国际化传播面临的主要困境与对策。

一、国家话语权与中国学术话语国际传播的不足

国家话语是一个国家为树立其国际形象而有意识建构起来的、有国家特色的,并希望广泛而深入传播的信息体系。当一个国家有意识有目的地在国际社会展示自己的国家形象时,国家话语的建构与传播就显得尤为重要了。

(一)国家话语建构的必要性

每个国家在国际上均享有国家话语权,但这种话语权要依靠国家去自主争取。一个国家话语权的大小,在很大程度上既与国家实力相关,又与其所建构话语体系的合理性、有效性相关,还与一个国家话语的传播体系、传播能力相关联。所以,国家话语体系不仅要及时建构,而且要合理建构;不仅要内容丰富多样,而且要采取有效方式进行针对性传播。中国正在崛起的大国形象,要想获得国际上的广泛认同,就必须重视国家话语的建构及其有效传播,充分发挥国家话语权在国际上的作用。掌握国家话语权是引导、控制国际舆论,塑造国家形象,发挥国际影响力,维护国家利益的有效途径。[②]

(二)中国学术话语国际传播存在的不足

中国国家话语权的建构面临西方国家在政治、经济、文化层面的挑战与削弱,这对当代中国的稳步发展甚为不利。作为国家话语传播重要组成部分的学术话语传播显示出明显的弱势和不足,也与当今中国不断崛起的大国形象不相适宜。

首先,中国学术话语的信息不足。相比于之前的信息缺失,当前中国学术话语表现为话语产出的信息量不足、信息不够丰富、信息产出的速度与中

① 参见李镇宏:《国际传播视角下中国国际话语权的构建》,《绵阳师范学院学报》2019 年第 6 期。
② 参见蒙象飞:《中国国家形象话语体系建构中的符号媒介考量》,《云南社会科学》2017 年第 5 期。

国社会的快速发展不相匹配，不能使不同国家、不同地区、不同文化层次的人们及时有效地了解当代中国发展的真实情况。此外，我们对信息所到国家的了解程度不够充分，没能做到信息内容的"当地化"，使得传播的信息并非所在地人们关心的信息，导致出现理解上的错位与误读。

其次，中国学术话语的传播渠道单一。无论是官方的传播渠道，还是民间的交流，都存在传播媒介单一、传播方式不先进、传播手段不丰富等问题，难以形成快速、有效地为更多国家和地区所接受的传播渠道。官方传播学术话语的渠道单一，民间交流媒介多在固定群体间进行，信息传播的覆盖面较小，往往得不到人们的重视，传播的有效性、深入性不足。

最后，中国学术话语的影响力不强。中国学术话语的影响力虽在寻找各种途径去提升，但现实情况是，学术话语难以产生有效性而致他国对中国发展的曲解和无端猜疑。对此，有学者提出："中国发展的第一目标首先是世界化，即表明中国属于世界。中国发展的第二目标是中国化，即成为自己""在新的时代条件下寻找到中国的身份和认同。"[①]笔者认为，国际化与中国化是不可分割的一纸两面，因为国家话语的建构及其国际传播，不仅可以同步进行，也必须同步进行。这种同步性，在学术话语体系的国际传播中可以较好地显现出来。

二、社科期刊传播中国学术话语的条件保障

社科期刊是交流学术成果和传播专业文化的主要媒介，是文化积累和文明传承的重要平台，也是引领学术发展和深化学术理论研究的阵地[②]，集中反映了中国知识阶层对国内外各领域人文社科信息以及不同理论成果进行研究与判断后所形成的智力成果，它涉及不同学科、不同领域的各种问题，具有前沿性、现实性、学理性、高端性的特点。学术话语一般通过哲学社会科学的研究成果呈现出来，通过社科期刊传播出去。所以，中国学术话语的国际化传播必然通过社科期刊的国际化来实现，因为社科期刊国际化是

① 王岳川：《生态文化启示与精神价值整体创新》，《江西社会科学》2008 年第 4 期。

② 参见尹金凤、胡文昭：《如何提升中国学术的话语权——兼论学术期刊编辑的问题意识与学术使命》，《中国编辑》2018 年第 7 期。

国际社会不同领域高端知识阶层了解中国学术、了解中国国情、了解中国方略的重要途径之一,也是中国走向国际社会在学理上、智力上获得支持的重要方式。社科期刊的国际化发展是国家发展的需要,社科期刊国际化所面临的问题需要仔细分析,寻找应对的策略与方法,使社科期刊更好地服务于国家话语的建构。

(一)国际化的社科期刊应注重国家话语的学术性建构

目前,中国的话语权因国家话语体系建构不够系统、缺乏创新活力,缺乏国际传播的机制和话语传播的评价体系,进而削弱了中国思想文化传播的影响力、感召力,未能发挥与其大国地位相应的作用。社科期刊对中国学术话语的传播,一方面应立足中国国情,体现中国特色和中国风格,展现中国现代化进程中的源于实践的话语理论,展现能为世界发展提供有益想法、方案的话语理论;另一方面要融通古今和中外,从新的视角来探讨中国文化的特质,展现具有中国文化当代价值和未来走向,便于西方学者把握和理解的学术话语体系。在此基础上,中国学术话语构建的理念和价值观,以其感召力和影响力,形成引领世界前进的力量和导向。如中国提出的"人类命运共同体""美美与共""和而不同"等理念,就是对中国传统文化品格与精神进行的当代阐释,可以为不同价值取向、不同执政理念的国家所理解和接受。

(二)国际化的社科期刊应有国际化的话语视野

社科期刊的国际化发展,除了要注重国家话语体系的建构,还应当跟踪了解国际学术的主要动向。不仅要对不同国家的意识形态、价值观念、思想文化有清晰的认知和中国视角的判断,还要在中国本位的立场下建构适合国际传播的国家话语,建立国际化的话语视野。

在中国学术话语的国际传播过程中,应当处理好世界范围内普遍存在的问题:第一,霸权主义与和平主义的对立问题。在全球化的背景下,强权者对他者的制裁,在伤及他者利益的同时也给世界带来各种冲突与矛盾。所以,人文社会科学研究者需要在国际化视野中寻找新思维、新理论、新战略,解决与之相关的问题。第二,不同文明、不同文化之间的冲突与挑战。新的话语体系的建构,无法摆脱历史的束缚。不同文明及文化间的冲突,不同利益群体纠缠在一起,带来不同话语体系间的冲突,需要社会科学工作者用新的智慧去研究,去寻找解决的办法,需要社科期刊将上述研究成果广泛传播出去，以缩小认识上的差距，化解不必要的冲突。我国倡导“一带一路”国家间不同文明的互鉴，就是化解冲突的中国智慧。第三，民族话语与世界普遍话语之间的冲突与对立。如何平衡话语之间的民族性、国家性和世界性的问题，是解决区域乃至世界冲突的关键。[①] 在中国学术话语建构中，社科期刊应当注重不同民族、国家的历史以及与全球普遍利益之间关系问题的研究探讨。第四，国家话语与民间话语的矛盾与对立。不同政治集团、不同国家、不同民众之间的利益存在一定的冲突和矛盾，其话语中存在信息不一致、不对称等问题。社科期刊应对之有一定的认识，防止因误判与误传带来相反的传播效果。

(三)国际化的社科期刊应熟悉国际传播的渠道与模式

社科期刊面向世界办刊，就是以本土发展为根本，在强化现有办刊方针的基础上加强对外传播，争取国外读者的认可，提升传播影响力。在今天，新媒介技术的不断更新，新媒介形式的不断出现，使社科期刊的国际传播受到语言、技术和渠道等多重挑战。社科期刊要熟悉国际期刊的运作模式、摸清国际期刊的传播途径、分析国际期刊的影响因子，进而不断提升国际化的纵深程度与影响力的持续产生，真正为国家话语的广泛传播与广泛接受做出努力。具体说来，在内容上，通过设置全球化的议程和议题，把握话语权、舆论权，有目的地对传播内容进行选择、对传播形式进行设计，将中国学术话语有效地传播出去；在表述方式上，通过生动的语言、客观公正的阐述，使中国话语具有亲和力和说服力，易于为他国读者所接受，从而取得理想的传播效果。

(四)国际化的社科期刊应注重国际传播的有效性

中国学术话语的国际传播，其传播方式的选择也是非常重要的，直接影响着传播的效果。社科期刊的国际化发展，需要在遵循国际学术传播标准的同时，在传播方式、传播时效等方面着力，既要体现中国特色，也要注重海外受众的信息接受方式，以此来提升对外传播的实效。首先，在传播渠道上，社科期刊应加强与国际权威索引机构的联系，借助它们的渠道扩大影响

---

① 参见陈汝东：《论全球话语体系建构——文化冲突与融合中的全球修辞视角》，《浙江大学学报》(人文社会科学版)2015年第3期。

力，即通常所说的“借船出海”。其次，社科期刊应适当组约并刊发海外学者的稿件，增强其国际影响力，如《陕西师范大学学报》(哲学社会科学版)开辟《海外学术论坛》栏目，及时介绍海外学者的有关研究成果。最后，邀请海外学者担任社科期刊编委或期刊的审稿专家，借助其学术影响力来推动期刊在海外的学术影响和传播。

三、社科期刊传播中国学术话语需要化解的矛盾

提升社科期刊学术影响力，既要靠内在学术实力，又要靠外在学术组织力、传播力。[①] 学术话语的国际化传播是对社科期刊提出的更高要求。就当下而言，中国快速发展的国家硬实力及其在世界上的影响力，为各类媒介的国际化提供了良好的机遇，互联网时代的新媒介也为社科期刊提供了快速传播信息的技术平台。事实上，社科期刊国际化有两种形式：一是期刊面向世界，一是期刊的国际化。[②] 无论哪种形式的国际化发展道路，社科期刊都要着力化解如下矛盾。

第一，本土作者的学术表达与国际化传播的矛盾。相对于自然科学期刊而言，社科期刊所负载的内容或多或少与政治性、民族性、文化差异等相关，其国际化传播更应当注重策略与方式。社科期刊的作者多为研究本国问题的学者，所用语言多为本国语言。如何解决本土作者的学术表达与期刊国际化传播之间的矛盾，是大多数社科期刊面临的棘手问题。就目前创办的英文期刊来看，这一矛盾的解决一般采用分阶段的方式进行。第一阶段，将中文稿件翻译成英文。期刊投入一定的人力和财力，将以本国语言呈现的学术研究成果翻译为英文，经过英文专家审校定稿后，再请权威的英文专家匿名审读稿件，最后引入海外排版系统进行编排与处理。第二阶段，与海外机构合作出版。社科期刊与海外期刊出版机构合作，委托海外机构进行稿件的审理、校对、编排、发行等，如国内的部分学术期刊就与施普林格、泰勒一弗朗西斯等出版机构建立了长期的合作关系。这种新的运作模式消

① 参见查朱和：《论社科期刊的学术影响力及其实现路径》，《中国编辑》2017 年第 1 期。

② 参见杜敏：《国家话语传播与社科期刊的国际化》，李向玉：《总编视角：华文学术期刊发展趋势国际研讨会论文集》，社会科学文献出版社 2016 年版，第 466 页。

除了部分语言障碍，减少了社科期刊国际化初期所面临的矛盾，具有一定的优势，但不是长久之计。

此外，我国以外文形式出版的社科期刊不仅数量有限，而且语种也十分有限，目前仍以英文期刊为主，其他语种的学术期刊数量屈指可数，国际影响力没有达到预期效果。社科期刊要实现国际化传播，除了出版英文期刊以外，其他语种也不可忽视。

第二，信息内容传播与接受上的文化差异之间的矛盾。学术话语最大的特点就是带有所在国的国家意识、民族特点和文化特征等，这在社科期刊的国际化传播中带来了另一个问题，即内容传播的民族性可能因文化差异、学术差异带来受众理解的差异甚至误读。尤其是某一国家独特的哲学、宗教、历史、文化、习俗等信息内容，往往因受众的学术背景、文化差异出现难以理解、错误理解、不完全理解等状况。如中国古代赋、比、兴等手法的使用就是《诗经》中非常突出的特色，但对海外学者而言，这种文学手法为什么会出现、之后又怎样演变，是较难解读的现象，这给社科期刊在国际化传播时提出了更高的要求，如何最大限度避免阅读与理解上的误读，是社科期刊国际化中应着重注意的地方。

第三，期刊综合化与国外订阅用户专业化的矛盾。中国社科期刊很大一部分是高校学报，而高校学报最大的特色就是其内容的综合化，涉及所在学校的多个学科及专业。但学术期刊国际化的受众往往为专业订阅用户，其信息需求受所在专业及研究领域的限制。这样，综合性的社科期刊与专业化的受众需求之间的矛盾，就成为社科期刊国际化所面临的又一问题。为此，不少期刊做出努力。一是重新创办专业性的国际期刊，如《中国哲学前沿》等刊物，就是针对海外受众群体专门创办的专业性期刊，既收录高校学报已发表文章的翻译稿，又接收专业的英文稿。二是将综合性学术期刊的内容进行重新组合与编排，努力形成某一领域的专业刊，再将之国际化为外文刊。这些做法能为此问题的解决提供思路，但仍需我们深入思考以解决受众传播的针对性和有效性问题。

总之，国家学术话语需要科学地建构和系统地建设，需要从实践中进行理论的提升与总结，更需要国际化传播，这是社科期刊在当代及今后的重要使命之一，也是中国学术发展的必然要求。社科期刊的国际化传播，一方面要满足不同国家、不同受众的需求，另一方面要加快国际化传媒机构及人才的建设与培养，提升传播的策略和方式，积极化解各类矛盾、解决各种困难，使中国学术话语获得更广泛的传播，产生更大的学术影响力和国家话语感召力。

（原刊于《中国编辑》2020年第Z1期，有改动）

新时代中国学术图书评价体系:方法与实践

王文军*

改革开放后,我国的学术出版迎来春天,蓬勃发展。1992年10月我国正式加入《世界版权公约》②以后,特别是2004年中共中央发布了《关于进一步繁荣发展哲学社会科学的意见》③以后,我国的学术图书出版进入了一个跨越式的大发展大繁荣阶段,不仅学术出版的数量快速增长④,有效满足了哲学社会科学界的学术交流需要,而且学术规范意识不断增强,学术图书的质量日益提高,涌现出了许多有影响的精品力作,甚至是可以传世的当代经典,为坚定文化自信、建设社会主义文化强国奠定了坚实的基础。当前,中国已经处在建设新时代中国特色社会主义的新的历史方位,需要充分发挥哲学社会科学的作用,加快构建中国特色哲学社会科学。探索建设符合中国国情的新时代中国学术图书评价体系,已经成为进一步繁荣哲学社会科学研究,"建立科学权威、公开透明的哲学社会科学成果评价体系"⑤的迫切需要。

---

* 王文军,南京大学中国人文社会科学综合评价研究院。

② 《世界版权公约》由联合国教科文组织主持,1955年9月16日生效;1971年在巴黎修订,修订后于1974年7月10日生效;中国于1992年7月30日递交了加入《世界版权公约》的官方文件,同年10月30日对中国生效。

③ 新华社:《中共中央发出关于进一步繁荣发展哲学社会科学的意见》,2015年7月6日,http://www.gov.cn/test/2005-07/06/content_12421.htm。

④ 根据国家有关部门每年发布的《全国新闻出版业基本情况》的统计数据,2004年我国初版书籍为108883种,到2011年已经达到180884种,2014年以后一直稳定在22万种左右。

⑤ 习近平:《在哲学社会科学工作座谈会上的讲话》,人民出版社2016年版,第25页。

一、学术图书与学术图书评价

在哲学社会科学界,学术图书是指那些根据某一学科或领域的研究成果而撰写、出版的著作,它们或在理论上有创新见解,或在实践中有新的发明,或具有重要的文化积累价值。[①] 与期刊或其他学术交流方式相比,学术图书提供了更为全面、深入、系统的学术信息。作为学术共同体成员,学术图书的作者还被要求通过引文、注释、参考文献、索引等学术图书不可或缺的组成部分,展现自己的学术研究特别是学术创新的真实性、科学性与传承性,在借鉴和吸收他人成果的同时体现自己对学术共同体其他成员和读者的尊重。学术图书是国家文化软实力的重要组成部分,在弘扬社会主义核心价值观、传承中华文化、繁荣哲学社会科学研究、推动理论创新、促进社会发展等方面具有重要作用。

正如小平同志所说:“发展起来以后的问题不比不发展时少。”[②]我们必须清醒地看到,伴随着学术出版前所未有的跨越式发展,一些亟须解决的问题也逐渐浮现出来。第一,学术图书的出版量爆发式增长,到 2018 年,我国年度图书出版总量超过 50 万种,初版图书 22.59 万余种,11 个大类的哲学社科图书的初版总量达到了 19 万种,其中专著、编著、译著、工具书、古籍整理等类型的学术图书也达到了 3 万种。[③] 读者日益感觉信息超载,难以方便快捷地发现真正有价值的图书。第二,一些图书或沉溺于用西方的话语体系和学术观点来表达国内学者自己的观点,用西方的学术理论简单地解读中国问题、中国实践,或者干脆照搬照抄、简单重复国外的学术观点,这种“食洋不化”“挟洋自重”的做法让读者难以做出准确判断。第三,出版机构在吸收借鉴国外的经验、做法的过程中不断进行学术图书出版的形式创新,

① 参见国家新闻出版总署:《关于进一步加强学术著作出版规范的通知》,2012 年 9 月 24 日,http://www.gapp.gov.c n/news/1663/103404.shtml。

② 中共中央文献研究室:《邓小平年谱(一九七五—一九九七)》,中央文献出版社 2004 年版,第 364 页。

③ 数据来自社科网“2018 社科统计摘要”。关于学术图书的年度出版数量,南京大学叶继元、社科文献出版社谢寿光等都有过较为详细的估算。参见叶继元:《图书、学术图书与人文社科学术图书种数之考察》,《大学图书馆学报》2016 年第 1 期;谢寿光:《我国学术出版的现状、问题与机遇》,《出版发行研究》2013 年第 5 期。

由此产生了许多突破了传统认知的新现象、新问题。第四，学术图书的出版规范各行其是，水平也参差不齐，既不利于学术传播、学术积累，也不利于倡导优良学风，更不利于文化“走出去”。第五，唯市场化导向、激烈的业界竞争以及行业自律的松弛，使得一些低水平重复的图书甚至假冒伪劣图书有了可乘之机，“一颗老鼠屎坏了一锅粥”，对哲学社会科学界的整体形象造成了消极的社会影响。[①]

与人的成长过程一样，学术图书出版“成长的烦恼”是不可避免的。上述问题的出现不过意味着我国的学术图书出版已经到了一个亟须通过“立法”加以规范、引导的发展关键期。这里所说的“立法”就是指探索建设符合中国国情的学术图书评价体系。

2016 年，习近平总书记在哲学社会科学工作座谈会上的讲话中指出，“社会总是在发展的，新情况新问题总是层出不穷的，其中有一些可以凭老经验、用老办法来应对和解决，同时也有不少是老经验、老办法不能应对和解决的”，“哲学社会科学创新可大可小，揭示一条规律是创新，提出一种学说是创新，阐明一个道理是创新，创造一种解决问题的办法也是创新”。[②] 习近平总书记的论断对于如何正确认识和妥善处理我国学术出版发展起来以后不断出现的新情况新问题，有着极其重要的指导意义。

首先，现阶段我国学术图书的出版蕴含新发展、新变化，需要用创新的思维、创新的方法才能把握。经过 40 多年的发展，我国学术图书出版已经完成量的积累，进入一个全新的发展阶段，开始走向质变的飞跃。面对这个复杂得多的新阶段，我们需要通过创新找到一种适合其新特点的新的科学评价方法，才能透过现象把握本质。

其次，我国现阶段学术图书发展的新阶段面临着新问题，需要通过创新的研究才能解决。例如，如何定义学术图书？什么是学术著作的原创性标准？如何选择科学适用的图书评价指标？新兴领域、交叉领域学术图书的学科归属如何认定？如何评价学术图书的社会贡献？编著与合著的边界何在？合著图书的作者贡献如何确定？等等。这些在发展中出现的新现象、

① 参见杜羽、李苑：《学术出版：丈量中国学术的一把标尺》，《光明日报》2016 年 2 月 18 日。

② 习近平：《在哲学社会科学工作座谈会上的讲话》，人民出版社 2016 年版，第 20 页。

新问题,都需要通过凝聚共识才能正确认知、妥善解决,共识形成的前提则是学术图书评价体系的建立。

最后,学术图书发展的新阶段肩负着新使命,需要系统的建设才能完成。学术图书、研究论文、智库报告是目前我国哲学社会科学领域的三种主要的成果形式。20世纪90年代末期以来,我国已经陆续研制出了分别针对学术期刊、学术集刊、智库报告的本土化评价体系,为建设、完善我国的哲学社会科学评价体系做出了应有的贡献。虽然构建学术图书评价体系的理念是国外学术界率先提出的,但是中国的国情决定了我们不可能奉行“拿来主义”,直接借鉴现成的经验,自主创新是我们探索建设符合中国国情的学术图书评价体系的必由之路,“以古人之规矩,开自己之生面”,实现评价体系构建的创新性发展。符合中国国情的学术图书评价体系的建成,将使我国的哲学社会科学评价体系更趋于完善。

特别需要强调的是,哲学社会科学评价具有鲜明的意识形态属性,我们只有自己研发出符合中国国情的评价体系,才能充分发挥马克思主义对哲学社会科学的指导作用,在评价实践中进行话语创新,在推动构建属于自己的学术话语体系的前提下推进学术交流和学术对话,提升国家文化“软实力”,从而保障国家的文化安全,为形成中国特色、中国风格、中国气派的哲学社会科学提供坚实的基础。

二、现有学术图书评价实践及其特点

关于学术期刊以及对期刊论文的评价,国内国外都已经形成较为成熟的评价体系和评价方法,而图书评价研究的发展则迟缓得多。近年来,这一情况已经开始得到改变,有不少学者开始关注对学术图书的评价,采用图书馆学、文献计量学以及统计分析法对学术图书的分类、学术图书的定义、图书评价方法、图书评价指标、评价数据库建设等问题开展研究,形成了一批研究成果。相比于学术图书评价理论发展的相对滞后,学术图书评价实践在国内则一直没有停止。目前的图书评价活动大体分为四类。

第一类是政府部门或具有政府背景的专业学会主导的评价活动。其中有面向出版界的国家级奖项,如中国出版政府奖、中华优秀出版物奖等,这一类评价活动关注的图书类型广泛，但覆盖的学术图书数量不多。还有面向学术界的全国性或省部级评奖，如中国高校人文社会科学研究优秀成果奖，各省市区哲学社会科学优秀成果奖等，这一类评价活动中涉及的学术图书比例很高，如第八届中国高校人文社会科学研究优秀成果奖公示的一千多项著作论文类获奖成果中，学术图书占到了60%以上，涵盖了专著、编著、译著、工具书、古籍整理等多种图书类型。但是，这一类评价活动通常周期较长，相对于一个评价周期的出版总量，能够获得正面评价（获奖）的成果比例并不高。

第二类是学术界主导的评价活动。这类评价活动构成比较复杂。第一种是学术组织或基金会主办的、具有很高权威性和美誉度的评价活动，如孙冶方经济科学奖、郭沫若中国历史学奖、钱端升法学研究成果奖、胡绳青年学术奖、刘诗白经济学奖等。第二种是高校或科研机构组织的评奖活动，如华东师范大学组织的思勉原创奖、中国人民大学的吴玉章人文社科奖。这两类评奖无论组织形式还是评价结果都获得了学术界的好评，在人文社会科学领域有较大影响力，但获奖规模较小。第三种是第三方机构主导的图书评价活动，如中国知网发布的图书引证报告、北京大学的图书评价项目等，但这种评价活动在学术界影响较小。第四种就是非"广告书评"的学术书评，比较典型的如《读书》《中国图书评论》《中华读书报》等专业书评报刊刊登的书评，这其实是最全面的学术图书评价，但容量有限。目前，一般国内学术期刊基本上放弃了书评栏目，相比之下，国际人文社会科学期刊则给予书评较多的关注。①

第三类是基于市场的图书评价活动。这类评价活动主要形式是各大图书展会主办方、网络媒体、电商平台以及知名学术出版社等推出的各种图书排行榜，这些榜单对引导主流阅读、推广出版品牌、提升出版物市场占有率有着明显的促进作用。这些名目繁多的市场化评价虽然目的不同、标准各异，但也反映了出版界和公共媒体的评价标准，而且这种来自民间的评价活动已经从最初分散的、非营利性的社会评价逐渐成为市场化学术出版生态的一部分，逐渐成为集中创建、传播信息并带有商业属性的一种评价活动。

---

① 参见钱革：《评价功能具有相对性》，《中国社会科学报》2019年9月29日。

一般而言,列入这些图书排行榜的"广义的学术图书"往往是兼顾可读性和学术性的畅销书,并不严格按照学术规范写作,其中中国本土的学术图书比例也不高。

第四类是基于网络的评价实践。目前,流量较大的阅读类网站或 app,如豆瓣读书、超星以及知名出版社、知名学者、书评人的微博和微信公众号,会不定期推荐书单和书目,这些评价活动往往不具有直接的市场导向,通常包含丰富的学术评价信息,尤其是重要的大数据信息。如果能够进行有效采集并进行清洗、规范化处理,将为学术图书提供更加丰裕的评价数据。

对目前涉及图书的评价活动进行总结,可以归纳出以下四个特点。

第一,以激励性、引导性评价为主,但权威性和充分性、及时性往往是分离的。前两类评价大多数时候因为组织实施者的权威性,而具有较大的关注度和权威性,能够充分发挥评价引导、激励和资源配置的功能,但这两类评价活动具有一定的行政化倾向,由于受各种复杂因素的制约和影响,评价及其结果存在着功利化的可能。面对数十万的年度图书出版数量,能够进入评价视野的图书凤毛麟角,尤其是大多数评奖活动都实行组织推荐的制度或者申请制,有时还会限定较近的出版时间段,可能在一定程度上忽视了人文社会科学研究成果的价值发现规律。

第二,"分类评价"理念已经深入人心,但本土出版的学术图书尚未受到应有的充分关注。无论从评价类型、评价对象、指标体系,还是从评价结果来看,现有的评价活动对本土出版的学术图书关注度不够,至少还未形成聚焦学术图书的实质性的评价活动,还远未达成通过评价活动"把优秀成果评出来、推广开"的总的要求。从评价类型上看,目前更需要开展的是诊断性的图书评价,就是面向学术出版的现实状况及存在问题、产生原因进行有立场的诊断性评价,通过评价的诊断作用扩大正面效应,规避或减少负面效应。

第三,以"精英评价"为主的同行评议仍然是主要的评价方法。[①] 专家当然比一般人更专业、更具权威性。但是,在中国,传统的"人情"观念、"圈子文化"等因素是否会影响到"权威"的专业判断?同行评议的公正和公平是

① 参见陈尧:《行政化评价:我国哲学社会科学学术评价的误区》,《中国社会科学评价》2019 年第 4 期。

否经受得住大众的质疑?[①] 因此,如何在法律和其他各种制度规范的约束下,坚持评价活动实体正义和程序正义,保障学术共同体的各层次成员在评价活动中的身份平等和机会均等,是亟待解决的问题。[②] 此外,在目前的同行评议中,作为学术出版质量的把关人——学术出版机构,在学术图书评价中的作用并未得到充分的发挥,这一点很值得商榷。

第四,定量方法以及多元化评价数据已经部分地应用于各种评价实践中,但真正的"大数据思维"还未能在已有的评价活动中得到充分体现。大数据的重要性已经得到人们越来越多的认可,现在很多评价活动都把大数据作为"卖点"来宣传,但我们看到的常常只是"大数据",而不是"大数据思维",动辄声称基于"千万级"甚至"亿级"大数据生成的评价结果,并不顾及数据的清洗和规范,以及时间和技术成本是否可能,其评价活动的权威性和评价结果的可靠性有可能得不到保证。因此,必须通过建立专业的评价数据库,为图书评价提供权威的各类评价数据。

第五,必须要指出的是,仅就人文社会科学研究来说,任何评价活动的作用意义都不能被过高估计。因为历史地看,学术经典从来不是评出来的,而是社会进步和文明发展的自然选择,文化的积淀、思想的传承、时间的检验才是学术经典形成的必由之路。

三、构建图书评价体系的指导思想和功能定位

党的十八大以来,中央先后出台了《关于加快构建中国特色哲学社会科学的意见》[③]等文件,对我国的哲学社会科学工作进行全面部署,明确提出要坚持马克思主义在哲学社会科学领域的指导地位,加快构建中国特色哲学社会科学学科体系、学术体系、话语体系。习近平总书记指出,要"建立优秀成果推介制度","把优秀研究成果真正评出来、推广开",这为我们开展学术

---

① 教育部、科技部最新制定的《关于规范高等学校 SCI 论文相关指标使用 树立正确评价导向的若干意见》中专门要求"完善同行评议工作",提出要引导学者"遵守学术操守,负责任地提供专业评议意见"。

② 参见教育部社会科学委员会:《高等学校哲学社会科学研究评价指南》,高等教育出版社 2016 年版。

③ 新华社:《中共中央印发〈关于加快构建中国特色哲学社会科学的意见〉》,2017 年 5 月 16 日,http://www.gov.cn/xinwen/2017－05/16/content_5194467.htm。

图书的评价实践提供了基本遵循。

构建中国学术图书评价体系,必须坚持马克思主义的指导地位,自觉把正确的政治方向、价值取向和学术导向统一起来,寓政治于学术之中,寓马克思主义道理于学理之中,将把住方向贯穿于一切科研活动的导向之中。[①]根据建设中国特色哲学社会科学学科体系、学术体系、话语体系的总要求,以质量和贡献为导向,完善评价标准,健全评价制度,规范评价办法,构建有利于知识创新、文化传承的长效机制,推动我国哲学社会科学学术出版整体质量水平的提升,为建立科学权威、公开透明的哲学社会科学成果评价体系做出贡献。

构建新时代中国学术图书评价体系,目标是对学术图书的学术价值和社会价值进行评价,引导学术界和出版界提高水平、强化规范、端正学风。因此,需要把握好评价的三个功能定位。

第一,客观评价学术图书的知识创新和学术贡献,为学术界提供学术图书的综合性评价标准。学术图书作为哲学社会科学研究成果的重要承载形式,是高度复杂的思想产品,凝聚了研究者认识世界的知识和理论贡献,具有重要的文化价值和社会价值。从哲学社会科学研究的特点出发,构建具有自身特质的学术评价体系,必须坚持正确的学术导向,以学术质量、社会影响、实际效果为衡量标准[②],突出思想产品在理论创新和文化传承中的贡献度,将学术活跃度和影响力、研究成果的原创性、社会效益等作为重要的评价指标,注重成果的质量、贡献和影响[③],坚持"以精品奉献人民,用明德引领风尚的价值标准"[④]。

第二,全面反映新时代中国学术出版的实际,为出版界确立学术出版的规范和标杆。中国的学术出版到了期待价值引领的新阶段。因此,构建具

① 参见王伟光:《加快构建中国特色哲学社会科学学科体系、学术体系、话语体系》,2017年5月25日,http://www.gov.cn/zhengce/2017－05/25/content_5196846.htm。

② 参见新华社:《中共中央印发〈关于加快构建中国特色哲学社会科学的意见〉》,2017年5月16日,http://www.gov.cn/xinwen/2017－05/16/content_5194467.htm。

③ 参见中共中央办公厅、国务院办公厅:《关于深化项目评审、人才评价、机构评估改革的意见》,2018年7月3日,http://www.gov.cn/zhengce/2018－07/03/content_5303251.htm。

④ 习近平总书记2019年3月4日在参加全国政协十三届二次会议文化艺术界、社会科学界委员联组会时的讲话。

有自身特色的学术评价体系，必须从学术图书出版的内在规律出发，为学术出版确立规范、树立标杆，服务于出版界提升出版质量和影响力的实践。在准确反映中国学术图书出版的历史和现实的同时，吸取国内外各类图书评价体系的经验，特别是国际化的通用评价原则和实践经验，但必须防止不顾国情全盘接受西方评价标准的倾向，确立“质量第一”和“创新为先”的理念，推动出版界产出更多满足学术界和社会需求的优秀思想产品。

第三，充分发挥学术共同体的主体作用，营造“追求真理”“互学互鉴”的学术评价生态。开展学术图书评价是推动科研管理创新、构建现代科研管理制度的重要内容，对提高科研创新能力和服务水平、推进科研诚信和学风建设，具有重要价值。作为学术活动的主体，学术共同体应当积极参与评价体系、评价标准、遴选机制等方面的研究和探索，充分发扬学术民主，构建一个以学术批评为主的、开放的学术图书评价体系。这对改善学术出版的生态、促进学术出版的良性竞争，将发挥不可替代的积极作用。

此外，学术图书评价的功能定位是为哲学社会科学学术评价提供新的视角，推动学术创新和社会贡献，完善科研评价体系。它首先是服务，为学术界、出版界服务，其次才是评价，为科研评价、出版评价提供客观的数据。服务是目的，计量是手段，必须理顺这个关系。因此，必须科学、合理地使用评价工具、利用评价结果，既不要忽视，也不要强化，更不能异化。

四、构建图书评价体系的原则与方法

科学、客观、公正地评价学术图书，构建具有中国特色的新型学术图书的评价体系，是一项重要的基础性、研究型工作。与学术期刊承载信息集中度较高的特点不同，学术图书的评价信息较为分散，这就使得学术图书评价需要更多地吸收借鉴、更多地创新创造。在充分引进吸收消化国内外相关研究成果，以及学界业界的既有实践成果的基础上，在建设理念、目标定位、架构设计、功能实现等诸多方面实现创新，是这一评价系统成功构建的关键。

20多年的哲学社会科学学术评价的实践表明，目前关于学术期刊以及期刊论文的评价，已经形成较为成熟的评价体系和国内外通行的评价方法，无论在评价数据库的建设、评价指标的丰富性,还是评价的实践和评价结果的影响力方面都获得了学界和刊界的较多共识,在提升学术影响、倡导学术规范方面已经发挥了重要的作用。这些成果应当也必须得到全面的吸收与借鉴。

多年来,我国的哲学社会科学研究评价一直在探索中前进,在争论中发展。今天,在开展学术图书评价时,我们必须坚持那些已经得到实践检验、学术共同体成员广泛认同的基本原则和方法。

第一,必须坚持客观数据分析的基础作用,完善评价数据的多维构成。作为学术生产过程中产生并保存下来的信息,客观数据总是以某种方式记录学术生产的本质特征、规律及发展趋势。无论我们怎样批评数据未能真实反映本质,都不能否定它是一种客观的社会存在,其中包含着等待我们去发掘、发现的本质规律。因为即便是假象,也以特殊的形式在表现本质。正如马克思所说:“如果事物的表现形式和事物的本质会直接合而为一,一切科学就都成为多余的了。”[①]因此,学术图书评价的首要工作就是形成客观数据分析的科学方法,而通过对客观数据的分析和归纳,构建以品质标准为主体的分类评价体系就是一项重要的基础性工作,根据学术研究的现状对学术图书的分类标准进行合理化修订,形成特色鲜明、功能清晰的评价标准,让每一种学术图书找到恰当的归属,与学科归属、出版形态相同的学术图书进行公平的、有意义的同台竞技。

第二,必须践行学术民主,完善评价主体的“质—量”结构。学术共同体是具有共同信念、共同价值、共同规范并一起从事科学研究的群体[②],既是科学内容的生产者和消费者,也是科学内容的鉴定者。参与学术评价的学术共同体成员的数量和构成对评价的质量具有直接的影响。过去的学术评价,出版界往往缺位。可事实上,在学术出版领域,学术界、出版界因在图书出版过程中的共同价值取向走在了一起。“公生明,偏生暗”(《荀子·不苟》)。只有包括出版界在内的所有共同体成员共同参与、平等参与评价,把

---

① 中共中央马克思恩格斯列宁斯大林著作编译局编译:《马克思恩格斯全集》第25卷,人民出版社2006年版,第923页。

② 参见教育部科学技术委员会学风建设委员会:《高等学校科学技术学术规范指南》,中国人民大学出版社2010年版,第2~3页。

评价的全过程置于共同体的公开监督之下，这样的评价结果才能最终体现学术共同体的整体意志，得到学术共同体的集体认同和维护。

第三，必须遵循哲学社会科学研究和评价的特点和规律，实现评价方式的多向融合。任何一种评价，都必须依靠评价主体的价值判断才能形成结果、产生效用。因此，从学术研究与评价的规律出发，深刻认识哲学社会科学研究和学术评价的高度复杂性，在评价方法论上加以创新，突出评价体系的多维度和综合性，坚持评价体系的开放性和兼容性，实现多种评价方式的多元融合。具体来说，就是坚持同行评议和量化分析相结合，充分发挥学术共同体在评价中的主体作用和坚持客观数据在评价中的基础地位，将其作为图书评价体系的"一体两翼"，积极探索专业评价和社会评价相适应、过程评价和结果评价相结合、权威评价和民主评议相统一、学科评价和跨界评价相联合的融合评价机制，用评价制度的不断完善来保障学术图书评价实践的科学性、权威性和公信力。

五、新时代中国学术图书评价体系的构成

构建新时代中国学术图书评价体系，最终要体现在构建学术图书评价指标体系上。首先，构建这个指标体系必须始终以马克思主义理论为指导，必须符合中国国情，必须坚持动态、开放、发展的理念，按照分类评价的要求，构建评价维度完整、强调多元融合、倡导开放创新的评价指标体系。这个指标体系同时也必须是可实施、可检验、可评估的。其次，构建这个指标体系必须要发扬科学主义精神，坚持科学性、系统性、便利性的原则，按照指标维度多元、数据可靠有效、结果区分显著的标准，遴选能够直接反映学术图书规范程度、质量水平、创新层次和影响力水平的评价指标。最后，构建这个指标体系必须既要继承传统有效的评价标准，还要培养大数据场景下的互联网思维，充分利用现代信息技术推进数据采集技术、评价数据库、文本挖掘能力的建设，运用新技术、新方法、新模型形成维度多元、层次丰富、结构合理的评价数据资源，不断促使图书评价体系走向科学和完善。

基于既有实践，我们认为，新时代中国学术图书评价指标应满足以下四个方面的需求。

首先,测量规范程度的指标需要同时符合意识形态的要求和科研诚信的要求。在此基础上才能设置与出版规范和学术规范相关的客观指标,主要包括学术著作的出版规范执行情况、图书编校质量检查的结果、不同类型学术图书写作规范的量化数据、学术规范的量化数据,例如图书题录信息的完整度,注释、参考文献的规范度等一系列测度指标。

其次,测量学术图书质量水平应主要通过同行评议的方法对学术图书的学术质量、社会价值进行规范化评分。这里可以借鉴常用的同行评议方法对学术图书的理论的系统性、研究的逻辑性、方法的科学性等方面的表现进行评价,同时对学术图书的成果价值做出判定:对解决理论或现实问题有推动作用,对学科发展有奠基作用,对学术研究或社会发展有促进作用等。一些现有的同行评议的评价结果不仅包含同行对图书的声誉评价,也包含对图书的学术水平和影响力的全方位评价,例如学术图书的各类获奖数据、学术书评数据、获得各类基金资助数据等。

再次,应当设置学术图书创新层次的指标。判断一本图书的创新层次应该主要由学术共同体的评价完成,可以根据成果是否具有唯一性、新颖性、正面引证数量等划分创新层次。在评价的过程中,也可以选择一些适用的科学计量指标作为评价的辅助手段。例如,引文分析就是一种可以借助的分析工具。此外,面向科学研究和学术出版的各种基金资助情况,包括国家社科基金、国家出版基金、教育部社科基金等国家级基金,都实行了严格的同行评议程序,这也为评估学术图书的创新层次提供了重要的观测指标。

最后,应当设置有关学术影响力的指标。这个主要来自图书和期刊的论文的引用和在线学术交流数据统计的计量数据。既往的图书评价通常采用引文分析①来获取学术图书的学术影响力指标,这也是国际上进行文献评价时普遍采用的文献计量指标。在新的评价实践中,不仅要重视传统文献计量指标,包括所有元数据——不仅是引文数据,还有机构、摘要等数据,对学术出版物进行综合的数据统计和分析,还要顺应信息时代科学传播和交流的特点,关注基于社会网络分析技术的网络计量指标以及社交媒体的大

① 美国汤森路透集团建立的“BkCI图书引文数据库”选用SSCI和A&HCI数据库的引文数据作为影响力一个的考察指标,高被引是来源图书入选的一个指标。

数据资源等，通过不同类型数据的相互关联、相互补充，全面地反映学术传播交流生态系统的运行状况和学术图书的影响力状况。

此外，学术图书的利用状况和市场化数据也应当得到利用。这些指标虽然是“非学术”的，但都可以从不同角度反映学术图书的质量水平和影响力状况。例如，具有代表性的公共图书馆、知名大学甚至全球图书馆的馆藏图书数据，或是高校的通用教材目录，都可以成为评价的重要参考指标。

（原刊于《现代出版》2020年第2期，有改动）

将评估学术的权力还给学术界

王学典*

2020 年 2 月，教育部、科技部联合发文，紧急叫停科技领域已泛滥成灾的 SCI 论文至上的做法，强力纠正学术评价中的不良导向。这既是对当前突发事件的应激反应，更是对近年来学术界、期刊界相关呼吁的有力回应，这一举动值得赞赏。官学两界坐下来郑重思考与讨论学术评价问题的机会终于到来。

只有深谙学术研究之道方能担当学术评价之责

一段时间以来，对以 SCI 论文为代表的量化工具的盲目滥用败坏了自然科学研究的学术风气，已成为我国科学事业发展的一种桎梏、一个陷阱。尤其是，对权威刊物、顶级刊物的崇拜已经到了无以复加的地步，发表一篇高级别刊物论文形同加冕，若干著名编辑部因此已成无冕之王。而且，这种 SCI 论文至上的做法业已蔓延到人文社科领域，SSCI 成为学术评价指标中的新宠。我们人文社科研究也正在走上片面迎合量化标准的道路。唐德刚先生早就指出：美国学界的规则是，不出版就死亡，只有那些读三本书能写五本书的人才能生存下去。当下中国学界已有过之而无不及。由于舍本逐末，买椟还珠，结果只能是指标越亮丽，学术越平庸，表面的繁荣掩盖了内在的匮乏。文件的发布实际上提出了一个至为重大的问题：学术究竟如何评

---

* 王学典，《文史哲》编辑部。

价、由谁来评价？这一问题的提出，将为拯救病入膏肓的科研评价体制带来希望。当然我们也清醒地认识到，科研评价体制的改革是一项系统工程，肯定要经历一个漫长的过程，无法指望一纸文件就能一举解决目前丛生的乱象。

在笔者看来，学术评价归根结底是学术界内部的事情，是一项专业性极强、具有较高门槛的工作，具有一定学术资质是从事学术评价活动的前提。它实质上是学术共同体内的一种自我认定、自我调控。学术评价不能独立于学术研究之外，二者是连体共生的。学术评价必须遵循学术研究自身的逻辑和行规，只有深谙学术研究之道方能担当学术评价之责。学术评价被期刊等级牵着鼻子走的状况，再也不能继续下去了！

另外，一个认识上的误区也加剧了量化标准的滥用，即为了减少主观因素的干扰，人们试图寻找一个考量学术水平的客观标准。这种标准还最好能够量化为若干指标，进而依据这些指标的高低排序来评定学术和学者。实践证明，这一做法是失败的，定量分析不能代替定性分析，复杂的价值判断终究无法化约为简单的事实判断。严格意义上，学术评价是无法量化、指标化和客观化的。学术评价的主要途径应该是软性的同行评议，这本质上是一种主观性很强的活动。笔者相信，只要在一定的制度保障和约束下，主观性的评价是有望能达到结果上的客观公正的。

学术共同体内部的学术评价究竟如何进行，离开了量化指标，是否就会随心所欲，无章可循？答案当然是否定的。学术界对什么样的学术成果是有价值的，其实是有公认的原则和标准的，只不过这些原则和标准外行人难以把握和操作罢了。当然，这些标准也并非完全不足为外人道也。

选题质量高低关乎学术价值大小

著名史学家何炳棣先生说，清华学人有一种傲人的自我期待：不管搞哪一行，绝不做第二等的题目，要做就做“头等大题目”，第一流的大学问。研究选题的意义于此可见。我们现在的项目评审一般都将选题价值放在首位，这无疑是正确的。选题处于科研工作的起点，寻找到一个好的选题就意味着成功了一半。填补空白的题目自然不必多说，但这样的题目少之又少。

一般说来，研究选题是否具有学术价值，取决于在本学科领域是否具有公认的重要性。以中国近现代学术史为例，有关梁启超、胡适、郭沫若等学术名家的研究就具有重要性，不过，这一方面的研究成果车载斗量，必须从新的角度切入。这当然并不意味着名不见经传的小人物就完全不重要，不值得研究，但关于小人物的研究应当与学术史上的重要现象、重要问题相关联才能凸显其意义。民国学者张荫麟曾就中国通史编纂提出取材的四种标准："新异性的标准""实效的标准""文化价值的标准""现状渊源的标准"。这些标准同样可以移用于学术选题。满足一种或几种标准的选题才称得上是优秀的选题。

这里需要特别指出，目前史学领域存在一种"碎片化"的倾向。一些学者以小为美，沉醉于细枝末节、边缘角落的发掘而不可自拔，明察秋毫之末而不见舆薪。"宏大"与"碎片"的关系当然是辩证的，是互补的，当下的问题是，在浩瀚的史学海洋上，已看不见泰坦尼克号，到处都是小舢板云集。在"碎片化"的视野中，历史像一颗摔碎的油珠，再也无法聚拢起来。这种缺少"宏大"关怀的碎片式研究题目的重要性当然要大打折扣。所有的碎片固然都值得研究，但它们对本学科领域的意义却无法与那些攸关全域的中心题目相提并论。还有一些学者专找冷门、偏门的题目去做，恃为独门绝学，以此为成功的终南捷径。冷门、偏门的题目当然需要有人来研究，但其价值也不应高估。尽管目前是专题治学的时代，但一味地以小为尚、唯冷是崇则是一种偏颇。

选题的前沿性、新颖性也非常重要。一个选题应当追踪学科发展的新动向，甚至预示未来学术发展的趋势，具有开拓性和前瞻性。前沿研究往往提出前人所未提出的新问题，涉足尚待开发的处女地。前沿性的题目对学科发展具有较大推动作用，提供新视角，开辟新领域，应用新方法，找到新的增长点，甚至能为后学"开无数新门径"，"开许多新生路"。前沿性题目常常来自学科交叉地带，由不同学科的碰撞产生火花。如近年来出现的性别史、概念史以及新文化史，都属于前沿性研究。相对于传统题目，前沿性题目优势明显，它给人带来耳目一新的感觉，更容易引起研究者和阅读者的兴趣。但学术研究也不能一味趋新求异，随波逐流，新课题也同样必须兼具相当的重要性。传统题目当然也不是可以完全弃之不顾，置之于新的视角下也有可能转化为前沿性题目。

功力与见识含量的多少决定学术分量的厚薄

体现在具体学术成果中研究者的功力与见识的深浅,无疑是判断学术价值高下的另一重要标准。对人文学科而言,论文和专著是两种最基本的呈现形式,因此成为学术评价的主要对象。评判一篇论文或一部专著时,人们往往从两个角度着眼:一是看是否有功力;再就是看是否有见识、思想、洞察力,见解是否深刻,是否能揭示现象背后隐藏的事理。功力和见识同时达到炉火纯青、高度互动的,比较少见。多数论著,要么长于功力,要么以见解取胜。功力与见识同臻极境者堪称大师,而对大多数人而言,则必有一偏。这反映的是人们治学路数的偏好和追求。

著名历史学家翦伯赞曾提出过史学研究的“三基”,即基本理论、基本知识和基本技能。这都属于学术功力。功力体现出一个人在读书治学上所下工夫的多少深浅。所谓“真积力久则入,学至乎没而后止也”,“人之于文学也,犹玉之于琢磨也”,等等,强调的都是学问的积累问题,在某一领域某一方向用功多少的问题。以季羡林先生的糖史研究为例,他十余年里一直关注“糖”的问题,遨游书海,力求在史料上做到涸泽而渔,其展现的功力令人叹为观止。除了收集材料的能力之外,功力还指你对治学工具和相关辅助学科掌握的多少,这是能否在某一领域做出成就的必备条件。当然,功力也指对专业基本典籍的掌握程度。所有成功的学者对本方向的基本典籍无不烂熟于心。为陈寅恪所推重的黄庭坚早就告诫人们“读书欲精不欲博,用心欲纯不欲杂”,带有经典性质的书必须溶化到血液里。绕过基本典籍不读而企图走捷径速成,内行人一眼就能看出破绽。

就目前的学术规范而言,功力还要包括对相关研究现状的了解和把握。学术研究是一个不断累积的过程,充分消化前人成果才能站在巨人的肩膀上,才能推陈出新、后来居上。对前人的既有成果视而不见,对当前学术行情茫然无知,完全从个人兴趣出发自抒胸臆,难以形成与学术界的有效对话,这类研究很难说有多大的学术价值,往往只能得到差评。

至于见识,昔贤有言:“才须学也,学贵识也”,说的就是见识对于学问的重要。具有深刻、独到的见识才称得上是上乘之作,才能列为优等。学者好比是蚕，蚕吃桑叶，吐出丝来，然后用丝来编织出锦绣文章，而不是吃桑叶吐桑叶，把桑叶大量堆积在文章当中。论著中必须体现作者的见解和思想。真止有价值的作品，必然闪耀着思想的光芒。目前许多论文中普遍存在有学无识的弊端，通篇只是堆砌材料、转录材料，靠材料膨胀篇幅，用大段引文来注水，通过炫耀表面上的博学来掩饰思想的贫弱。文章自始至终，只能感受到前人在哪里，别人在哪里，而感受不到作者自己在哪里，找不到作者自己的分析和判断。这种以罗列材料为主的论著充其量是概述性的、笼统的，缺乏明确的问题意识和核心概念支撑，这是没有见识的结果，是创造力、洞察力与思维穿透力短缺的表现。当然，对见识的有无或高低的判断带有很强的主观性，可谓见仁见智，在具体的学术评价中是最难把握的。不得不承认，见解越独到、越犀利、越超前，就有可能越难以被大多数人所认可。这是对学术评价者的一种挑战和考验，需要具有能够容忍异见甚至异端的气度和胸怀。

能否进入学术史是估量科学研究价值的最终尺度

学术成果是否具有学术史的价值，应该成为学术评价的终极尺度。学术评价必须引入学术史的维度。学术研究通常是一种长线的事业，应当具有长远的眼光，学术评价同样如此。学术评价不能只关注短期效应，而要从整个学术史的长河中进行观察。真正有价值的学术成果必将被写入学术史而为后来者所铭记。所谓具有学术史意义的成果，大致包括两类：一类具有范式革命的意义，比如胡适的《中国哲学史大纲》、郭沫若的《中国古代社会研究》，“足以转移一时之风气，而示来者以轨则”；一类具有局部突破意义，或是在某个问题上推翻前人结论提出新的认识，或是通过发现新材料、应用新方法将某一问题的研究推进一步。二者的学术史意义当然不能等量齐观，前者引发学术研究的突变，后者带来学术研究的渐变。前者通常出自大家手笔，因缘际会而成经典，可遇而不可求；后者来自辛勤耕耘者的常规研究，是经常出现的，也是学术评价中最常见的情形。我们当然不必用衡量经典的标准苛求全部学术成果。

若涉及对某位学者的评价，也需要具备一种学术史的视野，进行学术史的定位。一位优秀的学者应当是有资格进入学术史的。他通常是在某一具有重要性或前沿性的领域或方向从事研究，沉潜积淀有年，而且取得实际的建树，占领了学术制高点，具有一定的声望和良好的口碑。他是某一领域的佼佼者或代表性人物，他的名字是与某个领域联系在一起的，一涉及这个领域就想到他的名字，这就说明他在学术史上占有了一席之地，就像周汝昌先生之于红楼梦研究，陈寅恪先生之于魏晋隋唐史研究，吴晗先生之于明史研究，罗尔纲先生之于太平天国史研究，童书业先生之于春秋史研究，杨宽先生之于战国史研究等等。在对学者进行评价时，应当将这类学者优先选拔出来。

近来，作为“以质为主”评价标准的代表作制度，呼声很高。这里需要强调的是，代表作绝不只是学者个人的代表作，同时更应是本领域、本方向或某一问题研究上的代表作。是不是代表作关键在于其有无学术史的价值。我们现在的评价标准中还有所谓衡量学者学术贡献度的提议。学术贡献度的评判不能只通过横向比较完成，更离不开学术史标准。其实，早在1932年傅斯年在谈到大学教授资格评定时即已提出，“此学人更有一种重要著作，成为一种不可忽略之贡献者，由此会审定其有大学教授资格”。1947年出台的《中央研究院组织法》规定评选院士的资格之一为“对于所专习之学术有特殊之著作发明或贡献者”。其中所说的“不可忽略之贡献”、“特殊之著作发明或贡献”均含有一种学术史价值的意味。总之，学术史的评价是学术评价中不可或缺的一种尺度，而且是一种终极尺度。只有依据学术史标准，才能真正实现淘汰庸才，优中选优，形成一种正向的激励效应。

学术管理必须尊重学术的本性

如何处理好学者治学与科研管理之间的矛盾，是当下学术评价成为问题的关键。管理者总是喜欢一刀切，喜欢用指标、数据、统计、报表、量化等工具来考核学术。而上述几乎所有考核手段和措施，均违背学术的本性，而且在相当大的程度上戕害着学术，乃至摧残着学术！

在这里，有必要澄清下面几点认识。第一，能力与成果之间是不能画等号的，也就是说，有能力取得某种成果绝不能与最终成果本身画等号。譬如说,现在上上下下都以项目多少论英雄,实际上,项目包括国家社科基金重大项目和教育部重大攻关项目,仅仅是能力的标志之一,任何项目都绝不能与已有成果画等号,尤其不能高于已有成果,出水才看两腿泥,货色才是最重要的。项目仅仅是创造成果的条件,不是成果本身!第二,出版物也不等于成果。成果包括SCI论文和顶级期刊论文都是出版物,但并非所有的出版物都是成果,并非所有的铅字都是学术,只有那些在知识增长中有意义的出版物,只有那些要么有功力、要么有见识的出版物才是成果,才是学术。所以,出版物的多少,严格地讲,与学术无关。第三,学术业绩与学术水平是不能画等号的。在晋升职称、评聘博导和岗位定级等学术评价活动中,我们常常用业绩评估代替了水平鉴定,更看重的是项目多少、论文篇数、著作若干和获奖等级,这些充其量只是学术业绩,不是学术。应该看到,那些有影响力、有代表性、有地位的学者本身才是最大的成果,学术业绩绝不能与学术声望相提并论。声望与地位才是一个学者最根本的标志。一个在各方面都达标、符合种种数量要求、除了学术之外什么都有的学者,有可能是一个没有任何学术声望或声望很差、在学术上没有任何贡献的教授。

任何“一刀切”的简单量化考核,都不足以辨认学术上的“血”与“水”,尤其辨认不出哪个是“血管”,哪个是“水管”!因此,学术管理尤其必须回到学术的本性上来。应该看到,学术研究的质量在任何时候都高于名分、高于项目、高于出版物的数量。最后能否进入学术史,才应该是衡量一个学者是否成功以及地位高低的最终标尺。

必须指出,此次教育部、科技部联合发文纠正“SCI崇拜”,具有重要的意义。要深刻认识论文“SCI崇拜”带来的负面影响。相比一刀割除这一“病灶”,科研管理者更应该反思造成“SCI崇拜”泛滥的深层次原因,尤其需要对这些年科研管理的价值观、目标、方法进行反思。只有管理者进行深刻的自我反思,并在此基础上对科研管理体制进行系统的根本的改革,这次的“断腕”之举才能显示其真正的意义。否者,它所引起的只是一个孤立的物理变化,而不是整体上发生质变的化学变化。我们必须大声疾呼:科研管理再也不能继续那种以简简单单的条条框框来衡量高度复杂的科研活动的局面了。

寄希望于一个独立与成熟的学术共同体的形成

从根本上说，科研评价机制的健全和完善最终有赖于学术共同体的独立和成熟。学术评价的主体应该是学术共同体。一个自治、自由的学术共同体，是学术评价达到最大限度的客观公正的前提和基础。一个真正的学术共同体完全可以维持自身的新陈代谢和生态平衡。我们以往的失误在于过度依赖行政管理部门的调节和干预，一切服从于行政权力的指挥棒，学术共同体的能动性未能充分发挥出来。行政力量介入和干预越多，则学术乱象和学术腐败越多，异化越严重，从而陷入越管越乱、越乱越管的恶性循环之中。行政管理部门不妨以退为进，做出必要的权力让渡，让学术共同体行使学术活动的立法权，让学术领域成为一个相对的公共空间，方为明智之举。培育和维护一个以学术至上为价值基础的学术共同体乃是根本大计和长久之策。因此，在目前科研评价体制的改革中，我们应当让学术评价回归学术本性，逐步将学术权力交付学界，尊重专家、相信专家、依靠专家，发挥同行评议的主体性作用，还学术界一片蓝天。

当前最重要的是建立良性的学术研究生态。学术评价的前提是先要有学术，然后才能建立与之契合的评价体系。没有良性的学术研究生态，根本不可能大规模生产有价值有意义的学术成果。在这种情况下，要建立有公信力的学术评价体系只能是一种奢望，甚至是一种本末倒置。在优秀学术成果匮乏的前提下，即使有再发达、再完善的学术评价体系，也毫无意义。当前，要提倡“致良知”的研究作风，要提倡高度的专业主义，要把学术研究从各种庸俗的实用主义束缚下解放出来。只有这样，才能改变劣币驱逐良币的现实，建立一个运转机制充满活力的学术共同体。

学术界苦“SCI 崇拜”久矣，叫停“唯 SCI 是崇”仅仅是第一步，接下来最关键的是制定新的评价指标及体系。本文上面仅就学术评价的方向性原则性问题做了探讨，如何把这些方向性原则性体现在具体的评价尺度上才是要务。极端机械套用某一指标不可取，没有考核指标将会引起更大的混乱。在某种程度上，SCI 指标设立的初衷也是为了强调一种硬约束，甚至是一种没有办法的办法，遗憾的是这一办法在应用过程中走向歧途了。撤掉 SCI

指挥棒之后，整个学术评价需要重新定向，这关乎着未来中国科学研究和学术发展的方向，关乎着中国在未来科技舞台上以什么姿态参与竞争。这就需要整个学术共同体就此展开充分的讨论，形成新的共识。要言之，制定一个科学的科研评价体系，决定着21世纪中国的科研事业能否健康有序地向前发展，也决定着能否实现建设名副其实的科研大国、学术强国的宏伟目标。中国的科学研究，又到了一个重要的关口！

［原刊于《澳门理工学报》(人文社会科学版)2020年第2期，有改动］

亟须纠正学术研究和论文写作中的“数学化”“模型化”等不良倾向

李志军　尚增健*

100 多年来，数学在经济学管理学研究中得到了广泛的应用，为推动学术研究和科学决策发挥了积极作用。改革开放 40 多年来，我国学术界在经济学管理学研究中不断引入各种数学方法，把定性研究与定量研究结合起来，这是一个很大进步。

但是，近年来，我国学术界出现了不分情况、不分场合地使用数学方法和模型的现象，甚至出现了过度“数学化”“模型化”等不良倾向，实在让人担忧。有的期刊全然走样，刊发的文章读者看不懂、看不明白；有的论文一味追求数学模型的严格和准确，忽视了新的思想、观点和见解；有的学者炫耀数学技巧、追求复杂甚至冗余的数学模型；有的学者沉迷于数学游戏，忽视了对问题本身的深入思考，其结果是使简单的问题复杂化，用“众所不知”的语言去讲述众所周知的道理；更有甚者，在运用数学方法和模型时，还存在故意更改实证结果的现象。

身处当今学术界这样一个大的环境，讲究国内国际接轨，作为经济学管理学领域的一本具有较大影响力和号召力的学术期刊，《管理世界》面临着一个尴尬的处境：既要适应国际国内学术界的大潮和趋势，又要坚持自己的特色和办刊理念。从一定程度上来说，这是很矛盾的，也是很难两全的事情。

我们一贯反对滥用数学方法和模型。经济学管理学研究中完全可以根据

* 李志军、尚增健，《管理世界》杂志社。

需要，使用必要的数学方法和模型，但我们坚决反对学术研究和论文写作中的过度“数学化”“模型化”等不良倾向。这几年，我们在推进研究方法多样化、研究范式规范化方面做了一些探索和努力。我们的一些约稿文章和智库研究报告，完全是用文字或辅以简单的图表表达学术思想和观点，学术水平很高。2017 年第 11 期组织刊发了《经济学研究中“数学滥用”现象及反思》(陆蓉等)一文，2019 年就经济学的域观范式、中国经济学派问题，为金碚、黄有光两位教授提供交流与争鸣的平台，在学术界引起广泛思考和共鸣。

我们倡导“研究中国问题、讲好中国故事”。我们与中国人民大学商学院合办“中国企业管理案例与质性研究论坛”已经 13 年，发掘中国企业管理的优秀案例，构建有中国特色的企业管理理论，评出的优秀论文在本刊发表。2019 年，我们开设“管理科学与工程”栏目，组织刊发了《构建中国特色重大工程管理理论体系与话语体系》(盛昭瀚等)、《冲破迷雾——揭开中国高铁技术进步之源》(路风)等系列文章，讲述中国重大工程管理的故事，完全不用数学模型，《新华文摘》予以关注并在纸质版和网络版全文转载了其中一些文章，在学术界引起很大反响。

在此，我们重申《管理世界》的办刊理念和主张，并提出一些倡议，以期与学术界、期刊界编者按等社会各界朋友共勉。

一是倡导研究中国问题、讲好中国故事。从我国改革发展的实践中挖掘新材料、发现新问题、提出新观点、构建新理论。把论文写在祖国大地上，着力提出主体性、原创性的理论观点，提炼出有学理的新理论。

二是倡导立足中国实践，借鉴国外经验，面向未来，着力构建有中国特色、中国风格、中国气派的学科体系、学术体系、话语体系，反对照抄照搬外国模式。坚定学术自信，反对崇洋媚外。

三是倡导负责任的学术研究。学术研究的目的不是自娱自乐，要有社会责任感和时代感，要为国家经济社会发展服务。研究方法要科学，数据要可靠，研究结果可重复、经得起检验。

四是倡导研究范式规范化，研究方法多样化。根据所研究问题的实际需要，实事求是地使用数学方法，不盲目崇拜数学模型。学术研究以问题为导向，而不是以技术为导向，数学方法只是工具和手段，不是目的。文章是用来表达思想和观点的，不是玩数学游戏的。要做有思想的学术、有学术的思想。

五是倡导科研诚信，抵制学术不端行为。要树立良好的学术道德，自觉遵守学术伦理规范，把做人、做事、做学问统一起来。严格论文查重。打击各种学术不端行为，对科研不端行为零容忍。警惕并抵制“买版面”“找枪手”等不良现象。

六是倡导推行代表作评价制度，注重标志性成果的质量、贡献和影响。在学校评估、学科评估、各种人才计划、奖励评选、项目评审、职称评审过程中摈弃“唯论文”现象，反对片面追求论文数量。

七是倡导写文章要深入浅出，坚持简单性原则，把复杂问题简单化，反对把简单问题复杂化，把明白的东西神秘化。文章是让别人看的，要让读者看懂、看明白，反对卖弄博学、故作高深。不要老想着“我多么高明”，而是要采取与读者处于完全平等地位的态度。

八是倡导好文章发表在中文期刊上。鼓励高质量的学术论文优先在国内发表，在职称评定、各类人才计划和奖励评选中，建议以在国内发表的论文作为代表作。反对一味追求在国外期刊发文章，给外国人交版面费、壮大外国期刊的做法。

九是倡导培育世界一流的社会科学类期刊，提升我国社会科学学术期刊国际影响力和话语权。破除社会科学评价中对 SCI、SSCI 等期刊评价体系的盲目崇拜，合理规范高等院校、科研院所的 SCI、SSCI 期刊等级划分标准和 SCI、SSCI 论文相关指标的使用，不直接以 SCI、SSCI 论文的相关指标作为判断的关键或唯一依据。

十是倡导发挥学术期刊的引领作用。对我国经济学管理学研究进行选题引领、研究范式引领。坚持以原创性、思想性、科学性为选稿标准，破除“重模型、轻思想”“重技术、轻问题”“重国外、轻国内”等不良倾向。

今年是《管理世界》创刊 35 周年。我们将一如既往，不忘初心，牢记使命，继续开拓进取，全心全意为广大作者和读者服务，不断提高办刊质量和水平，努力打造一流学术期刊，为构建有中国特色、中国风格、中国气派的学科体系、学术体系、话语体系贡献一份力量！

（原刊于《管理世界》2020 年第 4 期，有改动）

学术论文刊发前公示不可行

仲伟民*

编前话：1月23日，本报3版刊发吴旭的评论《不妨实行学术论文刊发前公示制度》。该文刊发后，一些读者来电来文表达了赞成或反对的意见。今天专门编发钟伟民文章，以表达本报尊重不同意见、欢迎合理化争鸣的编辑态度。

《不妨实行学术论文刊发前公示制度》一文（以下简称《不妨》）在学术界引起不小的反响，赞同者不少。可是，我认为作者提出的建议很不可行，作者不仅对目前的学术规制不太了解，对学术期刊同样知之不多。

《不妨》最主要的见解是：学术期刊不同于日报、周报，很多核心期刊拟刊发的论文常常排长队，因此完全可以在出版前，将拟采用论文的内容简介、主要观点和作者姓名、工作单位等信息先行公示，以接受专家、学者和社会人士的评判和监督。作者将其与“领导干部任前公示制度”硬扯在一起。我不怀疑作者的初衷，但作者的建议却体现出对绝大多数学者的不信任和不尊重，更重要的是，这种做法严重侵犯了学者的权利，藐视学者的劳动成果和付出。学术研究是一项艰苦的创造性活动，创新性观点多是学者们经过了长期阅读和思考后提出的，这应是作者本人独享的权利，任何人没有理由剥夺。但是，如果这些创新性观点在论文正式发表前先行公示，则谁也没有办法保证不被别人窃取。学术界曾经发生多次学术观点被窃取的事件，比如学者在某学术会议上发表个人见解，可不久后发现有人先于自己以论

* 仲伟民，清华大学人文学院历史系。

文形式发表了相同观点的文章。基于同样的原因，这也是很多学者不愿把完整论文提交学术会议的一个重要原因。

几年前学术期刊出版就有了“优先出版”的尝试，即纸本期刊出版前先在网络（如中国知网）发表，最近又有“网络首发”。所以，编辑部决定发表而又不能及时安排刊期的论文，已经有很好的办法解决。另外，目前几乎所有的学术期刊都在论文发表前使用查重软件进行检查，从而基本避免了抄袭现象。各编辑部实行的三审三校及双向匿名评审制度等，也几乎成为工作常规。这说明《不妨》的作者对目前的期刊出版机制还不太了解，此不必多言。

还需要指出的是，作者拿《冰川冻土》及《银行家》为例，指责期刊界的腐败现象，这也是不公允的。学术期刊发表“导师崇高”和“师娘优美”一类论文，完全是极个别不负责任的期刊所为，不能以偏概全。我们应该看到，经过有关部门的整顿及广大期刊同行的努力，多数学术期刊目前都已按国际规则运行，学术质量也在逐步提升，人文社会科学学术期刊尤其如此。

（原刊于《中国新闻出版广电报》2020 年 4 月 2 日，有改动）

破除论文“SCI 至上”后

何云峰*

近日，教育部、科技部颁布了《关于规范高等学校 SCI 论文相关指标使用 树立正确评价导向的若干意见》（以下简称《意见》）。制定《意见》的目的是为了破除论文“SCI 至上”，探索建立科学的评价体系，营造高校良好创新环境，加快提升教育治理体系和治理能力现代化水平。《意见》的出台背景是为了深入贯彻落实党的十九大情神和习总书记在全国教育大会和2018 年两院院士大会上的重要讲话精神，破除唯分数、唯升学、唯文凭、唯论文、唯帽子的顽瘴痼疾。《意见》一经公布，即引起各方的极大反响。笔者以为，在贯彻《意见》精神的过程中，应该认真思考以下三个问题。

首先，能够彻底破除论文“SCI 至上”吗？《意见》明确指出，“SCI 论文相关指标已成为学术评价，以及职称评定、绩效考核、人才评价、学科评估、资源配置、学校排名等方面的核心指标，使得高等学校科研工作出现了过度追求 SCI 论文相关指标甚至以发表 SCI 论文数量、高影响因子论文、高被引论文为根本目标的异化现象，科技创新出现了价值追求扭曲、学风浮夸浮躁和急功近利等问题”。这里说得非常清楚，如此广泛运用 SCI 论文的主体主要是各级管理部门。所以，能否彻底破除论文“SCI 至上”，关键就是要看管理部门使用什么指挥棒。管理部门不使用 SCI 论文，自然而然 SCI 论文的意义就不大了。例如，《意见》提出高校要取消 SCI 奖励，学生毕业不宜以 SCI

* 何云峰，上海师范大学知识与价值科学研究所。

论文数为条件。如果真做到了，估计SCI论文的地位就自然而然会从神坛上被拉下来。

其次，破除论文“SCI至上”后怎么办？学术评价是学术活动中不可缺少的环节。如果不以刊评文，不看SCI论文，那么以什么为标准作学术评价呢？SCI指标固然有诸多弊端，但至少参考起来简单、方便、易操作，相对也具有客观性。没有良好的替代方案，破除论文“SCI至上”的后果可能会导致学术评价变得混乱。而这个替代方案，仍然需要管理部门首先采纳。所以，破除论文“SCI至上”后还是要看管理部门的指挥棒把学术评价指向何方。在这种情况下，管理部门如何做到不以经验式地拍脑袋决策，而是以科学为依据，合理地制订评价方案，才是关键所在。科学有效同时为学界认可的评价方案才能推动学术发展。

最后，到底应该怎样正确对待SCI论文？在强调破除论文“SCI至上”的同时，也要理性地对待SCI论文。这首先涉及正确看待SCI指标的问题。SCI的“初心”并不是学术评价，而是给作者投稿找目标刊物用的工具。知识在科学家(学者)那里生产出来以后，如何进入公共知识系统，首先必须发表出来。而一旦发表出来，每个学者生产的知识彼此之间就会产生竞争关系，最后哪个科学家(学者)的知识进入公共知识系统，要依赖于学术共同体的认可和一致的承认和接受。为此，找到最合适的学术刊物发表相应的知识，对于科学家(学者)来说，就非常重要。SCI就是要帮助科学家(学者)选择最合适的学术刊物去投稿。在现代社会，知识生产应该永续地进行，所以学术刊物的数量必须不断增加。为了让更多的新刊物能够进入知识生产系统，那就必须将刊物标准化。所以，SCI今天实际上已经演化为一套学术期刊建设标准。只要按照该标准系统办刊，就必然能够进入SCI体系。在此标准化基础上，SCI再进一步进行评价，形成COREJOURNALS(核心期刊)。而这个期刊评价也是按照知识生产的规律和流程去设计的。既然SCI论文本质上是一个知识论范畴，那么就应该站在知识论的角度去对待SCI论文。这才是今天当我们破除论文“SCI至上”后应该做的。作为知识生产，学术刊物必须标准化，不用SCI体系，就必须采用其他标准体系。

所以，当务之急是要在设计学术评价替代方案的同时建立中国化的知识生产标准体系。这就是为什么笔者多次在不同场合呼吁中国学术期刊发展要走标准化建设之路。

（原刊于《上海教育》2020 年第 15 期，有改动）

从编辑视角初议学术论文的写作问题

吴志军*

历史学术论文的生产是一个包含选题立意、史料批判、推敲写作与投稿发表等诸多环节在内的系统性工程。然而，近十年来，笔者在党史期刊编辑工作中，日益感受到相当数量的来稿存在着“重发表而轻写作”的现象或取向，诸如文字表达水平不高、硬伤性错误较多等问题，迫使编辑不得不投入大量精力帮助作者解决基本的文字和写作规范问题，从而给约稿、组稿、审稿、编辑、核校等一系列流程都带来了巨大挑战。这一点在很多历史学刊物的学术编辑以及不少历史学者那里也得到了基本相同的反映和印证，从近年来指引学术写作著述的出版数量增多以及历史类微信公众号对于论文写作技能的高频传播中亦可见一斑。所有这一切都在显示学术写作能力的退化以及研究者普遍不重视写作的问题，正在逐步成为一个具有时代性的学术病征。“重发表而轻写作”的现象已经到了必须着力解决的地步，否则必然演化为制约历史研究进步和发展的一大障碍，亟须整个历史学界给予正视与重视。

出现这种情况的原因非常复杂，关联性因素具有相当的多元性与结构性，目前历史学界对此尚缺乏系统的学理性分析，但大家公认的一大诱因是目前高等院校和科研院所普遍存在的年度考核压力。就笔者所在的党史研究领域而言，在党史研究群体的世代更替进程加快的态势下，考核压力几乎无法给年轻研究者创造出从容写作和精致修改的条件，即使一些成熟的学

* 吴志军，中共中央党史和文献研究院。

者也会在这种压力下出现写作粗糙的现象。而从一个长时段的视野观之，年轻研究者学术写作能力的欠缺更是有因可循。由于巨大的升学就业压力，年轻研究者在从小学到本科的长期学习进程中，并没有接受过完整而有效的论文写作训练。中小学的写作训练大多以带有浓重的公式化和格式化色彩的应试文章为主，并不会特别重视学生的写作逻辑与理论分析能力。及至硕士和博士阶段，相对松散的教学模式，使很多导师无意也无暇对学生进行严格的论文写作训练，更何况目前很多导师自身的写作水准尚有努力的空间。这一切都导致当下的很多研究生以及步入历史学界的年轻研究者的学术论文写作，缺乏系统性和自主性的长期训练。可以这样说，长期快节奏的学习和社会生活以及高度功利化的学术考核机制，没有给绝大多数年轻研究者以充足的学术训练。

互联网思维的负面影响亦不容忽视。随着 21 世纪以来互联网的广泛普及，网络语言越来越多地渗透到学术领域，它具有强烈的即时性和随意性，很少经过稳妥周密的考虑，怎么想就怎么写，这在很大程度上直接影响了一代年轻研究者的思维路径和写作模式。如果研究者缺乏足够的自我警觉，难免受到不良影响，尤其不愿在遣词造句、精雕细琢、反复斟酌等方面投入更多时间和精力，甚至有年轻研究者主观、错误地认为在当今时代已然没有多少人会介意语言表达和文字水平，“信息”传递、“话题”热度和阅读“流量”才具有绝对的优先性。这种情况已在笔者与若干研究者的交流与沟通中得到了证实，一些年轻研究者也坦承自己的学术写作的确受到了网络语言生态的潜在影响。因此，如何在目前高度仰赖网络环境的情势下，摆脱或至少控制互联网思维对学术研究的负面影响，应该是今后历史学界能否从整体上提高学术写作水平的一个重要变量。

由上可见，学术写作能力并不是年龄增长、学历上升和学识提高等因素必然带来的结果，而是需要坚持不懈地训练、调适和提高。这是一个必须有意为之、艰苦磨砺的过程，也需要研究者在逐步培育规范、独特且有效的写作风格之际，警惕形成固定、僵化的写作模式，对于自身的学术写作以及与此相关的治学理念抱持一种自我批判和自我反思的态度，进而培养出稳中求变、不断创新的写作与研究能力。但遗憾的是，目前很多年轻研究者对此缺乏自觉意识，在尚未获得良好的基础写作能力以及规范的学术写作训练的情况下，就贸然进入各种压力状态下的缺乏自我警觉和反省的持续写作，非但没有促进学术写作能力的实质提升和良性循环，反而养成了一系列习焉不察的写作“恶习”。

揆诸笔者多年来的编辑工作“史实”，无论从绝对数量还是相对占比来看，绝大多数来稿都带有明显而浓厚的“疾速写作”“第一时间投稿”气息①，基础文字表达水平低下，学术写作规范意识薄弱，存在的不足、缺陷和弊端可谓形形色色、林林总总，难以详尽列述，兹粗略举例（但远不止于此）。从基本的写作态度和文字功底来看，错字别字、标点误用、语法错误、句式杂糅、语句不通、词汇贫乏、表意不清、随意使用规范性名词、自问自答等现象非常突出；从学术论文的基本要素来看，摘要不确切、关键词“不关键”、学术史评述缺失或失焦、注释格式不规范等现象非常普遍；从选题的科学性视角来看，问题则比较繁多，大致包括选题重复（尤其是同质性的个案研究浮泛）、选题的非典型性或弱代表性、选题的边缘性（尤其是无法触及中国共产主义革命的“核心议题”）、时段过长而导致无法驾驭的宏观历史问题、主要基于材料获取便利考量的临时性选题、过于“当代性”的选题（将历史问题等同于现实问题）、具有显著争议性的选题、以概念和理论涵化或图解历史的选题、将学位论文分章节发表的断裂性选题、宏观历史价值缺失或不明的史实考证等；从史料收集与利用的角度来看，史料来源单一、盲信史料信息、史料堆砌、直接引文泛滥且错误百出、过度引用等情况较为严重；从历史论文的主题设置角度来看，存在中心主题不明确（甚至在一篇论文中出现“双主题”“多主题”）、文章主题与论证内容脱节即“偏题”“跑题”、各级标题概括不准确、主副标题的内容倒置、结构设置不合理、各部分篇幅畸轻畸重、结尾部分“高开低走”等不足；从“问题意识”的维度观之，缺乏统摄性的“真议题”、

① 在此不妨温习一下马克思在从事原创性写作时的态度和理念：“至于我的书，没有两个月是完不成的……我还有这样一个特点：要是隔一个月重看自己所写的一些东西，就会感到不满意，于是又得全部改写。”（《马克思恩格斯文集》第 10 卷，人民出版社 2009 年版，第 180 页）实际上，此处所说的“两个月”可以视为一种虚指，马克思很多文章和著作的写作与修改时间都十分漫长，以至于一些马克思研究者认为“在他的整个一生中，他总是不愿将每一篇文章视为最终定稿因而他不愿放下手中的笔”（雅克·阿塔利：《卡尔·马克思：世界的精神》，刘成富等译，上海人民出版社 2018 年版，第 58 页）。就此论之，身处严重的政治危境与生活困境中的马克思都如此严苛地对待写作，身居优渥条件下的新一代年轻研究者又有什么理由和资格不更加严格地要求自己的写作呢？！

历史解释不足、理论创新意识匮乏等问题则较为明显，往往致使论文的叙事性过强而思想性较弱、缺乏长远意义的现实关怀；等等。此外，需要特别指出的是，目前学术写作中浮现的诸多不足，与年轻研究者缺乏较好的形式逻辑训练之间存在正关联，常常导致很多论文出现诸如前言不搭后语、叙述逻辑混乱或跳跃、上下文衔接不清晰、叙述层级不一致、微观与宏观脱节等缺陷。

从编辑学的角度看，学术论文写作中存在的上述问题都不是孤立的，彼此之间存在显著的强逻辑关联，亟须历史研究者和学术编辑共同努力，作出整体性的分析，探索问题成因，寻求解决路径。比如，一段时间以来，党史研究论文中普遍存在大篇幅、长段落、不加剪裁地直接引用史料的现象，就在很大程度上拉低了论文的文字表达水准。受限于诸多历史条件，生成于革命战争年代以及由基层组织书写的不少党史文献，大多存在文字粗糙、语法错误、逻辑跳跃以及不符合当代文化标准和审美观念的语言表述等问题。但目前不少研究者养成了过度直接引用史料的写作习惯，即使间接引用也基本照搬原文，从而造成全文引号泛滥、史料堆砌以及文字表达“报刊化”“文献化”的粗劣气象，历史文件语言与研究者的叙述语言混杂、纠结在一起，甚至连研究者的历史叙述语言都带有历史文件语言的表达风格，这就必然在局部或整体上直接影响文字表达的通畅感，很多情况下难以卒读，阅读体验极差。现代史学观念认为，研究者与史料之间是解读与被解读的关系，史料本身并不等于历史，“让史料自己说话”并不等于“让史料替作者说话”，历史研究者必须高度重视对材料的消化、吸收和转化，大量的直接征引无疑会严重削弱研究者的主体性。

职是之故，年轻研究者需要进一步增强概述史料信息的能力，从学理上重新审视直接引文的学术性质、功能和价值，在必须引用且可以达到画龙点睛的效果时方才直接引用史料，严格控制直接引文的数量和篇幅，提升引用的质量和效果，防范因直接引文不当而导致的文字表达水平低下。实际上，过于频密地直接征引史料体现了一些研究者在史料收集、整理和使用方面的无批判性或弱批判性。限于当时的历史条件和特定环境，不少党史文献具有生产机制不明晰、历史信息的不透明度更大等特质，如果研究者盲信、盲引这些史料，会严重削弱和降低论文的“历史性”“历史感”。笔者在近年来的审稿工作中，不时发现一些文章只是通过类似工作总结、工作汇报等档案文献，来反溯相关历史事件的基本内容和发展线索，且在论文中大量直接引用这些文献，不仅造成文章的语言表述带有浓厚的“报告化”色彩，拉低了论文的文字质感，而且直接导致整篇论文形成“格式化”的写作模式，对于历史论文最为关键的时间线索、历史分期和叙述逻辑等却因此陷入混沌状态。总之，直接引文的过多征引所引发的问题很多，应该引起历史学界的高度注意。据笔者的写作体验，在高度注重完整、准确地消化和概括历史文献及其信息的基础上，将其与必须直接引用的内容整合为文字风格相对统一、叙述逻辑紧密衔接的“语言共同体”，既可以弥平不同时代语言风格之间的裂隙进而使文字表达更为顺畅，又可以在注重文字概括和上下文过渡的叙述过程中锻炼形式逻辑能力。

承上所论，目前学术论文写作中存在的诸多不足和缺憾，有些属于研究和写作的态度问题，有些属于文字表达基本功欠缺的问题，有些则是因为对历史研究本质的理解有偏颇。由于这些写作问题在经年间没有得到应有的重视与改进，一些研究者渐次形成了一些不良的写作习惯，给编辑的日常工作带来了直接而沉重的压力和负担。在这种情势下，仅就笔者服务的《中共党史研究》编辑部的具体工作来看，绝大部分日常来稿和一些专门约稿因写作水平低下而无法通过编辑部的审稿程序，其中不乏具有较强选题优势和较好史料基础者，这实际上是一种典型的“智力浪费”。即使通过审稿程序的不少文章，也存在或多或少、或重或轻的写作失范现象，后续的编辑与核校工作并不轻松。近十年来，笔者每每编辑完毕一篇存在诸多写作不规范情况的学术论文，都有一种类似从一片遮天蔽日、荆棘丛生的原始森林里不断搏杀、奔突到开阔大地的独特体验，丝毫不亚于自己进行历史研究和学术写作付出的艰辛努力。笔者不止一次听闻编辑同行反映，最令编辑头痛不已的境况就是一篇学术论文拥有很好的选题、史料和观点基础，但在编辑过程中需要对几乎每一句话加以斧凿和润饰。

再如，在《中共党史研究》的三校流程中，每一校次都会将清样稿返给作者，形成编辑与作者共同校对文章的做法，以持续提升消除所有潜在错误的可能性。可惜很多作者并不重视文章最初的文字版和清样稿，在进行到二校或三校的时候才开始发力，几乎每一句话都有改动，而这些改动均需编辑逐一衡估和敲定并誊写到编辑稿中，无形中极大地增加了编辑工作量，也增加了出现二次甚至三次错误的可能性。还有很多作者声称认真地完成了多次的直接引文核对工作，但编辑在检查核对的过程中仍然发现了不少硬伤性错误。为了腾出更多校对时间，有时不得不暂缓刊发。但更为严重的问题还在于，即使经过一次或几次的编辑合作，一些研究者的不良写作习惯，仍然在下一次投稿的文章中未获明显改善，其中甚至包括不少具有较高研究水平的成熟学者，这种状况使笔者在内的很多编辑都颇感沮丧、困惑与无奈。学术写作中的问题和弊端如此明显而严重，却又如同“皇帝的新衣”被很多研究者视而不见。

就笔者的现实感受而论，目前学术论文写作中的诸多弊端，其本质毋宁说就是一些不良的写作习惯。这种不良写作习惯在很大程度上源自学术论文背后所承载的急躁的功利化诉求，学术论文被“异化”为实现各种现实利益的工具，严重背离了学术研究的理想主义本质，“我们现在的发表狂对思维的尊严是一个极大的侮辱，而社会可能赋予学者的权威正是以这一尊严为基础的”。[①] 由是言之，年轻研究者若欲打破不良写作习惯与功利化诉求之间的恶性“互为”关系，就必须最大限度地抵制外在诱惑，平心静气地坐冷板凳，回归学术本质，培养“战略定力”，“绝不把自己的作品看作手段。作品就是目的本身；无论对作者本人还是对其他人来说，作品都绝不是手段，所以，在必要时作者可以为了作品的生存而牺牲他自己的生存”。[②] 退一万步讲，历史研究者即使有现实和功利的考虑，也不能完全无视学术与学者的基本尊严。

从学术刊物的角度而言，之所以如此强调写作问题，是因为无论从哪个角度说，文章的写作水平都是编辑和作者在合作过程中首先面对的“客体”，至于文章的思想、观点、方法等在处置次序上都不得不让位于写作质量。无论研究者的治学能力有多强大，史料收集与利用有多充裕，学术思想和观点有多新颖，理论和方法有多前沿，如果写作本身存在缺陷或文字表述水平不

---

① [美]林赛·沃特斯：《希望的敌人：不发表则灭亡如何导致了学术的衰落》，王小莹译，商务印书馆2011年版，第95页。

② 中共中央马克思恩格斯列宁斯大林著作编译局编译：《马克思恩格斯全集》第1卷，人民出版社1995年版，第192页。

高，那就等于前功尽弃。论文写作及其水准既是研究的结果，也是这种结果的基本载体，写作本身的水平高低可以直接反映作者的历史研究水准，文字表达和写作水平亦由此直接决定了一篇学术论文的成败得失，这应当是不难理解的经验感觉，绝非夸大之辞，毕竟“皮之不存，毛将焉附”。相对于厚重冗长的学术专著，学术界乃至整个社会对学术刊物出现的文字硬伤等失误更为敏感，这些错误也更容易被发现，遑论刊物所属单位和出版管理机构对学术刊物还有严格的质检或年检制度。如论文在发表出版以后被发现存在硬伤，显然会极大降低学术刊物和编辑的声誉，当然也会明显降低作者本人在历史学界的学术观感，这是典型的“双输”“互害”。文字表达、文字规范的问题貌似微渺，但在当前比较浮躁的社会和文化语境下，如果一个作者非常重视文字规范和写作质量，那就在很大程度上可以说明他有意愿、有心性全面检视整个文章的史料、叙述、结构、逻辑、观点等更为重要的维度。反之，如果一个作者不重视文字规范和写作面貌，也很难说他在短时间内观照到了文章的各个重大方面。这就是高度强调文字规范问题的根本原因，也是为何本来属于技术性层次的文字规范，现在倒成了决定文章能否发表的“战略性”问题。

同时，编辑固然承担着拟发表论文的文字编辑责任，但如果编辑仅仅成为或被迫成为单纯的“文字匠”，也不啻于另一种“智力浪费”，毕竟学术刊物及其编辑拥有独特的信息资源和观察视角，可以为所属学科的整体学术进步提供更多切实有效的思想与理论资源。在这个问题上，《史学月刊》前主编李振宏的认知具有高度的代表性：“我们深知，编辑不可能比学者更高明，刊物主办者不能对学术指手画脚。但是，就学术发展的状态说，单个人的研究，总是处于散在的状态中，而众多研究成果的集散地，则毫无疑问会呈现一种风气；而这种风气则在学术传播的同时，影响着整个学术群体。所以，刊物的主办者，在引导学术风气、规范学术秩序、形成学术趋向等方面，具有义不容辞的责任”“学术期刊只有承担起引领学术发展的历史责任的时候，坚定地站在学术发展的前沿阵地的时候，才可能为学界所注目，引起强烈的反响和关注，也才可能奠定期刊在学界的稳固地位，真正成为学界的一方重镇。”①近些年来，史学界的研究条件和环境获得了巨大改善与进步，研究者获取资料、信息、思想和理论资源的途径得到极大拓展，但整个国家社会的加速度发展、学术评价机制的主导性增强以及学术刊物之间的高强度竞争等因素，推促“时间”成为最为稀缺的资源，学术刊物亟须在芜杂的日常工作与争取更多优质学术资源之间保持艰难平衡，学术编辑也需要协调日趋繁重的编辑任务与自身学术发展之间的关系。一篇在文字表达和学术规范方面非常优秀的历史论文，会大大减少编辑的工作量，从而为其腾出更多时间从事学术研究，不断提高编辑能力，把脉历史学科的整体发展动向。正因如此，年轻研究者若能抱持对自己和学术刊物高度负责的态度，认真仔细地写好每一篇学术论文，持续提高自身的学术写作能力，切实减轻编辑的工作压力，与编辑形成各司其职、各得其所的良好的合作与双赢关系，进而型塑“负责的编辑”与“有心的作者”之间更具建设意义的张力性学术结构，相信会对稳步提升研究者的学术写作能力和编辑的创造性工作水准产生积极的促动作用。

综上所述，笔者简要点出了一段时期以来党史研究学术论文写作中广泛存在的缺陷和不足，多少具有一定的批判性。目前很多年轻研究者追求的是文章的可发表性，而编辑则更多地强调论文的科学性，二者之间存在不小的“温差”，需要研究者与学术编辑付出同等重要的努力来弥补这一鸿沟。事实上，学术论文写作能力的培养，具有强烈而鲜明的特定逻辑和内在规律。研究者只要坚持主动、严格而长期的艰苦训练，并在持续不断的论文写作过程中保持对自身问题、不足和弊端的及时警醒与自我批判，就可以步入学术论文写作的“正规生产线”，写出符合学术规范的历史学论文，进而滋育自身的学术逻辑和理论创新能力。唯其如此，研究者才有可能在将来某个时刻真正地“飞跃流水线”，完成治学能力和思维品格的自我超越，为中国历史学的学术进步乃至整个国家和社会的全面进步做出创造性贡献。

学术研究是一生的志业，而写作更需一生的修炼，新一代的年轻研究者有必要透过严谨规范的学术写作，树立对于“学术”的敬畏之心。为了从学术编辑的角度就学术论文写作提出一些建设性意见，笔者从前两年开始全

① 李振宏：《沉甸甸的责任——主编〈史学月刊〉16年的做法和感悟》，《史学月刊》2016年第3期。

面梳整和解读《中共党史研究》编辑部的三审意见与外审意见，努力从中总结出有关党史研究学术论文写作的“负面清单”，亦即规范的、理想的学术论文写作至少应该规避的问题，并与相当多的年轻研究者就此做了具有实效性的沟通与交流，今后将陆续成文，提供给年轻研究者参考。笔者坚信，学术编辑是历史学界不可分割的一分子，其掌握的独特的学术信息以及由此型塑的独特学术体验，在提高历史论文写作能力乃至提升历史研究整体学术水准方面所能发挥的作用，似乎比以往想象的更加重要。在这方面，学术编辑绝不可妄自菲薄，可以做、应当做、必须做的工作还有很多。

（原刊于《抗日战争研究》2020 年第 2 期，有改动）

服务话语体系建设　打造高端中文学术期刊群

王文军*

中文人文社科学术期刊是学术创新的重要平台，是学术交流和传播的重要载体，是中国特色哲学社会科学的重要组成部分。近年来，在党和国家的大力支持和推动下，学术期刊不仅成为反映中国文化软实力的重要载体，也正在成为国家治理现代化的重要智库，在中国哲学社会科学"三大体系"建设进程中发挥了十分重要的作用，取得了显著成效。

但是，我们也应该看到，近年来，一些高校、学者出现了认识上的偏差，特别是一些科研管理部门把学术成果的国际发表(英文发表)等同于中国学术的国际化，一些学术期刊也热衷于申请加入国际检索系统，甚至将之视为中文学术期刊国际化的唯一目标。过度依赖国际检索系统，将其作为期刊评价乃至学术评价、大学评价的主导性工具，不仅不利于真正的中国学术国际化，而且将危害中国学术的自主性乃至国家的文化安全。

过度重视国际发表的评价导向，导致大量学术成果外流、创新人才不能为国家所用，最直接的后果就是致使国内高端中文学术期刊陷入"失血"窘境。据统计，2018 年美国 SSCI 数据库收录中国学者第一作者论文 25000 余篇，同期南京大学 CSSCI(中文社会科学引文索引)前 100 种期刊收录数量仅为 13000 篇。

人文社会科学论文具有强烈的民族性和问题的特殊性，与历史文化传统、地域密切相关。但是由于 SSCI 发表论文的倾向性、读者群的构成，刊发

* 王文军，南京大学中国社会科学研究评价中心。

的多是缺失中国历史文化内涵的、便于英语读者理解的文章，这些都不利于有价值的人文社会科学论文的刊发，即便是刊发的论文，有的也难以在中国学者群中产生影响。

此外，追求刊发 SSCI 论文的大多是中青年学者。长此以往，他们很容易为了迎合 SSCI 而减弱有关中国现实的问题意识，忽视真正需要研究的时代课题，既不利于学者自身的成长，也浪费了国家的研究资源。

由上可知，中文人文社会科学期刊的国际评价话语权正面临挑战。当然，离开了中文学术的自主性，中国学术的国际话语权是不可能实现的，中文人文社会科学期刊评价规则的标准制定权则是学术自主性的核心构成。如何破解“SSCI 崇拜”？当务之急是堵疏结合，建设面向国际的中文人文社会科学高端学术期刊群。这既可以满足国内旺盛的高端学术发表需求，也可以捍卫中文人文社会科学期刊国际评价话语权，这个期刊群必须能够面向国际、参与国际竞争，但归根结底必须具有鲜明的中国特征。以下三个方面特别需要重视。

一是坚持中文发表，展现中国人文社会科学学术繁荣的成就，维护国家文化主权和民族尊严。坚持中文发表不等于闭门造车，“既要立足本国实际，又要开门搞研究”，应当采取措施鼓励中文优秀哲学社会科学成果在国内发表，同时通过多重手段引导国际学术界“走进来”开展交流和讨论。

二是研究中国问题。习近平总书记指出：“把中国实践总结好，就有更强能力为解决世界性问题提供思路和办法。”因此，面向国际的中文人文社会科学高端学术期刊群必须重点关注中国问题，构建中国理论，用原创的中国方法向世界解读中国实践，讲好中国故事，传播中国声音，贡献中国智慧。

三是以中国化的方式实现国际化，建立符合中文学术研究自身实际的质量标准和技术标准。使用中文进行人文社会科学研究的主体是中国人，中国人发表学术成果只有使用中文才能更加精确、完整地呈现整个研究的本质。因此，中文学术成果的发表必须有自己的质量标准，否则我们只能被动地适应、迎合 SSCI、A&HCI 等基于欧美经验建立的所谓“国际标准”。

2016 年 5 月 17 日，习近平总书记在哲学社会科学工作座谈会上的讲话中指出：“要建立科学权威、公开透明的哲学社会科学成果评价体系，建立优秀成果推介制度，把优秀研究成果真正评出来、推广开。”这为当前的哲学社会科学工作指明了行动方向、明确了任务。

近年来，国家有关部门对习近平总书记提出的重大任务进行了系统性落实，开展了卓有成效的工作。通过建立科学规范的期刊评价体系，我们在推动学术期刊和哲学社会科学研究坚持马克思主义理论方向，以习近平新时代中国特色社会主义思想为指导，聚焦党和国家中心任务和战略部署，积极开展学术创新创造和知识交流传播，完善学术期刊内部建设，引导学术期刊良性竞争等方面取得了丰硕成果。

我们应当在此基础上进一步统筹规划，充分动员学术界、期刊界等各方力量，从总体上把握期刊发展大局，引领学术期刊发展方向，聚焦研究质量、学术贡献和学术创新，深化对期刊评价"中国标准"的研究，逐步形成期刊评价的"中国方案"，共同打造具有国际影响的中文学术期刊和优秀中文学术成果的评价标准。假以时日，当中文学术真正在国际上强大起来，中国的文化自信必将由内而外地展现出来。

（原刊于《中国社会科学报》2020 年 6 月 2 日，有改动）

哲学社会科学类期刊编辑应加强最新文件、精神的学习

李朱*

我们党历来高度重视哲学社会科学，因为哲学社会科学的发展水平反映了一个民族的思维能力、精神品格、文明素质，体现了一个国家的综合国力和国际竞争力，一个没有繁荣的哲学社会科学的国家不可能走在世界前列。新中国成立70多年来尤其是改革开放40多年来，我国哲学社会科学学科体系不断健全，研究队伍不断壮大，研究水平和创新能力不断提高，广大哲学社会科学工作者推出一大批重要学术成果，为坚持和发展中国特色社会主义作出了重大贡献。当然，哲学社会科学不断繁荣发展的背后，哲学社会科学类期刊编辑也做出了不可磨灭的贡献。面对不断发展变化的新形势新阶段，我国哲学社会科学领域还存在一些亟待解决的问题。2016年5月17日，习近平总书记在哲学社会科学工作座谈会上的讲话中深刻指出，“哲学社会科学发展战略还不十分明确，学科体系、学术体系、话语体系建设水平总体不高，学术原创能力还不强；哲学社会科学训练培养教育体系不健全，学术评价体系不够科学，管理体制和运行机制还不完善；人才队伍总体素质亟待提高，学风方面问题还比较突出，等等”①。那么，站在新的历史起点上，为了充分发挥哲学社会科学的建设性作用，哲学社会科学工作者就需要进一步解放思想，实事求是，勇于改革，不断创新，加快构建中国特色哲学社会科学学科体系、学术体系、话语体系，做到立时代潮头、发思想先声。而

* 李朱，《新华文摘》杂志社。

① 习近平：《在哲学社会科学工作座谈会上的讲话》，《人民日报》2016年5月19日。

作为哲学社会科学工作者重要组成部分的学术期刊编辑，是否已经具备较强的学习能力与编辑能力以适应新时代的要求与挑战呢？哲学社会科学类期刊负责人和编辑是否需要理论联系实际地学习党中央国务院的最新文件、精神以推动哲学社会科学的繁荣发展，并避免陷入“低级红”“高级黑”的尴尬境地呢？本文试图作出初步探索，以达到抛砖引玉的目的。

一、哲学社会科学类期刊编辑学习的现状与问题

作为哲学社会科学领域导向性刊物《新华文摘》杂志的专栏编辑，笔者负责“学术动态”栏目，这是一个容纳各个学科各个领域的跨学科栏目，主要目的是把一段时间内的哲学社会科学领域的研究前沿综述、重要会议综述等涉及前沿动态的优秀文章选摘出来。因此，在从事编辑出版工作的十几年中，笔者就需要与众多领域的哲学社会科学类期刊的编辑部打交道。经过长期的观察、交流和调研，笔者发现，一部分哲学社会科学类期刊的负责人或编辑都比较注重自身专业知识与编辑技巧的学习，却常常不经意间忽略对党中央国务院最新文件、精神的学习，尤其缺乏全面系统、及时跟进的学习。

这一现象背后的形成原因是多方面的，既有期刊负责人或编辑自身缺乏主动学习意识的因素，也有相关单位考评机制不到位的因素等。哲学社会科学类期刊编辑注重专业知识与编辑技巧的学习，主要是基于自身职称评聘与实际编辑工作的需要，尤其是72学时继续教育培训的硬性要求导致很多期刊编辑必须参加一些业务培训以获得相应的资格条件。即使有些期刊负责人或编辑作为中共党员，需要参加相应的理论学习活动，但是由于相关单位缺乏有效的考评机制，一些人没有足够的动力来全面系统、及时跟进地学习最新的文件、精神与工作部署。

这种现象的影响比较负面，有些是隐性无形的，有些则表现得比较明显。概括来说，由于没有全面系统、及时跟进地学习党中央国务院的最新文件、精神，很有可能在编辑工作过程中没有尽到应尽的政治把关责任，给一些有导向瑕疵甚至错误的稿件留下了生存空间，导致期刊编校质量的不合格等。更为严重的是，由于没有准确理解党中央国务院的最新文件、精神，

少数期刊在实际工作中忽视对政治术语的严谨规范使用，编辑出版了一些内容看似“政治正确”实则是“低级红”“高级黑”的稿件，造成了无法评估的负面效果。这不能不引起广大哲学社会科学类期刊编辑部的高度重视与警惕。其实，习近平总书记2019年1月11日在十九届中央纪委三次全会上发表重要讲话时就特别指出，“有的未经党中央批准提出不严谨的政治口号、政治术语，存在拔高、牵强的情况，甚至搞成‘低级红’‘高级黑’”①。哲学社会科学类期刊负责人和编辑都应该把这句话视为清醒剂，避免在实务工作中错用一些“不严谨的政治口号、政治术语”等。

二、为什么需要加强最新文件、精神的学习

《新华文摘》杂志社要求专栏编辑在选编文章的时候务必注意政治导向、学术导向等一系列问题。比如，政治立场是我们对很多文章的第一要求，如果一篇文章在政治立场上有原则性的问题，无论如何都是不具备被转载资格的，不能给政治导向错误的文章提供进一步传播的机会。

在此背景下，为了切实选编好稿件以服务广大读者和引领学术研究，笔者长期坚持学习马克思主义理论，努力全面系统、及时跟进地学习马克思主义中国化理论和党中央国务院最新文件、精神与工作部署等。尤其是理论联系实际的学习让笔者深刻地认识到，加强对最新文件、精神的学习至少有以下三个方面的益处。

1. 有助于甄别错误，编辑好理论文章，保证期刊的编校质量

哲学社会科学类期刊负责人和编辑全面系统、及时跟进地学习党中央国务院的最新文件、精神与工作部署等，可以有效地培养对相关文件内容的直觉，并辨别出一些明显的错误。比如，很多学科的作者在投稿的文章中会引用党中央国务院有关文件的内容，但是，这些引用的文件内容是否准确、是否妥当，并不为期刊编辑部所重视，或者说不少期刊过于相信作者尤其是知名学者的科研能力而选择性忽略了对引文的核实校对。

① 中共中央党史和文献研究院编：《习近平关于力戒形式主义官僚主义重要论述选编》，中央文献出版社2020年版。

具体来说，对文件文献的引用是否准确，需要哲学社会科学类期刊负责人和编辑提高政治意识，至少注意以下两个方面的问题，履行好政治把关的责任。

第一，文件文献来自哪里，是从官方文件还是从标准出版物里选用的，抑或是随意地从网络上搜索而来的。这个马虎不得。有些作者直接用百度百科或一些不知名网站所转载的相关内容来作为引证来源，是极其不严谨的做法，体现了其不负责任的科研态度。比较严谨的做法包括但不限于：合理寻找与合规引用解密之后的原始文件；从《人民日报》刊登的文件文献原文、中共中央党史和文献研究院（此前为中共中央文献研究室）选编的重要文献著作等、人民出版社等指定出版机构出版发行的文件单行本或文件起草组集体编撰的辅导读本中引用文件文献内容；从中国政府网或相关部委的官方网站中寻找与引用文件文献原始发布内容，等等。

第二，即使文件文献的来源是合理合规权威的，但是很多作者在引用文件文献的名称、内容甚至发文日期、文件编号时都有可能出现一些错误。有的按照自己的理解而写错文件名称，有的分不清文件的正式发文日期与公开发布时间是有差别的，有的引用的内容或多或少地与文件原文对不上，更为离谱的是有些作者引用的甚至根本不是所引文件文献的内容。比如，《中共中央关于加强党的政治建设的意见》是 2019 年 1 月 31 日印发的文件，但是该文件经由新华社对外公布的时间却是 2019 年 2 月 27 日。这里需要特别指出的是，李克强总理所作的政府工作报告，会尽量吸收全国人大代表和全国政协委员的修改意见、建议等，最后经全国人民代表大会审议通过的政府工作报告内容和直播的文字实录就有一定的差异。那么，严格来说，我们在引用和核实校对相关文稿的时候，就应该以新华社受权发布的、经修改定稿后的政府工作报告内容为标准版本，而不能以直播文字版本为准。

无论是引用时出现标点符号上的错误，还是引用时出现莫名其妙的内容短缺或增加，诸多稀奇古怪的错误并不是空穴来风的笑谈，也确实在一些刊物刊登的文章中出现过。依笔者的长期观察和分析，这些文件文献引用中出现的错误是哲学社会科学类期刊编辑部经常忽视的，也是需要提高警惕并加以认真解决的。即使错误的首要责任在于作者，但是哲学社会科学类期刊的负责人和编辑如果能全面系统、及时跟进地认真学习党中央国务院的最新文件、精神，再加上严谨认真的编校态度，依然可以甄别出文章中的相关错误，进而编辑好理论文章，保证期刊的编校质量。

2.有助于准确掌握大政方针的前提下策划重大前沿选题，引领学术界的研究

哲学社会科学类期刊负责人和编辑全面系统、及时跟进地学习党中央国务院最新文件、精神与工作部署等，就可以做到准确掌握大政方针，理论联系实际地策划一些重大的前沿学术选题，引领一批学者乃至学术界对相关问题展开系统而持续的研究。

我们以同样具有划时代意义的党的十八届三中全会的决定内容为例来分析。认真学习过该次全会决定内容的期刊负责人和编辑很清楚，党的十八届三中全会将市场在资源配置中起基础性作用修改为起决定性作用，虽然只有两字之差，但对市场作用却是一个全新的定位，而“基础性作用”和“决定性作用”这两个定位是前后衔接、继承发展的。这一定位的背后或者说本质，涉及的是如何正确认识市场作用和政府作用的关系。这既是一个重大理论命题，又是一个重大实践命题，值得期刊编辑部好好策划前沿选题，邀请相关学者对此进行深入的研究与阐释，进而编辑刊发一系列高质量的理论文章。当然，党的十八届三中全会提出的全面深化改革的总目标，是完善和发展中国特色社会主义制度，推进国家治理体系和治理能力现代化，而党的十九届四中全会和党的十八届三中全会历史逻辑一脉相承、理论逻辑相互支撑、实践逻辑环环相扣，目标指向一以贯之，重大部署接续递进。类似如何深刻理解和准确把握这个总目标等等的选题，值得哲学社会科学界深入研究、阐释，期刊及期刊负责人或编辑需要发挥应有的建设性作用。

又如，习近平总书记 2016 年 5 月 17 日在哲学社会科学工作座谈会上的讲话中剖析了我国哲学社会科学领域还存在一些亟待解决的问题。那么，在笔者看来，如果我们哲学社会科学类期刊负责人和编辑能认真、及时地学习这个讲话全文，就完全可以围绕这些存在问题邀约相关学者进行分析并撰写理论文章，通过选题策划引导学者进行“三大体系”建设、学术评价体系建设、学风建设等诸多问题的学术研究，进而提高所在期刊社的办刊水平和质量，促进哲学社会科学的繁荣发展。

又如，习近平总书记 2016 年 8 月 17 日在推进“一带一路”建设工作座谈

会上的讲话中就特别强调，“我们要厘清‘一带一路’建设的理论内涵，把道理说清楚、讲明白。要从全球价值链和产业链重构和延伸、区域合作等角度阐释‘一带一路’建设，突出‘一带一路’建设对加强地区整体振兴方面的积极作用。要结合构建以合作共赢为核心的新型国际关系，从周边外交、南南合作、全球治理等层面深挖‘一带一路’建设的理论内涵，形成一整套的理论成果”[①]。这不仅强调指出了“一带一路”这一重要研究选题，而且明确指出了下一步研究的关键角度等，提出要求的同时也为学术界和期刊界指明了前沿方向。

3.有助于避免“低级红”“高级黑”的错误做法，正确做到“用学术讲政治”

党中央对包括学术界在内的各方如何讲政治的动态高度关注与警觉。2019 年 1 月 31 日印发的《中共中央关于加强党的政治建设的意见》指出，“要以正确的认识、正确的行动坚决做到‘两个维护’，坚决防止和纠正一切偏离‘两个维护’的错误言行，不得搞任何形式的‘低级红’‘高级黑’”[②]。因此，从更深层次来看，哲学社会科学类期刊负责人和编辑全面系统、及时跟进地学习党中央、国务院的最新文件、精神等，可以避免刊发那些有错误言行的文章，正确地做到“用学术讲政治”。

比如，一段时间里，社会各界曾滥用了“新常态”的概念。习近平总书记 2016 年 1 月 18 日在省部级主要领导干部学习贯彻党的十八届五中全会精神专题研讨班上的讲话中专门指出，“新常态不是一个筐子，不要什么都往里面装。新常态主要表现在经济领域，不要滥用新常态概念，搞出一大堆‘新常态’，什么文化新常态、旅游新常态、城市管理新常态等，甚至把一些不好的现象都归入新常态”[③]；如果我们的期刊负责人和编辑认真学习了这个讲话精神，就会避免错误地使用“新常态”的概念。

又如，2017 年 2 月 13 日，习近平总书记在省部级主要领导干部学习贯彻党的十八届六中全会精神专题研讨班上发表重要讲话时指出，维护党中

---

① 中共中央文献研究室编：《习近平关于社会主义经济建设论述摘编》，中央文献出版社 2017 年版，第 282～283 页。

② 《中共中央关于加强党的政治建设的意见（2019 年 1 月 31 日）》，《人民日报》2019 年 2 月 28 日。

③ 中共中央文献研究室编：《习近平关于社会主义经济建设论述摘编》，中央文献出版社 2017 年版。

央权威和集中统一领导，同坚持民主集中制是一致的，当然“全党只有党中央权威、只有向党中央看齐，各地区各部门各方面都必须维护党中央权威、向党中央看齐”，但是，“这个逻辑不能层层推下去”，“层层都喊维护自己的权威，层层都喊向自己看齐，党中央权威、向党中央看齐就会被虚化、弱化”。[①] 哲学社会科学类期刊负责人和编辑对此讲话深刻理解的话，就能避免“低级红”“高级黑”的错误做法，正确做到“两个维护”。

再如，2018 年 11 月 1 日，针对诸如“民营经济离场论”“新公私合营论”等一些否定和怀疑民营经济的错误言论，习近平总书记在民营企业座谈会上作出严厉批评的同时，明确指出，“要加强舆论引导，正确宣传党和国家大政方针，对一些错误说法要及时澄清”[②]。其实，笔者当天在认真学习讲话全文之后，就建议一些哲学社会科学类期刊围绕民营经济与民营企业的发展策划学术选题，为民营经济与民营企业鼓与呼，以做到正确地“用学术讲政治”。

三、现阶段需要学习哪些文件、精神，又该怎么学

要想正确认识、准确把握党中央国务院对当前经济社会发展的最新研判等等，就需要全面系统、及时跟进、理论联系实际地学习和理解习近平总书记的最新讲话、党中央国务院的最新文件及会议精神等。最近一个时期，哲学社会科学类期刊负责人和编辑尤其需要关注以下一些重要会议的相关精神：较少公开报道的中央政治局常委会会议，每个月召开的中央政治局会议，讨论国务院工作的国务院常务会议，以及刚刚闭幕的全国“两会”等。当然，从更全面、更系统的角度来看，习近平总书记所作的党的十九大报告、关于某一方面重大问题的重要论述摘编、党的十八大以来历次中央全会的决定、李克强总理近年来所作的政府工作报告等重要文件文献，都是我们深刻理解当前经济社会发展形势的权威背景资料，也是策划编辑好哲学社会科学类理论文章的重要素材。

---

① 中共中央党史和文献研究院编：《十八大以来重要文献选编》（下），中央文献出版社 2018 年版，第 587～588 页。

② 习近平：《在民营企业座谈会上的讲话》，《人民日报》2018 年 11 月 2 日。

那么,该怎么学习呢?笔者以为,以下几点思路可资参考借鉴。

第一,端正学习态度,纠正错误认识,积极主动、全面系统、及时跟进地学习党中央国务院的最新文件、精神。毕竟,经济社会形势不断发展变化,一些大政方针和相关政策都可能随之动态调整,由此,我们就需要全面系统、及时跟进、理论联系实际地学习。尤其是,作为马克思主义中国化最新成果的习近平新时代中国特色社会主义思想,是在理论与实践相结合的基础上不断与时俱进的,必将随着时代的变化和实践的发展而不断实现创新发展,我们哲学社会科学类期刊负责人和编辑在学习中更需要强化"四个意识",纠正既有的错误认知,由"要我学"转变为"我要学",全面系统、及时跟进、理论联系实际地学习和理解习近平总书记的最新讲话等,以便在编辑相关理论文章中准确把握最新精神。

第二,努力掌握有效的学习方法,实现高质量学习的目的。科学有效的学习方法,可以达到事半功倍的效果;混乱无序的学习方法,只会事倍功半,达不到应有的学习效果。读原著、学原文、悟原理的时候,选择正确的学习材料就属于方法手段,学习材料的不严谨、不准确自然会导致学习方向产生偏差,甚至产生严重的政治错误。在学习和贯彻党中央国务院的最新文件、精神的过程中,我们也需要按照党的十九大报告明确指出的,"注意区分政治原则问题、思想认识问题、学术观点问题,旗帜鲜明反对和抵制各种错误观点"①,牢固树立期刊属于思想舆论阵地的政治意识,避免"低级红""高级黑"的错误做法。

第三,切实弘扬马克思主义学风,解放思想,实事求是,理论联系实际地做到知行合一,用党中央国务院的最新文件、精神校准各种稿件的政治方向。当然,不仅需要从文件文献或领导人的重要讲话中学习最新精神,而且需要从编辑实践中学习尤其要从各种编辑创新实践中汲取力量。学习领会最新文件、精神是准确贯彻落实的前提,而根据最新精神和自身职责积极主动开展工作,一切从编辑出版工作的实际出发,善于把最新精神同哲学社会科学类理论文章的编辑工作有机结合起来,才是破除学习中形式主义、官僚主义的最佳途径,也才是真正促进哲学社会科学繁荣发展的有效方法。

---

① 本书编写组:《党的十九大报告辅导读本》,人民出版社2017年版,第41页。

四、简短的结语

2020 年 1 月 8 日，习近平总书记在“不忘初心、牢记使命”主题教育总结大会上的讲话中深刻指出，“有的领导干部理论学习不深、不透、不系统，学用脱节，运用党的创新理论推动工作的能力不足”①。事实上，我们从事哲学社会科学工作的期刊负责人和编辑也存在这几个方面的学习问题。为了切实选编好稿件以服务广大读者和引领学术研究，为了促进哲学社会科学的繁荣发展，我们迫切需要全面系统、及时跟进、理论联系实际地学习马克思主义中国化理论和党中央国务院的最新文件、精神与工作部署等。

总之，面临百年未有之大变局，我们今天学习的任务不是轻了，而是更重了，这是由新时代的形势和任务所决定的。我们一定要善于学习，善于重新学习，尤其是身处思想舆论阵地的哲学社会科学类期刊负责人和编辑，更需要以高质量的学习促进政治意识与编辑能力的提高，精准辨别政治原则问题、思想认识问题、学术观点问题的差异，在编辑工作中避免“低级红”“高级黑”的错误做法。

（原刊于《学习与探索》2020 年第 6 期，有改动）

① 习近平:《在“不忘初心、牢记使命”主题教育总结大会上的讲话》,《人民日报》2020 年 1 月 9 日。

破立并举 四个坚持 创新科研评价体系

荆林波*

探索科学的评价体系，应该破立并举，意在打破固有评价体系的同时，与时俱进地根据现实需求，围绕学术评价的基本规律和价值目的，进行有效、合理的评价系统创建，从而为推进学术研究事业发展提供有力的制度支撑。为此，我们主张坚持正确的价值导向，坚持定性评价与定量评价并重，坚持分类评价体系，坚持多元评价方式，创新科研评价体系。

第一，破立并举。众所周知，要破除论文"SCI至上"，根本在于摈弃对期刊单一依靠影响因子的评价方法。长期以来，国内外对影响因子的声讨已久。汤森路透公司通过影响因子指标所构建的SCI、SSCI、A&HCI数据库，实际上是基于期刊的传播范围和使用率构建的一种论文检索工具。但是，这一索引工具的原始功能被逐渐异化为评价指标体系。全球的研究机构和高校起初都基于SCI收录期刊的影响因子，制定了本单位的科研和教学人员的考核办法，进而放大了期刊影响因子的评价导向作用，并由此衍生出一个"评价怪胎"，即人们越来越依赖于以期刊影响因子来评判一篇论文甚至一个学者的学术水平，这也就是通常所说的"以刊评文""以刊评人"的怪象。近年来，比较著名的有2012年的《旧金山宣言》和2014年的《莱顿宣言》，它们都认为不能单凭影响因子就断言论文优劣，更不能简单地"以刊评文"。《莱顿宣言》经过完善，最终形成了科学评价的"十条原则"，成为全球进行科研评价的指南。因此，当下的核心问题是在"破"的同时如何"立"的问题。

---

* 荆林波，中国社会科学院习近平新时代中国特色社会主义思想研究中心。

早在2016年5月17日，习近平总书记在哲学社会科学工作座谈会上的讲话中明确指出，“要建立科学权威、公开透明的哲学社会科学成果评价体系”。如今，创新科研评价体系再次提上日程。

第二，坚持正确的价值导向。无论是自然科学的评价，还是人文社会科学的评价，科研评价是一项导向性的工作，它具有指挥棒的功能。目前，国际上的三大期刊索引数据库，SCI就收录期刊8800多种、SSCI收录期刊3200多种、A&HCI收录期刊1700多种，这些期刊中有顶级期刊，也有大量的劣质期刊。在“唯论文”的评价导向下，这不仅造成了我国数亿元的科研经费花费在购买版面上，科研人员争先在海外发表成果，导致了宝贵的科研数据外流，科研成果“出口转内销”，而且，逐步丧失了国际学术评价的话语权，忽略了科研评价背后的学术导向，尤其是在人文社会科学背后的意识形态的导向。这些年成千上万的“掠夺性期刊”(向作者收取高额费用而简化甚至不用评审来发表论文的期刊)争夺中国学术界的市场，甚至有人专门成立公司围堵中国学者，大肆揽财。以臭名昭著的《肿瘤生物学》为例，根据有关估算，每篇文章收取版面费1500美元，6年期间一本期刊的版面费收入超过800万美元，折合人民币5000多万元。类似的期刊还有很多，收费标准最高的每篇在3000美元左右，如此为了发表论文而做科研，没有达到我国科研工作的真正目的。需要特别强调的是，我们破除“唯论文”，不代表我们不鼓励发表国际论文了，须知，高品质的国际学术论文仍然是国际科研领域的硬通货，我们需要的是必须加快推进国际精品学术期刊研究和遴选工作，甄别“掠夺性期刊”，尽快颁布我国认可的国际学术期刊“白名单”与“黑名单”。

第三，坚持定性评价与定量评价并重。科研评价中坚持定性与定量评价相结合，是一个比较古老的话题。从科研评价开始，这项原则就成为一个共识，然而，在实际评价过程中，该原则日益成为一种摆设，重定量、轻定性成为常态，定量评价日益占据了评价的主导地位。即使有些评价采用定性评价，但是在与定量评价相结合上也不融洽，甚至出现以定性评价否定定量评价的做法，无法达到定性评价与定量评价并重的理想状态。此外，学术界存在一种误解，认为计量分析就是评价。其实，计量分析是对分析对象某方面的特征，根据某个或某些指标所进行的一种描述，以期对比分析、揭示某些客观的存在。比如，影响因子就是对期刊过去两年发表的论文的被引平均情况的一种统计，从期刊利用率和学术传播范围方面揭示了期刊的基本情况。这种计量分析，绝不是评价，它并不具备评判期刊质量的好坏功能。我们所说的“评价”则不同，它有一套严格的评判标准，要对被评价对象做出价值判断，从而对评价主体给出指引。所以，计量分析是评价的基础，评价是计量分析的归宿。开展科研评价工作，需要全方位、多维度的定量分析，更需要引入主观定性评价，特别是在人文社会科学评价中，需要强化正确的政治方向，树立科学的学术导向。中国社会科学院在2014年中国人文社会科学期刊评价体系中首次设立了“价值导向”指标，提出了意识形态一票否决的评价标准。2015年，中国社会科学院进一步在全球智库的定性评价与定量评价方面做了大胆创新与探索，在国际学术界发出中国声音，抢占了国际评价的话语权。

第四，坚持分类评价体系。2018年2月，中共中央办公厅和国务院办公厅发布了《关于分类推进人才评价机制改革的指导意见》，之后，中央组织部、国家人社部发布了《贯彻落实〈关于分类推进人才评价机制改革的指导意见〉主要任务分工方案》，这些文件都强调：根据不同职业、不同岗位、不同层次人才特点和职责，分类建立健全涵盖品德、知识、能力、业绩和贡献等要素，科学合理、各有侧重的人才评价标准。以哲学社会科学人才评价为例，必须对人文学科与社会科学采取分类评价。一般而言，人文学科（比如历史、哲学等学科）的人才评价，应着重考核在基础理论研究与创新、知识体系的构建与传播、学科体系传承与建设等方面的贡献，他们的研究周期一般较长，有许多是冷门甚至是绝活。而社会科学人才评价则应着重考核资政谏言、指导社会实践、辅助宏观决策等方面的贡献，他们的研究周期一般较短，社会关注度比较高，特别是经济学、管理学和法学成为当今的显学，所以即使采取影响因子作为评价指标，人文学科期刊的影响因子要远远低于社会学科期刊的影响因子。此外，如今我们处于信息社会，优秀的网络文章能否作为学术成果，纳入考核体系呢？决策咨询建议，能否作为学者的代表作，作为晋升职称的依据？学术专著与论文、国际学术论文与国内学术论文如何合理等效评价？这些问题都需要在推进分类评价过程中逐步明确下来。

第五，坚持多元评价方式。评价主体的多样性，决定了我们的评价方法必须是多元的，评价的内容也要多维化。这里，必不可少要建立和完善以同行评价为基础的评价体系。正如《莱顿宣言》所倡导的那样，以同行评价为主、以量化指标为辅。中国社会科学评价研究院在2018年构建了较为完善的四个层级的期刊同行评议体系，根据我们的经验，我们认为，建立与完善学术同行评价，至少应当注意以下方面：首先，同行评价专家的遴选要公平公正，建立严格的回避制度和同行评价专家公示制度，以保证同行评价专家的权威性。在条件成熟的情况下，可以逐步建设全国共享的同行评价专家库。其次，同行评价的过程要保证公开透明，防止同行评价专家滥用权力，加强对评价专家的约束，逐步推行开放同行评议。最后，推进代表作制度，项目成果、研究报告、专著译著、技术标准规范、资政成果等均可作为代表作，彻底告别“重论文轻应用、重数量轻质量”的做法。

总之，探索建立科学的评价体系是一项长期而艰巨的工作，它需要管理者、评价者、被评价者等各方面共同参与，持续创新、日臻完善，才能开创出具有中国特色的改革发展之路。

（原刊于《行政管理改革》2020年第7期，有改动）

建立中国特色科研评价体系的四种关系

王文军*

针对当前科研评价中存在的"SCI 论文"相关指标片面、过度、扭曲使用等现象,中国特色科研评价体系该怎么建,中国特色哲学社会科学评价体系的特色性如何凸显,笔者认为有以下几种关系需要引起注意。

对于 SCI,我们究竟要反对什么?

20 世纪 80 年代,科学引文索引(Science Citation Index,SCI)开始进入中国。"SCI 论文"迅速成为评价高等院校研究能力、学者学术水平的重要指标之一,对推动我国基础科学研究走向世界、开展国际科学交流,发挥了积极的作用。对于 SCI 的这种积极作用,学界是给予充分肯定的。但随着中国科学研究水平的不断发展,以 SCI 为核心的评价标准已落后于这种发展,从具有正向激励作用的"金标准",已经逐渐异化为桎梏科学研究创新发展的"洋教条"。

目前,国内开展的大多数与科研有关的评价都是发挥激励和资源配置功能的,例如科研项目、人才评价、学科评估等,是行政体制主导的评价。这种方式将高校或个人的学术资源和经济地位与集体或个人的项目数量、帽子等级、科研产出进行绩效的循环挂钩,并主要依此来获取资源。客观地看,这种按评估结果配置资源的评价方式有其公平性,也在一定历史时期有

* 王文军,南京大学中国人文社会科学综合评价研究院。

效推动了高等教育和科学研究的发展，提升了高校教师的社会地位和经济待遇。问题在于，在我国一旦离开这个体制，其他的外部选择机会就非常有限，从而身处其中的人不得不以最大的努力去迎合这种体制化的要求，而不是充分发挥自己的聪明才智进行有益的创造。也就是说，曾经应运而生的、以“SCI论文”为代表的评价体系，已不再能够适应新时代的要求。我们要反对、要改革的不是“SCI论文”本身，而是唯“SCI论文”这种不适应时代需要的评价体系。建立符合新时代要求、新的评价体系，要把以质量为先、创新为要、重视应用等反映科学研究特点和规律的正确价值取向切实贯彻到新的评价体系之中。

哲学社会科学评价中应当重视的四个关系

反“五唯”[①]，不仅是科学技术界的当务之急，哲学社会科学界也正面临着同样的任务，这就是建立和完善中国特色的哲学社会科学评价体系，不断提高哲学社会科学评价的公信力、科学性、公平性和权威性。要完成这一任务，需要处理好四个关系。

第一个关系：专业评价和社会评价相适应。2016年，中共中央印发《关于深化人才发展体制机制改革的意见》，要求改进人才评价考核方式，“基础研究人才以同行学术评价为主，应用研究和技术开发人才突出市场评价，哲学社会科学人才强调社会评价”。2017年，中共中央印发《关于加快构建中国特色哲学社会科学的意见》，强调构建具有自身特质的学术评价体系，“以学术质量、社会影响、实际效果为衡量标准”。专业评价和社会评价是科研评价的两个场域，两者相适应实质上是要处理好评价中少数和多数的关系。与社会评价相比，专业评价的主体是某一个研究领域的专家学者，具备完整的知识体系和专业能力。而社会评价的主体则十分多元，文化背景、知识层次、理解能力乃至经济地位等等都存在很大的差异。但是，哲学社会科学在社会之中，哲学社会科学评价同样在社会之中。因此，专业评价结果必然会

① “五唯”是教育部发布的《关于开展清理“唯论文、唯帽子、唯职称、唯学历、唯奖项”专项行动的通知》中“唯论文、唯帽子、唯职称、唯学历、唯奖项”的简称。

面临社会评价的审视，有的时候还必须经过社会评价的检验。任何评价都必须以事实为依据，在评价实践中，信息不对称常常是社会评价与专业评价出现分歧的主因，因此评价工作的组织者应该主动做到评价信息的公开化，例如项目立项和结项的信息公开制度、评审专家的质询制度、科研诚信的问责制度等等。这一系列制度能有效保障专家评价能够充分了解社会评价各种可能的结果，然后运用自己的学术能力和专业水平做出科学的评价结果，让少数人的专业评价获得多数人的社会性认可，也能够有效回应社会评价中的多元化认知。

第二个关系：量化分析和质性评价相融合。在我国，哲学社会科学界传统上单一依靠质性评价。改革开放以后，随着哲学社会科学的发展，定量分析方法和多元化客观数据日益广泛应用于各种评价实践，事实上与质性评价方法并驾齐驱，甚至有赶超的态势。这些年来，始终有人质疑量化分析方法的合理性和准确性，力图否定这一方法，完全回到过去单一依靠质性评价的传统老路上去。必须看到，作为学术生产过程中产生并保存下来的信息，客观数据总是以某种方式记录了学术生产的本质特征、规律及发展趋势，无论我们如何批评数据未能真实反映本质，都不能否定它是一种客观的社会存在，其中包含着等待我们去发掘、发现的本质规律。马克思曾经说："如果事物的表现形式和事物的本质会直接合而为一，一切科学就都成为多余的。"量是质的基础，质是量的飞跃。质性评价是主导，量化分析是基础。两种评价在本质上是一致贯通的，都是为了能够对思想产品做出符合时代核心价值观的价值判断。尤其需要看到，在大数据时代，充分利用大数据思维下的量化分析已经是大势所趋，甚至成为符合社会大众心理预期的"刚需"。只要方法得当，量化分析可以为质性评价的更有效开展提供保证，两者互相融合可以成为凝聚共识的最优模式。

第三个关系：同行评议和精英评价相补充。学术共同体是具有共同信念、共同价值、共同规范，并一起从事科学研究的群体，既是科学内容的生产者和消费者，也是科学内容的鉴定者。学术评价是学术共同体的内部事务，以"精英评价"为主的主观评价是国际人文社科领域最主要的评价方法。专家比普通人更专业、更具权威性，但也都是处于各种复杂的社会关系中的一员，尤其是东方传统的"人情"观念、"圈子文化"等因素是否会影响到"权威"

的专业判断？“精英评价”是否有可能助长科学领域的“长官意志”？因此，学术评价也必须在法律和其他制度规范的约束下，践行学术民主，保障学术共同体的各层次成员平等拥有参与评价、监督评价的权力，完善评价主体的“质—量”结构，保障评价活动实体正义和程序正义，这样的评价结果才能最终体现学术共同体的整体意志，得到学术共同体的集体认同和维护。在评价实践中，基于学术民主的同行参与对维护程序正义、倡导科研诚信有着很重要的现实意义。

第四个关系：历史评价和当下评价相统一。学术评价是根据某种价值标准进行的价值判断，而标准本身是随着时间和条件的变化按照一定规律不断发展的，这种规律体现为任何评价标准既包含了历史因素，同时又随着现实要求而不断丰富和完善，两者的统一体现为承认学术评价既要接受当下评价的逻辑检验，又要在历史评价的维度下经历长期的实践检验。实践是检验真理的唯一标准，有些科研成果可以立竿见影地产生社会影响，带来经济和社会效益，获得当下的高度认可，但是大多数基础科学研究成果中的新发现、新原理、新方法、新规律则需要在科学发展的过程中不断反复验证，其创新性和影响力因其非共识性可能需要经过更长时间才能显现出来，基础研究成果的学术价值需要较长时间的检验是科学界的共识。这种情况在人文社会科学领域更加突出。我们所熟知的人文社会科学经典基本上都不是“评”出来的，都是经过漫长的学术沉淀逐渐被认可的，即使是在当下获得了较好评价也需要一段时间才能凝聚为更广泛的共识。因此，哲学社会科学界的评价应当适当拉长评估周期，更有效地缩小历史评价和当下评价之间的差距，让评价结果更能经得住时间的检验。

（原刊于《行政管理改革》2020 年第 7 期，有改动）

破除“SCI至上”与学术评价体系的重建

朱剑*

2020年2月，教育部、科技部联合下发了《关于规范高等学校SCI论文相关指标使用树立正确评价导向的若干意见》(以下简称《意见》)，据此不难判断，SCI指标将淡出甚至退出学术评价在大概率上将成为事实。由于现行评价体系深受SCI指标的影响，故而在某种意义上也意味着学术评价体系一定程度的重建。那么，我们该如何看待这一变化？我们又将迎来学术评价怎样的未来？

文献索引系统何以成了评价体系？

预测学术评价的未来是件风险颇大的事，但追溯历史总能找到有益的启示。我们不妨从什么是SCI和SCI指标说起。

SCI(Scientific Citation Index)是国内外广泛使用的科技文献索引系统，而SCI指标最初仅是遴选SCI来源期刊的标准。这些指标，只关引文(用引文说明影响力)，不涉内容，含义及用途都是特定的。那么，这套指标是如何越界到学术评价中来的呢？因其遴选期刊的标准是影响力，而从宏观角度看，影响力与学术质量往往具有正相关关系，可见指标在设立之初就埋下了越界的伏笔。一方面，只要SCI足够权威，这套指标体系也就权威；另一方面，这套指标体系还有一个“客观”“量化”“公正”的“天然优势”。

---

* 朱剑，《南京大学学报》(哲学·人文科学·社会科学版)编辑部。

随着信息化时代的到来，科研实力的较量某种程度上可以代表国力的比拼，科研对资源的依赖超过了历史上任何时期。资源需要按能力分配，排名无疑是最直观的途径。按说排名应基于学术质量，但在技术上很难具有操作性；如果能有现成的权威数据，排名就会既省事又有说服力，这就为 SCI 指标越界提供了机会。随着 SCI 在学术研究中的价值得到越来越多的认可，其评价作用也被开发了出来，但开发者并没有重新设计指标体系，仅在 SCI 指标基础上衍生出一些纠偏算法和指标，即对学者、期刊、机构、作品等进行排名，制作成各类排行榜，终于将原本复杂的学术评价变成了简单的数字游戏。

SCI 指标的越界并未到此为止。当这种量化排名以影响力评价的名义问世后，在社会上引起了很大反响，也潜移默化地影响乃至塑造了普通民众甚至政府部门对顶尖、一般大学和学科的基本看法。在其问世一段时间后，不用说一般高校，就连原本不怎么在意这些排行榜的著名高校院所也不得不重视起来。SCI 指标很快进入了高校的管理系统，向传统的同行评议发起了挑战。至此，SCI 指标终于成功地越界进入了学术评价领域。

深受 SCI 指标影响的学术评价体系

SCI 为中国学术界广泛知晓是 1980 年代后期的事。从 1987 年起，受国家科委委托，中国科技情报研究所依据 SCI 等索引系统，对我国学者在国际学术期刊发表论文的情况进行统计分析，各高校院所又以此为据进行比较排行。可见，与基本功能文献索引相比，用于排行榜的 SCI 指标似乎名气更大。

SCI 及其指标进入中国，除了评价机构的图情专家极力推崇，还与当时中国学术界正面临的两大机遇相关：一是国家对科研的投入步入了快速增长期，因此对评价的需求和对公正的渴望超过了以往任何时期，而此时普遍采行的同行评议屡遭诟病，学者们特别是青年学者将公正寄希望于量化评价的引入。二是国际化热潮席卷中国学术界，在 SCI 期刊发表文章被视为中国知识产品走向世界、让世界听到中国声音的捷径。

SCI 指标一旦登堂入室，成效可谓立竿见影。一是中国学者在 SCI 期刊发表论文的数量井喷式激增，虽然对提升中国学者在国际学术界的影响起到了较大的促进作用，但仅凭此还不足以构建中国学术的国际话语权，更为糟糕的是中国自己的学术期刊因稿源大量外流而成为牺牲品，作为争夺国际学术话语权基础平台的中国学术期刊反倒被削弱了；二是以 SCI 指标取代此前的同行评议，虽然对因权力和人情介入引起的评价不公有一定的遏制作用，但却使得十分复杂的学术评价变成极其简单的数字游戏，造成了新的不公正。

进入 21 世纪以来，SCI 指标已被普遍地运用于高校内部管理，甚至渗透到了基层的科研管理实务中，"以刊评文"渐成一种风气，"SCI 至上"就此形成。

可见，强烈的知识输出愿望、管理部门对简单清晰评价的需求、学界对公正评价的呼唤、评价机构对 SCI 的推崇，共同促成了 SCI 指标运用到了学术管理中。这是一次管理部门、学术界和评价机构的"共谋"，尽管出发点不尽相同，但现行学术评价有重大缺陷，已成三方共识。至少在当时看来，SCI 指标有着修补甚至替代现行评价的优势，这一点至关重要。

学术评价体系的重建势在必行

近年来，随着 SCI 指标在学术评价中负面影响日益彰显，学术界从一开始的满怀希望跌落到了深深的失望，对运用 SCI 指标进行学术管理的批评之声从渐渐响起发展到了不绝于耳，层出不穷的学术不端事件则从反面佐证了学术评价的不合理，而每年数以几十万计的论文外流更是暴露了舍弃自建平台的学术国际化捷径的缺陷。

但如前所述，SCI 指标的引入是有特殊原因的，当年引入 SCI 指标的原因是否还在？第一，较之 30 年前，中国的综合国力更加强盛了，对科研的投入已不是 30 年前所能比拟，但对评价的依赖不仅没变，而且更需要科学的评价来作为资源分配的依据和公正的保障。第二，高校教师和科研人员对公正的学术评价的呼声依然强烈，甚至比 30 年前更为强烈。第三，只要进行评价，就离不开指标体系，虽然管理部门和学术界从来没有放弃寻找更合理的评价方法的努力，可除了脱胎或移植于 SCI 的指标，既公正又具操作性的方法却一直阙如。没有替代品才是SCI及类似指标及各类评价机构持续走红的原因。第四,作为一种时代潮流的学术国际化并没有退潮,要成为名副其实的科技强国,就离不开学术国际化,是继续“借船出海”还是自建平台,是做抉择的时候了。

从以上几方面可以看出,当年指望引入SCI指标来解决的问题今天不仅仍然存在,而且更尖锐、更急迫了。核心问题依然是公正、质量和效率。两部委《意见》开出的药方是建立健全分类评价体系、完善学术同行评议、实行代表作评价。其实,分类评价、代表作评价当然只能由同行来完成,所以这些举措的核心就是同行评议。

如果说实践已证明SCI指标并不适用,剔除它是必要的,那么,如何保证同行评议的公正就直接关系到评价的未来,《意见》虽然提出了从道德和制度两方面制约的原则,但原则如何落地却仍是个悬而未决的问题。

重建学术评价体系的逻辑起点

回顾30年来的讨论和实践,不难发现,评价方法始终是焦点,之所以如此,是因为我们总是希望找到一种方法,能毕其功于一役地解决评价问题,但结果却总是事与愿违。笔者以为,学术评价问题绝不是单纯的方法问题,解决评价问题的出路应该是体系的重建,这需要规划完整的路线图,而首要之事,就是找准逻辑起点。十年前笔者就曾提出,重建学术评价的逻辑起点应是重建学术期刊体系,而不仅仅是评价方法的改变。在探索以同行评议取代SCI指标的今天,学术期刊之于评价的重要意义,应该更清楚了。

第一,学术期刊能为学术共同体评价(同行评议)的专业性提供必要的支持。学术共同体的形成和维护都离不开学术期刊,学术共同体的专业能力更需要学术期刊来体现,只有通过专业期刊汇聚学术共同体最新和最优成果,才能产生代表学术共同体的意志参与学术评价的代表,评价结果才能得到学术共同体的认同和信服。

第二,学术期刊能为学术共同体评价的自律性提供必要的支持。唯有自律,方得公正。能否体现自律性,实际上取决于评价者的立场及其评价结果是否遵从了学术共同体的意志,学术共同体通过学术交流、学术批评、学术评论表达民意和进行监督的平台对于评价的公正性至关重要，而最合适的平台莫过于学术期刊。

第三，学术期刊是构建学术话语权不可或缺的平台。30年前引入SCI指标，为的是中国学者能在国际学术舞台发声，但能发声不等于拥有话语权，面对SCI的规则，除了妥协，别无选择。学术期刊的发稿标准实际上就是学术话语权最集中的体现，故而拥有国际著名学术期刊就成为构建学术话语权的重要条件。不能拥有国际公认的学术平台，又谈何国际学术话语权？

仅从以上三方面，就不难看出学术期刊之于科学评价体系建构的基础性作用。其实，SCI之所以权威，靠的也是其搜罗的优质期刊。当然，中国是一个学术期刊大国，并不缺学术期刊，但为何无助于科学评价体系的构建？这恰恰说明中国学术期刊存在诸多问题：第一，结构、布局不合理，多综合性期刊，而少专业、专题期刊，更缺乏规模和体系，无法与学科发展配套；第二，期刊与学术共同体疏离，职业化的编辑无法成为学术共同体成员，学术共同体无法拥有属于自己的平台；第三，既不能为学术评价提供专业性和自律性的基础保障，也不能成为遏制学术不端的屏障；第四，缺乏国际竞争力，也就无法为学术研究提供国际交流的平台。

所有这些问题，都需要通过重建学术期刊体系来解决，通过重建，使中国能够拥有世界一流的专业化、规模化、体系化、国际化的权威学术期刊集群，若没有这样的学术期刊集群作为基础，科学评价体系只能是空中楼阁。因此，学术期刊的体系重建，是走向科学评价的逻辑起点。

（原刊于《行政管理改革》2020年第7期，有改动）

学术期刊编辑的现实困境与突围路径

孙秋英　李宗刚[*]

当下，学术期刊编辑的边缘化尽管是学界关注度较高的老话题，但从学术期刊编辑所面临的诸多现实困境这一维度加以透视并进行深入阐释的优秀成果还不是很多。如有学者从编辑的地位、待遇、学术、心理和角色等方面来分析编辑的边缘化现象，认为学术期刊编辑边缘化的原因在于编辑主体对期刊的“依附性、传统杂家观念的影响、内在发展动力和责任感的缺失、编辑角色能力的弱化”[①]；有学者认为学术期刊编辑边缘化主要是由于体制、编辑自身、职称评定和期刊自身发展方向等因素而产生的[②]；有学者进而提出克服边缘化的出路在于重建编辑主体精神，期刊编辑应重视提高其职业“敏感心、责任感、理论素养和数字化技术意识及能力”[③]。这些探讨尽管已涉及问题的诸多方面，但大多停留于现象剖析，较少从理论层面作出深入阐释。而如何从编辑体制和职业的多维复杂特性入手阐释边缘化问题的多重根源，进而从编辑学者化方向探讨边缘化突围路径，以促使学术期刊编辑可持续发展，正是本文所要论述的主要内容。

---

* 孙秋英、李宗刚，《山东师范大学学报》(人文社会科学版)编辑部。

① 陶范：《高校学报编辑应努力防止边缘化》，《湖北第二师范学院学报》2019年第11期。

② 参见谢昀：《谨防学报编辑学术边缘化》，《北京市计划劳动管理干部学院学报》2005年第2期。

③ 杜桂萍：《论当代社科杂志编辑主体精神的重建》，《学术交流》2002年第2期。

一、学术期刊编辑面临困境的体制因素

学术期刊编辑边缘化是伴随体制内学术评价体系而出现的现实问题。新时期以来，期刊编辑在体制内逐渐被定位为独立于学术研究系列之外的一个群体。其在职称晋升时被列为单独系列，也就是所谓的编辑系列进行评比，这一评比的好处是编辑之间的对比显得更加明晰，缺憾是编辑与学者之间被划上一道不可逾越的鸿沟。长此以往，编辑在人们的心目中也大都是指那些文章文字的加工者，人们甚至把编辑的工作美其名曰“为他人作嫁衣”。在这里，“他人”这一限定词，一方面说明了编辑的工作是富有奉献、创新精神的，另一方面说明了编辑是依附于作者以及作者文章而获得自我存在价值的“他者”。

其实，如果追溯现代编辑产生和发展的历史，我们便会发现，现代编辑从作为一种职业开始便获得独立存在的价值。如陈独秀在担任《新青年》主编时，一方面从事编辑工作，一方面从事写作实践，二者相辅相成、相得益彰，由此成就了一代难以复制的神话。再如钱玄同作为北京大学的学者，在兼任《新青年》编辑时积极约稿，最终促成了鲁迅向文学创作实践的回归，创作出《狂人日记》这样第一部真正具有现代意义的短篇小说，由此开启了中国现代小说的新纪元。[①] 尤其值得称赞的是，许多编辑还是多面手：一方面，他们从事期刊编辑工作，负责约稿编稿和发排等一系列事务性工作；另一方面，他们还是作者，或从事文学创作，或从事学术研究，成为著名的作家、批评家或理论家。如叶圣陶、茅盾、巴金等人便是一边担任期刊编辑，一边从事文学创作或文学批评，成为“左右开弓”的典范。特别是他们在担任编辑时不仅发现和培养了大批的青年作者或学者，而且在文学创作或理论研究方面取得显赫的成就，茅盾和叶圣陶就是典型代表。

1920 年，茅盾担任《小说月报》主编后便着手对《小说月报》进行全面改版，由此不仅促成了他在文学批评和文学社团领域的发展，而且还成就了

---

① 参见李宗刚：《〈新青年〉编辑约稿与鲁迅现代小说的诞生》，《华中师范大学学报》（人文社会科学版）2017 年第 1 期。

《小说月报》在中国现代文学史上不可替代的位置。当然,我们并不能说《小说月报》之于茅盾的文学批评和文学理论有着无可替代的作用,毕竟,茅盾在入主《小说月报》之前便已是在文学批评界享有盛誉的批评家。但是,茅盾担任《小说月报》主编进一步促进了其文学的跨界写作,应该是无可争辩的事实。

如果说茅盾在做期刊编辑之余坚持文学批评和文学理论的写作有其独特性的话,那么叶圣陶作为文学编辑对当下的期刊编辑还是具有借鉴意义的。叶圣陶任《小说月报》主编时,沈雁冰(茅盾)把自己的第一篇小说《幻灭》交给叶圣陶。叶圣陶阅读后立即对茅盾说:"写得好,今天就发稿。"这种速度令茅盾"吃惊"。[①] 叶圣陶还在一大堆自然来稿中发现了丁玲的处女作《梦珂》,然后在头条位置予以发表,接着《莎菲女士日记》等 3 篇小说都在头条连续发表。后来,叶圣陶给丁玲写信,告诉她 4 篇小说可以出一本集子,还为她联系了开明书店。小说集出版后,引起文坛强烈反响。当丁玲从外地来到上海上门感谢他时,不善言辞的叶圣陶谆谆叮咛:"继续写吧,认真地写。"[②]事隔半个世纪后,丁玲仍怀着无限感恩的心情对叶圣陶说:"当年要不是您发表我的小说,我也许就不会走这条路。"[③]巴金在留学法国时把他的第一部中篇小说《灭亡》投给《小说月报》,同样受到了叶圣陶的赏识。为此,叶圣陶在发稿预告上写道:"《灭亡》,巴金著,这是一位青年作家的处女作;写一个蕴蓄着伟大精神的少年的活动与灭亡。"对此,巴金后来回忆道:"倘使叶圣陶不曾发现我的作品,我可能不会走上文学的道路,做不了作家;也很有可能我早在贫困中死亡。"[④]作为编辑的叶圣陶,慧眼识珠已经非常不易,更为难得的是他并没有止步于编辑工作,而在编辑之余还从事文学创作,写出被茅盾誉为"扛鼎之作"的长篇小说《倪焕之》,成就了中国现代长篇小说著名作家的伟业。[⑤] 至于现代出版大家赵家璧,尽管与茅盾、叶圣陶等文学巨擘相比有一定的差距,但他凭借其策划并出版的《中国新文学大系》十卷

① 参见李勇编:《流淌的人文情怀——近现代名人墨记》,东方出版中心 2011 年版,第 35 页。

② 杨桂欣:《丁玲评传》,重庆出版社 2001 年版,第 37 页。

③ 陈明:《我说丁玲》,湖南文艺出版社 2004 年版,第 96 页。

④ 刘增人:《叶圣陶传》,东方出版社 2009 年版,第 82～83 页。

⑤ 参见李宗刚:《民国教育视阈下的文学想象与文学书写——从叶圣陶的长篇小说〈倪焕之〉说起》,《西南大学学报》(社会科学版)2017 年第 6 期。

本而成就了在中国现代文学史上无可替代的独特地位。

然而，在体制化日益凸显的当下，编辑自身的黄金时代似已逐渐远去。2012年7月30日，新闻出版总署印发《关于报刊编辑部体制改革的实施办法》，党政部门、民主党派、人民团体、行业协会、社会团体、事业单位和国有企业主管主办的报刊编辑部，并入本部门本单位新闻出版传媒企业；本部门本单位没有新闻出版传媒企业的，并入其他新闻出版传媒企业。近几年，随着这一办法出台，不少高校已将期刊编辑部纳入企业运营的轨道，实行企业化的管理模式。面对从事业到企业的体制转变，期刊界呈现出无所适从、焦虑恐慌。编辑们既要有编辑专业知识，又要懂经营、会管理，这种复合型编辑的职业要求，给传统期刊编辑的素养带来极大挑战。除此之外，由于大部分高等院校以抓教学科研为中心，教师和编辑相比较而言，编辑往往处于边缘化位置，无论是在职称评定、课题申报还是在学历进修、信息技术培训、工资待遇等方面，都难以与教师相提并论。因此，这种不平等、不公正的待遇，不仅严重打击了期刊编辑工作的积极性，而且在某种程度上还影响到期刊编辑学术素养的提高。一方面，编辑无暇像茅盾、叶圣陶那样可以如此自由地穿梭于不同职业之间从事着跨界的写作；另一方面，也无法像赵家璧那样专心致志地从事出版工作。尤其令人深感无奈的是，编辑已经被设定为一个单纯的“门类”，已经成为独立于其他学科之外的所谓“学科”，而诸如文学创作早已不在考核的范围之内，即便专业的学术研究似乎也被逐出编辑行当的“伊甸园”，以至于考核所需的仅仅是“编辑学”方面的相关学术性的研究成果。至于编辑在“编辑学”实践方面的表现如何，似乎早已被摒弃在考核之外。如此一来，编辑在体制内的学术评价体系中日渐边缘化的情形便成为不可避免的事情。

从体制来看，编辑边缘化并不是由编辑的主观意志可以改变的，而是体制评判的自然结果；从职业来看，编辑边缘化也具有其无法取代的必然性，是职业规训的必然结果。编辑作为一种职业，对一个人的影响是深远的。一般说来，期刊编辑在开始从事编辑工作之前，大都接受过一定的学术训练，甚至接受过博士阶段的学术训练。而接受过学术训练者进入不同的行业领域对其未来发展方向的影响是大不一样的，甚至截然相反。一个学者进入学术研究机构或者大专院校从事专业的教学和研究工作，自然与其进入期刊从事编辑工作会有不同的价值评价标准。从研究机构或大专院校的评价尺度来看，一个学者的学术研究水平的高低是其所在的体制对其进行评判的重要标准，这样，他自然就要向着评判标准规范的方向努力，并由此进入论文写作的实践，逐渐培育自我在学术论文撰写方面的能力。长此以往，其论文的写作功力也就可以不断地得到历练和提升。

实际情况也的确如此，在职称评审或任职考核时，许多机构在评价期刊编辑时注重的往往并不是其所编辑的文章产生怎样的学术影响力，而是该编辑撰写了多少篇学术论文、发表了哪些层级的论文。然而，缘于职业使然，期刊编辑的自我价值重心已经不在于其撰写了多少篇论文，而在于其编辑了多少篇优秀论文。这种评价机制的错位不仅使编辑自我的人生价值无法真正得到体现，而且最终导致期刊编辑在体制内的逐渐边缘化，由此陷入无可挣脱的尴尬境地。

多年来，尽管期刊界也呼唤期刊编辑学者化，但真正地践行这一倡导并取得成功的编辑毕竟为数不多。大多数期刊编辑未能走上编辑学者化的道路，反而走上了一条背离学者化的道路。这说明，所谓的要做到编辑学者化，其实隐含着某种期刊编辑在学者化道路上的艰辛和艰难。可以说，编辑这一职业体制本身在某种程度上对学者化存在着对抗乃至消解，由此使得许多期刊编辑无法成为学者型编辑。因此，我们要破解期刊编辑自身发展的难题，不能不追溯这一现象产生的本原。

二、学术期刊编辑面临困境的身份因素

学术期刊编辑为什么会陷入令人如此尴尬的困境？产生这一问题的原因很多，但就其根本来说，与其所从事的期刊编辑的身份固化及其由此而来的自我认同有着直接的关系。对此，我们可以从以下几个方面加以确认。

其一，编辑身份决定了期刊编辑具有一双辨识学术论文水平高低的慧眼，而这一身份对学术论文的撰写则没有必然要求，这就使得期刊编辑的慧眼在愈发明亮的同时，其灵手则在闲置和荒芜中逐渐失却写作的能力。

学术期刊编辑作为期刊的第一道守门人，其职责所系在于从浩如烟海的来稿中遴选出优秀的稿件，然后让这些优秀稿件进入审稿程序。一般说

来，来稿能够被编辑的法眼所看中并不是一件很容易的事情。目前，期刊编辑部或采用网上投稿系统，或采用电子邮箱，不管采用哪种方式，这些稿件都将直接接受网络背后的编辑的审视。这自然就需要编辑首先调动自己的那双“慧眼”来甄别稿件的质量高低，确认稿件的学术价值大小，然后作出用稿与否的判断。实际上，编辑在浏览这些稿件时要做到逐字逐句地阅读是几乎不可能的，其主要是根据标题、引论部分判断作者要谈什么问题，对这个问题又是怎么进行分析的，在最后的结论部分是否有新的学术见解或突破，给人耳目一新之感。海选稿件正是需要编辑练就一双能够石中识玉、沙里淘金的慧眼。

正是缘于编辑这一身份对学者的规训，相当一部分学者在进入编辑队伍之后，自认为所谓“编辑”就是修改、剪贴，有术而无学；是“为他人作嫁衣”的匠人，不需要掌握高深的理论。在这些错误思想的影响之下，编辑在练就较高的“眼上功夫”的同时逐渐地丧失“手上功夫”，其结果是编辑成为学术论文的加工者，而编辑自身的价值也大都依赖其所编辑的论文获得。然而，令人深感遗憾的是，从体制内的评价标准来看，作为责任编辑编发的学术论文所带来的荣耀并不属于编辑，而是属于作者，甚至在某些极端情况下，编辑连分享这一荣耀的机缘都没有。如此一来，期刊编辑便在体制内陷入了边缘化的现实困境。

如果抛开体制对编辑本体加以追问的话，我们会发现，在常人的眼里，期刊编辑似乎就是学术论文的加工者，是文字的修饰者。也很少有人会认为编辑通过其加工的学术论文就实现了自我的价值。事实证明，一篇论文产生较大的学术反响，人们首先关注的是作者，而没有人会首先关注编辑。当然，人们首先关注作者也的确在情理之中，但问题的关键在于没有几个人在首先关注作者之后也会想起那位做嫁衣的期刊编辑，这就使得期刊编辑被作者的高大身影遮蔽，成了真正的看不见的幕后英雄。因此，期刊编辑即便通过其编辑的学术论文来有意识地寻求自我人生价值的实现方式，最终效果也多半会打折扣。

其二，编辑身份本身促使期刊编辑逐渐养成“字斟句酌”的习惯，甚至养成“语不惊人死不休”的“推敲”情结，这就使得期刊编辑在对学术坚守的同时，其写作能力逐渐离开实践层面而在“细枝末节”的“推敲”过程中逐渐退化。

真正的问题不在于期刊编辑作为名副其实的为他人做嫁衣者始终默默无闻，而在于期刊编辑在为他人做嫁衣时逐渐失去了为自我做嫁衣的能力。期刊编辑在为他人加工论文的同时，其职业责任使然的一个必然结果便是更为关注如何加工他人的论文。这主要体现在以下几个方面：一是对论文的不足提出修改建议；二是对论文的语言进行精细加工；三是对论文的错别字、标点符号等进行修正；四是对论文的引文进行核对和订正。这四个方面的编辑工作，便耗去期刊编辑非常多的时间与精力。期刊编辑在对论文进行整体把握时，大都能够洞察作者提交论文所存在的问题，并在此基础上提出一些匡正乃至建设性的建议，甚至有些编辑提出的建议还可能会在某种程度上深化提升作者提交论文的论点，直接参与论文的生产过程。至于论文的句子或错别字等问题，许多作者则没有切身的体会。实际上，经过编辑加工的诸多论文，其句法和文字的修改幅度是非常大的，但很少有作者能够真正体会并感知到编辑到底是怎么修改的。一般说来，作者关注的是论文发表本身这一结果，而很少关注论文在发表之前所要经历不知多少次翻来覆去的编校修改加工，因而对期刊编辑在论文编校加工中所做的大量工作缺乏起码的了解，至于对隐藏其背后的编辑修改加工更是知之甚少。实际上，很多作者由于在遣词造句方面已经形成一种语言习惯，甚至有些习惯背离汉语语法规范，而这些问题都需要期刊编辑进行必要的更正。至于有些学术论文引用参考文献时的错误，更可谓比比皆是，这些错误的更正任务自然也落到了期刊编辑的身上。有关调查显示，有些学者的引文极不严谨，还有些学者随意更改引文，以至于出现“有引必错”[①]的尴尬局面。所有这些编辑常规性工作，耗去期刊编辑的许多宝贵时间，自然也就挤压了其撰写论文的时间。因此，就其自身要求而言，期刊编辑便被置于一个永无止境的文字“推敲”和烦琐的编校过程，而论文写作所需要一气呵成的心境则很容易被琐碎的编辑工作所消解。

其三，编辑身份本身还决定了期刊编辑在编辑过程中总是如履薄冰，对论文写作心存敬畏，唯恐自己写出不成熟的论文被同行方家耻笑，亦不敢轻

① 李宗刚、孙昕光：《期刊学术引文不规范现象的成因探析与应对方略》，《河南大学学报》（社会科学版）2015 年第 6 期。

易动笔写作，由此往往错失在实践中提升论文写作能力的良机。

古人云，文章千古事，得失寸心知。从学术论文写作的内在规律来看，作者之所以能够进入写作的自由境界，首先需要挣脱的便是那种羁绊自我情思表达的语言。换言之，作者在进入写作时是绝少认真打磨文字本身的。这一过程恰如行云流水，尽管会存在某些瑕疵，但文思泉涌之后的汪洋恣肆的态势只能使其一泻千里，泥沙俱下在所难免。在此过程中，如果作者停顿下思绪，认真雕琢文字本身，甚至像贾岛那样纠结于“推敲”之中，那洋洋洒洒数千上万言的论文便绝难横空出世。然而，期刊编辑这一职业所带来的文字推敲积习却恰好窒息了作者所需要的论文写作的“气势”，这便从客观上限制了编辑进入自由写作场域的可能性。因此，问题的关键并不在于期刊编辑将其时间大都用在编校加工论文稿件上，而在于编辑工作本身使他长期陷入这种无限循环往复的工作中，并由此阻碍了期刊编辑迈进写作自由境地的路径。

严格说来，论文写作是一种创造性的劳动，期刊编辑也是一种创造性的劳动，但这两种劳动指向的结果是不一样的。从论文写作来看，写作这种创造性劳动注重的是把闪耀在头脑中的思想用文字的形式外化出来，这就需要作者更为注重“手上功夫”，而“手上功夫”则更多地依赖不间断的实践而习得的。所谓的“曲不离口”，便是对这个习得能力培养的真实写照。从期刊编辑来看，编辑这种创造性劳动注重的是在作者既有论文的基础上如何“去粗取精、去伪存真”的精细加工能力，这就需要编辑更为注重“眼上功夫”，而“眼上功夫”则更多地依赖阅读优秀论文培养出的基本“范式”获得。所谓的“火眼金睛”，便是对这个能力的形象描述。由此看来，编辑这一身份本身便逐渐让编辑远离“手上功夫”而切近“眼上功夫”，其最终结果自然就是编辑评述起论文来“头头是道”，但根据其“头头是道”的理论来指导自己的写作实践则显得勉为其难。长此以往，编辑在疏远论文写作的同时，其写作能力的提升便成为空头支票。这样自然便导致期刊编辑循着职业分工逐渐成长为专事论文编校的“加工者”，而不再是论文写作的“生产者”。

严格说来，编辑的身份并不是与生俱来的，而是在编辑实践中不断建构来起来的。编辑身份的建构过程既是一个外在的社会诸多因素共同参与作用的结果，也是一个内在的编辑自我认同和皈依的结果。从某种意义上说，编辑对自我身份的认同和皈依对其影响更大，自然也更加深远，这也是外在的社会诸多因素最终起作用的根本所在。

三、学术期刊编辑面临困境的突围路径

期刊编辑从事编辑工作，在论文的撰写以及发表方面本来属于近水楼台的人，但其结果为什么不能“先得月”，反而“后得月”乃至“不得月”呢？其学术人生为什么反而陷入困境？面对如此困境，期刊编辑能否突围？又应该怎样突围？

（一）相关职能部门给编辑发展创造必要的条件

高等学校职能管理部门的思维方式和管理模式需要与时俱进。首先，高等学校管理部门要正确认识学术期刊编辑活动的特征和作用。编辑活动是社会文化活动的一个重要组成部分，直接参与学术文稿的创作，在文化创造过程中起到传播、中介、积累和繁荣文化的作用。同时，编辑活动又具有服务性，既要受政治、经济和社会发展制约，又要服务于政治、经济和社会发展，还必须服务于教学和科研。其次，高等学校职能管理部门必须改变和调整现有的管理考核机制。要根据教育部、科技部印发的《关于规范高等学校SCI论文相关指标使用 树立正确评价导向的若干意见》，破除论文“SCI至上”的要求，要改进学科考核体系，在考核中要突出创新质量和实际贡献，审慎选用量化指标；优化职称（职务）评聘办法，建立适合编辑职业的评价指标体系。再次，作为职能管理部门，要为期刊编辑的工作、学习创造必要的基本条件，搭建良好的发展平台。要根据一个时期、一个阶段新闻出版管理的部署要求，定期不定期地开展学习教育和培训，组织集中学习党和国家方针政策特别是出版管理方面的有关规定，引导期刊编辑更好地适应新形势新任务的要求、做新时代期刊编辑出版工作的“明白人”。最后，就期刊编辑所在部门单位而言，一是要鼓励编辑进行学历学位进修。系统、专业化学习是提高素养的最有效方式，只有通过知识的回炉发酵，才能丰富和扩展知识的内涵和外延，更好地掌握学术研究的方式方法。通过撰写学术论文，才能将已有的工作经验与现有的学习体验完美结合，从而在学习中提高工作能力，在工作中夯实专业知识。二是要鼓励编辑从事教学与科研。在高校，教学

与科研就像编辑的两个翅膀，相互支撑，共同发力。教学是科研的隐形动力，科研是教学的源头活水，编辑只有扎根教学与科研这一厚土，才能切实增强自身的学术底气，把好编辑工作的正确方向。三是要鼓励编辑参加学术活动。学术活动是一种以促进科学发展、学术交流、课题研究等学术性话题为主体的活动。权威、前沿、前瞻、互动是其主要特点。无论是某一专业还是编辑方面的学术会议，编辑们一方面能够在较短时间接受大量的学术研究信息，了解行业动态，了解领域前沿；另一方面，可以在分享专家或自己的研究成果的同时，听取专家、同行提出的建议，完善自己的知识结构。同时，能够在听取讲座、座谈交流过程中，碰撞各种思想的火花，激发创新的灵感，拓展、优化自己的学术体系；还可以对照专家的研究成果来反观自身，重新客观公正地给自己定位，找出自己的短板与差距，坚定科研勇气、树立学术自信。在这个过程中，通过结识不同专业领域的专家学者，自然而自然地寻找一些共同的学术话题，理清脑海中的学术发展脉络。

（二）编辑自身树立主体意识，明确职责要求

期刊编辑是期刊工作的主体，在整个期刊出版中占据至关重要的地位。期刊的办刊宗旨和使命要求编辑必须具备较强的社会责任感和工作责任感。编辑的社会责任感体现为传播先进文化、加强文化建设、推出更多研究成果、培养造就优秀学术人才、加强学风建设、营造良好学术氛围等方面。编辑的具体工作职责体现在选题策划、组稿约稿审稿和编辑加工等环节。期刊编辑的社会责任是通过其工作职责体现的，是否尽职尽责地完成期刊编辑的任务和要求，直接关系到期刊的质量及生存，关系到国家相关政策和法规制度的宣传、教育、贯彻、执行，关系到营造风清气正的学术环境。因此，期刊编辑必须明确职责要求，增强责任意识，切实加强学习，提高职业素养，真正肩负起社会职责。所以，从期刊编辑在整个编辑活动中所扮演的角色和所起的作用来看，学术期刊编辑既是社会学术产品特别是社会公共思想文化产品的提供者，又是社会学术研究需求的服务者，还是社会学术研究的引领者，更是作者、读者、专家学者的沟通对接者。从这个意义上说，编辑必须克服职业局限，消除职业倦怠，增强职业自信，最大限度地释放自我的学术创造潜能，实现编辑学者化、学者编辑化，达到编辑职业与个人事业的统一，从而在边缘化困境中成功突围。要从编辑职业的局限性中走出来，既忠于自我的学术理想，精心耕耘属于自我的学术园地，又认真踏实地做好编辑工作。严格说来，任何职业都具有其局限性也有其开放性，关键在于人们如何把握好其所从事的职业的自由度，规避局限，扬长避短，从而找到一条本职工作与自我发展相结合的路子。实际上，许多期刊编辑原有非常好的学术素养，但在担任编辑之后，却未能很好地赓续既有的学术研究传统，而是一味地沉浸于所谓的编辑事务性工作中，既有的学术研究水平不仅未能得到应有的提升，而且编辑水平也没有得到更好的提高，以至于在放逐了学术研究潜能的同时，也未能发掘出编辑的潜力，由此成为地地道道的单纯期刊编辑——仅仅能够找找错别字、理顺一下句子的主谓宾成分的文字加工者，而不再是拥有自我独立的学术思想和追求、胸怀天下的思想者。

首先，要想能够较好地规避编辑职业带来的局限性，最根本的是要把编辑职业和学术事业有机地结合起来，做到职业和事业最大限度地重合。编辑是我们从事学术研究的一个铺垫，是我们从事研究的外化方式；学术研究是我们从事编辑工作的一个依托，是我们从事编辑工作的提升。二者有机结合，作为编辑便可以低头耕耘着期刊这方肥沃的土壤，抬头便可以思考和外化自我的独立学术思考。二者交互作用，就会使本来并不矛盾的两项工作找到“交集”，就可以促成编辑依托“两个翅膀”自由地翱翔在人类文化的天空中。客观地讲，期刊编辑能够处理好二者关系的并不在少数：他们长期从事期刊编辑工作，甚至谋划期刊的整体学术发展；同时，不少编辑还从事学术研究，真正做到了“编写相长”，堪称较好地处理编辑工作与学术研究的“非典型”个案。

其次，要从编辑身份认同中走出来，最大限度地释放自我的学术潜能，让人生在聚焦于学术研究写作中获得满足感和成就感。如果我们把编辑身份及其由此而来的职业仅仅视为一种谋生的手段，自然就难以产生出满足感和成就感。作为一种谋生的职业，人们大都会产生一种倦怠感——毕竟，一期接着一期刊物的编辑工作、年复一年的重复性劳作，尤其是面对一些没有多少创新性、带有“八股文”属性的所谓学术论文时，编辑产生倦怠感是难免的。实际上，这样的论文除了在满足作者的考核、晋级乃至学位具有某种效能之外，其社会效能并不显著。这样的论文被学界诟病为“学术垃圾”虽然不免有些苛刻，但究其本质而言，的确是“有无皆可”的“老生常谈”，真正激荡起编辑内在情感和思想的优秀论文实在是少之又少。在此情形下，编辑工作便不再承载起人们赋予的启蒙等现代思想传播的效能。

作为期刊编辑，我们也许无法改变编辑职业的现实，但却可以改变我们自己，那就是拿起笔把自己独立的思想外化出来，然后找寻到释放自我学术潜能的途径，让人生在忙碌中找寻到社会价值的实现方式。当然，这一问题并不是轻而易举就可以解决的，因为期刊编辑向往于论文写作与真正地写出论文是两码事。严格说来，论文的写作“既是一件具有科学性的工作，又是一件具有创新性的工作”①，而且是一个把内在的创新理念或思想外化为学术成果的艰难过程，这个过程充满痛苦的体验。然而，问题的悖论之处恰好在于，没有这样一个痛苦的过程就不会有论文的写作完成，也就不会有论文的刊发，自然也不会有发表论文之后的满足感和成就感。从某种意义上说，论文都是被“逼”出来的，都是在外力或自我压力的驱动下把自我相对混沌的情感和思想外化为文字的过程。像鲁迅当年创作《狂人日记》时就不是一蹴而就，而是在钱玄同的再三约稿的驱动下才最终得以“分娩”。但同样值得肯定的是，任何写作者一旦突破了写作的瓶颈，往往就会进入“一发而不可收”的良性循环中。也许，这样的良性循环对每个疏远了写作的期刊编辑来说，正是一个值得无限“遐想”的创作空间。

再次，要从编辑身份的自我认同中走出来，强迫自己把眼上功夫转化为手上功夫。缘于编辑职业的属性使然，期刊编辑在具有一双慧眼的同时也拥有编辑职业的敏感和自尊，那就是面对自我写就的论文总是不甚满意，觉得难以拿出来“献丑”，害怕让“同行”见笑。其实，这种行为本身恰是许多期刊编辑难以走出编辑职业窘境的关键所在，也是编辑向学者化道路前行的“绊脚石”。一般说来，任何一个人都具有独立的文化立场、独立的情感世界和独立的理性体系，正如西方谚语所说的那样，世界上没有完全相同的两片树叶，在人类的文明原野上自然也不会有完全相同的两篇论文。从这样的维度来看，我们的写作本身便是对人类文化的丰富和发展。如果有了这样的文化自信，就会坚守自我独特的文化立场，就会敢于袒露自我的情感世

① 孙昕光、李宗刚:《中国文学研究论文被引存在的问题与对策》,《西南民族大学学报》(人文社会科学版)2018 年第 7 期。

界,就会表达我们的理性思考,进而撰写出深深地打上自我独特的文化烙印的论文。这说不定恰是一个与众不同的学者得以“横空出世”的表征。从这样的文化自信出发,期刊编辑应该敢于从职业的自尊中走出,敢于表达自我,敏于论文写作,使转瞬即逝的思想火花呈燎原之势。

鲁迅曾经说过:“其实地上本没有路,走的人多了,也便成了路。”[①]编辑之路同样如此。如果一个期刊编辑志在学术,便会把编辑职业与人生事业有机地对接起来,就会从期刊编辑的现实困境中走出,进入一个相对自由的天地。那么,从其编辑稿件本身来看,不仅是“借他人之酒杯,浇自家之块垒”,而且是直接参与到作者论文的建构历史进程中;从论文写作本身来看,不仅是编辑实现自我超越和自我思想建构的途径,同时也是编辑参与社会历史发展进程的方式。这样,我们才可以走出一条编辑学者自由穿越的路子,从而真正进入进退自如的美妙境界——从小的方面来说,为自己职业转圜留有余地;从大的方面来说,为中国学术发展贡献智慧。

[原刊于《山东理工大学学报》(社会科学版)2020 年第 4 期,有改动]

① 鲁迅:《故乡》,《鲁迅全集》第 1 卷,人民文学出版社 2005 年版,第 510 页。

完善评价体系 推进期刊发展

刘仲翔*

习近平总书记指出："要按照立足中国、借鉴国外，挖掘历史、把握当代，关怀人类、面向未来的思路，着力构建中国特色哲学社会科学，在指导思想、学科体系、学术体系、话语体系等方面充分体现中国特色、中国风格、中国气派。"学术期刊是学术成果发布、同行交流、文化传承的平台和载体，学术期刊的高质量发展对于推进整个中国特色哲学社会科学的发展具有重要意义。

第一，学术评价促进学术期刊高质量发展。学术期刊评价是评价主体通过特定的指标或指标体系对学术期刊开展的评估活动，主要评价一定时期内学术期刊的影响力、传播力、引导力、公信力，具体手段是通过定性的办法评估其办刊导向、管理能力、规范性等；或者通过其一定时期内的文章下载量、引用率、转载率等定量手段，评估其学术影响和传播能力。学术期刊评价是学术期刊管理的重要手段，但由于种种原因，其功能并未充分发挥。因此，学界要通过改进评价手段，完善学术期刊评价体系，促进学术期刊高质量发展。

总体而言，从期刊管理角度看，对学术期刊进行评价，是规范期刊出版的必要手段；从学术发展角度看，学术期刊评价可以促进学术期刊高质量发展，更好地服务于学术和科研。

---

* 刘仲翔，《新华文摘》杂志社。

第二，政策和资金支持为学术期刊高质量发展提供良好的外部条件，对学术期刊实现高质量发展至关重要。

2018 年以来，中共中央办公厅、国务院办公厅先后印发了《关于进一步加强科研诚信建设的若干意见》《关于深化项目评审、人才评价、机构评估改革的意见》《关于进一步弘扬科学家精神 加强作风和学风建设的意见》，对加强更高水平学术期刊建设，提升我国学术期刊影响力，提高学术期刊国际话语权意义重大。

2019 年以来，人力资源社会保障部和中国社会科学院联合印发《关于深化哲学社会科学研究人员职称制度改革的指导意见》，科技部下发《关于破除科技评价中"唯论文"不良导向的若干措施》，教育部、科技部联合印发《关于规范高等学校 SCI 论文相关指标使用 树立正确评价导向的若干意见》。这一系列文件从导向上扭转了各种评审和评价过程中的"唯论文"倾向，为学术期刊创造了更加宽松的发展空间。

从资金支持看，有关部门相继出台多项举措。比如，教育部先后三次共评选了 65 个高校学报特色栏目，并对入选名刊和名栏的学术期刊进行一定额度的经费支持。再如，全国哲学社会科学工作办公室 2011 年 12 月起开展社科类重点学术期刊首批资助(试点)工作，2012 年 7 月又发布了《国家社科基金第二批学术期刊资助申报公告》，最终，第一批准备资助 80 种期刊，实际资助 100 种，第二批资助 100 种，2015 年增补资助《妇女研究论丛》，共计 201 种。资金和政策支持推动了学术期刊在刊物规划、栏目设计、参与和组织学术会议、约请高水平稿件、稿件外审等领域的发展。

第三，积极推动新时期学术期刊高质量发展。学术期刊快速发展的同时也面临一系列挑战。一是学术研究原创力有待提升。目前，不少学术期刊都在想方设法提高办刊水平，扩大自身影响力，但高水平的原创文章还不是很多，这在一定程度上制约了学术期刊的发展。二是学术期刊发展不平衡。如何实现各刊物的共同发展、共同提高是各行业主管部门和出版单位需要认真考虑的事情。三是数字化给学术期刊发展带来了一定的冲击，如何顺势而为、利用好高科技带来的便利，规避其带来的冲击，是当前亟待解决的问题。

面对新形势，学界及有关部门需积极采取切实可行措施，进一步推动学术期刊高质量发展。

一是搭建好平台，使学术期刊更好地服务于科研，服务于国家经济社会发展。学术期刊尤其是社会科学期刊应多关注现实问题，为研究和决策提供参考。也就是说，学术期刊要着眼于经济社会发展的重大议题，更要努力搭建起作者、读者、机构等共同参与的平台，充分发挥其智库功能，为国家经济社会发展贡献力量。

二是培养队伍，苦练内功，增强编辑队伍的脚力、眼力、脑力、笔力。编辑在不断增强自身理论水平的同时，还应关注社会经济生活实践，努力发现好选题；同时，需进一步加强对刊物的研究和规划，加强主题策划，走进科研一线，掌握最新动态，不断突破创新。

三是适应新形势，利用新技术成果，加快融合发展步伐。近年来，我国在媒体融合发展和知识服务等方面成效显著，学术期刊纷纷建立网站、开通微信公众号、推出 App、建立投审稿平台，这有助于提升学术期刊的影响力。下一步，各学术期刊要积极研究如何更好地利用大数据、云计算、区块链等技术成果，并结合自身实际情况探索出学术期刊的融合发展之路。

总之，近年来，随着科研评价中“唯论文”倾向的扭转以及有关方面加大对学术期刊的投入力度，学术期刊的生存环境和发展生态得到很大改善。在此背景下，学术期刊应充分利用好各种有利条件，群策群力，以更好地发挥其在成果发布、同行交流、文化传承等方面的功能，为构建中国特色哲学社会科学做出应有贡献。

（原刊于《中国社会科学报》2020 年 8 月 27 日，有改动）

学术评价的异化与重建

张耀铭*

2020 年 2 月 18 日，教育部、科技部联合出台了《关于规范高等学校 SCI 论文相关指标使用　树立正确评价导向的若干意见》(以下简称《意见》)。这个《意见》很有料，在中国语境的“学术评价”浪潮中，是一个更可以期待、更具有政策导向的范本。也就是说，《意见》提出的举措与思考，虽然主要是针对自然科学和工程技术，但对人文社会科学亦具冲击力和参考价值，也意味着学术评价将在一定程度上得到重建。

一、学术评价政出多门

学术评价是指根据一定的目的和标准，采用一定的理论和方法，评判学术成果的价值，鉴别学者研究的贡献，激发科研机构的创新，规范学术研究的行为，推动国家学术发展的活动。从这个意义上说，学术评价是学术资源分配和学术管理的基础和核心，也是国家行政权力部门寻求“科学”和“客观”评价学术成果的依据和重要抓手。

自 1992 年北京大学图书馆《中文核心期刊要目总览》推出以来，目前有北京大学图书馆《中文核心期刊要目总览》、南京大学中国社会科学评价中心《中国社会科学引文索引》、中国社会科学院中国社会科学评价研究院《中国人文社会科学期刊综合评价指标体系》(AMI)、中国知网《中国学术期刊

* 张耀铭，《新华文摘》杂志社。

影响因子年报》(人文社会科学)、中国人民大学人文社会科学学术成果评价研究中心和书报资料中心共同研制的《"复印报刊资料"重要转载来源期刊》等中国人文社会科学评价机构呼风唤雨、风光无限。这些评价机构的产品大体上分为两类,即"核心期刊"与"来源期刊"。虽然"北大核心"与"南大C刊"市场的能见度更高,影响范围更远,更具标杆意义,但其他评价机构也不甘落后,他们卷起袖子,摆开架式,制定标准、组织评价、划分等级,大张旗鼓地举办期刊排行榜发布会。一时间你方唱罢我登台,好不热闹。学术评价政出多门,多路豪杰各显神通,其目的在于获得行政权力部门的认同或强力支持,使自己主导的评价产品成为资源分配和学术管理的主要依据。一旦获得学术评价与权力,评价机构就会摇身一变,成为学术舞台上赢者通吃的大牛。在学术评价的大潮中,学术期刊从主角变身为配角,在亚马逊体系中屈居于从属的地位。面对评价机构发布的"排行榜",学术期刊要么跟着指挥棒转,要么被淘汰出局。就是这么残酷。这是一个生存还是死亡的问题,是哈姆雷特式的经典问题,并非只是一个传说。学术期刊大多数都是小打小闹的小舢板,面对评价机构的辗轧,只能选择"跪下",跟着"排行榜"的指挥棒转,被它牵着鼻子走,或许才能把自己度向彼岸。

二、学术评价异化现象

学术评价首先应该是对学术研究的主要成果——论文进行评价,其次才是期刊评价、机构评价、人才评价、项目评价等,评文是评刊的前提,两者构成因果关系。论文评价属于微观层面的评价,也是学术评价的最小单元,同时也是最为复杂的评价对象,但目前还没有研制出比较客观、公正、科学的评价指标体系。学术评价标准缺失,"以文评刊"一时难以实现,取而代之的是"以刊评文",使原本最为复杂的事情变得十分简单,即根据论文发表在什么级别的刊物上来确定其内容质量。这便完全颠倒了学术评价的内在逻辑关系,导致一系列学术评价异化现象出现。

(一)学术评价主体的越位

学术评价的主体当然应该是基于学术目标、学术价值、学术范式、学术旨趣认同的学术共同体亦称科学共同体(Scientific Community),"它是由学者以专业为基础自愿结成的众多学术团体、学术期刊和学术会议组合而成的。专业性与自律性是这种学术共同体最突出的特点。”[①]在美国，自律的学术共同体可以自主地制定评价的规则、标准和程序，对成果(论文与著作)的评价贯穿于学术会议的评议和争鸣，专业期刊发表前的双向匿名评审，成果发表后的书评评价与学术评奖。这种复合型的学术评价机制，客观上避免和惩处了学术评价过程中的一些弊端，推动了学术的良性发展。

学术评价引进到中国之后，并没有完全仿效欧美模式，而是按照中国国情特色进行了自我塑造，或者说在功能和意义上发生了“异化”。改革开放40年，中国的教育和学术研究取得了巨大的成就，发生了翻天覆地的变化。但还没有形成严格标准意义上的学派，多数学者习惯于围绕自己的一亩三分地单兵作战，更遑论具有群体意识、学术民主、学术自律和学术自由的学术共同体。在这种情况下，专业评价机构便应运而生越位评价，从而使学术研究与学术评价的同一性彻底终结。专业评价机构的特征体现在四个方面：“其一是几乎均由从事文献情报工作的人员组成，除了其本专业以外，不是任何学术共同体的成员；其二是在明里或暗里都以为政府服务或被政府认可为主要目的；其三是通过采集各种形式数据，以量化评价的‘客观’‘公正’‘公平’相标榜；其四是其主打产品即对学术期刊进行分等分级(如所谓‘顶级期刊’‘权威期刊’‘核心期刊’等)的排行榜和排名表。”[②]现有的评价主体或附属于大学机构，或附属于中国社会科学院研究中心，既违“瓜田不纳履，李下不整冠”之古训，又依靠这些机构划拨经费维持运转，远不是独立的第三方。由此可以看出，专业学术评价机构完全是越俎代庖越位评价，它们既不是合适的“学术”评价主体，也不是合适的“期刊”评价主体。由于缺少一个民主、自律的学术共同体，缺少同行评议的积极参与，“行政权力介入和干预越多，则学术乱象和学术腐败越多，异化越严重，从而陷入越管越乱、越乱越管的恶性循环之中”[③]。

---

① 李剑鸣：《自律的学术共同体与合理的学术评价》，《清华大学学报》(哲学社会科学版)2014年第4期。

② 朱剑：《科研体制与学术评价之关系》，《清华大学学报》(哲学社会科学版)2015年第1期。

③ 王学典：《将评估学术的权力还给学术界》，《澳门理工学报》(人文社会科学版)2020年第2期。

(二)“核心期刊”功能的错位

自17世纪60年代学术期刊诞生开始,其主要社会功能有两种:一是学术成果的展示传播功能;二是学者之间的交流与对话功能。[①] 1934年,英国文献计量学家布拉德福揭示了文献集中与分散的规律,即表明期刊可能存在“核心效应”,后来“核心期刊”概念得以流行,评价功能得到强化,而其交流与传播功能却被有意无意地弱化了。20世纪60年代,中国自然科学界开始引进期刊评价的理论与方法。1992年北京大学发布《中文核心期刊要目总览》,1999年南京大学推出“中文社会科学引文索引来源期刊”(CSSCI),2009年武汉大学发布“中国学术期刊评价研究报告”,2014年中国社会科学院发布“中国人文社会科学期刊综合评价指标体系(AMI)”,至此国内有着重要影响力的人文社会科学专业学术评价机构全部亮相。

随着学术功利主义在中国的蔓延,“以刊评文”现象愈演愈烈,“核心期刊”被捧上了神坛,其功能大大超出了原来的边界,发生了严重错位。最令人感到荒谬的在于:第一,“布氏定律”强调的是文献分布的多少,而不是期刊质量的高低,故与质量评价无关。第二,“核心期刊”实质上是以过去的文评现在的刊,以现在的刊评未来的文。过去那些把学术期刊推举到“核心期刊”圈子里的论文,却不是核心期刊论文;而那些还没有数据贡献、没有产生任何效能,发表在“核心期刊”上的论文,反倒坐享其成地成了核心期刊论文。第三,期刊评价等级牵着学术评价的鼻子走,由入库期刊、扩展期刊、核心期刊发展到权威期刊、顶级期刊,步步抬高,层层加冕,贴标签习以为常。在顶级期刊发表一篇高影响因子论文,虽然稿费很低,但奖励动辄几万或数十万元,这更刺激了了科研中的功利化倾向。第四,学术界及期刊界人士对此喜忧参半,“喜的是‘东方不亮西方亮’,这家‘核心’进不了,那家‘核心’也能上;忧的是大家都是‘核心’,就谁也不是‘核心’了,实际上是使核心期刊的认定失去了固有的意义。”[②]

(三)影响因子的滥用

“影响因子”是由美国文献学家尤金·加菲尔德提出的,是指一份期刊

① 参见原祖杰:《交流与对话:学术期刊一个被忽视的基本功能》,《澳门理工学报》(人文社会科学版)2016年第2期。

② 陈颖:《谁来评选“核心期刊”》,《编辑的天空》,贵州大学出版社2020年版,第79页。

前两年发表的"源刊文本"在这个年度的总被引用数,除以这个期刊在前两年所发表的"引用项"数。依据这一定律,加氏在1964年出版科学引文索引(SCI报告),1973年出版社会科学引文索引(SSCI报告),1976年出版艺术与人文引文索引(A&HCI报告),构成了美国科学情报研究所(简称ISI)的三大核心数据库。谁拥有大数据,谁就掌握了权力。1975年,美国科学情报研究所推出期刊引证报告(简称JCR),包括自然科学和社会科学两个版本。通过对参考文献的标引和统计,可以在期刊层面衡量某项研究的影响力,显示出引用和被引期刊之间的相互关系,从而让影响因子变成了赚钱的机器。不过影响因子是一把双刃剑,在许多国家受到崇拜的同时,也一直受到学术共同体的诟病和批判。2013年5月,美国78个科学组织的155位科学家签署了在美国细胞生物学学会年会期间提出并最终形成的《关于科研评价的旧金山宣言》。宣言认为科学界应该停止使用影响因子评价科学家个人的工作;影响因子不能作为替代物用于评估科学家的贡献,以及招聘、晋升和项目资助等的评审。[①] 2014年,在荷兰莱顿召开的一次国际会议上,美国佐治亚理工学院的公共政策教授戴安娜·希克斯(Diana Hicks)等提出了合理利用科学评价指标的七条原则,后来扩充为十条,这就是2015年4月发表在《自然》杂志上的《莱顿宣言》。《莱顿宣言》提出十条原则:一是量化评估应当支撑质化的专家评估,而不是取而代之;二是衡量绩效应基于机构、团队和个人的科研使命;三是保护卓越的本地化的相关研究;四是保持数据采集和分析过程的公开、透明和简单;五是允许被评估者验证数据和分析;六是考虑发表和引用的学科差异;七是对个人研究的评价应基于其综合作品的质性评价;八是应避免评估指标的不当的具体性和虚假的精确性;九是识别认清评价指标对科研系统的影响;十是定期审查评价指标并加以改进。[②]这两个著名宣言引发了世界科学界的广泛关注,《科学》杂志就旗帜鲜明地批评影响因子最重要的危害是妨碍创新,它引导科学家关注发高影响因子的文章,追逐所谓的"热点",而不是潜心科研创新。诺贝尔生理学和医学奖

---

① Michael W, Sharon A A. "The San Francisco Declaration on Research Assessment", *Journal of Cell Science*, May 2013.

② Diana H et al, "Bibliometrics: The Leiden Manifesto for Research Metrics", *Nature*, vol. 520, no. 7548, 2015.

得主兰迪·韦恩·谢克曼博士在英国《卫报》上发表《〈自然〉〈细胞〉和〈科学〉这类顶级期刊是如何损害科学的》文章，猛烈抨击期刊影响因子的重大缺陷和负面作用，指出“一篇论文被大量引用可能是因为它是好的研究，也可能是因为它吸引眼球，或者是挑衅式的甚至是错误的”，强烈呼吁“科学界应该推翻顶级期刊的暴政”①。

影响因子引进国内之后，受到社会高度关注和争论的是南京大学中国社会科学评价中心研制的《中文社会科学引文索引》(CSSCI)，其在中国学术评价及期刊评价中地位举足轻重。从1997年提出设想，1999年被列为教育部重大项目，2000年中国社会科学研究评价中心成立，2000年光盘版新闻发布会在北京举行，2004年被国家社会科学规划办列为国家重大研究课题，2005年起增设来源集刊，2007年起增设扩展版，CSSCI来源期刊基本完成了在中文人文社会科学领域对SSCI的模仿。叶继元教授谈到研制《中文社会科学引文索引》的初衷：一是为了建立一个不同于传统索引系统的、从引文角度来编制的新型的中国人文社会科学文献检索系统；二是希望利用这个数据库，通过引文分析来描述人文社会科学的发展，定时跟踪科研动态、科研前沿和学派动向；三是要为人文社科的学术评价提供参考和帮助。② 但评价功能的强势与“期刊排行榜”的招摇，显然超越了“文献检索”和“数据服务”的功能：“从数据库的服务职能转型为评价体系之考评职能，内在隐含的主观性权力追求与获取冲动，乃是完成此一转型的更为根本的因素。”③经过十年的不懈努力，CSSCI一骑绝尘成为中国影响最大的评价标准，被狂热追捧为“C刊”，迅速“泛化”成为职称评审、工作考核、学科评估、期刊质量评价、论文质量评价等的核心指标。这也导致《2010～2011年CSSCI来源期刊目录》《2017～2018年CSSCI来源期刊及集刊目录》发布之后，受到学术界的猛烈批评。客观讲，南京大学中国社会科学研究评价中心在编制新版目录时，已经在评选方式、期刊分类、异常数据剔除等方面做了部分改进，但依然成为众矢之的。原因何在？第一，CSSCI是一个用于引文分析的数据

① 刘云：《迷信“期刊影响因子”给高等教育带来负面影响》，《光明日报》2014年5月6日。

② 参见梁启东、叶继元：《CSSCI及其评价作用》，《中国图书评论》2005年第4期。

③ 刘京希：《化危为机：计量时代综合性学术期刊的困境与出路》，《澳门理工学报》(人文社会科学版)2020年第3期。

库产品，并不具有独立的学术期刊评价功能，更不具有独立的学术评价主体身份。第二，CSSCI评价是以各种数据为基本依据而制定的评价标准，评价过程是对评审对象的“比”而非“评”，“比”是以高与低、多与少、强与弱、优与劣等基于形式的量的比较，而非对期刊学术价值的质的评价。这种评价与排序，“名为评价实为评比，就可能将一些不可比或难可比的要素排斥在外，用统一的标准来比较不同研究对象、不同研究方法、受不同传统习惯的影响而表现出的不同形式的学术研究成果及其特点各异的表述方式，其公平性就很难掌握。”①第三，从自然科学引发的学术评价工具，在运用到人文社会科学会发生严重的变异。影响因子被引入学术期刊评价曾起到先前定性评价难以达到的“客观性”和直观“量化”，但不可忽视其存在的片面性、误差性和差异性。影响因子在不同学科分布极为不同，把数学与生物学相比较肯定是风马牛不相及；即使是人文社会科学，经济学论文与文史哲论文的影响因子也无法相比。如果将期刊影响因子的作用无限放大，片面追求高影响因子，带来的严重后果就是学风浮躁、急功近利和学术生态恶化。第四，学术研究功利化趋向助长了学术界和期刊界对CSSCI的片面认识。CSSCI作为引文分析的重要工具，利用文献计量方法对学术论文的聚类度、相关度、规范化、引用情况进行各种统计分析，其产生的数据与分析报告，得到学者、期刊编辑和科研管理者的普遍认可，所以有越来越多的学术机构直接将C刊目录作为学术评价及期刊评价的依据。这无疑阉割了CSSCI数据服务的基本属性，而将其评价功能无限放大，实质上混淆了高引用与高水平、来源期刊收录标准与学术评价标准的界限。

三、重建学术评价体系

《意见》除了对规范高等学校SCI论文相关指标使用提出负面清单之外，还特别提出建立健全分类评价体系、完善学术同行评议、实行代表作评价的意见。虽然不能说这是自上而下的顶层设计，但也属于行政权力部门推动的政策变革。这种变革对中国人文社会科学的学术评价将带来怎样的

① 沈固朝：《期刊评价与学术评价中的CSSCI》，《澳门理工学报》（人文社会科学版）2017年第3期。

影响？学术期刊将如何作为？专业评价机构将面对什么样的挑战？令许多人充满了期待。

第一，重建学术同行评议，“必须立破并举、多管齐下、统筹协调、优化整合，才能标本兼治、扶正祛邪”①。一是要根据不同学科具有的特定属性和特征，实施分类评价的标准和方法，完善定性与定量相结合的评价体系。二是让学术评价回归学术本性，依靠、相信、尊重同行专家的专业判断，充分发挥同行专家在学术标准制定和学术评价过程中的主体性作用。三是建立评审专家的遴选、回避、民主表决、专家信誉和监督制度，维护学者和学术尊严，增强学术同行专家的自律意识，保障学术同行评议制度的公平正义。

第二，回归学术初心，重建质量导向和回应社会关切。由于引文指标成为来源期刊遴选的重要依据，因此部分期刊把追求被引频次、影响因子作为终极目标，采取了一些“策略性操作”。一是采用期刊自引、机构自引、虚引伪引、互惠引用等“定向引用”，从而造成引文数据失真，导致引文分析结果出现误判。二是采取“分子策略”或“分母策略”做大影响因子，导致出现强制引用、共引现象和期刊发文越来越长、数量越来越少的倾向。三是通过策划“热点”选题和约请高被引作者保障高引用率，这种短期行为必然导致学术生产两极分化、赢者通吃的马太效应。破除“SCI至上”，就是要学术期刊回归学术初心，淡化评价机构的核心期刊排名，在净化学术空气、优化学术生态方面有所作为；破除SCI至上，就是要重建学术期刊质量第一导向，鼓励发表高水平、高质量、有创新价值的学术论文，在国际学术界发出中国声音；破除SCI至上，就是要鼓励学术期刊关注中国问题，回应社会关切，用中文传播中国学术，发挥“天下公器”之作用，为学术同行评议、为学术共同体的形成和维护，提供重要的支持。

第三，改革和完善学术评价体系，确保学术成果评价科学权威。《意见》发布已有半年，但并没有看到各专业评价机构对“评价导向”“期刊等级”“期刊排行榜”等问题给予正面回应。不过，钟摆效应始终存在。钟摆可以过头，但它终将修正。我们期待改革和完善现有的评价机制，确保学术成果评

① 张耀铭:《学术评价存在的问题、成因及其治理》,《清华大学学报》(哲学社会科学版)2015年第6期。

价科学权威。一是建立学术评价机构准入制度和退出机制,不能无序、无资质进入,更不能胡评价、乱评价。把好准入和退出关,有利于营造良性竞争生态,有利于评价机构的创新发展,有利于加大违规成本。二是建立和完善中文人文社会科学研究的数据库,夯实科学评价的现实基础,以其实现数据服务的归数据服务、评价的归评价。对已经初步具备了检索、分析与学术评价的数据库,学术界与期刊界也寄予厚望的品牌,希望在本土化和国际化两个向度上进行调整和优化,进而对中国学术生态产生更多正面的影响。"具体而言,就是尊重学科发展和期刊发展规律,不断改进计量方式,使之更加贴近中国学术期刊的实际,真实反映出不同类型、不同学科学术期刊的学术影响力和办刊水平。"① 三是加强学术评价理论研究,学术期刊界和文献计量学界应通力合作、共同攻关,研制出针对人文社会科学单篇论文的评价指标体系,用"以文评刊"取代"以刊评文",以期得到更具说服力的评价结果,消解量化评价的弊端。四是改革和重建科研管理体制,从根本上解决学术资源的分配、学术期刊的结构、学术评价的方式、学术传播的秩序和行政权力的过度干预等深层次问题。

总之,战术层面的改良,可能只是爆竹和烟花;战略层面的改革,或许才能壮士断腕走出困境。

[原刊于《首都师范大学学报》(社会科学版)2020 年第 6 期,有改动]

① 仲伟民、桑海:《如何客观评价 CSSCI》,《澳门理工学报》(人文社会科学版)2017 年第 3 期。

迎接共和国人文学术的第三次大转型

邹晓东*

2021年4月24～25日,《文史哲》创刊70周年纪念会暨“共和国人文学术历程的回顾与展望”学术研讨会在泉城济南山东大学中心校区举行。本次会议由中共山东省委宣传部、山东大学主办,山东大学《文史哲》编辑部承办。来自国内20余所著名高校、科研院所的知名学者及国内30余家重要人文学术期刊的编辑代表近200人出席大会。这是一个非同寻常的时间节点,不仅是因为有“七十而从心所欲,不逾矩”的古语可为之附丽,更是因为当下,共和国人文学术第三次大转型的幕布正在拉开。这一难得的时间窗口,无疑会再次照亮我们对《文史哲》与共和国人文学术历程的审视。

王学典论《文史哲》与共和国人文学术的三次大转型

《文史哲》主编王学典教授在开幕式汇报发言中指出,1949年以来,中国的人文学术研究已经完成了两次大的转型。一是从1949年开始,我们经历了从民国学术到共和国学术的巨大转型;二是从1978年开始的从“以阶级论为纲”的人文社会科学到“以现代化为纲(以现代西方为标杆)”的人文社会科学的巨大转型。而眼下,我们正在经历从“以现代化为纲”到“以本土化或中国化为纲”的第三次大转型。这是新中国成立以来人文学术发展的主要趋势或主流,而《文史哲》杂志之所以引人瞩目也正在于它身处主流而勇

* 邹晓东,《文史哲》编辑部。

当弄潮儿。奠定《文史哲》地位和声誉的最重要因素是，创刊伊始，《文史哲》杂志即扮演了一个从民国学术向共和国学术转变（第一次大转型）的引领者角色。《文史哲》当时所发起的一系列重要学术论战，无不涉及当时的意识形态的重塑，而引起学界的广泛瞩目。其中最具代表性的是“《红楼梦》问题讨论”。这一讨论由于受到长期阅读《文史哲》杂志的毛泽东主席亲自推动，而酿成重大的意识形态事件。这些论战，几乎全部从属于一个主题：用马克思主义特别是用马克思主义中国化的成果——毛泽东思想，来置换在民国时期占主流地位的胡适倡导的实验主义、自由主义。《文史哲》杂志在推动从民国学术向共和国学术转型中起到了不可替代的作用。

1978年，中国历史进入了新时期后，人文学术又开始从“以阶级论为纲”的哲学社会科学向“以现代化为纲”的哲学社会科学转型。“以现代化为纲”就是与国际学术接轨，主动融入世界潮流，这次转型的实质是以西方学术为参照深刻重塑中国学术的面貌。《文史哲》杂志在这次转型中没有位于最核心、最前沿的地位，而主要是从侧翼切入。中国的现代化面临的一个关键问题是如何处理现代化与传统文化的关系，这就要求对传统文化进行理性审视和研究。早在20世纪五六十年代，《文史哲》即曾在激烈反传统、“厚今薄古”的语境下，刊发过客观研究和评价儒家思想的系列论文。就此而言，《文史哲》杂志堪称研究和弘扬优秀传统文化的先行者。20世纪八九十年代，《文史哲》察觉到中国传统文化复兴的时代脉动，顺应和引导了重新评估传统文化的潮流。1984年组织的“文化史研究笔谈”，是20世纪80年代“文化热”的发端。此后，《文史哲》相继开设“中国传统文化讨论”“国学新论”专栏，组织“儒学是否宗教”笔谈。这些工作均旨在引领对中国文化的正面评价和深入研究。进入21世纪以来，《文史哲》更是通过开设“重估儒学价值”“儒学与自由主义的对话”“贤能政治的可行性及其限度”等专题栏目，致力于对优秀传统文化资源的继承、弘扬与创造性转化，而成为刊发中国古典学术研究、传统文化研究成果的重要园地和代表性期刊。如果说在第二次学术转型中，《文史哲》杂志的表现还比较拘谨和低调，没有走在“西化”浪潮的最前列的话，那么与其说这让人感到惋惜，不如说它无意中预示、契合了第三次转型的方向。眼下，特别是十八大以来，人文社会科学的第三次转型，也就是从“以现代化为纲”向“以本土化或中国化为纲”的转型正在推进之中。整个中国的思想气候、文化气候、学术气候都在发生巨变，整个语境正在被重构。人文社会科学当下正处在再出发、再启航的关键时刻。朝着更加本土化的目标重新定向，是这一巨变的本质。从与西方接轨到重估传统，从“文化自卑”到“文化自信”，从追求西方化到追求本土化或中国化，这种转向已成为当下中国人文社会科学领域里的主流。应该说，《文史哲》这一次更自觉地走在了时代的前列，主动承担起学术本土化的使命，致力于构建中国特色哲学社会科学话语体系，专门设立“文明互鉴与中国道路”“中国社会形态问题”“中国话语体系重建”等专栏，刊发在解读中国实践、构建中国理论上具有创新性和标识性的研究成果。

近十年来，《文史哲》始终围绕一个中心，即如何从学理上发现并阐述“真实的中国”，如何锻造尊重本土经验的理论模型，最终要回答的则是中国特色社会主义社会的历史特质和中国文化的未来走向问题。有见及此，2017 年 4 月，李克强总理视察山东大学时，特意来到《文史哲》编辑部，寄语《文史哲》“要汲取传承优秀的人文精神，为当今所用，为后世续航”。《文史哲》杂志倡导学术本土化、中国化，但绝不复古守旧。我们既不能照搬西方，也不能照搬传统。我们对本土化的追求是在全球化、国际化视野下进行的。2014 年起，《文史哲》杂志与荷兰博睿学术出版社合作，在海外发行《文史哲》英文版，旨在借助《文史哲》杂志的品牌和积累，以专题的形式，向海外学界介绍新世纪以来中国人文学术领域的最新研究成果。目前，《文史哲》英文版已出版 10 期。《文史哲》英文版先后为两家海外索引数据库收录，在国际学界的关注度、认可度和影响力日益提升。《文史哲》英文版正在成为连接沟通中外学术的一个平台、一座桥梁。

学者热议“回归中国”：回归的“主体”是谁？向“中国的什么”回归？可行之道何在？如何防范“虚骄的民族主义”？

多位学者的主旨发言反复印证，当前的中国人文学术确实正在经历“回归中国”的转向。他们将关注焦点放在了如下分议题上：回归中国的“主体”是谁？具体向“中国的什么”回归？能否找到切实可行的回归之道？“本土化转向/中国化转向”提法会不会助长“虚骄的民族主义”？如何加以防范？

中国共产党无疑是当代中国的主心骨。姚洋先生在主旨发言中指出，中国共产党第一个30年的奋斗史可以概括为“民族救亡与夺取政权”，第二个30年的历史可以概括为“实践一大党章，进行社会改造”。包括“土改”“生产资料所有制的社会主义改造”“妇女解放”“普及教育”等在内的社会改造工程，对此后也即改革开放以来40多年中国高速发展的帮助是巨大的。姚先生指出，正是在这高速发展的40多年间，中国共产党回归了中国传统的务实主义（开放了探索发展路径的空间），因应国人崇尚个人努力与个人成就的传统心理而将追求个人成就的空间还给社会（释放了发展活力），因应儒家政治传统而在党的组织架构下选贤任能（保留了高效的政府）。40多年来，这一系列行之有效的“回归中国”转变，大大超出了上一时期以“阶级论”为核心的理论框范。通过新的系统性理论构造，容纳中国共产党在过去40多年乃至过去100年里所做的正确的事情，使之与中国传统文化相通起来，进而再用“中国文化”这个筐把马克思主义和西方自启蒙运动以来的那些优良的价值都盛下来，在姚洋先生看来，乃是当代中国知识分子站在新的历史起点上理应承担起来的责任。那么，“本土化转向”或“回归中国”，具体来说，究竟向“中国的什么”回归呢？以姚洋先生提到的“选贤任能”为例，有学者在哲学学科分组发言中追问：“贤能政治”具体究竟指什么？近乎死对头的儒、墨两家均提倡“贤能政治”，但各自秉奉的“贤能”标准却有实质性差异。如果无法具体界定何为“贤能政治”，“回归中国（回归贤能政治）”的提法是否还有意义？而如果只是在泛泛的意义上说“选贤任能”，难道现代西方政治不提倡“选贤任能”？上述追问，实与葛剑雄先生的主旨发言精神不谋而合。针对当前人文学界存在着“在探讨问题时，在连历史事实都尚未论证清楚的情况下，就大谈研究对象的作用、意义、评价”这样的现象，葛剑雄先生在主旨发言中认为，在研究历史遗产时必须严格区分“科学的”与“人文的”。“科学的”问题只能有一个结果、一个答案，“人文的”评价则找不到共同的标准。葛先生疾呼：历史上的儒家思想是儒家思想，社会现实是社会现实；不能想当然地将文本中的儒家理想，径直当作历史上的文明现实。他还强调，在主张某一优秀传统文化理念是未来之“应然”时，需同时出示将“超前”理念转化为社会现实的具体办法。除了上述“谁”“如何”“具体向中国的什么”回归的问题外，“本土化转向/中国化转向”提法会不会携带副作用的问题，也引起了与会学者的关注。

萧功秦先生在题为“从两百年看四十年——在文明互鉴中焕发真正的文化自信”的主旨发言中指出，我们的华夏文化是在远离巴比伦、埃及、古希腊、古罗马，缺乏与其他文明充分互动的过程中，单独地、独立地在东亚地区发展起来的。这造成了我们的文明总体上由内向外传播的态势，与之相应的，是所谓的天下秩序，而非国际秩序。天下秩序的现实化就是朝贡体系，长期以来在中国人身上造就了强烈的文化自尊感和文化优越感。然而，这是一种封闭状态下的文化自信。萧先生进而指出，在过去 200 年间，当各种企图通过扭曲的解释面对西方冲击、维持残存的文化优越感的做法被屡战屡败的现实最终冲击得粉碎之后，中国便陷入了最严重的文化自卑危机。然而，正是这样一个中国，却又在 1978 年来短短的 40 余年间，对外部世界全面开放，并在富裕程度上取得巨大的飞跃。眼下这堪称 200 年来最好的国运，正在迅速扭转近现代以来西方冲击给中国人造成的文化自卑心态，在 1915 年(新文化运动)以来暴风骤雨般的反传统大潮过后，中国本土的文化自信正在高调重建。这固然令人振奋，但其间也不乏值得警惕之处，那就是，像中国这样一个在历史上有过巨大荣光和文化优越感，又出现过颠覆性屈辱，进而又特别快地发展起来的大国，随着国力的发展，传统的“天下秩序”心理可能恶性膨胀为虚骄的民族主义。如何防范这种潜在的危险？萧功秦先生指出，较之秦至清末大一统时代的“天下秩序”理念，大一统之前的“国际秩序”理念，明显有助于防范上述虚骄的民族主义。为此，他在发言的末了专门援引《中山王鼎》铭文“毋大而肆，毋富而骄，毋众而嚣”句，希望这部分古典“中国理念”能被及时激活，以便丰富我们与外部世界打交道的集体经验。

研讨会上所见一系列文史重大议题

除了宏观勾勒“共和国人文学术三次大转型”的脉络，聚焦已然揭幕的“本土化转向/中国化转向”这两个宏大话题之外，与会学者还就 70 年来文史研究中的部分重大议题进行了观照和前瞻。

其一，文道关系问题。文道关系既是中国传统文论中的基本问题，也是理解现当代中国文学史的一个关键。新文化运动曾一方面宣扬文学独立，另一方面又不遗余力地用改良之文载新文化之道，显示出了深刻的悖论性。在共和国早期的“思想改造”运动中，一个极其重要的改造对象就是“文艺独立”倾向。经此改造，正如廖可斌先生在主旨发言中指出那样，前 30 年比较重视“志于道”的研究，文学界当时提出了文学的人民性、文学的阶级性等新论题，但缺陷在于未能充分展开，以致陷入了教条化、庸俗化的境地。

廖可斌先生进而指出，20 世纪七八十年代至九十年代初，“志于道”与“游于艺”两大取向在中国文学研究界并存，关系处理得比较好。但从 20 世纪 90 年代中期开始，“思想淡出，学术彰显”，“游于艺”渐渐压倒了“志于道”，乃至慢慢喜欢上了翻陈谷子烂芝麻。廖先生认为，教条化、庸俗化的“志于道”固然需要矫正，但过分“游于艺”的细碎、轻飘同样也不可取。究竟如何安排文道关系，这有待中国文学研究界的系统性深思。

其二，人文学科的生态化转型问题。山东大学的生态美学研究有着较长的历史。作为该学科奠基人，81 岁的曾繁仁先生在主旨发言中认为，随着生态时代的到来，人文学科也要经历从人类中心主义到生态整体主义的转型。这一生态化转型给人文学科提供了极好的发展机遇，对于中国传统文化来说更是一个重大利好，因为中国传统文化根本上正是生态文化。

其三，理论与史料的关系问题。罗志田先生在主旨发言中梳理了“理论概念”以及“理论与史料的关系问题”在现当代中国史学界出场、扎根的历程，指出：在 1930 年代社会史论战中出场的“理论”（特指“唯物史观”）概念，先是搭乘“方法论”热的顺风车不断冲击那时的史学主流，后则随红色革命的胜利一跃成为主流与正统。相应的弊端则是出现了“理论就是结论”“找材料证明理论”的庸俗研究范式。改革开放以来的中国史学界固然已经抛弃了上述庸俗范式，但对于如何处理“理论（广义的）与史料的关系问题”迄今仍然没有共识。

其四，前 17 年史学的成绩与继承发扬问题。李治安先生在主旨发言中指出，从新中国成立到“文革”之前这 17 年期间，随着马克思主义史学成为主流，与《文史哲》密切相关的中国古代史研究中的“五朵金花”讨论，尝试运用马克思主义理论关注中国的历史实际，打破了传统的王朝界线，从经济形态变化角度对中国历史发展阶段进行划分，实乃整体性和宏观性的史学新范式创举。当然，这其中也有很多失误，主要包括教条主义、公式化、照搬西方、意图过于简单，对实证性、基础性的断代史等研究造成严重冲击等。改革开放以来 40 年间的中国史学呈现出选题多样性、研究手法实证性、重视考古材料、国际交流趋于自觉的特点。一段时间下来，一部分学人渐渐不满足于片段性实证，而重新尝试理论的、宏观的、会通的探索，脱胎于“五朵金花”的“战国至清中国社会性质”问题最近十几年波澜再起，并展现为“皇权社会”与“封建地主社会”这两个阵营之间的对垒。综合二者之长，李治安先生认为，“帝制地主形态”也许是对传统中国社会的更恰当概括。

其五，中国史与世界史的关系问题。葛兆光先生深感目前的历史教育将中国史与世界史分开，很可能会造成“没有世界的中国史”与“没有中国的世界史”。他的题为“东部亚洲海域能否作为一个历史世界”的主旨演讲，呼吁“稍微在中国史和世界史之间维系一个彼此可以对话和交流的知识领地”。葛先生特别提出，希望做中国史的人能够超越国境，做一些更大范围的跟中国密切相关的研究。与此同时，他不无遗憾地注意到，这次的《文史哲》70 周年纪念会，邀请来的大部分学者都是做中国研究的，做世界史和西方哲学的不是那么多。

嘉宾盛赞、勉励《文史哲》

山东省委书记刘家义在开幕式致辞中表示：“70 年来，《文史哲》在党的领导下坚持正确的政治方向，坚持厚重学术风格，开学术风气之先，引人文学术之潮流，开辟了新中国哲学社会科学研究的新天地，走出了一条特色鲜明的办刊之路，成为传承弘扬中华优秀传统文化的重要平台。70 年来，《文史哲》聚焦中国古典学术研究，锐意捕捉学术动态，刊发了一大批在学术界产生广泛影响的学术文章，成为各种学术观点交流的重要阵地。坚持‘百花齐放、百家争鸣’方针，坚持‘扶植小人物，延揽大学者’的原则，成为国内许多著名学者施展才华、年轻学者崭露头角的重要舞台。坚持开放视野，积极向世界学术圈传播中华文明、弘扬中华文化，成为对外传播交流的重要窗口。《文史哲》不仅在学术界享有崇高声誉，更得到了毛泽东等老一辈革命家的高度重视和热情支持。”

中宣部理论局副局长何成在致辞中表示：“《文史哲》杂志是山东大学的骄傲，是我国社会科学综合刊物的优秀代表，在学界和学报界具有特殊地位，载誉海内外，创刊70年来始终坚持以马克思主义为指导，为传播马克思主义，弘扬优秀传统文化，创新人文学术研究范式作出了巨大贡献，无愧为学术成果的思想园地。”教育部社科司司长徐青森在致辞中表示：“《文史哲》是我国高校文科学报的一面亮丽旗帜和高校哲学社会科学学术期刊中的一颗璀璨明珠，70年来始终坚持与时代脉搏同频共振，秉持关注学术动向、引领学术潮流的办刊理念，主动策划和发起多场重大学术研讨，在推动人文学术本土化、中国化，推动中华优秀传统文化的创造性转化和创新性发展方面发挥了重要作用，做出了独特的贡献，成为引领高校哲学社会科学繁荣发展的重要平台、构建中国特色哲学社会科学的重要阵地，同时，也是国际学术界观察了解中国学术的重要窗口。”山东大学校长樊丽明在开幕式致辞中表示：70年来，《文史哲》“秉承学术办刊的原则，不跟风不浮躁，始终以精慎的选题、厚重的文章、精湛的编辑，恪守学术道德，坚守学术诚信，助力学术繁荣。2011年，《文史哲》荣获‘中国出版政府奖’首次设立的期刊奖。近年来，《文史哲》编辑文史哲丛刊，举办人文高端论坛，发布年度中国人文学术十大热点等等，引领学术趋势，提高刊物质量，扩大刊物影响。同时，为了服务中华文化走出去，《文史哲》创办英文版，在国际汉学界引起重要反响。70年砥砺奋进，70年春华秋实。《文史哲》始终紧扣时代脉搏，聚焦中国文化，展现国际视野，逐渐走出一条独具特色的办刊道路，生动诠释了‘百廿山大，崇实求新’的品格和‘为国图强’的家国担当。”清华大学国学研究院院长陈来教授在开幕式致辞中表示：“长期以来，《文史哲》在海外拥有广泛的学术清誉，是西方汉学家最为看重的少数几家中国人文学术杂志之一。”全国高校文科学报研究会前理事长、北京大学龙协涛教授在开幕式致辞中盛赞“《文史哲》是共和国学术期刊的‘长子’”。

《探索与争鸣》杂志主编叶祝弟代表期刊组在总结发言中指出：“与会主编一致认为《文史哲》是享誉海内外的大刊、名刊，是共和国70年发展的缩影，更是中国人文学术的一面旗帜，《文史哲》为中国学术提供了标杆和典范，《文史哲》的成功之道值得期刊人认真总结和好好学习。”《文史哲》副主编刘京希教授在闭幕式答谢词中表示：“梳理和总结《文史哲》70载的办刊历程，她的风格和特色无外乎这样几个方面：第一，扶植小人物，延揽大学者；第二，问题为内核，凝练诸学科；第三，关注学界动向，促动学术论争；第四，立足本土话语，放眼世界文明。”

（原刊于《中华读书报》2021年5月6日，有改动）

乘习近平总书记回信东风迎接共和国人文学术第三次转型

王学典*

2021年5月9日，是《文史哲》编辑部全体工作人员最为激动、最为幸福的时刻，因为这一天我们接到了期盼已久的习近平总书记给《文史哲》编辑部全体编辑人员的重要回信。我们将永远铭记这一历史性时刻。习近平总书记重要回信，是我们党历来高度重视哲学社会科学事业包括期刊建设的一个具体而集中的体现，也是对全体期刊人的一个巨大鼓舞与激励。习近平总书记重要回信对办好高品质学术期刊、加快构建中国特色哲学社会科学具有重大意义。

习近平总书记的回信为中国哲学社会科学的未来发展指明了航向。习近平总书记在回信中说："从历史和现实、理论和实践相结合的角度深入阐释如何更好坚持中国道路、弘扬中国精神、凝聚中国力量。"这就是要求哲学社会科学基本的研究力量必须进一步向研究中国问题集中，向研究中国道路集中，向研究中国经验集中，向研究中华文明集中。构建中国特色哲学社会科学具有重要理论意义，它将是共和国人文学术的第三次转型。回望《文史哲》杂志70年走过的历程，我们对此有更深入的认识。

《文史哲》创办于1951年5月1日，《文史哲》的70年与共和国的学术紧密联系在一起。作为共和国期刊的一份子，《文史哲》不但是70年中国人文学术风雨的见证者，更是70年中国人文学术发展的深度参与者。《文史哲》的命运几乎就是新中国成立70余年来我国人文学术发展的一个缩影。

---

* 王学典，《文史哲》编辑部。

奠定《文史哲》的地位和声誉最重要的因素，是在推动70年来第一次共和国人文学术大转型方面所起的巨大作用。创刊伊始，《文史哲》杂志即扮演了一个人文学术引领者的角色。这一点是通过发起一系列重要学术论战实现的。这些重要论战无不涉及当时意识形态的重塑，引发学界的广泛瞩目。《文史哲》杂志用马克思主义特别是用马克思主义中国化的成果——毛泽东思想来指导学术研究和学术转型。

1978年，进入改革开放共和国和社会主义现代化建设新时期后，人文学术又开始第二次转型，就是与国际学术接轨，主动融入世界潮流。《文史哲》杂志在这次转型中的表现与第一次转型中的表现不同，它没有位于最核心、最前沿的地位，而主要是从侧翼切入。

中国的现代化面临的一个关键问题是如何处理现代化与传统文化的关系，这就要求对传统文化进行理性审视和研究。就此而言，《文史哲》杂志可谓开风气之先，堪称研究和弘扬优秀传统文化的先行者。早在20世纪五六十年代，《文史哲》就率先开展传统文化研究。其中影响最大者，是以1962年在济南召开首次全国性的孔子讨论会为契机，前后刊发的20余篇关于孔子研究的文章，代表了这一时期客观研究和评价儒家思想的学术高峰。

20世纪八九十年代，《文史哲》察觉到中国传统文化复兴的时代脉动，顺应和引导了重新评估传统文化的潮流。1984年组织的“文化史研究笔谈”，是20世纪80年代“文化热”的发端。此后，《文史哲》相继开设“中国传统文化讨论”“国学新论”专栏，组织发起“儒学是否宗教”笔谈。这些工作的落脚点，都是希望引领对中国文化的正面评价和深入研究。

进入21世纪以来，《文史哲》更是通过开设“重估儒学价值”“儒学与自由主义的对话”“贤能政治的可行性及其限度”等专题栏目，致力于对优秀传统文化资源的继承、弘扬与创造性转化，而成为刊发中国古典学术研究、传统文化研究成果的重要园地和代表性期刊。

党的十八大以来，我国人文社会科学正在推进第三次转型。在第三次转型中，《文史哲》更自觉地走在了时代前列，主动承担起学术本土化的使命，致力于构建中国特色哲学社会科学话语体系，专门设立“文明互鉴与中国道路”“中国社会形态问题”“中国话语体系重建”等专栏，刊发在解读中国实践、构建中国理论上具有创新性和标识性的研究成果。

近十年来，《文史哲》始终围绕着一个中心，即如何从学理上发现并阐述“真实的中国”，如何锻造尊重本土经验的理论模型，最终要回答的则是中国特色社会主义社会的历史特质和中国文化的未来走向。

《文史哲》杂志倡导学术本土化、中国化，但绝不复古守旧。我们既不能照搬西方，也不能照搬传统。我们对本土化的追求是在全球化、国际视野下进行的。2006 年起，《文史哲》开设了“海外中国学”专栏，2011 年，又开设了“世界文明对话”栏目。2014 年起，《文史哲》杂志与荷兰博睿学术出版社合作，在海外发行《文史哲》英文版，旨在借助《文史哲》杂志的品牌和积累，以专题的形式，向海外学界介绍 21 世纪以来中国人文学术领域的最新研究成果。目前，《文史哲》英文版已出版 10 期。《文史哲》英文版先后为两家海外索引数据库收录，在海外学界的关注度、认可度和影响力日益提升。《文史哲》英文版正在成为连接沟通中外学术的一个平台、一座桥梁。

《文史哲》的 70 年是与共和国风雨同舟的 70 年。这 70 年是《文史哲》杂志发展的重要里程碑。习近平总书记重要回信是《文史哲》杂志发展史上新的历史起点，我们将在这个起点上再出发，开启更加美好的未来。今后，我们将以总书记重要回信为根本遵循，坚定不移地奋力前行，不辜负历史，不辜负新时代，不辜负总书记和党中央的殷殷嘱托，在共和国人文学术的第三次转型中再立新功！

（原刊于《学习时报》2021 年 5 月 28 日第 007 版，有改动）

后　记

《山东师范大学学报》(人文社会科学版)编辑部于2017年4月15日承办了由全国高校学报研究会主办的“第三届学术期刊文学编辑论坛”，为了能够更好地办好这次会议，我们特别编选了21世纪以来学术期刊部分具有代表性的研究资料，后来，我与孙昕光编审一起编选的《21世纪以来学术期刊研究资料》于2018年10月由山东人民出版社出版。该书出版后得到了期刊界朋友的好评，这使得我们作为编辑切实感受到了为他人作嫁衣是一件幸福的事情。

在一些学者和编辑看来，期刊编辑似乎并没有多少价值可言，至于期刊研究资料的编选自然也为人们所摒弃。但事实的确如此吗？我们如果进一步追问便会发现，期刊理论研究至关重要，甚至将其推崇到无以复加的高度也不过分。为什么这么说呢？因为期刊作为学术研究成果的载体、作为学术成果社会化的平台，其对学术研究的影响是深刻和直接的。但是，对学术研究影响如此深远的期刊理论研究却没有得到学术界应有的重视，尤其是期刊研究资料没有得到应有的重视，实在是不应该的。严格说来，研究资料的搜集和梳理是学术研究得以有序展开的重要前提，没有对前人研究成果的把握和借鉴，任何的学术研究都可能沦为一种自说自话的形式，都无助于学术研究的深化和提升。正是基于这一考量，我对期刊研究资料特别关注。

客观地说，在期刊研究资料方面，期刊界的有些同仁是有一定的自觉意识的。最值得称赞的是《清华大学学报》(哲学社会科学版)的常务副主编仲伟民先生、《南京大学学报》(哲学·人文科学·社会科学版)的主编朱剑先生和《澳门理工学报》(人文社会科学版)的主编刘泽生先生。这三位主编高度重视期刊理论研究，不仅开辟了专门的栏目探讨期刊理论和实践方面的问题，而且将其相关成果加以整理后结集出版。如《清华学报·独立精神丛书》中的《雾里看花：谁的期刊　谁的评价》（朱剑著，社会科学文献出版社2018年版）、《澳门理工学报》出版的《总编视角》系列文集、《全国高校学校文科学报研究会30年》（杜敏主编，陕西师范大学出版社2018年版）、《编辑的天空——高校学报改革与管理探析》（陈颖著，贵州大学出版社2020年版），都可以视为近十年来学术期刊理论研究具有代表性的成果。然而，令人稍感美中不足的是，这些论著还没有从全国范围内对相关的研究成果进行梳理。这也正是我要编选这本研究资料的因由。

溜走的岁月并不都像是落叶一样随波逐流，还会像果实一样在来年的春风吹拂和大地的滋养下萌发出幼芽。相对于学术研究而言，许多没有生命力和创新性的论文恰如落叶，而那些富有生命力和创新性的论文则如果实。本书收录的这些论文尽管未必都能达到这样的标准，但总体来看，大部分论文可以作为这几年在期刊研究方面的代表性成果。我期待本书能够引发大家更多的学术思考，以便于未来的期刊理论研究能够在此基础上有所推进和提升。

为了能够更好地对接《21世纪以来学术期刊研究资料》，本书命名为《新时代学术期刊评价体系的建构与实践》，这主要是出于时间节点的考量。《21世纪以来学术期刊研究资料》编选的主要是21世纪伊始到2017年间的相关论文，本书编选的主要是2018年到2020年9月间的相关论文。在本书编校的过程中，期刊评价和建设这一话题得到了社会各界的高度关注。2021年5月9日，习近平总书记给《文史哲》编辑部全体编辑人员的重要回信，为中国哲学社会科学以及期刊评价和建设指明了新的方向。为此，本书又专门收录了2021年5月的两篇相关文章。

为了更好地对接出版社的有关出版规范，本书在相关研究成果的格式、字句方面进行了必要的调整，原文的内容摘要也悉数删去。至于论文的排序则按照其发表时间的先后排序，以便于读者对期刊研究的历史有更直观的把握。

本书的出版得到了山东师范大学“一流学科”建设经费的资助，得到了学报编委会的鼎力支持，还得到了山东大学出版社姜山先生的全力支持，这都是我应该特别感谢的。我的硕士研究生钱瑶瑶、高明玉、王沛良等同学也以饱满的热情投入本书的编校工作，这使我深感欣慰。毕竟，中国未来的学术大厦需要一大批“90后”青年学者来支撑！

最后，需要感谢的是本书的原创作者，他们以其富有创造性的成果，为我们展现了这个时代中国学术期刊理论研究的风貌和风骨，显示了中国学术期刊理论研究在探索中不断向前挺进的坚实脚印。

李宗刚

2020年9月